TERRA MAXIMA

Rekorde der Natur – Superlative unserer Erde

Weltbild

Das Great Barrier Reef vor der Küste des australischen Bundesstaats Queensland ist das größte von lebenden Organismen geschaffene Bauwerk.

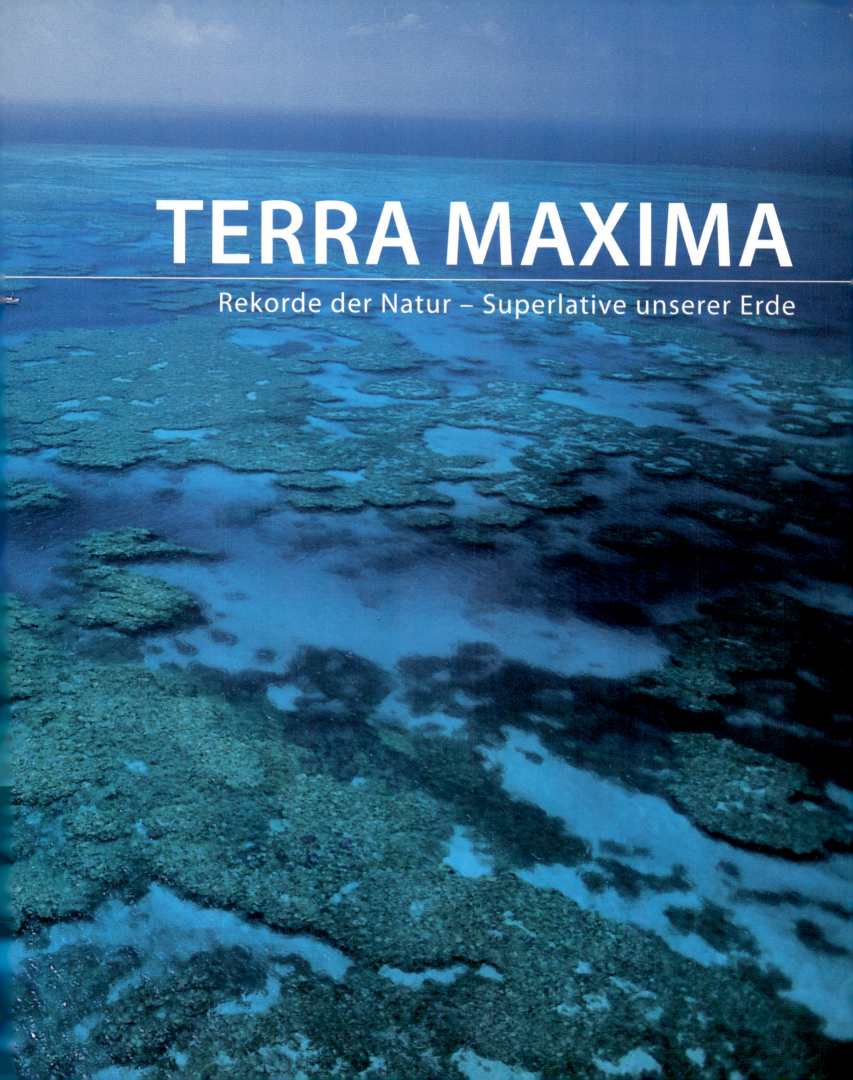

TERRA MAXIMA

Rekorde der Natur – Superlative unserer Erde

Der Marble Canyon im Norden Arizonas markiert den Anfang des gewaltigen Grand Canyon. Sechs Kilometer südlich der Stadt Page, vom Glen Canyon flussabwärts, beschreibt der Colorado eine spektakuläre hufeisenförmige Schleife, die Horseshoe Bend genannt wird.

ZU DIESEM BUCH

TERRA MAXIMA führt uns zu den Superlativen unseres Planeten: den dunkelsten Tiefen der Weltmeere, den höchsten Gipfeln der Kontinente, den größten Monolithen, den längsten Flüssen, den gewaltigsten Wasserfällen, den tiefsten Meteorkratern, Tälern, Canyons und Höhlen.

Wir erkunden die Rekorde der Tier- und Pflanzenwelt in ihren verschiedenen Lebensräumen: die größten Wale, Fische und Robben, die gefährlichsten Raubtiere, die schnellsten Landtiere, die größten und die kleinsten Vögel, die längsten Tierwanderungen. Wir bewundern die größten Blütenpflanzen der Welt, bestaunen die ältesten Bäume, Farne und Kakteen, durchwandern die dichtesten Nadel-, Mangroven-, Regen- und Bambuswälder, durchqueren die trockensten Wüsten der Erde.

Dieser Bildband präsentiert mit brillanten Fotos der besten Landschafts- und Tierfotografen der Welt spektakuläre Naturphänomene: von antarktischen Gletschern über brodelnde Vulkane und tiefste Schluchten bis zu den Superlativen der Tierwelt, etwa im Pantanal, in der Serengeti oder im Okavangodelta. Eine Vielzahl beeindruckender Satellitenbilder ermöglicht einen Blick auf entlegene Regionen unserer Erde wie die Taiga Sibiriens, die Regenwälder des Amazonasbeckens, die Dünenfelder der Namibwüste oder die schneebedeckten Feuerberge der Anden. Zahlreiche Ranglisten geben einen schnellen Überblick, kurze informative Texte erläutern all jene faszinierenden Rekorde unserer Erde.

Begeben wir uns auf Entdeckungsreise!

Walrosse sind die größte Robbenart der Arktis, hier im Nordpolarmeer bei der Inselgruppe Franz-Joseph-Land.

PLANET ERDE	**10**	Korallenriffe	52	**INSELN**	**96**		
		Atolle	54				
Sonnensystem	12	Malediven	56	Grönland	98		
Sonne und Planeten	14	Antarktischer Ozean	58	Arktischer Ozean	100		
Zwergplaneten	16	Wale	60	Atlantischer Ozean	102		
Monde	18	Haie	62	Indischer Ozean	104		
Erde	20	Orcas	64	Pazifischer Ozean	106		
Erdmond	22			Antarktischer Ozean	108		
Meteoriten	24						
Vredefort Dome	26	**KONTINENTE**	**66**				
Clearwater Lakes	28			**POLARE ZONEN**	**110**		
		Europa	68				
		Asien	70	Arktis/Antarktis	112		
OZEANE	**30**	Subkontinent Indien	72	Walrosse	114		
		Depressionen	74	Eisbären	116		
Arktischer Ozean	32	Australien/Ozeanien	76	Südliche Seeelefanten	118		
Nordpol	34	Afrika	78	Wanderalbatrosse	120		
Atlantischer Ozean	36	Great Rift Valley	80				
Scoresbysund	38	Nord- und Mittelamerika	82				
Sogne-Fjord	40	Erdbeben	84	**TUNDRA UND TAIGA**	**122**		
Nordsee	42	Südamerika	86				
Tidenhub und Gezeitenströme	44	Antarktis	88	Tundra Nordasiens	124		
Indischer Ozean	46	Südpol	90	Tundra Nordamerikas	126		
Pazifischer Ozean	48	Halbinseln	92	Kanadische Tundra	128		
Korallen	50	Arabische Halbinsel	94	Moschusochsen	130		

INHALT

Karibus	132	**PRÄRIEN, STEPPEN**		Strauße	206	**REGENWÄLDER DER**	
Taiga Nordeuropas,		**UND SAVANNEN**	**164**	Great Plains	208	**GEMÄSSIGTEN BREITEN**	**248**
Nordasiens, Nordamerikas	134			Bisons	210		
Sibirische Taiga	136	Eurasische Steppe	166	Cerrados	212	Asien	250
Sibirische Tiger	138	Gobi	168	Pampa	214	Riesenbambus	252
Braunbären	140	Trampeltiere und Dromedare	170			Große Pandas	254
Elche	142	Tibetische Steppe	172			Australien/Ozeanien	256
		Ostindische Feuchtsavanne	174	**WÜSTEN**	**216**	Baumfarne	258
		Panzernashörner	176			Nord- und Mittelamerika,	
LAUB- UND		Australien: Outback		Sahara	218	Südamerika	260
MISCHWALDZONEN	**144**	Neuseeland: High Country	178	Sahara	220	Sequoias	262
		Rote Riesenkängurus	180	Rub Al-Khali	222		
Europa	146	Emus	182	Asien	224		
Eichen und Buchen	148	Sahel	184	Gobi	226	**REGEN- UND MONSUNWÄLDER**	
Wisente	150	Ostafrikanische Savannen	186	Australien	228	**DER TROPISCHEN BREITEN**	**264**
Luchse	152	Afrikanische Elefanten	188	Simpson-Wüste	230		
Ostasien	154	Giraffen	190	Afrika	232	Amazonasbecken	266
Ahorne	156	Kaffernbüffel	192	Namib	234	Südasien	268
Japanmakaken	158	Gnus und Zebras	194	Namib und Sechura-Wüste	236	Palmen	270
Nordamerika	160	Löwen	196	Köcherbäume	238	Ganges-Becken/	
Appalachen	162	Geparden	198	Welwitschien	240	Indochinesische Halbinsel	272
		Südafrikanische		Nord- und Mittelamerika	242	Indische Elefanten	274
		Savannen und Velds	200	Joshua Trees und		Sundarbans	276
		Nashörner	202	Saguaro-Kakteen	244	Bengalische Tiger	278
		Elenantilopen	204	Südamerika	246	Südostasien	280

Inhalt 7

Auf St. Lucia in der Nähe der Stadt Soufrière befinden sich die Twin Pitons – Gros und Petit Piton. Beide Berge gehören zusammen mit Arealen tropischen und subtropischen Regenwalds zu einem Schutzgebiet, das wegen seiner geologischen Vielfalt zum UNESCO-Weltnaturerbe zählt.

Orang-Utans	282
Komodowarane	284
Titanenwurze und Rafflesien	286
Australien/Ozeanien	288
Helmkasuare	290
Afrika	292
Waldelefanten	294
Gorillas	296
Baobabs	298
Parsons-Chamäleons/	
Riesenchamäleons	300
Nord- und Mittelamerika	302
Jaguare	304
Bienenelfen	306
Südamerika	308
Große Anakondas	310
GEBIRGE UND HOCHLÄNDER	**312**
Himalaya	314
Mount Everest	316
Achttausender	318
Anden	320
Europa	322

Alpen	324
Asien	326
Nanga Parbat, Dhaulagiri	330
Trango Towers	332
Tibetisches Hochland	334
Yaks	336
Australien/Ozeanien	338
Mount Augustus, Stone	
Mountain, El Capitan,	
Devils tower	340
Uluru (Ayers Rock)	342
Afrika	344
Hochland von Abessinien	346
Nord- und Mittelamerika	348
Colorado-Plateau, Columbia-	
Plateau, Great Basin	350
Pumas	352
Südamerika	354
Altiplano	356
Lamas, Guanakos,	
Alpakas, Vikunjas	358
Andenkondore	360
Tepuis	362
Antarktis	364

VULKANE	**366**
Ojos del Salado	368
Supervulkane	370
Europa	372
Ätna	374
Atlantischer Ozean	376
Island	378
Asien	380
Kamtschatka	384
Australien/Ozeanien	386
Pazifischer Feuerring	388
Hawaii-Archipel	390
Afrika	392
Kilimandscharo	394
Nyiragongo	396
Indischer Ozean	398
Nord- und Mittelamerika	400
Cascade Range	404
Südamerika	406
Anden	410
Antarktis	412
Vulkaneruptionen –	
die gewaltigsten Vulkanausbrüche	
der Geschichte	414

INHALT

die gewaltigsten Vulkanausbrüche
der Neuzeit   416

TÄLER UND CANYONS   418

Kali-Gandaki-Tal/
Yarlung Zangbo   420
Hutiao-Schlucht   422
Colorado River Canyons   424
Grand Canyon du Verdon   426
Asien   428
Kings Canyon,
Purnululu Canyons   430
Blyde River Canyon,
Fish River Canyon   432
Grand Canyon,
Barranca del Cobre   434
Cañón del Colca   436

HÖHLEN   438

Mammoth Cave   440
Carlsbad Caverns   442

EISFELDER UND GLETSCHER   444

Antarktischer Eisschild   446
Ross-Schelfeis, Filchner-Ronne-
Schelfeis   448
Grönländischer Eisschild   450
Lambert-Gletscher   452
Europa   454
Asien   456
Ozeanien   458
Afrika   460
Nordamerika   462
   Malaspina-Gletscher   466
Campo de Hielo Patagónico Sur
(Südpatagonisches Eisfeld)   468

FLÜSSE   470

Nil   472
Amazonas   474
Europa   478
Asien   480
Indischer Subkontinent   482
Australien/Ozeanien   484

Salzwasserkrokodile   486
Afrika   488
 Flusspferde   490
Nord- und Mittelamerika   492
Südamerika   494
Deltas   496

WASSERFÄLLE   498

Kongo   500
Salto Angel   502
Europa   504
Asien   506
Australien/Ozeanien   508
Afrika   510
  Victoria Falls   512
Nord- und Mittelamerika   514
  Niagara Falls   516
Südamerika   518
  Saltos do Iguaçu   520

SEEN   522

Kaspisches Meer   524
Baikalsee   526
Great Lakes   528
Europa   530
Asien   532
Afrika   534
Nord- und Mittelamerika   536
Südamerika   538
Salzseen und Salzpfannen   540
Assal-See   544

SÜMPFE   546

Pantanal   548
Capybaras   550
Okavango   552

Register   554

PLANET ERDE

Unser Blauer Planet in all seiner Schönheit – bis zum 16. Jahrhundert galt er den Menschen als Mittelpunkt des Universums. Mit Kopernikus und Kepler rückte die Sonne ins Zentrum, und heute wissen wir, dass auch sie nicht mehr ist als ein mittelgroßer Stern am Rand der Milchstraße, einer von 300 Milliarden. Unsere Erkenntnis, dass selbst die gewaltige Milchstraße nur eines von vielen ähnlichen Sternsystemen darstellt, ist noch nicht einmal 100 Jahre alt. Inzwischen können wir mit den modernsten Teleskopen Milliarden von Galaxien beobachten. Unsere Erde rückte so im Verlauf der Geschichte immer mehr aus dem Mittelpunkt des Universums, gemessen am großen Ganzen ist sie kleiner als ein winziges Staubkorn. Und doch bildet sie unsere alleinige Lebensgrundlage. Für die Menschheit gibt es kein Exil im Weltall. Wir müssen deshalb verantwortlich mit unserem Planeten umgehen, dem vielleicht einmaligen Glücksfall Erde, durch den wir als Menschen überhaupt erst möglich geworden sind.

Die Erde vom Mond aus gesehen: Durch den schützenden Schleier der Atmosphäre hindurch ist der Atlantik zu erkennen, den im Westen der amerikanische Kontinent und im Osten Europa und Afrika begrenzen.

Planet Erde 11

SONNENSYSTEM

Die Illustration zeigt die Sonne mit ihren acht Planeten, unsere Erde gehört als dritter Trabant zu den inneren Planeten. Der Asteroidengürtel – die größte Ansammlung kleiner und kleinster Planetoiden – befindet sich zwischen Mars und Jupiter, doch auch in den Bereichen zwischen den anderen Planeten umrunden Asteroiden unser Zentralgestirn. In einer Entfernung zwischen 4,5 und 7,4 Milliarden Kilometern zieht der Kleinplanet Pluto seine Bahn um die Sonne – erst 2006 wurde ihm der Status eines Planeten aberkannt. Er gehört zu den schätzungsweise über 70.000 Objekten mit über 100 Kilometer Durchmesser, die den Kuipergürtel bilden, den äußersten Rand des Sonnensystems. Die Illustration verdeutlicht auch die ungewöhnlich starke Neigung der Pluto-Umlaufbahn.

Unsere Galaxis, die Milchstraße, hat einen Durchmesser von rund 100.000 Lichtjahren, das entspricht ungefähr 950 Trillionen Kilometern. Rund 26.000 Lichtjahre vom galaktischen Zentrum entfernt befindet sich unsere Sonne mit ihren acht Begleitern, den Planeten Merkur, Venus, Erde, Mars, Jupiter, Saturn, Uranus und Neptun. Fast die gesamte Masse des Sonnensystems, nämlich 99,86 %, entfällt dabei auf das Zentralgestirn, die Sonne. Zwei Drittel der restlichen Masse nimmt allein der riesige Gasplanet Jupiter ein. Die verbleibenden 0,05 % teilen sich die sieben anderen Planeten mit ihren Monden sowie die Asteroiden und Klein- und Kleinstplaneten, die ebenfalls die Sonne umkreisen.

DIE GRÖSSTEN KÖRPER IM SONNENSYSTEM
Äquatordurchmesser

1	Sonne	1.392.000 km
2	Jupiter	142.984 km
3	Saturn	120.536 km
4	Uranus	51.118 km
5	Neptun	49.528 km
6	Erde	12.756 km
7	Venus	12.104 km
8	Mars	6.805 km
9	Ganymed (Jupitermond)	5.262 km
10	Titan (Saturnmond)	5.150 km
11	Merkur	4.821 km

DIE SCHWERSTEN KÖRPER IM SONNENSYSTEM
Erdmasse = 1

1	Sonne	332.270
2	Jupiter	318
3	Saturn	95
4	Neptun	17
5	Uranus	14,5
6	Erde	1
7	Venus	0,8
8	Mars	0,1
9	Merkur	0,06
10	Ganymed	0,0025
11	Titan	0,0023

JOHANNES KEPLER
(1571–1630)

Der im württembergischen Weil der Stadt geborene Johannes Kepler entdeckte die bis heute nach ihm

Johannes Kepler, Porträt um 1620

benannten Gesetze der Planetenbewegung. Er konnte zeigen, dass die Planetenbahnen keine Kreise, wie noch Kopernikus vermutet hatte, sondern Ellipsen sind und dass sich die Sonne stets in einem der Brennpunkte der Ellipse befindet. Kepler gilt neben Galileo als einer der Begründer der modernen Naturwissenschaft.

Planet Erde 13

SONNE UND PLANETEN

Unser Sonnensystem mit der Sonne im Zentrum hat einen Durchmesser von etwa 14 Milliarden Kilometern. Das Licht der Sonne ist bis zum Kuipergürtel mehr als sechs Stunden unterwegs, die Erde erreicht es bereits nach acht Minuten.

DIE SONNE

Für die Astronomen ist die Sonne ein durchschnittlicher Stern. An der Oberfläche herrschen Temperaturen von bis zu +5.500 °C, im Inneren sind es +15 Millionen °C. Unser Zentralgestirn besteht zu 70 % aus Wasserstoff, und zu 28 % aus Helium; nur 1,5 bis 2 % bilden schwerere Elemente, darunter hauptsächlich Sauerstoff und Kohlenstoff. Wie die Energiegewinnung der Sonne funktioniert, war lange Zeit ein Rätsel. Ein chemischer Prozess, etwa die Verbrennung von Kohle, konnte es nicht sein, denn dann hätte der Energievorrat nur für 100.000 Jahre gereicht. Erst nach der Entdeckung der Kernenergie wurde die Frage gelöst. Der deutsch-amerikanische Physiker Hans Bethe beschrieb 1938 die sogenannte Proton-Proton-Kette, die erklärt, wie in der Sonne Wasserstoff zu Helium »verbrannt« wird. Die gewonnene Energie beruht darauf, dass die durch die Kernfusion entstandenen größeren Kerne etwas weniger Masse haben als die ursprünglichen Kerne; diese Differenz, der sogenannte »Massendefekt«, wird nach der Ein-

JUPITER
778 Mio. km

Als Maß der Entfernung von der Sonne wird üblicherweise die große Halbachse der Umlaufbahn angegeben: Beim Jupiter sind es 778 Millionen Kilometer. Der Jupiter ist mit Abstand der größte Planet, und er besteht hauptsächlich aus Wasserstoff und Helium. Zahlreiche Satelliten begleiten ihn, die vier größten – Io (als roter Punkt in der rechten Bildhälfte erkennbar), Europa, Ganymed und Kallisto – wurden bereits 1610 von Galileo entdeckt. Hellere und dunklere Bänder wechseln in den etwa −50 °C kalten Gasschichten ständig ab, die Einfärbungen beruhen auf Phosphor- und Schwefelbeimengungen. Besonders rätselhaft ist der sogenannte rote Fleck – im Bild unten links zu sehen –, ein ungewöhnlich stabiler Zyklon. Der Jupiter ist nicht nur der größte Planet, sondern er hat auch die schnellste Rotationsperiode: neun Stunden und 55 Minuten.

NEPTUN
4.497 Mio. km

Auf einen achten Planeten schloss man aufgrund von Bahnstörungen des Nachbarplaneten Uranus. Teleskopisch entdeckt wurde der Neptun 1846. Der Gasplanet weist einen etwas höheren Anteil an Methan auf, die Temperatur der Atmosphäre wurde mit −218 °C bestimmt. Auch der Neptun verfügt über mehrere Satelliten – und weist rätselhafte dunkle Flecken auf.

URANUS
2.870 Mio. km

Der siebte Planet wurde bereits 1781 entdeckt. Auch er gehört zu den Gasplaneten. 1986 flog die Raumsonde »Voyager 2« am Uranus vorbei, und er erwies sich im sichtbaren Bereich als nahezu strukturlos. Allerdings konnte bestätigt werden, dass der Planet über ein Ringsystem verfügt. Etwa 15 Trabanten begleiten den kalten Riesen.

SATURN
1.427 Mio. km

Auch der sechste Planet ist ein Gasplanet, er hat unter den Planeten die geringste mittlere Dichte. Er besteht vor allem aus Wasserstoff. Wie der Jupiter weist er ein System von Bändern und Zonen auf. Markantestes Merkmal sind die ausgeprägten Ringe, die schon 1655 beschrieben wurden. Zahlreiche Satelliten umkreisen den Saturn, der größte ist der Titan (ø 5.150 Kilometer).

ERDE
150 Mio. km

Der dritte Platz in der Reihe der Planeten ist offenbar besonders begünstigt. Alles passt, die Größe, die mittlere Dichte, die Entfernung zur Sonne, hier konnte sich eine Atmosphäre entwickeln, Wasser ansammeln und Leben entstehen. Die Atmosphäre schützt uns nicht nur vor harter Strahlung, sondern sorgt auch dafür, dass die meisten Objekte, die aus dem All auf die Erde einstürzen, zu harmloser Asche verglühen. Die Erde zählt zu den inneren Planeten, die im Unterschied zu den äußeren Gasplaneten auch als Gesteinsplaneten bezeichnet werden. Eine Lichtsekunde entfernt umkreist nur ein Trabant, der Mond, die Erde. Unser blauer Planet ist außerdem keine exakte Kugel: Er ist an den Polen abgeplattet, der Unterschied beträgt 43 Kilometer.

14 Planet Erde

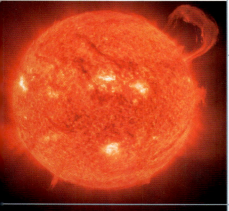

steinschen Gleichung $e = m \cdot c^2$ als Energie frei. Es ist zwar durch den Faktor c^2, dem Quadrat der Lichtgeschwindigkeit, ein sehr hoher Wert, allerdings läuft dieser Prozess nur äußerst langsam ab. Sogar im extrem heißen Sonneninneren erreicht gerade mal ein Proton unter 100 Millionen die für eine Kollision erforderliche Geschwindigkeit. Doch gibt es so viele Protonen im Sonneninneren, dass pro Sekunde etwa fünf Millionen Tonnen Masse in Energie umgewandelt werden. Seit 4,5 Milliarden Jahren funktioniert dieser Prozess, noch nicht einmal 4 % des Wasserstoffs sind verbraucht. Der Vorrat reicht also noch gut für mehrere Milliarden Jahre.

Die Sonne ist ein unruhiger Stern. Regelmäßig bilden sich Flecken an der Oberfläche – im Bild sind es die dunkleren Bereiche –, die meist nach ein paar Tagen wieder verschwinden. Im Inneren sind diese Flecken mit 4.300 °C auch etwas »kälter«. Besonders spektakulär sind Protuberanzen, gewaltige Plasmaeruptionen (links).

Die acht Planeten unseres Sonnensystems von links nach rechts und von oben nach unten (die Abbildungen berücksichtigen hier nicht die realen Größenverhältnisse): Jupiter, Neptun, Uranus, Erde, Saturn (Mitte), Venus, Mars und Merkur (großes Bild).

Olympus Mons – Höchster Vulkan im Sonnensystem

Auf dem Mars befindet sich der 26,4 Kilometer hohe Olympus Mons. Der Vulkan ist nach dem Sitz der griechischen Götter benannt

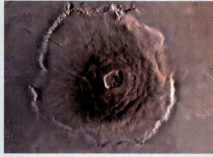

600 km breite Basis: Olympus Mons

und gilt als der höchste Vulkan des gesamten bisher erforschten Sonnensystems. Der Krater auf seinem Gipfel hat einen Durchmesser von 80 Kilometern. Vom Typus her ist es ein Schildvulkan, vergleichbar dem Vulkan Mauna Loa auf Hawaii.

Valles Marineris – größter Canyon im Sonnensystem

Auch der größte Canyon, soweit bisher bekannt, befindet sich auf dem Mars. Es ist ein weitläufiges, über 4.000 Kilometer langes, bis zu 600 Kilometer breites und bis zu 10 Kilo-

Arcuat-Grabensystem, Valles Marineris

meter tiefes Grabenbruchsystem längs des Marsäquators – das entspricht in seiner Länge der Entfernung von der nordamerikanischen Ostküste zur Westküste.

VENUS
108 Mio. km

Der zweitinnerste Planet zur Sonne ist die Venus, die zu den erdähnlichen Planeten zählt. Die Venus ist auch der Planet, der auf seiner Umlaufbahn der Erde am nächsten kommt. Die völlig undurchsichtige Atmosphäre besteht hauptsächlich aus Kohlendioxid, der Treibhauseffekt sorgt am Boden für über +460 °C, Wasser hat hier keine Chance. Die Venus besitzt keine Monde.

MARS
228 Mio. km

An vierter Stelle folgt der Planet Mars, der von der Erde aus rötlich erscheint. Auch der Mars gehört zu den erdähnlichen Planeten, er besitzt sogar eine dünne Atmosphäre (95 % Kohlendioxid). Auf dem Mars wurden neben Kratern auch ehemalige Vulkane entdeckt. Der Mars ist wesentlich kleiner als die Erde, Spuren von Wasser hat man bislang dort ebenfalls nicht gefunden.

MERKUR
58 Mio. km

Den erdähnlichen Planeten wird auch der Merkur, der sonnennächste Planet, zugeordnet. Der Merkur ist allerdings sehr klein – er verfügt nur über 6 % der Erdmasse. Eine sehr dünne Atmosphäre scheint es zu geben, die schützt jedoch nicht vor den extremen Temperaturen von +425 °C auf der Tag- und -170 °C auf der Nachtseite. Die Landschaft ähnelt der des Mondes.

Planet Erde 15

ZWERGPLANETEN

Am 24. August 2006 wurden in Prag die Verhältnisse im Weltraum neu geordnet. Pluto verlor seinen Rang als Planet und gilt seither als »Zwergplanet«. Als Kriterium für die Unterscheidung diente die Tatsache, dass die großen Planeten ihre Umlaufbahn von anderen Objekten weitgehend freigeräumt hätten – was nicht unumstritten ist. In der Umlaufbahn von Erde und Jupiter z. B. befinden sich noch immer Tausende von Objekten, deren Masse allerdings im Vergleich zu derjenigen der jeweiligen Planeten nur sehr gering ist. Als Plutoide werden Kleinplaneten bezeichnet, die die Sonne jenseits der Neptunbahn im Bereich des Kuipergürtels umkreisen. Die beiden größten Trans-Neptun-Objekte sind Eris und Pluto.

Auf dem großen Bild zu sehen: Makemake – benannt nach dem Schöpfergott der Osterinsel und »maki-maki« ausgesprochen –, der 2005 entdeckte und nach Eris und Pluto drittgrößte Plutoid.

16 Planet Erde

DIE KLEINSTEN PLANETEN DES SONNENSYSTEMS

ERIS

Der Zwergplanet Eris wurde erst 2005 entdeckt. Mit einem Durchmesser von etwa 2.400 Kilometern ist er sogar etwas größer als Pluto und wurde noch 2005 als »zehnter Planet« geführt. Eris hat mindestens einen eigenen Satelliten; der Trabant hat einem Durchmesser von etwa 240 Kilometern und wurde 2006 Dysnomia getauft.

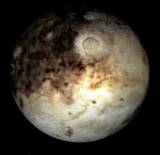

PLUTO

Der ehemalige neunte Planet, der erst 1930 entdeckte Pluto, ist zu einem Zwergplaneten herabgestuft worden. Mit etwa 2.390 Kilometer Durchmesser ist er etwas kleiner als Eris und sogar kleiner als unser Mond. Der größte seiner drei Satelliten, Charon, ist jedoch mit einem Durchmesser von rund 1200 Kilometern ungewöhnlich groß.

MONDE

Satelliten sind Himmelskörper, die einen Planeten oder Zwergplaneten umkreisen, selbst aber keine weiteren Trabanten haben – man spricht hier auch von Monden. Die Planeten des Sonnensystems haben nach bisherigem Kenntnisstand 167 natürliche Satelliten. Zwei dieser Trabanten sind sogar größer als der Planet Merkur (4.878 Kilometer Durchmesser). Die meisten Monde umkreisen den Jupiter – 67 an der Zahl. Den zweiten Rang mit 61 Begleitern belegt der Saturn. Merkur und Venus haben keine Monde.

Das große Bild zeigt den Jupitermond Io, den innersten und drittgrößten von vier weiteren, vor seinem Mutterplaneten.

DIE GRÖSSTEN MONDE DES SONNENSYSTEMS
(J=Jupiter, S=Saturn, U=Uranus, N=Neptun)
Äquatordurchmesser

❶	Ganymed (J)	5.262 km
❷	Titan (S)	5.150 km
❸	Kallisto (J)	4.821 km
❹	Io (J)	3.643 km
❺	Mond	3.476 km
❻	Europa (J)	3.122 km
❼	Triton (N)	2.707 km
❽	Titania (U)	1.578 km
❾	Rhea (S)	1.528 km
❿	Oberon (U)	1.523 km
⓫	Iapetus (S)	1.436 km
⓬	Charon (Pluto)	1.207 km

DIE GRÖSSTEN MONDE DES SONNENSYSTEMS

Ganymed (Bild oben) ist der größte Mond des Sonnensystems. Der Trabant des Jupiter ist von einer dicken Eisschicht bedeckt und soll sogar eine dünne Atmosphäre haben. Das Bild darunter zeigt den Erdenmond während einer totalen Mondfinsternis.

Auf dem Saturnmond Enceladus gibt es nicht nur Eis, sondern sogar flüssiges Wasser und vielleicht auch primitives Leben (oberes Bild, kleine Sichel, rechts davor die mächtige Sichel des Saturnmonds Titan). Europa (unteres Bild) zählt zu den vier größten Jupitersatelliten.

Die eisbedeckte Oberfläche des drittgrößten Jupitermonds Kallisto ist von unzähligen Einschlagkratern übersät; die Oberflächentemperatur beträgt im Durchschnitt -139 °C (oberes Bild). Von Eis überzogen zeigt sich auch Triton, der größte Trabant des Neptun (unteres Bild).

Io ist der innerste der vier großen Jupitermonde. Kennzeichnend für den Satelliten ist sein ausgeprägter Vulkanismus, der im gesamten Sonnensystem einmalig ist (oberes Bild). Der Uranus-Trabant Oberon wurde 1787 entdeckt; auch er ist von Eis bedeckt (unteres Bild).

Planet Erde 19

ERDE

Künstliche Erdsatelliten bewegen sich meist in Höhen von 400 bis 600 Kilometern und umrunden die Erde mehrmals am Tag. Einige dieser Satelliten sind mit hochwertigen Digitalkameras ausgestattet, die inzwischen eine so hohe Auflösung haben, dass selbst Details unter einem

Die Erde geht über dem Mond auf.

Meter erkennbar sind. Großräumige Aufnahmen wie hier im Hintergrund spielen für die Wettervorhersage und die Kartografie eine wichtige Rolle, sie liefern aber auch Informationen über den Zustand der Umwelt. Unter anderem wurden so die Ozonlöcher über den Polen und der weltweite Rückgang der schützenden Ozonschicht festgestellt.

Die keilförmige Somali-Halbinsel im Osten des afrikanischen Kontinents ragt südlich des Golfs von Aden in den Indischen Ozean hinein. Wegen ihrer Gestalt wird die Halbinsel auch »Horn von Afrika« genannt. In dem nicht genau abgegrenzten Gebiet liegen Somalia und der östliche Teil Äthiopiens.

20 Planet Erde

DER »LEBENDE« PLANET

DIE ERDE LEBT

Alaska: Wo das Eis Land freigibt, blüht in kürzester Zeit eine reiche Vegetation.

Mann vom Volk der Kara in Äthiopien

Leben in der Luft: Weißkopfseeadler

Auf dem Land: Weißschwanzhirschkalb

Im Wasser: Buckelwal mit Jungtier

Seit rund vier Milliarden Jahren gibt es Leben auf der Erde. Die ersten Lebensformen waren einzellige Mikroorganismen wie Bakterien, Archaeen und Eukaryoten. Durch Evolution, also die Veränderung der in den Genen kodierten Erbinformationen mittels Mutation und natürlicher Selektion, haben sich aus einfachsten Lebensformen immer komplexere, besser angepasste Lebewesen entwickelt. Auf diese Weise differenzierten sich im Laufe der verschiedenen Erdzeitalter Fische, Amphibien, Reptilien, Insekten und Säugetiere oder Algen, Sporen- und Blütenpflanzen, Nackt- und Bedecktsamer aus.
Erst ganz am Ende dieser Entwicklung, vor zwei Millionen Jahren, trat der Mensch auf den Plan. Vom Homo habilis über den Homo erectus durchmaß er im Eilschritt die Evolution, um sich schließlich als moderner Homo sapiens die Erde untertan zu machen.

Die Erde ist der bisher einzige bekannte Himmelskörper, auf dem sich Leben entwickelt hat. Nur hier hat das feine Zusammenspiel zahlreicher Faktoren eine Pflanzen- und Tierwelt hervorgebracht, die sich im Laufe der Evolution den unterschiedlichsten Umgebungen angepasst hat.

Planet Erde 21

ERDMOND

Der Erdmond ist mit einem Durchmesser von 3.476 Kilometern der fünftgrößte Mond des Sonnensystems. Seine Oberfläche mit knapp 38 Millionen km² entspricht 7,4 % der Erdoberfläche und ist damit kleiner als die Landfläche des amerikani-

Mondaufgang über der Isle of Wight

schen Doppelkontinents mit seinen etwa 42 Millionen km². Der Trabant hat 2 % des Erdvolumens und etwa 1,2 % der Erdmasse. Eine geringere Masse bedeutet aber auch eine geringere Schwerkraft, deshalb wiegt ein Mensch, der auf der Erde 80 Kilogramm auf die Waage bringt, auf dem Mond nur noch 13,3 Kilogramm. Ein Weitspringer, der auf unserem Planeten acht Meter erreicht, wird auf dem Mond fast 50 Meter weit springen. Auch ein schwer bepackter Astronaut bewegt sich mit der Leichtigkeit einer Ballerina.

Aufnahme der Galileo-Sonde vom Mond: Oben links ist das Mare Imbrium, darunter, etwa in der Bildmitte links, das Mare Serenitatis zu sehen; der hellere Streifen zwischen den beiden Mondmeeren ist der Gebirgszug der Montes Caucasus.

DIE GRÖSSTEN MARIA (MEERE)
Mittlerer Durchmesser

Die dunklen Flächen hielt man ursprünglich für Meere (Mare), von Wasser ist natürlich keine Spur. Man blieb dennoch bei dieser Bezeichnung.

①	Oceanus Procellarum	2.568 km
②	Mare Frigoris	1.596 km
③	Mare Imbrium	1.123 km
④	Mare Fecunditatis	909 km
⑤	Mare Tranquillitatis	873 km
⑥	Mare Nubium	715 km

DIE GRÖSSTEN TERRAE (GEBIRGE)
Länge

Bergzüge sind als hellere Bereiche – oft zwischen Maria – zu erkennen. Die Namen orientieren sich häufig an den Namen irdischer Gebirgszüge.

①	Montes Rook	791 km
②	Montes Cordillera	574 km
③	Montes Haemus	560 km
④	Montes Caucasus	445 km
⑤	Montes Jura	422 km
⑥	Montes Apenninus	401 km

DIE GRÖSSTEN KRATER
Mittlerer Durchmesser

Krater gehen auf Einschläge durch Meteoriten zurück. Der größte bekannte Krater des Sonnensystems ist das Südpol-Aitken-Becken auf dem Mond.

①	Südpol-Aitken-Becken	2.240 km
②	Apollo	537 km
③	Birkhoff	345 km
④	Poincaré	319 km
⑤	Planck	314 km
⑥	Schödinger	312 km

DIE GRÖSSTEN MONDMEERE, MONDGEBIRGE UND KRATER

DIE EROBERUNG DES MONDES

Oben: US-Flagge und Lunarmodul; unten: Apollo 15 (1971) mit Mondfahrzeug LRV

Am 21. Juli 1969 betrat erstmals ein Mensch den Mond. Fast eine halbe Milliarde Menschen weltweit verfolgten dieses Jahrhundertereignis an den Bildschirmen und Rundfunkgeräten. Vier Tage zuvor war die Saturn-V-Rakete mit der Apollo-11-Kapsel und den Astronauten Neil Armstrong, Buzz Aldrin und Michael Collins vom Kennedy-Raumfahrtzentrum in Florida aus gestartet. Drei Tage später erreichte Apollo 11 die Mondumlaufbahn; am 20. Juli landete die Mondfähre Eagle mit Neil Armstrong und Buzz Aldrin an Bord im Mare Tranquillitatis. Am 21. Juli um 02:56:58 Uhr UTC (in Amerika war es noch der 20. Juli) stieg Armstrong als Erster aus der Fähre und äußerte den berühmten Satz: »Für einen Menschen ist es nur ein kleiner Schritt, aber ein gewaltiger Sprung für die Menschheit.« Nach zweieinhalb Stunden endete der erste Mondspaziergang. Die Astronauten hatten ihr Programm absolviert und außerdem 21,6 Kilogramm Mondgestein eingesammelt. Der Rückflug zur Kommandokapsel in der Mondumlaufbahn klappte reibungslos, ebenso der Rückflug zur Erde. Am 24. Juli wasserte die Kapsel im Pazifik. Die Astronauten wurden als Helden gefeiert.

Der Astronaut und Geologe Harrison Hagan Schmitt untersucht während der Apollo-17-Mission 1972 einen Felsen im Taurus-Hochland (großes Bild). Zusammen mit seinem Kollegen Eugene Cernan führte er die längste Monderkundung aller Apollo-Missionen durch.

METEORITEN

Kometen und Asteroiden gehören zu den im All vorhandenen Himmelskörpern, die mit anderen Gestirnen – darunter der Erde – zusammenstoßen können. Forscher schätzen, dass sich über tausend solcher Körper mit Größen über einem Kilometer in Umlaufbahnen bewegen, die

Kometenschweif über Stonehenge

irgendwann einmal in der Zukunft als Meteoriten auf die Erde stürzen könnten. Ein Drittel davon sind Kometen. Zahlreiche größere Zusammenstöße hat es in der Erdgeschichte gegeben: Über 100 Krater mit Durchmessern zwischen einem und mehreren Hundert Kilometern sind bekannt, die auf den Einsturz eines extraterrestrischen Körpers zurückgehen. Die Folgen waren teilweise verheerend: Das Aussterben der Dinosaurier und eines Großteils der mesozoischen Tier- und Pflanzenwelt vor 65 Millionen Jahren wird mit dem Meteoriten von etwa zehn Kilometer Durchmesser in Verbindung gebracht, der in Mexiko den Chicxulub-Krater herausgeschlagen hat. Die Explosion soll die fünffache Sprengkraft des gesamten Nuklearbombenarsenals der Welt gehabt haben. Die dabei aufgewirbelten Staub- und Gasmengen blockierten weltweit die Sonneneinstrahlung und führten so zu einer Klimakatastrophe.

DIE GRÖSSTEN METEORITENFUNDE
Masse in Tonnen (t)

1. **Hoba**
   Namibia — 60 t
2. **Campo-del-Cielo**
   Argentinien — 37 t
3. **Cape York**
   Grönland — 31 t
4. **Armanty**
   China — 28 t
5. **Bacubirito**
   Mexiko — 22 t
6. **Cape York**
   Grönland — 20,1 t
7. **Mbosi**
   Tansania — 16 t
8. **Campo-del-Cielo**
   Argentinien — 14,9 t

DER HOBA-METEORIT

Der größte bisher gefundene Meteorit

Die Erde befindet sich ständig unter Meteoritenbeschuss, täglich fallen mehrere Tausend Tonnen dieser extraterrestrischen Festkörper auf uns herab – die meisten dieser Brocken sind so klein, dass sie beim Eintritt in die Atmosphäre verglühen. Statistisch gesehen erreichen größere Exemplare die Erde nur sehr selten. Zwei Klassen werden dabei unterschieden: Stein- und Eisenmeteoriten. Die größten erhaltenen Exemplare gehören zu den Eisenmeteoriten. Der 1920 in Namibia gefundene, etwa 60 Tonnen schwere Hoba-Meteorit führt dabei die Liste an. Vor etwa 80.000 Jahren soll er auf die Erde gestürzt sein, ein Krater ist nicht mehr zu sehen. Der freigelegte Eisen-Nickel-Block liegt bis heute an seiner ursprünglichen Position. Der Stein kann besichtigt werden, für Besucher wurden im Erdreich eingelassene Rundmauern eingerichtet, die an ein Amphitheater erinnern.

24 Planet Erde

DIE GRÖSSTEN METEORITENFUNDE UND METEORITENKRATER

DIE GRÖSSTEN METEORITENKRATER AUF DER ERDE

Der Wilkesland-Krater in der Antarktis ist mit 500 Kilometern Durchmesser der größte bekannte Krater der Erde. Vor etwa 250 Millionen Jahren schlug hier ein gewaltiger Meteorit ein. Der Krater ist unter 1,5 Kilometern Eis verborgen. 2006 wurde er im Rahmen von Messungen der Fluktuationen des irdischen Schwerefelds durch die GRACE-Satelliten entdeckt und durch Radaraufnahmen bestätigt.

Gosses-Bluff-Krater in Australien

Manicouagan-Krater in Kanada

Mittlerer Durchmesser

❶	Wilkesland (Antarktis)	500 km
❷	Vredefort (Südafrika)	300 km
❸	Sudbury (Kanada)	250 km
❹	Chicxulub (Mexiko)	170 km
❺	Popigai (Russland)	100 km
❻	Manicouagan (Kanada)	100 km
❼	Acraman (Australien)	90 km
❽	Chesapeake Bay (USA)	90 km
❾	Puchezh-Katunki (Russland)	80 km
❿	Morokweng (Südafrika)	70 km
⓫	Kara (Russland)	65 km
⓬	Beaverhead (USA)	60 km

Barringer-Krater zwischen Flagstaff und Winslow in Arizona, USA (großes Bild). Der etwa 1,5 km große und rund 170 m tiefe Krater entstand vor etwa 50.000 Jahren durch einen Eisenmeteoriten, der einen Durchmesser von wenigen Dutzend Metern hatte und mit einer Geschwindigkeit von etwa 40 km/s aufschlug.

VREDEFORT DOME – DER GRÖSSTE NACHWEISBARE METEORITENKRATER DER ERDE

Der Einschlagkrater von Vredefort rund 120 km südwestlich von Johannesburg ist mit einem Alter von etwas über zwei Milliarden Jahren der älteste der Welt. Bis zur Entdeckung des Wilkesland-Kraters galt er auch als der größte.

Einschläge von Riesenmeteoriten waren die größten Katastrophen der Erdgeschichte. Man nimmt heute an, dass sie nicht nur die Evolution, sondern auch die geologische Entwicklung unseres Planeten beeinflusst haben. Wie der Gesteinsbrocken genau ausgesehen hat, der in Südafrika vor gut zwei Milliarden Jahren auf die Erde niedersauste, ist heute nicht mehr eindeutig festzustellen. Eventuell war es ein Asteroid mit zwölf Kilometern Durchmesser, der mit 20 Kilometern pro Sekunde, oder aber der kleinere Kopf eines Kometen, der mit noch höherer Geschwindigkeit auf die Erde stürzte. Beim Aufprall eines Meteoriten wird seine innere Energie in Sekundenbruchteilen in Wärme umgewandelt, sodass der Meteorit selbst und größere Mengen des Bodenmaterials sofort verdampfen. Man schätzt, dass im Fall von Vredefort etwa 70 Kubikkilometer Felsgestein verdampft sind. Eine gewaltige Explosion ist die Folge, durch die ein Krater entsteht. Ausgeworfenes Material bildet am Rand einen Wall. Die Aufprallenergie führt in den Mineralien des Untergrunds zu Veränderungen – aus Quarz

entstehen die Hochdruckmodifikationen Stishovit und Coesit. Auch sogenannte Strahlen- oder Druckkegel (Shatter Cones) wurden gefunden, Gesteine, auf deren Bruchflächen strahlenartige Streifen zu sehen sind, die auf die Schockwelle des Meteoriteneinschlags zurückgeführt werden. Beim Einschlag wird Gestein regelrecht in scharfkantige Bruchstücke zertrümmert. Wenn diese sich danach wieder verfestigen, spricht man von einer Brekzie. Der Krater von Vredefort ist in Fachkreisen besonders bekannt für eine spezielle Brekzie namens Pseudotachylit. Durch den Aufprall konnten auch Hornfelse an die Erdoberfläche gelangen, die sonst nur in tieferen Schichten vorkommen. In Teilen gilt der Dome als UNESCO-Weltnaturerbe.

Die Bezeichnung Vredefort Dome bezieht sich auf eine Aufwölbung in der Mitte des Kraters, die vom Einschlag stammt (links). Aus der Luft lässt sich die halbkreisförmige Struktur des Meteoritenkraters Vredefort Dome deutlich erkennen (großes Bild).

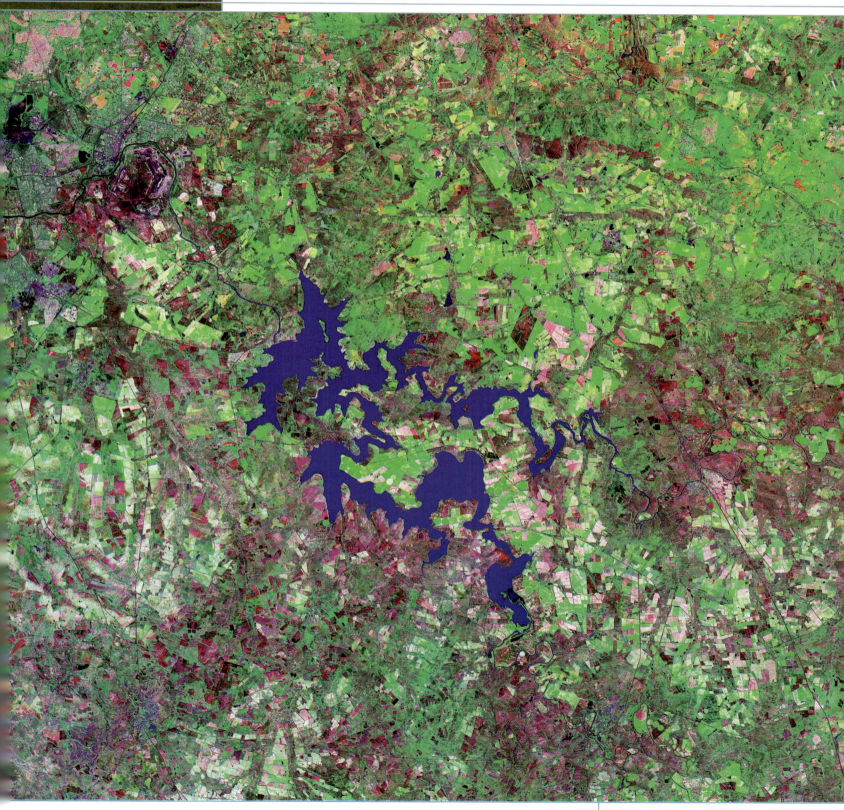

Planet Erde 27

CLEARWATER LAKES – EINZIGER ZWEIFACHEINSCHLAG AUF DER ERDE

Zum Glück sind Einschläge großer Meteoriten seltene Ereignisse, aber noch seltener ist es, wenn zwei unmittelbar nebeneinander einschlagen. Die Clearwater Lakes in der kanadischen Provinz Quebec sollen auf einen solchen fast gleichzeitigen Doppelschlag zurückge-

Kanufahrer auf dem Clearwater Lake

hen. Ähnlich wie bei Doppelsternen nimmt man auch hier an, dass es sich um zwei einander umkreisende Asteroiden gehandelt hat. Die nahezu runden Seen haben Durchmesser von 26 und 36 Kilometern.

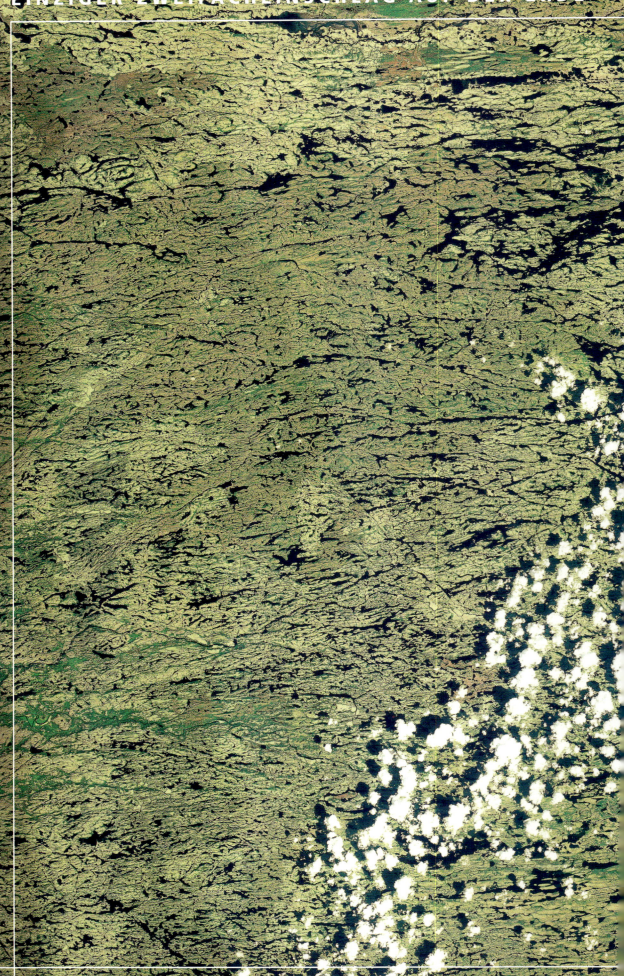

Großes Bild: Weitgehend wolkenfrei zeigt sich die karge kanadische Tundra auf der Halbinsel Labrador in der Provinz Quebec. Wie zwei riesige Augen wirken die beiden Meteoritenkrater: der westliche Clearwater Lake mit seinem auffallenden Inselring und der danebenliegende östliche Clearwater Lake.

28 Planet Erde

OZEANE

Die Ozeane bedecken 71% unseres Planeten und bilden mit 361 Millionen km² eine zusammenhängende Wasserfläche, die die Erde, betrachtet man sie aus dem Weltall, als »blauen Planeten« erscheinen lassen. Die drei großen Weltmeere Pazifischer, Atlantischer und Indischer Ozean nehmen dabei circa 90% der Fläche ein, die restlichen 10% teilen sich Nord- und Südpolarmeer. 97,5% des auf der Erde vorkommenden Wassers befindet sich in den Ozeanen, nur 2,5% ist Süßwasser auf dem Festland. Der Salzgehalt des Meeres liegt im Mittel bei 3,5%.
Die mittleren Tiefen der Meeresböden betragen zwischen 3.000 und 4.500 Metern. Die Übergänge zu Kontinenten und Inseln variieren. Je nach tektonischer Begebenheit sind Schelfmeere, die eine Tiefe von 200 Metern nicht überschreiten, Kontinentalabbrüche oder Tiefseegräben, die bis zu 11.022 Meter hinabreichen, zu verzeichnen.

Wellen werden hauptsächlich durch Wind hervorgerufen. Sie stellen einen schwingenden Bewegungsvorgang des Wassers dar, ohne die Wassermassen jedoch wesentlich zu verlagern. Meereswellen können unter dem Einfluss von Orkanen bis zu 20 Meter hoch werden.

OZEANE NACH FLÄCHE UND MITTLERER TIEFE

❶ **Pazifischer Ozean**
Fläche 181.340.000 km²
Mittlere Tiefe 4.188 m
❷ **Atlantischer Ozean**
Fläche 106.400.000 km²
Mittlere Tiefe 3.339 m
❸ **Indischer Ozean**
Fläche 73.556.000 km²
Mittlere Tiefe 3.400 m
❹ **Südpolarmeer**
Fläche 20.327.000 km²
Mittlere Tiefe 4.500 m
❺ **Nordpolarmeer**
Fläche 14.090.000 km²
Mittlere Tiefe 1.500 m

OZEANE NACH KÜSTENLÄNGE

❶ Pazifischer Ozean 135.664 km
❷ Atlantischer Ozean 111.866 km
❸ Indischer Ozean 66.526 km
❹ Nordpolarmeer 45.387 km
❺ Südpolarmeer 17.968 km

Die Ozeane bieten Lebensraum für zahlreiche Fischarten, die oftmals in großen Schwärmen auftreten. Die bis zu zwei Meter langen Kuhnasenrochen (»Rhinoptera«) leben in den subtropischen Gewässern, teils in Schwärmen mit Hunderten von Exemplaren.

Ozeane 31

ARKTISCHER OZEAN (NORDPOLARMEER)

Eisbedeckt, unwirtlich und lebensfeindlich präsentiert sich das Nordpolarmeer, das mit 14.090.000 km² das kleinste der fünf Weltmeere ist. Fast völlig vom Festland Nordasiens, Nordamerikas und Europas umgeben, ist der nördlichste Teil des

Schäumende Ostsibirische See

Nordpolarmeeres eine Eiskappe, die ganzjährig eine Stärke zwischen zwei und vier Metern aufweist. Das Eis ist nicht ortsfest, es driftet, es ist ständig in Bewegung. Meeresströmungen und Erdrotation sind die Hauptverursacher dieser Bewegungen. An den Außenrändern der Eiskappe werden unter dem zusätzlichen Einfluss von Wind und Wellen bizarre Packeislandschaften zusammengeschoben, die sich weiter südlich in eine wesentlich offenere Treibeiszone mit driftenden Eisbergen auflösen. Diese Vorgänge sind starken jahreszeitlichen Schwankungen ausgesetzt. Mit der recht schmalen Beringstraße zwischen Nordamerika und Asien hat das Nordpolarmeer eine Verbindung zum Pazifischen und über das Europäische Nordmeer eine zum Atlantischen Ozean. Große, flache Schelfgebiete insbesondere vor der sibirischen Küste charakterisieren den Meeresboden in großen Teilen.

DIE GRÖSSTEN MEERESTIEFEN

❶	Molloytief	5.608 m
❷	Litketief	5.449 m
❸	Kanadisches Becken	4.994 m
❹	Zentralarktisches Becken	3.290 m

DIE GRÖSSTEN NEBENMEERE

❶	Barentssee	1.521.878 km²
❷	Grönlandsee	1.084.000 km²
❸	Karasee	880.000 km²
❹	Laptewsee	623.000 km²
❺	Tschuktschensee	580.000 km²
❻	Ostsibirische See	527.000 km²
❼	Beaufortsee	508.000 km²

BARENTSSEE – GRÖSSTES NEBENMEER DES ARKTISCHEN OZEANS

Unberührt und still wirkt der Hornsundfjord im norwegischen Spitzbergen (Svalbard).

Die Barentssee wird von den Inselgruppen Spitzbergen, Franz-Joseph-Land und Nowaja Semlja sowie dem europäischen Festland begrenzt. Die breite Verbindung zum Europäischen Nordmeer zwischen dem Nordkap in Norwegen und der Inselgruppe Spitzbergen lässt die Ausläufer des warmen Golfstromes in dieses Schelfmeer vordringen. Dies hat zur Folge, dass die Barentssee weitgehend eisfrei ist und selbst im Winter Häfen wie z. B. Murmansk an der Nordküste Europas für die Schifffahrt zugänglich bleiben. Murmansk ist deshalb auch der wichtigste Stützpunkt der russischen Nordmeerflotte.

Die im Vergleich zu den anderen Teilen des Nordpolarmeeres relativ hohen Temperaturen des Meerwassers führen im Frühjahr zu einer raschen Produktion von Phytoplankton und damit einem starken Wachstum von Zooplankton. Dies stellt die Hauptnahrung für den Kabeljau dar, der hier von den russischen und norwegischen Flotten im großen Stil gefangen wird.

In den Sommermonaten löst sich in den Randgebieten des Nordpolarmeeres die geschlossene Eisdecke in Eisschollen auf und geht in eine Treibeiszone über. Eisbären, die größten Landraubtiere der Erde, verbringen die meiste Zeit ihres Lebens auf dem Treibeis (großes Bild).

Ozeane 33

NORDPOL

Der geografische Nordpol ist der nördlichste Punkt der Erde. Kein Vermessungspunkt markiert diese Stelle im Nordpolarmeer, denn sie liegt nicht auf dem Festland, sondern auf einer zwei bis drei Meter dicken Eisschicht, die auf dem circa 4.000 Meter tiefen Ozean schwimmt

Eisbrecher im Nordpolarmeer

und fortdauernd in Bewegung ist. Er ist der nördliche Endpunkt der Rotationsachse der Erde. Die Blickrichtungen West und Ost sind aufgehoben – von diesem Punkt geht der Blick stets nach Süden. Der magnetische Nordpol steht nicht in unmittelbarem Zusammenhang mit dem geografischen Nordpol, er liegt im Norden Kanadas. Am Nordpol ist mit einer kurzen Übergangszeit sechs Monate im Jahr Polartag (21. März bis 23. September). Das heißt vereinfacht gesprochen: Die Sonne geht nicht unter. Die anderen sechs Monate im Jahr ist Polarnacht – die Sonne geht nicht auf.

Großes Bild: Im Sommer bricht die Eisdecke im Arktischen Ozean oder Nordpolarmeer an einigen Stellen auf, offene Wasserflächen entstehen.

34 Ozeane

WETTLAUF ZUM POL

Die Geschichte der Nordpolarexpeditionen ist lang. Besessen von der Idee, den Nordpol als Erster zu erreichen, lieferten sich Forscher und Abenteurer einen intrigen- und dramenreichen Wettlauf.

Dass Robert E. Peary (1856 bis 1920) tatsächlich am 6. April 1909 mit Matthew A. Henson zuerst den Nordpol erreichte, wird in der Wissenschaft sehr stark angezweifelt. Der Forscher Frederick Cook (1865–1940) reklamiert für sich, den Nordpol bereits ein Jahr zuvor erreicht zu haben, was ebenfalls als wenig wahrscheinlich gilt. Als gesichert gilt jedoch, dass der Flug des Luftschiffs »Norge«, der von Umberto Nobile, Roald Amundsen und Lincoln Ellsworth im Mai 1926 durchgeführt wurde, über den geografischen Nordpol führte. 1958 erreichte mit der »USS Nautilus« erstmals ein U-Boot unterhalb der geschlossenen Eisdecke den geografischen Nordpol. Damit war der endgültige Beweis erbracht, dass es einen arktischen Kontinent nicht gibt.

Der Polarforscher Robert Edwin Peary

Auf Pearys Nordpolexpedition

Der Polarforscher Matthew A. Henson

Amundsen und Ellsworth beobachten die »Norge«.

Zwischen Eisschollen aufgetauchtes U-Boot am Nordpol

Ozeane 35

ATLANTISCHER OZEAN

Der Atlantische Ozean ist mit 106.400.000 km² der zweitgrößte Ozean der Erde. Er reicht vom Nord- bis zum Südpolarmeer und bedeckt etwa ein Fünftel der Erdoberfläche.

Etwa in der Mitte des Ozeans verläuft von Nord nach Süd der Mittelatlantische Rücken. Er ist mit circa 11.000 Kilometer der längste durchgehende Gebirgszug der Erde. Sichtbare Erhebungen über dem Meeresspiegel sind die Inseln Jan Mayen, Island und die Azoren auf der Nordhalbkugel sowie die relativ kleinen Inseln Ascension, Tristan da Cunha, Gough und Bouvet auf der Südhalbkugel.

Ursprünglich war der Mittelatlantische Rücken nur ein kleiner Spalt, der den Urkontinent Pangäa teilte. Im Laufe der letzten 200 Millionen Jahre verursachte die Plattentektonik ein Auseinanderdriften der Kontinente und führte zu einer Verbreiterung des Atlantischen Ozeans auf bis zu 5.000 Kilometer. Auch heute sind diese Vorgänge noch sehr aktiv. Der submarine Gebirgszug wird von einem 25 bis 50 Kilometer breiten Graben durchzogen, der den Atlantischen Ozean durch austretendes Magma auf der Nordhalbkugel circa zwei bis drei Zentimeter und auf der Südhalbkugel etwa vier Zentimeter pro Jahr in West-Ost-Richtung auseinanderdrückt.

DIE GRÖSSTEN MEERESTIEFEN

1. Milwaukeetief — 9.219 m
2. Meteortief — 8.264 m
3. Romanchetief — 7.730 m
4. Caymantief — 7.686 m
5. Kapverdisches Becken — 7.292 m
6. Calypsotief — 5.267 m

Steilküsten wie diese auf der schottischen Insel Skye sind an der Westküste Europas weit verbreitet (großes Bild).

DIE GRÖSSTEN NEBENMEERE

1. Sargassosee — 4.500.000 km²
2. Mittelmeer — 2.966.000 km²
3. Karibisches Meer — 2.754.000 km²
4. Golf von Mexiko — 1.600.000 km²
5. Labradorsee — 1.115.000 km²
6. Europäisches Nordmeer — 1.100.000 km²
7. Nordsee — 575.000 km²
8. Schwarzes Meer — 424.000 km²
9. Ostsee — 413.000 km²

Driftende Eisberge in der Labradorsee, einem Arm des Atlantiks

Schwarzer Strand an der Südküste Islands im Europäischen Nordmeer

Leuchtturm List-Ost auf der Nordseeinsel Sylt

Schäreninsel an der Ostseeküste in Södermanland, Schweden

Sonnenuntergang auf der Insel Santorin in der Ägäis (Mittelmeer)

Trunk Bay auf den amerikanischen Jungferninseln in der Karibik

DIE SARGASSOSEE – DAS GRÖSSTE NEBENMEER DES ATLANTIKS

Warme Meeresströmungen führen dazu, dass sich das Meerwasser in der Sargassosee im Uhrzeigersinn wie in einem überdimensionalen Strudel dreht. Der rasche Wechsel zwischen ruhiger und glatter See und hohem Wellengang macht diese Region, zu der auch das Bermuda-Dreieck gehört, in der Seefahrt so unbeliebt.

Sargassosee, südlich der Bermuda-Inseln und östlich von Florida

Ozeane 37

SCORESBYSUND – DER LÄNGSTE FJORD DER ERDE

Fjorde – weit ins Festland reichende, durch Gletscher entstandene Meeresarme – prägen neben Buchten und Meeresstraßen die Küstenlinie Grönlands.

Der Scoresbysund im Osten Grönlands ist 314 Kilometer lang und damit der längste Fjord der Erde. Er ist auch das größte Fjordsystem, denn mit seinen zahlreichen Nebenfjorden und Seitenarmen erstreckt er sich über eine Fläche von 38.000 km². Bis zu 2.200 Meter hohe Gebirge prägen die Landschaft um die Fjorde. In Richtung Westen verbreitert sich der Sund und verzweigt sich in mehrere kleinere Fjorde, die einige Inseln umschließen, wie etwa die mit ungefähr 3.900 km² drittgrößte Insel Grönlands, Milneland. Sie ist stark zerklüftet und überwiegend vergletschert. Hocharktisches Klima beherrscht die Region, mit langen, kalten Wintern und heftigen Stürmen. Von einer Tundrenvegetation mit Moosen und Flechten im Küstenbereich umsäumt, ist der Fjord durch die niedrigen Temperaturen bis in den Juni zugefroren. Riesige Gletscherzungen wälzen sich vom Inlandeis in die Täler, und gigantische Eisberge spalten sich ab und treiben im Fjordsystem. Im Inneren des Scoresbysunds ist das Klima etwas milder, was eine üppigere Flora begünstigt. So gedeihen dort auch Beerensträucher, Heidekrautarten, Grasflächen und Moorpflanzen.

Der Blick aus dem All zeigt einen Ausschnitt der Ostküste Grönlands (großes Bild). Am linken Bildrand (Himmelsrichtung Süden) ist der Scoresbysund zu erkennen. Sein Nebenarm Hurryfjord schneidet tief in die Halbinsel Jameson Land hinein. Nur in den Sommermonaten sind die Wasserflächen des Scoresbysund eisfrei (links).

Ozeane 39

SOGNEFJORD

SOGNEFJORD – TIEFSTER FJORD DER ERDE

Mit 1.308 Metern ist der Sognefjord im Westen Norwegens der tiefste Fjord der Erde und mit 204 Kilometern das längste Fjordsystem Europas. Unter seinen vielen Nebenarmen befindet sich auch der schmale Nærøyfjord (UNESCO-Weltnaturerbe), der bis zu 1.700 Meter hohe steile Felswände aufweist.

Längster Fjord Europas: Sognefjord

Wolkenverhangener Aurlandsfjord

Der Auerlands-Fjord bildet das südliche Ende des großen Sognefjordsystems. Von ihm zweigt wiederum der bekannte Nærøyfjord ab. Kreuzfahrtschiffe können dank der großen Wassertiefe bis weit in das Landesinnere Norwegens fahren.

DER TIEFSTE FJORD DER ERDE

NORWEGENS KÜSTE – DIE LÄNGSTE FJORDKÜSTE DER ERDE

Eine der weltweit längsten und spektakulärsten Fjordküsten hat Norwegen aufzuweisen. Vom hohen Norden bis in den tiefen Süden greift ein Fjord nach dem anderen tief ins Festland ein. Zu den bekanntesten Einbuchtungen gehören der Geiranger- und der Nærøyfjord, die beide zum UNESCO-Welterbe gehören, dann der Hardangerfjord, der oft als die Königin unter den Fjorden Norwegens bezeichnet wird, sowie der Sogne-, Lyse-, Nord- und der Trondheimfjord, die alle an der Westküste zu finden sind. Die bekanntesten Fjorde im hohen Norden sind der Porsanger- und der Varangerfjord.

Fjordsystem an Norwegens Küste, aus dem All betrachtet

Ozeane 41

Das Wattenmeer der Nordsee reicht vom Hafenort Den Helder im Nordwesten der Niederlande bis nach Esbjerg im Westen Dänemarks. Dieses etwa 450 Kilometer lange und bis zu 40 Kilometer breite Gebiet ist das größte Wattenmeer der Erde. Nur wenige Regionen dieser weitgehend naturbelassenen Großlandschaft stehen nicht unter Naturschutz. Das Wattenmeer ist mit durchschnittlich 100 Meter Tiefe sehr flach. Der Meeresboden hat zur offenen See hin über Kilometer hinweg kaum Gefälle und ist bei Ebbe trocken. Typisch für die Gebiete des Wattenmeeres sind die Priele, die als Zu- und Abflussrinnen des Wassers dienen. Ablagerungen aus den Flüssen, ständiger Wechsel der Gezeiten und der fast immer vorhandene Wind führen zu einer permanenten Umlagerung der Sedimente und Nährstoffe. In diesem andauernden Prozess sind Sandbänke, Dünen und Inseln entstanden, die Lebensraum für unzählige Vögel, Kegelrobben und Seehunde bieten. Aber auch zahlreiche Pflanzen wurzeln in dem lockeren, sandigen Boden und stabilisieren ihn.

Das Morsumer Kliff auf der Wattseite im Osten von Sylt steht seit 1923 unter Naturschutz.

Blick auf Nord- und Ostfriesland mit der Deutschen Bucht. Im Norden liegen die Nordfriesischen Inseln mit Sylt, Föhr, Amrum, Pellworm und den Halligen; südwärts folgen die Mündungen von Elbe und Weser, westwärts die Ostfriesischen Inseln und die niederländischen Waddeneilanden. Die hellblauen Farbtöne zwischen den Inseln und dem Festland zeigen die feinen Sedimentumlagerungen des Wattenmeeres, die von dunkleren Wasserrinnen, den Prielen und Flussmündungen, unterbrochen werden. Nahezu weiß erscheinen die Sandbänke sowie die Strände und Dünen auf der der Nordsee zugewandten Seite der Inseln.

TIDENHUB UND GEZEITENSTRÖME

BAY OF FUNDY – DER GRÖSSTE TIDENHUB DER ERDE

An der kanadischen Ostküste zwischen Nova Scotia und New Brunswick liegt die Bay of Fundy, eine natürliche Fortsetzung des Golfs von Maine.

Hopewell Rocks in der Bay of Fundy

Neben der Ungava Bay im Norden der Labrador-Halbinsel weist sie den weltweit größten Tidenhub auf. Es treten Gezeitenunterschiede von 15 bis 16 Metern bei Normalhochwasser und von bis zu 21 Metern bei Springfluten auf.

Großes Bild: Während der Flut versinken die Hopewell Rocks zweimal täglich im Wasser. Ihre Erscheinungsform, das ihnen auch den Beinamen Flowerpot Rock (Blumentopffelsen) einbrachte, entstand durch die permanente Gezeitenerosion.

SAINT MALO

An der bretonischen Küste beträgt der Gezeitenunterschied bei Saint Malo circa zwölf Meter. Seit 1967 wird dieser Tidenhub an der Mündung der Rance mit dem bislang größten Gezeitenkraftwerk der Welt zur Stromgewinnung genutzt. In einem 750 Meter langen Staudamm werden 24 Zweiwegeturbinen durch die Kraft des ein- und ausströmenden Wassers angetrieben.

Mündung der Rance in der Bucht der bretonischen Stadt Saint Malo

SEVERN-MÜNDUNG

Den nach der Bay of Fundy mit 15 Metern zweithöchsten Tidenhub der Welt weist der Mündungsbereich des Severn auf, der im Südwesten Großbritanniens in den Bristol Channel mündet. Flut in Kombination mit starken Südwestwinden führen an circa 130 Tagen im Jahr zu den sogenannten »Bores«, bis zu drei Meter hohen Wellen, die sich flussaufwärts bewegen.

Niedrigwasser an der Servern-Mündung, Gloucestershire, England

SALTSTRAUMEN – DER GRÖSSTE GEZEITENSTROM DER ERDE

Wenn das Meer mit großen Buchten oder Meeresarmen nur über eine sehr schmale Meerenge verbunden ist und einen relativ hohen Tidenhub hat, wirken die Ausgleichsbewegungen des Wassers wie dammbruchartige horizontale Wasserfälle. Dieses als Gezeitenstrom bezeichnete Phänomen ist in Nordnorwegen in der Nähe von Bodø zu erleben. Der Saltstraumen ist der stärkste Gezeitenstrom der Welt. Tosend und mit mächtigen Strudeln drückt das Wasser bei Flut in die Bucht hinein und bei Ebbe wieder hinaus. Geschwindigkeiten von bis zu 40 km/h und Mengen bis 400 m³/s sind keine Seltenheit. Weiter nördlich befindet sich der Moskenstraumen zwischen den Lofoten-Inseln Moskensøy und Værøy. Er ist der zweitstärkste Gezeitenstrom der Welt.

Der Saltstraumen, nahe der Stadt Bodø, Norwegen, ist der stärkste Gezeitenstrom der Welt.

Ozeane 45

INDISCHER OZEAN

Der Indische Ozean, auch Indik genannt, steht an dritter Stelle in der Größenrangfolge der Ozeane. Sein Meeresboden weist komplexe Strukturen auf. Die Bruchzonen des Zentral-, Südwest- und Südostindischen Rückens unterteilen den Meeresboden in große Becken, die

Seychellen im Indischen Ozean

ihrerseits mit Plateaus und Gräben in feinere Strukturen gegliedert sind.
Die Meeresströmungen im Indischen Ozean sind wechselhaft. Im Winter treiben nördlich des Äquators Monsunwinde die Strömung an die afrikanische Küste, im Sommer dagegen an die indische, und bringen dabei starke Niederschläge. Südlich des Äquators folgen nach der nahezu windstillen Zone der Rossbreiten die sogenannten Roaring Forties (brüllende Vierziger), die zwischen 40° und 50° südlicher Breite im Bereich der Westwinddrift liegen und durch starke bis stürmische Winde aus westlicher Richtung gekennzeichnet sind.

DIE GRÖSSTEN MEERESTIEFEN

❶ Diamantinatief 8.047 m
❷ Planettief 7.455 m
❸ Nordwestaustralisches
   Becken 7.000 m
❹ Berlintief 6.840 m
❺ Madagaskar-Becken 6.500 m
❻ Jeffreytief 5.998 m

DIE GRÖSSTEN NEBENMEERE

❶ Arabisches
   Meer 3.862.000 km²
❷ Golf von
   Bengalen 2.127.000 km²
❸ Große Australische
   Bucht 1.306.000 km²
❹ Andamanensee 798.000 km²
❺ Rotes Meer 527.000 km²
❻ Golf von Aden 279.000 km²
❼ Persischer Golf 239.000 km²
❽ Golf von Oman 108.000 km²
❾ Timorsee 61.500 km²

ARABISCHES MEER – DAS GRÖSSTE NEBENMEER DES INDISCHEN OZEANS

Das Arabische Meer, zwischen der Arabischen Halbinsel, dem Horn von Afrika und dem Subkontinent Indien gelegen, bedeckt eine Fläche von ca. 3,86 Millionen km². Die Temperaturunterschiede zwischen der offenen See und dem Festland machen es in den Sommermonaten zur Wetterküche für den Südwestmonsun, der Indien die niederschlagsreichsten Regionen der Erde beschert.

Großes Bild: Im Indischen Ozean befinden sich unzählige kleinste tropische Eilande wie dieses, das zu den Malediven gehört.

Kokanküste vor Goa, dem kleinsten indischen Bundesstaat, im Arabischen Meer

Boote im Golf von Thailand, einem Randmeer des Südchinesischen Meeres

Küste der Sinai-Halbinsel am Roten Meer, das die Arabische Halbinsel von Afrika trennt.

Twelve Apostles, bis zu 60 m hohe Felsen aus Kalkstein, an der Südküste Australiens

DIE GRÖSSTEN NEBENMEERE

① **Australasiatisches Mittelmeer**
   Westpazifik   9.080.000 km²
② **Philippinensee**
   Westpazifik   ca. 5.000.000 km²
③ **Korallenmeer**
   Südwestpazifik   4.791.000 km²
④ **Beringmeer**
   Nordpazifik   2.300.000 km²
⑤ **Tasmansee**
   Südwestpazifik   2.300.000 km²
⑥ **Golf von Alaska**
   Nordpazifik   1.533.000 km²
⑦ **Ochotskisches Meer**
   Nordpazifik   1.530.000 km²
⑧ **Ostchinesisches Meer**
   Westpazifik   1.250.000 km²
⑨ **Japanisches Meer**
   Westpazifik   1.049.000 km²
⑩ **Golf von Kalifornien**
   Ostpazifik   160.000 km²

AUSTRALASIATISCHES MITTELMEER – DAS GRÖSSTE NEBENMEER DES PAZIFISCHEN OZEANS

Dschunken in der Halong-Bucht im Golf von Tonkin im Norden Vietnams

Unter dem Begriff Australasiatisches Mittelmeer werden alle Nebenmeere des Pazifischen Ozeans in Südostasien zusammengefasst. Zum Indik grenzt es sich durch Inseln, zum Pazifik mit breiten Meeresstraßen ab. Es ist ein tropisches Gewässer, die Flora und Fauna entsprechend vielfältig. Korallenriffe kommen in allen Teilen des Australasiatischen Mittelmeeres in verschiedener Ausbreitung vor. Große Schelfflächen mit geringer Tiefe sind vor allem im Westen des Meeres zu verzeichnen, im Osten sind tiefe Becken vorherrschend, die bis auf 7.440 Meter hinunterreichen.

Die sehr gebirgige Inselkette der Aleuten am Südrand des Beringmeeres

Cabo San Lucas, die äußerste Südspitze der Halbinsel Niederkalifornien

PAZIFISCHER OZEAN

Mit seinen Nebenmeeren bedeckt der 181.340.000 km² große Pazifische Ozean etwas mehr als ein Drittel der gesamten Erdoberfläche. Fast alle Nebenmeere befinden sich, durch Inseln und Inselketten abgegrenzt, im Westen des Ozeans. Hier sind die Meeresböden mit Tiefseegräben und Meeresrücken besonders vielgestaltig. Mit dem Witjastief I im Marianengraben befindet sich hier auch die tiefste Stelle aller Weltmeere auf der Erde. Der Osten des Pazifiks ist mit seinem Meeresboden nicht so formenreich, er weist neben dem langgezogenen Ostpazifischen Rücken, der von Niederkalifornien bis zum Südpolarmeer reicht, nur eine Reihe von Bruchzonen und wenige Inseln auf.

Großes Bild: Palau ist die westlichste Inselgruppe des Archipels der Karolinen im Pazifik und besteht aus 200 bis 300 Inseln.

DIE TIEFSTE BEMANNTE TAUCHFAHRT DER WELT

Mit der »Trieste«, einem speziell für die Tiefseeforschung konstruiertem U-Boot, einem Bathyscaph (Bild rechts), gelang es dem Schweizer Jacques Piccard und dem US-Amerikaner Don Walsh im Januar 1960, im Marianengraben bis auf 10.910 Meter abzutauchen. Der Bathyscaph ist ein Auftriebskörper, der beim Tauchgang mit Meerwasser gefüllt wird. Die Besatzung des U-Bootes befindet sich in der kleinen weißen, dem hohen Druck von über einer Tonne pro Quadratzentimeter standhaltenden Druckkammerkugel unterhalb des Bootskörpers. Am Ende der Tauchfahrt bekam die Stelle dieses Tauchganges den Namen Trieste-Tief.

DIE GRÖSSTEN MEERESTIEFEN

❶	Witjastief I	11.034 m
	Marianengraben	
❷	Triestetief	10.916 m
	Marianengraben	
❸	Challengertief	10.899 m
	Marianengraben	
❹	Witjastief II	10.882 m
	Tongagraben	
❺	Witjastief III	10.542 m
	Kurilen-Kamtschatka-Graben	
❻	Galatheatief	10.540 m
	Philippinengraben	

Ozeane 49

KORALLEN

Sie sehen aus wie Unterwasserpflanzen und bezaubern Taucher mit ihrer bunten Vielfalt. Korallen sind jedoch keine untermeerischen Blütenpflanzen, sondern festsitzende koloniebildende Nesseltiere, die sich von Mikroplankton ernähren, das sie aus dem strömenden Meer-

Steinkorallen im Great Barrier Reef

reswasser mit ihren Tentakeln herausfiltern. Riffe bildend sind die Steinkorallen, die durch Kalkeinlagerungen Skelette bilden. Abgestorbenes Skelettmaterial wird dabei immer wieder von lebenden Korallen überwuchert, was zu einem Aufbau von komplexen Riffen führt. Klares Wasser, eine maximale Tiefe von circa 60 Metern und Wassertemperaturen zwischen 18 und 35 °C sind dabei die Grundvoraussetzungen für ihre Existenz. Diese Bedingungen gibt es nur in den tropischen und subtropischen Gewässern zwischen dem 25. nördlichen und südlichen Breitengrad. Das größte und bekannteste Korallenriff dieser Art ist das Great Barrier Reef im Osten Australiens. Neben den Riffe bildenden Steinkorallen gibt es eine große Artenvielfalt unter den nicht Riffe bildenden Weichkorallen, die auch in tieferen Gewässern vorkommen.

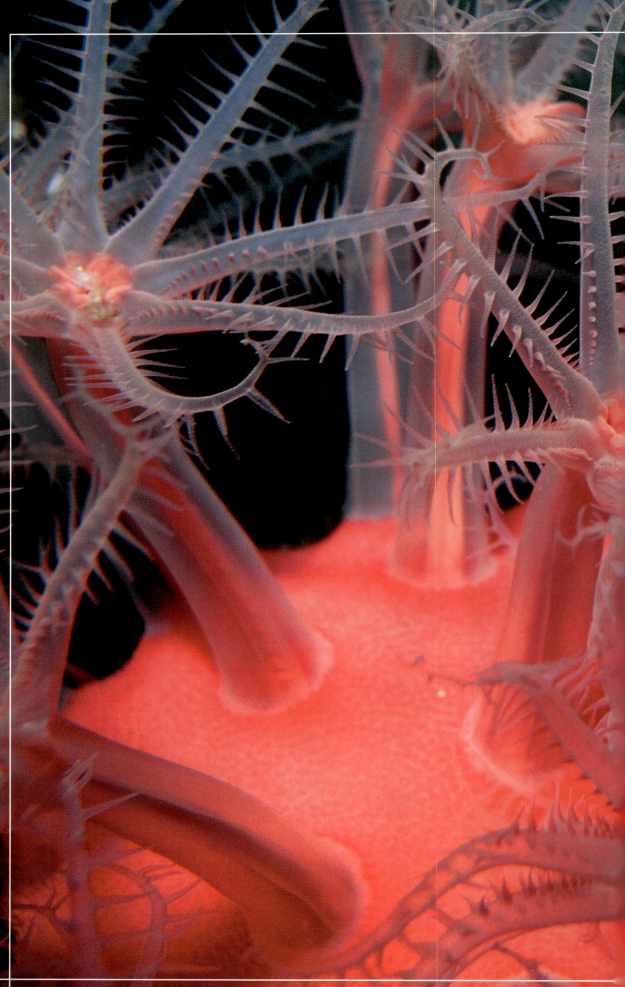

DIE KLEINSTEN BAUMEISTER DER ERDE

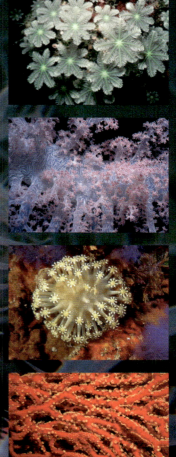

Weichkorallen sind eine Untergruppe der sogenannten Blumentiere (»Anthozoa«), die etwa 6.000 Arten umfasst. Die vier Bilder aus dem Roten Meer und dem westlichen Pazifik vermitteln nur einen kleinen Einblick in die enorme Artenvielfalt der Korallenwelt.

Großes Bild: Die »Anthomastus ritteri« ist eine Tiefseekoralle, die vor der Küste Kaliforniens und Mexikos in einer Tiefe zwischen 400 und 1.200 m lebt.

Ozeane 51

KORALLENRIFFE

Korallenriffe werden mit ihrer ökologischen Vielfalt und Bedeutung oft mit den tropischen Regenwäldern gleichgesetzt. Zwei Zahlen lassen diese Bedeutung erahnen: Sie nehmen in der Summe nur 0,015 % der Ozeanflächen ein, verfügen aber über 25 % des marinen Lebens. Dabei

Riffe sind Lebensraum für viele Fische.

sind es nicht nur die Korallen selber, die durch ihre Varianten- und Farbvielfalt zur Komplexität dieses marinen Ökosystems beitragen, sondern auch Algen, Fische, Krebse, Muscheln und andere Organismen, die sich in diesem Biotop in einer Lebensgemeinschaft mit den Korallen befinden. Sie leben mit- und voneinander. Das Leben ist fein austariert in diesem symbiotischen System, die vielfältigen Farben locken, täuschen oder dienen der Tarnung, um zu fressen oder nicht gefressen zu werden. Es wird gejagt, genesselt und schmarotzt. Jede Spezies hat ihre eigene Überlebens- und Fortpflanzungsstrategie entwickelt, die das ganze System so komplex, aber auch empfindlich gegenüber Störungen macht. Sorge bereitet der Anstieg des Meeresspiegels und der Wassertemperatur, da dies zu der gefürchteten sogenannten Korallenbleiche führen kann, was nichts anderes als den Tod der Korallenriffe bedeutet.

DIE GRÖSSTEN KORALLENRIFFE DER ERDE

❶ **Great Barrier Reef**
Australien   348.700 km²
❷ **New Caledonia Barrier Reef**
Neukaledonien   15.743 km²
❸ **Andros**
Bahamas   6.000 km²
❹ **Belize Barrier Reef**
Belize   963 km²
❺ **East Rennell**
Salomonen   370 km²
❻ **Tubbataha Reef**
Philippinen   332 km²

DIE GRÖSSTEN »BAUWERKE« DER ERDE

GREAT BARRIER REEF – DAS GRÖSSTE KORALLENRIFF DER ERDE

Satellitenbild eines Ausschnitts des Great Barrier Reef nördlich von Princess Charlotte Bay und Cape Melville

Waga Gaboo, großes Riff, nennen die Aborigines die circa 3.000 einzelnen Riffe und etwa 900 Inseln vor der Küste von Queensland in Nordostaustralien, die sich auf einer Länge von über 2.500 Kilometer erstrecken. Mit 348.700 km^2 ist es fast so groß wie die Bundesrepublik Deutschland. Es ist das größte Bauwerk auf der Erde, das von mikroskopisch kleinen Lebewesen errichtet wurde. Unzählige Polypen schaffen es, pro Tag vier Tonnen Kalksteingerippe pro Quadratkilometer zu produzieren. Über 4.000 Weichtierarten, 300 Korallenarten, rund 1.500 Fischarten und unzählige Sturmtaucher, Brauntölpel, Fregattvögel und andere bevölkern dieses gigantische Biotop.

Großes Bild: Das Blue Hole ist mit den vertikal abfallenden Riffsäumen als untermeerische Doline und den damit verbundenen Höhlen eine außergewöhnliche Erscheinung im Belize Barrier Reef.

Ozeane 53

ATOLLE

Als Atoll wird ein ringförmiges Korallenriff bezeichnet, das eine Lagune umschließt. Atolle kommen nur in den tropischen Gewässern des Pazifischen und des Indischen Ozeans vor. Ihre Entstehung wird in der Regel auf einen vulkanischen Ursprung und plattentektonische Prozesse zurückgeführt. Sie verfügen nur über eine geringe Landfläche und haben wenige oder keine Süßwasservorkommen. Die kleineren Inseln in den Atollen sind fast alle unbewohnt.

Kirimati (früher Christmas Island) hat mit 321 km² die größte Landfläche eines Atolls auf der Erde. Es gehört zu den Line Islands, die in der Nähe des Äquators liegen.

Bora Bora gehört zu den Gesellschaftsinseln in Französisch-Polynesien. Das Atoll besitzt, wie das Luftbild zeigt, einen Zentralberg und ein ringförmiges Korallenriff mit zahlreichen schmalen Inseln, die nach dem polynesischen Wort für »Insel« Motu genannt werden.

DIE GRÖSSTEN ATOLLE DER ERDE

DIE GRÖSSTEN ATOLLE
Gesamtfläche (Lagune und Riff)

1. **Thiladhunmathi-Miladhunmadulu-Atoll**
   Malediven — 3.850 km²
2. **Chesterfield-Inseln**
   Neukaledonien — 3.500 km²
3. **Huvadhu-Atoll**
   Malediven — 3.152 km²
4. **Chuuk-Atoll**
   Karolinen — 3.130 km²
5. **Sabalana-Inseln**
   Indonesien — 2.694 km²
6. **Lihou Reef**
   Korallenmeer — 2.529 km²
7. **Ardasier Reef**
   Spratly-Inseln — 2.347 km²
8. **Kwajalein-Atoll**
   Marshall-Inseln — 2.304 km²
9. **Namonuito-Atoll**
   Karolinen — 2.267 km²
10. **Ari-Atoll**
    Malediven — 2.252 km²

Ozeane 55

MALEDIVEN

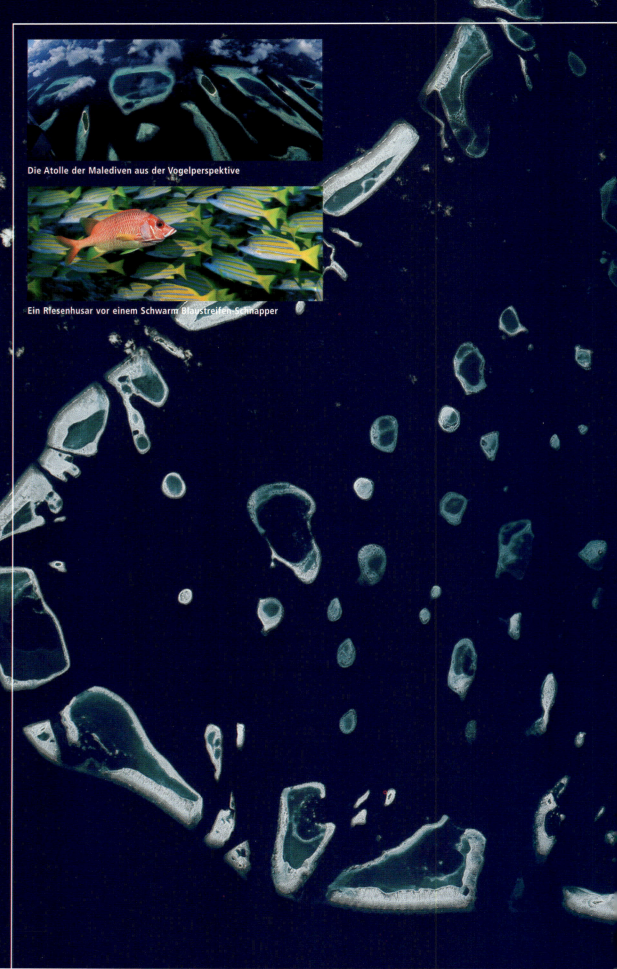

Die Malediven bestehen aus rund 1.200 Koralleninseln, die sich auf 26 Atolle verteilen. Keine der Inseln, die auf den alten Vulkanbergen des Zentralindischen Rückens entstanden sind, ragt mehr als zwei Meter über den Meeresspiegel hinaus. Die Atolle liegen gleich Perlen auf einer Perlschnur im Meer aneinander gereiht. Tiefe Wasserschichten erscheinen dunkelblau, flache Bereiche türkisfarben. Viele Korallenstöcke liegen noch unter der Meeresoberfläche. Jedes Atoll hat einen Strand aus hellem Korallensand auf der dem Meer zugewandten offenen Seite. Im Inneren umschließen die Atolle Lagunen. Mit Durchschnittstemperaturen, die auch nachts 25 °C nicht unterschreiten, herrscht ein tropisches Klima vor, das das Wachstum der Korallen begünstigt. Aber dieses komplexe Ökosystem ist sehr fragil, der Tsunami 2004 hat große Verwüstungen in der Unterwasserwelt hervorgerufen. Zu stark erhöhte Wassertemperaturen führen zur sogenannten Korallenbleiche, was ein Absterben der Blumentiere bedeutet.

Zu den Malediven gehört das größte Atoll der Erde, das Thiladhunmathi-Miladhunmadulu-Atoll, das mit Lagune und Riff 3.850 km² umfasst, die Landfläche beträgt 51 km².

Die Atolle der Malediven aus der Vogelperspektive

Ein Riesenhusar vor einem Schwarm Blaustreifen-Schnapper

Der Blick aus dem All zeigt einen Teil des North Male Atolls nördlich von Male, der Hauptstadt der Malediven. Es hat eine Gesamtfläche von 1565 km²

Ozeane 57

ANTARKTISCHER OZEAN (SÜDPOLARMEER)

Robben in der Weddellsee

Es klingt schon etwas eigenartig, aber diesen Ozean gibt es erst seit dem Jahr 2000. In diesem Jahr beschloss die Internationale Hydrografische Organisation, den Bereich südlich des 60. Breitengrades zum Südpolarmeer zusammenzufassen. Zuvor waren die Meeresgebiete Teile des Atlantischen, Pazifischen und Indischen Ozeans. Mit 20.327 Millionen km² ist er der zweitkleinste Ozean der Erde und umgibt vollständig den fünftgrößten und kältesten Kontinent Antarktika.

DIE GRÖSSTEN MEERESTIEFEN

1. Bellingshausensee 4.830 m
2. Dumont-d'Urville-See 4.725 m
3. Amundsensee 4.460 m
4. Rossmeer 4.175 m
5. Weddellsee 4.037 m
6. Cooperation Sea 3.500 m
7. Davissee 3.082 m

DIE GRÖSSTEN NEBENMEERE

1. Weddellsee 2.800.000 km²
2. Bellingshausensee 1.500.000 km²
3. Rossmeer 960.000 km²
4. Dumont-d'Urville-See 950.000 km²
5. Davissee 900.000 km²
6. Amundsensee 770.000 km²
7. Cooperation Sea 230.000 km²

Großes Bild: Eisberge, besonders Tafeleisberge, die aus Schelfeis entstehen, sind typisch für das Südpolarmeer. Für Pinguine sind sie Startplatz, aber gelegentlich auch eine Barriere bei der Nahrungssuche.

WEDDELLSEE – DAS GRÖSSTE NEBENMEER DES ANTARKTISCHEN OZEANS

Weddellsee mit einem Teil des Ronne-Schelfeises östlich der Antarktischen Halbinsel

Die Weddellsee ist mit 2,8 Millionen km² Fläche das größte Nebenmeer der Antarktis. In ihrer West-Ostausdehnung zwischen der Antarktischen Halbinsel und der Küstenregion Coatsland im Osten des Meeres erreicht sie 2.000 Kilometer. Die bis zu 4.037 Meter tiefe See grenzt im Süden an das Ronne-Filchner-Schelfeis. Große Teile des Meeres sind permanent von Packeis bedeckt, insbesondere im Lee der Antarktischen Halbinsel, die auch durch die besondere Strömungssituation in der Weddellsee begünstigt wird: Im Uhrzeigersinn rotierende Wirbel drücken Eis aus dem Norden zunächst nach Süden und dann nach Westen an die Halbinsel.

Ozeane 59

WALE

DIE GRÖSSTEN SÄUGETIERE

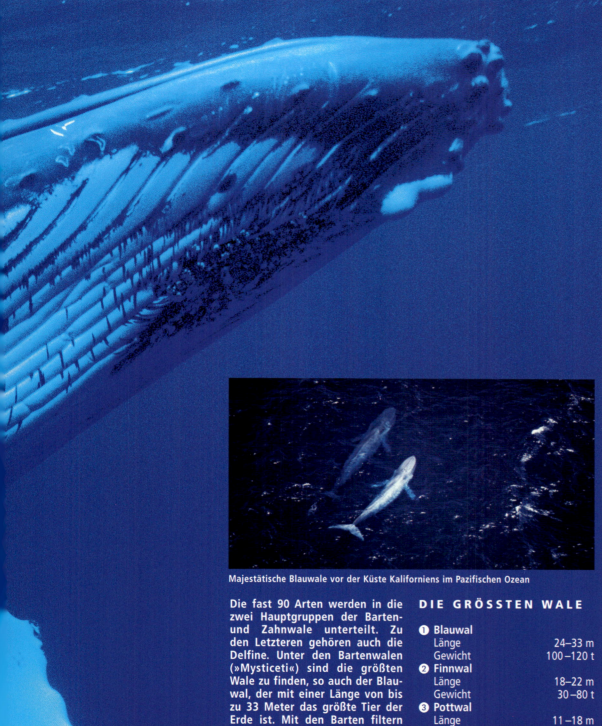

Majestätische Blauwale vor der Küste Kaliforniens im Pazifischen Ozean

Die fast 90 Arten werden in die zwei Hauptgruppen der Barten- und Zahnwale unterteilt. Zu den Letzteren gehören auch die Delfine. Unter den Bartenwalen (»Mysticeti«) sind die größten Wale zu finden, so auch der Blauwal, der mit einer Länge von bis zu 33 Meter das größte Tier der Erde ist. Mit den Barten filtern diese Wale die kleinen Krebstiere aus dem Meer, die ihre Hauptnahrung sind. Die Zahnwale (»Odontoceti«) nutzen ihre Zähne zum Fangen der Beute, ein Zerkleinern oder gar Zerkauen erfolgt mit den Zähnen jedoch nicht. Zahnwale ernähren sich hauptsächlich von Fischen. Alle Wale sind Säugetiere, gebären voll entwickelte Kälber und sind Luftatmer. Sie haben ein hoch entwickeltes Sozialverhalten und leben in Gruppen. Die Kommunikation unter den Tieren erfolgt über den geheimnisvollen Walgesang.

DIE GRÖSSTEN WALE

❶ Blauwal
Länge 24–33 m
Gewicht 100–120 t
❷ Finnwal
Länge 18–22 m
Gewicht 30–80 t
❸ Pottwal
Länge 11–18 m
Gewicht 20–50 t
❹ Grönlandwal
Länge 14–18 m
Gewicht 60–100 t
❺ Nordkaper
Länge 11–18 m
Gewicht 30–80 t
❻ Seiwal
Länge 12–16 m
Gewicht 20–30 t
❼ Grauwal
Länge 12–15 m
Gewicht 14–35 t
❽ Buckelwal
Länge 11–15 m
Gewicht 25–30 t

TAUCHREKORD

Die Tauchleistung der Wale ist enorm: Blauwale schaffen es, bis in Tiefen von 300 Meter zu kommen, müssen aber nach 20 Minuten wieder zum Atmen an die Wasseroberfläche. Rekordhalter ist der Pottwal. Ein Tauchgang kann bei ihm bis zu 90 Minuten dauern und in Tiefen von bis zu 3.200 Meter führen. Seine normale Tauchtiefe liegt meist zwischen 300 und 600 Meter, mehr schaffen auch U-Boote nicht.

Ein Pottwal – Weltrekordhalter im Tieftauchen – vor dem Luftholen an der Meeresoberfläche

Großes Bild: Der Buckelwal besitzt ungewöhnlich lange und schmale Brustflossen. Oft sind diese und der Kopf des Säugetiers mit Seepocken besetzt.

WALHAIE, RIESENHAIE, WEISSE HAIE

RIESENHAI

Länge	bis 15 m
Gewicht	bis 7 t

Trotz ihrer Furcht einflößenden Größe sind Riesenhaie (»Cetorhinus maximus«) keine Räuber der Meere. Sie sind auch für den Menschen nicht gefährlich. Sie sind nach den Walhaien die zweitgrößte Fischart der Erde. Sie ernähren sich von Plankton, das sie passiv aufnehmen, indem sie das Wasser mit geöffnetem Maul über ihre Kiemen gleiten lassen und es dabei nach Plankton durchfiltern. Pro Stunde lassen sie bis zu 2.000 Tonnen Wasser durch ihr Maul strömen. Dafür benötigen sie die außerordentlich großen Kiemenspalten, die den Kopf nahezu vollständig umfassen und ein auffälliges Merkmal dieser Haiart sind. In den kaltgemäßigten bis warmen Gewässern des Atlantischen und Pazifischen Ozeans hat der Riesenhai sein Hauptverbreitungsgebiet. Er tritt nicht nur als Einzeltier auf, sondern auch in großen Gruppen mit hundert oder mehr Mitgliedern. Riesenhaie sind in ihrem Bestand durch die Jagd des Menschen bedroht. Dabei haben es die Jäger hauptsächlich auf die Leber der Tiere abgesehen, die bis zu 30 % des Körpergewichtes ausmachen kann. Ein ausgewachsenes Tier ist damit Lieferant von bis zu 1.500 Litern Lebertran.

Mit weit aufgerissenem Maul lässt der Riesenhai (»Centorhinus maximus«) Wasser durch die Kiemen strömen und filtert damit Plankton und Kleinstlebewesen heraus (oben und großes Bild).

DIE GRÖSSTEN FISCHE

WALHAI

Länge	bis 18 m
Gewicht	bis 13 t

Der Walhai (»Rhincodon typus«) ist der größte Fisch der Erde – er ist der Gigant unter den Meerestieren. Er lebt in Gruppen in den tropischen und subtropischen Gebieten der Ozeane nördlich und südlich des Äquators. Mit 300 Zahnreihen mit jeweils mehreren Hunderten von Zähnen ist es das zahnreichste Tier der Erde. Jedoch ist es immer noch ein Rätsel, wofür er diese hohe Anzahl an Zähnen überhaupt benötigt, denn er ist ein Planktonfresser wie der Riesenhai auch, nur mit dem Unterschied, dass er das Wasser aktiv durch das geöffnete Maul ansaugt und von Zeit zu Zeit das Maul schließt, um die Beute zu schlucken. Oft geht er dabei in eine senkrechte Position. Walhaie werden bis zu 100 Jahre alt, fortpflanzungsfähig sind sie erst ab einem Alter von zehn Jahren. Über die Fortpflanzung selbst ist bislang recht wenig bekannt. Sie sind lebendgebärend. Feste Paarungszeiten scheint es nicht zu geben. Vermutet wird weiterhin, dass sie bis zu 300 Junge gebären können, die sie in den unterschiedlichsten Entwicklungsstadien in ihrem Körper tragen.

WEISSER HAI

Länge	bis 8 m
Gewicht	bis 3 t

Dramatisch in einem Film von Steven Spielberg in Szene gesetzt, löst kein anderer Raubfisch so viel Angst und Horror aus wie der Weiße Hai (»Carcharodon carcharias«). Surfer und Schwimmer sehen für ihn von unten betrachtet genauso aus wie Seehunde, die seine natürlichen Beutetiere darstellen. Deshalb kommt es immer wieder zu diesen sogenannten Haiattacken, die jedoch nichts mit einer Bösartigkeit oder Aggression des Fisches zu tun haben. Er folgt lediglich seinem Jagdinstinkt. Er ist in allen Weltmeeren anzutreffen, lebt in kleinen Gruppen, zeigt ein bislang wenig erforschtes komplexes Sozialverhalten und ist in seinem Bestand stark bedroht.

Walhaie auf Nahrungssuche (Bild oben), mit Kälbern (Bild Mitte) und bei der Nahrungsaufnahme (Bild unten).

Dicht unter der Oberfläche sucht der Weiße Hai nach Beute (Bild oben), sein Gebiss ist furchterregend (Bild unten).

Ozeane 63

ORCAS

Orcakuh mit ihrem jungen Kalb. Sie können bis zu 55 km/h schnell schwimmen und führen damit die Liste der schnellsten bekannten Meeressäugetiere an.

Die Orcas (»Orcinus orca«) sind die größte Spezies der Delfinfamilie. Sie gehören zu den Zahnwalen, sind zwischen fünf und neun Tonnen schwer sowie zwischen sechs und acht Meter lang. Die wegen ihrer hohen Rückenflosse auch Schwertwale genannten Tiere sind in allen Meeren anzutreffen, hauptsächlich aber in den kühleren Meeresgebieten. Sie werden ungefähr 50 bis 80 Jahre alt und in »Sesshafte« und »Nomaden« unterschieden. Die »Sesshaften« verbleiben in ihren angestammten Seegebieten, oft in Verbänden von mehr als 50 Tieren, und ernähren sich in erster Linie von Fischen. Die »Nomaden« sind in kleineren Gruppen von fünf bis zehn Tieren in den Weltmeeren unterwegs und als schnelle Schwimmer und geniale Jäger spezialisiert auf das Erlegen größerer Beutetiere. Sie scheuen sich nicht, Blauwale zu jagen, die erheblich größer sind als sie selbst. Die Jagdtechniken der im Verband operierenden Orcas sind dabei verblüffend. In der Antarktis fangen sie Robben und Pinguine von den Eisschollen, in Patagonien werfen sie sich an den Strand, um Seelöwen zu fangen und in den Gewässern um Neuseeland erlegen sie mit einem mächtigen Schlag ihrer Schwanzflosse kurzerhand auch Haie. Diese verwegenen Jagdtechniken haben dem Orca den Ruf des »Killerwals« oder auch »Mörderwals« eingetragen.

Zur Paarungszeit verlassen die Bullen ihre Gruppe, kehren aber zu ihren Familien zurück. Die Fortpflanzung innerhalb der eigenen Familie ist tabu. Konflikte, zwischen den Bullen scheint es bei den Orcas nicht zu geben. Im Laufe der Evolution haben sie offensichtlich gelernt Konflikte gewaltfrei zu lösen und stattdessen miteinander zu kooperieren.

DIE GRÖSSTEN DELFINE

Orcas leben in Familienverbänden in einem Matriarchat. Sie kalben nach der Geschlechtsreife etwa alle fünf bis sechs Jahre. Nach 15-monatiger Tragzeit werden die Kälber von dem weiblichen Leittier aufgezogen und in den unterschiedlichsten Jagdtechniken trainiert. Die Ausbildung zu einem erfolgreichen und kühnen Jäger dauert auch bei diesen hochintelligenten Tieren einige Jahre. Für die akustische Kommunikation werden hochfrequente Klicklaute und Pfeiftöne eingesetzt, die allgemein als Walgesang bezeichnet werden.

Orca vor der Kenai-Halbinsel in Alaska (Bild oben). Kurzerhand wird der Seelöwe am Strand von einem Orca gefangen (Bild unten).

Großes Bild: »Breaching« nennt man den Sprung der Orcas aus dem Wasser. In der Wissenschaft wird ein Dominanzverhalten dahinter vermutet.

Ozeane 65

KONTINENTE

Die Festlandmasse der Erde – die 30 % der Erdoberfläche ausmacht – wird in Erdteile oder Kontinente eingeteilt, die durch Meere mehr oder weniger vollständig voneinander getrennt sind. Es gibt keinen grundsätzlichen Unterschied zwischen einer Insel und einem Kontinent, beide sind als Landmassen definiert, die aus dem Wasser ragen. Doch die Geowissenschaftler haben sich darauf geeinigt, ab einer be-

Tropische Landschaft in Costa Rica

stimmten Größe von einem Erdteil zu sprechen. Kein Konsens besteht bisher hinsichtlich der Frage nach der Anzahl der Kontinente. Wer Europa und Asien, deren Trennung ja rein historisch-kulturelle Gründe hat, sowie Nord- und Südamerika jeweils als geografische Einheit betrachtet, kommt auf fünf Kontinente: Eurasien, Afrika, Amerika, Australien und Antarktika. Andere sprechen von sechs beziehungsweise sieben Kontinenten: Europa, Asien, Afrika, Nordamerika, Südamerika, Australien und Antarktika. Der Begriff »Kontinent« bedeutet »zusammenhängendes Land« (lateinisch »terra continens«). Heute erscheint die Verteilung der Meere und Landmassen relativ stabil, doch erdgeschichtlich stellt sie nur eine Momentaufnahme dar, da sich die Kontinentalplatten in ständiger Bewegung befinden.

FLÄCHE DER KONTINENTE

❶	Asien	44,4 Mio. km²
❷	Afrika	30,3 Mio. km²
❸	Nordamerika	24,9 Mio. km²
❹	Südamerika	17,8 Mio. km²
❺	Antarktika	13,2 Mio. km²
❻	Europa	10,5 Mio. km²
❼	Australien/Ozeanien	8,5 Mio. km²

KÜSTENLÄNGE DER KONTINENTE

❶	Nordamerika	75.600 km
❷	Asien	69.000 km
❸	Europa	37.900 km
❹	Afrika	30.500 km
❺	Südamerika	28.700 km
❻	Australien/Ozeanien	25.000 km
❼	Antarktika	18.000 km

Einer der vielen natürlichen Steinbögen, die durch Erosion entstanden sind: der Mesa Arch im Canyonlands-Nationalpark im Südosten Utahs (großes Bild). Der Nationalpark umfasst eine riesige Fläche Wüstenhochebene, die überwiegend aus 150 bis 300 Millionen Jahre alten horizontalen Sandsteinschichten besteht. Der Sandstein ist unterschiedlich hart und verwittert deshalb unterschiedlich schnell, was zu den eindrucksvollen Gesteinsformationen wie Steinbögen, -säulen und -nadeln führte. Durch Fluss-, Boden- und Tiefenerosion entstanden die Canyons.

EUROPA

Mit einer Gesamtfläche von etwa 10,5 Millionen km² nimmt Europa, der zweitkleinste Kontinent, 7 % des Festlandes auf der Erde ein. In den Staaten Europas leben rund 12 % der Erdbevölkerung, also ungefähr 700 Millionen Menschen. Europa liegt auf der nördlichen Erd-

Blick auf Europa und Nordafrika

halbkugel. Der Kontinent wird im Norden vom Europäischen Nordmeer, im Westen vom Atlantik und im Süden vom Mittelmeer begrenzt. Die Küstenlinien messen insgesamt rund 37.900 Kilometer.

EUROPAS GEOGRAFISCHE SUPERLATIVE:

1. **Ausdehnung:**
   Nord-Süd 3.800 km
   West-Ost 6.000 km
2. **Nördlichster Punkt:**
   Kap Kinnaroden, Norwegen
   71°08′ N, 27°39′ O
3. **Südlichster Punkt:**
   Punta de Tarifa, Spanien
   36°0′ N, 5°36′ W
4. **Westlichster Punkt:**
   Cabo da Roca, Portugal
   38°46′ N, 9°30′ W
5. **Östlichster Punkt:**
   Uralgebirge, Russland
   67° östliche Länge
6. **Höchstes Gebirge:**
   Kaukasus, Elbrus 5.642 m
   Alpen, Mont Blanc 4.807 m
7. **Tiefster Punkt:**
   Kaspisches Meer −28 m
8. **Längster Fluss:**
   Wolga 3.534 km
9. **Größter See:**
   Ladogasee 17.703 km²
10. **Tiefster See:**
    Hornindalsvatnet, Norwegen 514 m
11. **Größte Insel:**
    Großbritannien 229.883 km²

Während die übrigen Kontinente marine Grenzen haben, ist eine Grenzziehung im Osten Europas historisch und völkerrechtlich nicht definiert und somit eine Frage der Konvention. Der europäische Kontinent gehört zur Eurasischen Landmasse und nimmt in deren Westen ein Fünftel der Fläche ein. Dass Europa dennoch als eigenständiger Kontinent wahrgenommen wird, ist historisch und kulturell bedingt. Geografisch wird entweder die 300 Kilometer nördlich des Kaukasusgebirges gelegene Manytsch-Niederung oder der Kaukasus selbst als Grenze zu Asien betrachtet.
Das Relief des europäischen Kontinents – des am stärksten zergliederten Erdteils – ist so heterogen, dass sich der relativ kleine Kontinent in viele verschiedene Naturlandschaften unterteilen lässt: Höhenzüge und Becken, Tiefländer und Mittelgebirge sowie stark zerklüftete Küstenlinien mit zahlreichen Inseln – Europa ist der Kontinent mit den meisten Halbinseln – wechseln sich ab.

Die Westküste Irlands ist geprägt von Kliffs, kleinen Buchten und vorgelagerten Inseln.

Die Landschaften Nordeuropas wurden vor allem während der Eiszeiten geformt und sind geprägt von den zerklüfteten Küsten im Nordwesten, kargen Hochebenen, Gebirgsketten und seenreichen flachen Gegenden. Daran schließt sich die Mitteleuropäische Schwelle mit waldreichen Mittelgebirgen, Hügelländern und Talsenken in West- und Mitteleuropa an. Die hohen Faltengebirge der Pyrenäen, der Alpen und der Karpaten setzen sich in den Gebirgen der südeuropäischen Halbinseln – Peloponnes, Iberische und Apennin-Halbinsel – fort. Im Süden finden sich außerdem Hochgebirge und Hochebenen. Die Landschaft Osteuropas ist von der Osteuropäischen Ebene geprägt, die sich bis zum Ural-Gebirge und -Fluss erstreckt und bis an das Nordpolarmeer reicht. Europa ist der Erdteil mit dem größten Formenreichtum auf kleinstem Raum.

Wegen seiner markanten Form ist das Matterhorn – das Schweizer Wahrzeichen – einer der bekanntesten Berge der Welt.

Kontinente 69

ASIEN

Asien ist mit einer Fläche von 44,4 Millionen km², was fast einem Drittel der Landoberfläche der Erde entspricht, der größte der Kontinente. Mit über 3,7 Milliarden Einwohnern – etwa drei Fünftel der Erdbevöl-

Asien und Indischer Ozean

kerung – ist Asien auch am dichtesten besiedelt. Zum größten Teil erstreckt sich Asien auf der nördlichen Halbkugel, nur die südostasiatische Inselwelt reicht über den Äquator hinaus. Begrenzt wird Asien im Norden durch das Nordpolarmeer, im Westen durch den Pazifischen Ozean, im Südosten gegen Australien, durch die Molukken- und Bandasee, im Süden durch den Indischen Ozean.

ASIENS GEOGRAFISCHE SUPERLATIVE

① **Ausdehnung:**
Nord-Süd 8.500 km
West-Ost 11.000 km
② **Nördlichster Punkt:**
Kap Tscheljuskin, Russland
77°43′ N
③ **Südlichster Punkt:**
Kap Buru, Malaysia
1°25′ N
④ **Westlichster Punkt:**
Kap Baba, Türkei
26°03′ östliche Länge
⑤ **Östlichster Punkt:**
Kap Deschnjow, Russland
169°4′ westliche Länge
⑥ **Höchstes Gebirge:**
Himalaya
Mount Everest 8.850 m
⑦ **Tiefster Punkt:**
Totes Meer -400 m
⑧ **Längster Fluss:**
Jangtsekiang 6.380 km
⑨ **Größter See:**
Kaspisches Meer 371.000 km²
⑩ **Tiefster See:**
Baikalsee, Russland 1.637 m
⑪ **Größte Insel:**
Borneo 748.168 km²

Gegen Amerika ist Asien durch die flache Beringstraße, die Verbindung zwischen Nordpolarmeer und Pazifik, getrennt, mit Afrika durch die Landenge von Suez verbunden. Asiens ist ein Kontinent der Superlative und Gegensätze, so findet sich auf asiatischem Boden sowohl der höchste Berg als auch die tiefste Senke der Erde: der Mount Everest und das Tote Meer. Da sich der Erdteil von den Polargebieten im Norden bis zu den inneren Tropen im Süden erstreckt, sind die Großlandschaften sowie die sie prägenden Vegetations- und Klimazonen entsprechend vielfältig. Der Norden ist vor allem von den Tiefländern West- und Nordsibiriens geprägt sowie dem Mittelsibirischen Bergland. Im Südwesten ist ein Faltengebirgssystem vorherrschend, das von den Inseln im Mittelmeer bis zum Himalaya reicht, mit den Achttausendern als höchsten Gipfeln. Südlich davon erstrecken sich Hoch- und Tiefländer (Hochland von Dekkan und Tibet, Tiefland von Turan), die sich mit Becken (Tarim-Becken) und wei-

70 Kontinente

Die Inselgruppe Koh Phi Phi in der Andamanensee vor der Westküste Thailands besteht überwiegend aus steilen Kalksteinfelsen.

ten Ebenen abwechseln. Von Nord nach Süd sind Tundra und Taiga (größtes Waldgebiet der Erde), borealer Nadelwald, Waldsteppe, Steppe, Wüsten (Gobi, Rub al-Khali), Trockensavanne, tropischer Regen- und Monsunwald zu finden.

Große Gebiete im Südwesten Chinas bestehen aus eindrucksvollen Karstlandschaften (verwitterten Kalksteinformationen). Der Fluss Li Jiang hier bei Xingping (großes Bild) schlängelt sich zwischen den Städten Guilin und Yangshuo durch bis zu 300 m steil aufragende Karsttürme.

Kontinente 71

Der Indische Subkontinent mit den Ländern Indien, Bangladesch, Bhutan, Nepal, Pakistan und Sri Lanka gehört geografisch zwar zu Asien, bildet aber eine eigene Kontinentalplatte, die einst Teil des Südkontinents Gondwana war. Lange driftete sie eigenständig durch den Indischen Ozean. Als sie mit der Asiatischen Platte kollidierte, entstand der Himalaya. Der Subkontinent reicht von dessen Basis bis zu der nach Süden spitz zulaufenden dreieckigen Halbinsel im Indischen Ozean. Er lässt sich in drei Landschaftszonen einteilen. Dem Himalaya-Gebirge folgen die Ebenen von Indus und Ganges, die sich im Süden zu einem von Flüssen durchschnittenen Tafelland – dem Dekkan-Hochland – erheben, das an den Küsten der Halbinsel von breiten Ebenen gesäumt wird. Entsprechend vielfältig ist die Vegetation: Im Norden und Nordosten dominieren Regenwälder und Plantagen. Die Ebenen von Indus und Ganges sind von subtropischer Vegetation geprägt, die im Gangesdelta in Mangroven übergeht. Das Hochland wird von Savannen eingenommen, im Westen befinden sich weitere Wüsten- und Steppengebiete. Zu Indien gehören auch die Inselgruppen der Lakkadiven sowie die Andamanen und die Nikobaren. Ende 2004 verursachte ein Seebeben im Indischen Ozean einen Tsunami, der auf Sri Lanka, den Andamanen und Nikobaren sowie Sumatra verheerende Schäden anrichtete.

SUBKONTINENT INDIEN

Indien ist mit über 3,2 Millionen km² Fläche der siebtgrößte Staat der Erde. Die anderen Länder auf dem Indischen Subkontinent sind vergleichsweise klein, warten jedoch jeweils mit Besonderheiten auf. Bangladesch ist vom Deltabereich der Flüsse Brahmaputra, Ganges und Meghna geprägt. Im Königreich Bhutan gibt es den 7.541 Meter hohen Gangkhar Puensum, den bislang weltweit höchsten unbestiegenen Berg. In Nepal erhebt sich der Mount Everest, der »Thron der Welt«. Im Norden Pakistans treffen die drei höchsten Gebirge der Erde zusammen: Hindukusch, Karakorum und Himalaya. Und der 65.610 km² große Inselstaat Sri Lanka, die »Perle des Indischen Ozeans«, ist für den Ceylon-Tee weltberühmt.

Großes Bild: Die Annapurna I im nepalesischen Himalaya ist mit 8.091 m einer der höchsten Berge der Erde. Ganz links, von oben: der Phewa-See und die Kette der Annapurna-Gipfel bei Pokhara in Nepal; das Aravalligebirge ist ein 600 km langer bis zu 1722 m hoher Gebirgszug in Nordindien. Links, von oben: Reisfelder in Südindien und ein Leuchtturm an der Malabarküste im Südwesten Indiens.

Kontinente 73

DEPRESSIONEN – DIE TIEFSTEN FESTLANDSREGIONEN DER ERDE

Depressionen oder geomorphologische Senken sind Regionen auf dem Festland, deren Wasserspiegel unterhalb des Meeresspiegelniveaus liegen. Senken, deren Grund niedriger als der Meeresspiegel ist, nennt man Kryptodepressionen.

JORDANGRABEN/ TOTES MEER   -400 m

Der Jordangraben, 400 Kilometer lang und 10 Kilometer breit, ist der nördliche Teil des Großen Afrikanischen Grabenbruchs. Zwei der tiefsten Depressionen der Erde gehören zum Jordangraben: der See Genezareth, der das größte Trinkwasserreservoir Israels ist und mit 212 Metern unter dem Meeresspiegel der tiefstgelegene Süßwassersee der Erde, und das Tote Meer. Der Jordan, tiefstgelegener Fluss weltweit, durchfließt den Jordangraben und mündet ins abflusslose Tote Meer, den tiefstgelegenen Binnensee der Welt. Der Wasserspiegel dieses Salzsees sinkt jedes Jahr, da viele Projekte am Flusslauf dem Jordan Wasser entziehen und das tropische Klima (mit Jahresdurchschnittstemperaturen um 30 °C, kälter als 18 °C wird es nie) zusätzlich für eine hohe Verdunstungsrate sorgt. Außergewöhnlich ist die hohe Konzentration von Mineralien: Während andere Meere einen Salzgehalt von ca. 3 % haben, weist das Tote Meer eine Salinität von etwa 30 % auf.

DIE TIEFSTEN DEPRESSIONEN DER ERDE
Lage des Wasserspiegels unter dem Meeresspiegel

1. **Bentleygraben** Antarktis -2.496 m
2. **Totes Meer** Vorderasien -400 m
3. **See Genezareth** Vorderasien -212 m
4. **Turfansenke** China -155 m
5. **Assalsee** Afrika -153 m
6. **Laguna del Carbón** Südamerika -105 m
7. **Death Valley** Nordamerika -85,5 m
8. **Qarunsee** Ägypten -42 m
9. **Kaspisches Meer** Westasien -28 m
10. **Lake Eyre** Australien -17 m

DIE TIEFSTEN KRYPTODEPRESSIONEN DER ERDE
Lage des Grunds unter dem Meeresspiegel

1. **Baikalsee** Zentralasien -1.181 m
2. **Tanganjikasee** Zentralafrika -688 m
3. **Gardasee** Oberitalien -281 m
4. **Comer See** Oberitalien -228 m
5. **Lago Maggiore** Oberitalien -179 m
6. **Iseosee** Italien -66 m
7. **Luganersee** Schweiz/Oberitalien -17 m

ASIEN
Turfan-Senke (Aydingkol-See) -155 m

Die beckenartige Turfansenke ist eine Verwerfung in den Ausläufern mehrerer Gebirgszüge im Nordwesten Chinas. Der größte Zulauf der abflusslosen, etwa 50.000 km² großen Turfansenke ist der Fluss Ala. Den tiefsten Punkt erreicht das Becken am Aydingkolsee, wo das Gelände am Seeufer auf 155 Meter unter den Meeresspiegel abfällt.

AUSTRALIEN
Lake Eyre -11 bis -17 m

Der Lake Eyre ist, wenn er mit Wasser gefüllt ist, der größte See Australiens und der tiefste Punkt dieses Kontinents. Der Wasserstand des Salzsees ist jedoch stark von klimatischen Gegebenheiten abhängig: Die Regenmenge des Monsuns bestimmt, wie tief der See wird – im Höchstfall, etwa einmal in zehn Jahren, bis zu vier Meter, ansonsten um einen Meter.

Turfansenke in China

Sonnenaufgang am Lake Eyre

Die Satellitenaufnahme zeigt den Jordangraben, Teil des Großen Afrikanischen Grabenbruchs (ganz links). Das Tote Meer ist der tiefstgelegene Binnensee der Erde (links). Das Death Valley, der tiefste Punkt Nordamerikas, zählt zu den trockensten Gebieten der Erde (großes Bild).

AFRIKA
Assalsee −153 m

Der 54 km² große Assalsee im Danakiltiefland mitten im ostafrikanischen Dschibuti, westlich des Golfs von Aden, ist das salzhaltigste Gewässer der Erde (außerhalb der Antarktis, wo einige Seen in den Trockentälern noch mehr Salz enthalten). Sein Salzgehalt ist mit knapp 35 % zehnmal so hoch wie der der Ozeane und sogar höher als der des Toten Meeres. Mit etwa 153 Meter unter dem Meeresspiegel bildet der Assalsee die tiefste Stelle auf dem afrikanischen Kontinent. Gespeist wird der See von unterirdischen Quellen, denen wiederum der Indische Ozean das Wasser liefert. Der hohe Salzgehalt des Sees ist hauptsächlich auf die hohen Temperaturen und die daraus resultierende enorme Verdunstung zurückzuführen.

Salzablagerungen am Assalsee

Salzabbau am Assalsee, Danakil-Wüste

NORDAMERIKA
Death Valley −85,5 m

Das etwa 225 Kilometer lange Death Valley in Kalifornien liegt zum größten Teil unterhalb des Meeresspiegels. Den tiefsten Punkt erreicht es mit -85,5 Metern im Badwater-Becken, der tiefsten Stelle Nordamerikas und der nördlichen Hemisphäre. Das »Tal des Todes« ist mit gelegentlich über 51 °C und selten unter 21 °C eine der heißesten Regionen der Erde.

Badwater-Becken im Death Valley

SÜDAMERIKA
Laguna del Carbón −105 m

Im dünn besiedelten, rauen Patagonien im Süden Argentiniens, in der Provinz Santa Cruz, liegt bei Puerto San Julian die mit 105 Meter unter dem Meeresspiegel tiefste Stelle Südamerikas: die Laguna del Carbón, in der in versteinerten urzeitlichen Wäldern viele Fossilien gefunden wurden.

ANTARKTIS
Bentleygraben −2.496 m

Der Bentleygraben, der etwa so groß ist wie Mexiko, ist mit 2.496 Metern unter dem Meeresspiegel der tiefste Punkt der Erde, der nicht in einem Ozean liegt. Eine mehr als 3.000 Meter hohe Eis- und Schneeschicht bedeckt diesen geologischen Graben im Westteil des antarktischen Kontinents.

Kontinente 75

AUSTRALIEN/OZEANIEN

Der mit insgesamt 8,5 Millionen km² kleinste der Kontinente der Erde umfasst außer der Hauptlandmasse Australiens die der Nordostküste vor-

Australien aus dem Weltall gesehen

gelagerte Insel Tasmanien und einige kleinere Inseln sowie das Great Barrier Reef, das größte Korallenriff der Welt. Der Name des Kontinents stammt aus dem Lateinischen (»terra australis«) und bedeutet »Südland«, gemäß der Lage des Kontinents auf der Südhalbkugel beiderseits des südlichen Wendekreises, an der Grenze zwischen Indischem und Pazifischem Ozean.

AUSTRALIENS GEOGRAFISCHE SUPERLATIVE

❶ Ausdehnung:
Nord-Süd 3.700 km
West-Ost 4.000 km

❷ Nördlichster Punkt:
Cape York, Queensland
10°41′ S

❸ Südlichster Punkt:
Wilson Promontory, Victoria
39°08′ S

❹ Westlichster Punkt:
Steep Point, Western Australia
113°09′ östliche Länge

❺ Östlichster Punkt:
Cape Byron, New South Wales
146°22′ östliche Länge

❻ Höchstes Gebirge:
Great Dividing Range
Mount Kosciuszko 2.228 m

❼ Tiefster Punkt:
Lake Eyre, South Australia −17 m

❽ Längster Fluss:
Darling mit Murray 3.370 km

❾ Größter See:
Lake Eyre,
South Australia 9.500 km²

❿ Tiefster See:
Lake St Clair
Tasmanien 200 m

⓫ Größte Insel:
Tasmanien 64.519 km²

Der australische Kontinent wird im Norden von Timorsee, Arafurasee und Torresstraße, im Osten durch Korallen- und Tasmansee begrenzt. Im Süden befindet sich die Bass-Straße und im Westen der Indische Ozean. Im Vergleich zu anderen Erdteilen ist die Küste Australiens, bis auf den Golf von Carpentaria im Norden, wenig gegliedert. Der australische Kontinent lässt sich in drei Großräume unterteilen: das westaustralische Tafelland, das von bizarren Felslandschaften wie der Kimberley-Region und ausgedehnten Wüsten wie der Großen Sandwüste geprägt ist. Die gesamte Ostküste entlang verläuft die Great Dividing Range, und als Bindeglied liegt zwischen West- und Ostaustralien die Mittelaustralische Senke, die auch als Outback bekannte Tieflandzone mit weitläufigen Wüsten wie der Großen Victoria-Wüste. Die markanteste Erhebung im Landeszentrum sind der Uluru und die Olgas.
Neuseeland besteht aus zwei Inseln. Die Südinsel entstand vor etwa 100 Millionen Jahren beim Zusammenstoß zweier Kontinentalplatten. Hügel und Ebenen, Seen und Fjorde sind das Ergebnis eiszeitlicher Gletscherarbeit. Auf der Nordinsel gibt es eine Vielzahl von Vulkanen, die sich auf der Nahtstelle von australischer und pazifischer Platte befinden, was auch die zahlreichen Thermalquellen und Geysire erklärt. Neuseeland wird wegen der dünnen Besiedelung und der einzigartigen, meist unberührten Natur oft als »grüne Insel« bezeichnet.

Der 1.692 m hohe Mitre Peak (großes Bild) ist das Wahrzeichen am Fjord Milford Sound auf der Südinsel Neuseelands.

Einige der 36 Felskuppen der Kata Tjuta (»Viele Köpfe«), früher als »The Olgas« bekannt, im Herzen Australiens

Unter der Bezeichnung »Ozeanien« fasst man kulturell und wirtschaftlich die Inselwelt des Pazifiks mit den Inseln Melanesiens, Mikronesiens und Polynesiens sowie Neuguinea und Neuseeland zu einem Teilkontinent zusammen. Tektonisch und geografisch ist dies nicht korrrekt, da die Regionen jeweils auf verschiedenen Platten (der australischen, pazifischen und einigen kleineren) liegen. Auf den mehr als 7.000 Inseln mit einer Landfläche von rund 1,3 Millionen km^2, leben etwa 15 Millionen Menschen.

Kontinente 77

AFRIKA

Zwischen Indischem und Atlantischem Ozean liegt die Landmasse des afrikanischen Kontinents. Mit 30,3 Millionen km² (20 % der Landoberfläche der

Afrika aus dem Weltall gesehen

Erde) ist er sowohl der Fläche als auch der Bevölkerung (rund 967 Millionen, 14,4 % der Weltbevölkerung) nach der zweitgrößte Kontinent der Erde. Afrika erstreckt sich beiderseits des Äquators und erreicht mit dem Kap der Guten Hoffnung seinen südlichen Abschluss. Das Europäische Mittelmeer bildet die nördliche Grenze. An der Straße von Gibraltar rückt der Kontinent auf vierzehn Kilometer an Europa heran. Das Rote Meer bildet die natürliche Grenze zu Asien, der Suezkanal seit 1869 eine künstliche.

Seine geografische Lage quer zum Äquator bestimmt auch Afrikas klimatische Verhältnisse: 75 % der Fläche liegen innerhalb der Wendekreise und sind damit die größte zusammenhängende tropische Landmasse der Erde. Nördlich und südlich schließen sich subtropische Savannen- und Halbwüstenzonen an (Sahelzone). Während die Namib im Süden zu den kleineren Exemplaren zählt, prägt die Sahara, die größte Wüstenregion der Welt, fast das gesamte nördliche Drittel des Kontinents.

Das Relief Afrikas bestimmen flache Bergschwellen und ausgedehnte Becken. Den Maghreb formen das Saharabecken und die Bergmassive des Al-Hajjar- und des Atlasgebirges. Niger und Tschad bilden im Norden große Becken, in Zentral- bzw. Südafrika sind es Kongo und Okavango.

Granitblöcke am Strand von Anse Source d'Argent auf der Seychelleninsel La Digue

Neben Madagaskar im Osten finden sich nur im Golf von Guinea einige wenige vorgelagerte Inseln – die Küste des afrikanischen Kontinents ist sonst kaum gegliedert.

AFRIKAS GEOGRAFISCHE SUPERLATIVE

❶ Ausdehnung:
Nord-Süd 7.500 km
West-Ost 6.000 km
❷ Nördlichster Punkt:
Bizerta, Tunesien
37° 16′ S, 9° 52′ O
❸ Südlichster Punkt:
Cape Agulhas, Südafrika
34° 49′ S, 20° 0′ O
❹ Westlichster Punkt:
Cabo Verde, Senegal
14° 44′ N, 17° 31′ W
❺ Östlichster Punkt:
Ras Hafun, Somalia
10° 25′ N, 51° 16′ O
❻ Höchstes Gebirge:
Kilimandscharo, Tansania
Kibo 5.895 m
❼ Tiefster Punkt:
Assalsee, Dschibuti -153 m
❽ Längster Fluss:
Nil 6.671 km
❾ Größter See:
Victoriasee, Ostafrika 68.870 km²
❿ Tiefster See:
Tanganjikasee, Ostafrika 1.470 m
⓫ Größte Insel:
Madagaskar 587.042 km²

Großes Bild: Blick auf das Kilimandscharomassiv vom Amboseli-Nationalpark im Südwesten Kenias aus. Im Vordergrund eine Schirmakazie.

GREAT RIFT VALLEY

Das Great Rift Valley bzw. der Große Afrikanische Grabenbruch zieht sich von Syrien insgesamt rund 6.000 Kilometer gen Süden bis Mosambik. Verursacht wurde der Grabenbruch durch die Dehnung des Erdmantels, vulkanische Aktivitäten und die Bewegungen

Das Rift Valley in Kenia

Der Natronsee in Tansania

der Afrikanischen und Arabischen Kontinentalplatten im Lauf der letzten 35 Millionen Jahre. In weiteren Jahrmillionen wird der Grabenbruch wohl das östliche Afrika vom Rest des Kontinents abgespalten haben. Entlang dem Rift Valley entstanden durch die tektonischen Aktivitäten zahlreiche Vulkane: etwa das Mount-Kenya-Massiv, der Kilimandscharo und der Mount Meru. Der nach wie vor aktive Ol Doinyo Lengai in Tansania ist der einzige Karbonatit-Vulkan der Erde.

Großes Bild: Rotalgen im Natronsee im ostafrikanischen Tansania. Durch die Bewegungen der Erdkruste gelangt das Natron an die Oberfläche und bildet die Nahrungsgrundlage für die Rotalge, die dem See seine charakteristische Farbe gibt.

Lavafluss am Vulkan Ol Doinyo Lengai in Kenia

Salzablagerungen am Dallol-Vulkan in Äthiopien

DER GRÖSSTE GRABENBRUCH DER ERDE

Am Abbe-See, Dschibuti, formten heiße Quellen Travertinschlote.   Eine heiße Quelle in der Danakildepression, Äthiopien

Kontinente 81

NORD- UND MITTELAMERIKA

Nordamerika ist der drittgrößte Kontinent und der größte Erdteil auf der westlichen Halbkugel. Er erstreckt sich von der Gletscherwelt Alaskas bis zur Karibik und umfasst einschließ-

Nord- und Mittelamerika

lich Grönlands, Mexikos, der Staaten der mittelamerikanischen Landbrücke und der Karibikinseln knapp 25 Millionen km² – damit nimmt er über 16 % des Festlandes auf der Erde ein. Über drei Viertel der Landmasse entfallen dabei allein auf die beiden Länder USA und Kanada. Begrenzt wird Nordamerika im Norden vom Nordpolarmeer, im Osten vom Atlantischen Ozean und im Westen vom Pazifik.

NORD- UND MITTELAMERIKAS GEOGRAFISCHE SUPERLATIVE

① **Ausdehnung:**
Nord-Süd   7.000 km
West-Ost   6.000 km

② **Nördlichster Punkt:**
Cape Murchison, Kanada
71°59′ N, 94°32′ W

③ **Südlichster Punkt:**
Punta Mariato, Panama
07°12′ N, 80°53′ W

④ **Westlichster Punkt:**
Cape Prince of Wales, Alaska
65°35′ N, 168°05′ W

⑤ **Östlichster Punkt:**
Cape St. Charles
Neufundland und Labrador
52°13′ N, 55°37′ W

⑥ **Höchste Berge:**
Mount McKinley (USA)   6.194 m
Mount Logan (Kanada)   5.959 m

⑦ **Tiefster Punkt:**
Death Valley, Kalifornien -85,5 m

⑧ **Längster Fluss:**
Mississippi
(mit Missouri)   6.051 km

⑨ **Größter See:**
Oberer See,
Kanada   82.414 km²

⑩ **Tiefster See:**
Großer Sklavensee,
Kanada   614 m

⑪ **Größte Inseln:**
Grönland   2.166.086 km²
Kuba   105.806 km²

Zusammen mit Südamerika bildet Nordamerika den Doppelkontinent Amerika, der sich vom höchsten Norden bis zum äußersten Süden etwa 16.000 Kilometer lang erstreckt. Nordamerika reicht vom Nordpolarmeer bis zum Karibischen Meer. Es ist durch die an den schmalsten Stellen nur 50 Kilometer breite Landbrücke Mittelamerikas mit Südamerika verbunden, wobei Ersteres physisch-geografisch ebenso zur nordamerikanischen Landmasse zählt wie die Inseln des Amerikanischen Mittelmeers (Karibisches Meer und Golf

Die Vulkane Toliman und San Pedro ragen hinter dem Lago de Atitlán im Hochland von Guatema

von Mexiko) sowie Grönland. Von Alaska bis Neuschottland beträgt die West-Ost-Ausdehnung etwa 6.000 Kilometer.
Die Landschaften Amerikas sind mit der Gletscherwelt Alaskas, den Gebirgen sowie den Weiten der Prärie oder Wüsten sehr vielseitig. Dabei sind drei von Nord nach Süd verlaufende Großlandschaften zu unterscheiden: zum einen im Westen die sich über den ganzen Doppelkontinent erstreckenden und mehrere Gebirgsketten umfassenden Kordilleren, die von Alaska bis Feuerland mit einer Länge von 15.000 Kilometern das längste Faltengebirge der Welt darstellen. Die geologisch jungen Rocky Mountains sind der Hauptgebirgszug der Nordamerikanischen Kordilleren. Als zweite Großlandschaft erhebt sich in Gestalt der Appalachen ein bewaldetes Mittelgebirge im Osten, gesäumt von breitem Küstentiefland. Die Appalachen sind ca. 400 Millionen Jahre alt und gehören damit zu den älteren Gebirgen der Erde. Zwischen den Höhenzügen befinden sich drittens die Inneren Ebenen mit weitläufigen, offenen Landschaften (Great Plains) und den fünf Großen Seen, die mit insgesamt 244.000 km² die größte Binnensüßwasserfläche der Erde bilden.
Tiefe Buchten (u. a. Hudson Bay, Golf von Mexiko, Golf von Alaska) prägen die nordamerikanische Küstenlinie. Die Karibischen Inseln, bestehend aus Großen und Kleinen Antillen, liegen in einem großen Bogen von Kuba bis Südamerika. Der Kontinent ist durch das Zusammentreffen der Nordamerikanischen mit der Pazifischen Platte tektonisch sehr aktiv, Vulkanausbrüche und Erdbeben sind häufig.

Mehr als 500 Millionen Menschen bewohnen Nord- und Mittelamerika, davon leben über 300 Millionen in den Vereinigten Staaten. Die durchschnittliche Bevölkerungsdichte ist im Vergleich mit europäischen Industriestaaten gering, nur an der Ostküste der USA gibt es bevölkerungsreiche Ballungsgebiete.

Im Abendlicht leuchten die roten Felsen im Arches-Nationalpark so intensiv, dass sie zu brennen scheinen. Frost und Wüstenwind schufen mehr als 200 natürliche Steinbögen wie hier den Delicate Arch.

Kontinente 83

ERDBEBEN

Als Erdbeben werden natürliche Erschütterungen von Erdkruste und -mantel bezeichnet. Besonders an den Grenzen zwischen den Kontinentalplatten, wo sich diese voneinander weg oder aber aufeinander zu bewegen, entstehen Spannungen, die sich schließlich durch ruckar-

San-Andreas-Verwerfung, Kalifornien

tige Bewegungen der Erdkruste entladen – es kommt zu tektonischen Beben. An der San-Andreas-Verwerfung in Kalifornien etwa, wo die Pazifische an der Nordamerikanischen Platte vorbeidriftet, kommt es immer wieder zu Erdbeben. Mit der Richter-Skala misst man die Stärke von Erdbeben, dabei wird mithilfe von Seismografen die bei einem Beben ausgelöste Energie aufgezeichnet.

DIE STÄRKSTEN ERDBEBEN DER ERDE
Stärke auf der Richter-Skala

1. Chile (Valdivia)
   1960   9,5
2. Alaska (»Karfreitagsbeben«)
   1964   9,2
3. Seebeben vor Sumatra
   2004   9,1
4. Russland (Kamtschatka)
   1952   9,0
5. Erdbeben vor Chile
   2010   8,8
6. Erdbeben vor Ecuador
   1906   8,8
7. Alaska (Andreanof Islands)
   1957   8,8
8. Alaska (Rat Island)
   1965   8,7
9. Erdbeben vor Nord-Sumatra
   2005   8,6
10. Indien (Assam)
    1950   8,6

Die San-Andreas-Verwerfung erstreckt sich über 1.100 km von Mexiko bis nach San Francisco (großes Bild).

HISTORISCHE ERDBEBEN

Am 1. November 1755 zerstörten ein Erdbeben und nachfolgende Brände Portugals Hauptstadt Lissabon. Das Beben, das 30.000 bis 100.000 Menschenleben forderte, hatte vermutlich eine Stärke von 8,5 bis 9 auf der Richter-Skala. Die Katastrophe gilt als Impulsgeber der mordernen Seismologie.

Eine der schlimmsten Naturkatastrophen der USA war das San-Francisco-Erdbeben vom 18. April 1906 mit etwa 3.000 Todesopfern. Seine Stärke lag zwischen 7,8 und 8,8 auf der Richter-Skala, und es erschütterte die Gegend entlang der San-Andreas-Verwerfung über Hunderte von Kilometer hinweg.

Lissabon 1755

San Francisco 1906

DIE GEWALTIGSTEN ERSCHÜTTERUNGEN DER ERDE

ERDBEBEN IM 20. UND 21. JAHRHUNDERT

Mexiko-Stadt liegt in einer tektonisch aktiven Region, in der es immer wieder zu Erdbeben kommt. 1985 suchte ein Beben der Stärke 8,1 die Millionenstadt heim. Über 10.000 Menschen starben. 1994 forderte ein Erdbeben der Stärke 6,7 in Kalifornien 60 Menschenleben, 1995 bebte im japanischen Kobe die Erde mit der Stärke 7,3 – dieses Beben kostete 6.433 Menschen das Leben. Eines der katastrophalsten Erdbeben war das Seebeben im Indischen Ozean vor der Insel Sumatra am 26. Dezember 2004, an dessen Folgen 230.000 Menschen starben. Am 12. Mai 2008 erschütterte das »Große Erdbeben von Wenchuan« die chinesische Provinz Sichuan mit der Stärke 8,0 und forderte 86.000 Todesopfer. Bei dem verheerenden Erdbeben am 12. Januar 2010 in Haiti, das eine Stärke von 7,0 hatte, kamen mehr als 300.000 Menschen auf der Karibikinsel ums Leben.

Im zerstörten Beichuan in China 2008

Kalifornien 1994

Kobe 1995

Mexiko 1985

Sichuan 2008

Kontinente 85

SÜDAMERIKA

Südamerika ist nach Asien, Afrika und Nordamerika der viertgrößte Kontinent auf unserem Planeten. Mit einer Gesamtfläche von 17,8 Millio-

Südamerika auf dem Globus

nen km² macht er rund 12 % der Landfläche der Erde aus. Im Norden ist Südamerika durch die mittelamerikanische Landzunge mit Nordamerika verbunden, im Süden reicht es näher als jeder andere Erdteil an die Antarktis heran.

Im Vergleich mit anderen Kontinenten wirkt Südamerika kompakt, die Küste ist weniger stark durch Buchten gegliedert, das Relief ist relativ einheitlich, sieht man von den Gebirgsregionen der Anden ab. Drei Großräume bestimmen die Oberflächengestalt des Erdteils: Die Anden als Hochgebirge im Westen, drei Flussebenen und drei Bergländer östlich der Anden.

Auch im südlichen Teil des amerikanischen Doppelkontinents setzt sich an der Pazifikküste die steil aufragende Kordillerenkette fort. Mit den Anden, nach dem Himalaya das zweithöchste Gebirgssystem der Welt, erreicht sie ihre größte Ausdehnung: rund 700 Kilometer in west-östlicher Richtung auf der Höhe des südlichen Wendekreises. Die Anden durchlaufen in Nord-Süd-Richtung den gesamten südamerikanischen Kontinent und sind das längste Kettengebirge der Welt. Zwischen den Höhenzügen der Kordilleren erstrecken sich Hochebenen. Nach Osten schließen sich Tiefländer an. Zwischen dem Bergland von Guayana im Norden und dem Brasilianischen Bergland erstreckt sich das vom Amazonas durchzogene Amazonasbecken. Das Tiefland umfasst vier Millionen km² und ist das größte tropische Regenwaldgebiet der Erde. Daran schließen sich die Schwemmlandebenen des Gran Chaco und die Pampas an, die nach Patagonien, der dritten Bergregion, überleiten. Im äußersten Norden des Kontinents befindet sich das Tiefland des Orinoco, und im Süden des Kontinents findet sich die Stromebene des Flusssystems von Rio Paraguay und Rio Paraná, die in eine subtropische Schwemmlandschaft übergeht.

SÜDAMERIKAS GEOGRAFISCHE SUPERLATIVE

① **Ausdehnung:**
Nord-Süd 7.500 km
West-Ost 6.000 km

② **Nördlichster Punkt:**
Punta Gallinas, Kolumbien
12°28′ N

③ **Südlichster Punkt:**
Cabo Froward, Chile
55°59′ S

④ **Westlichster Punkt:**
Punta Pariñas, Peru
04°40′ S, 81°19′ W

⑤ **Östlichster Punkt:**
Ponta do Seixas, Brasilien
7°08′ S, 34°47′ W

⑥ **Höchstes Gebirge:**
Anden
Aconcagua 6.963 m

⑦ **Tiefster Punkt:**
Laguna del Carbón,
Argentinien -105 m

⑧ **Längster Fluss:**
Amazonas 6.488 km

⑨ **Größter See:**
Maracaibosee,
Venezuela 13.300 km²

⑩ **Tiefster See:**
Lago General Carrera,
Chile, Argentinien 590 m

⑪ **Größte Insel:**
Isla Grande de Tierra del Fuego,
Chile, Argentinien 48.185 km²

Die Torres del Paine (großes Bild) sind das Wahrzeichen des gleichnamigen Nationalparks im Süden Chiles.

Der tropische Regenwald – hier am Amazonas in Brasilien – ist Südamerikas vorherrschende Vegetationsform.

Die große Nord-Süd-Ausdehnung des Erdteils bedingt extreme klimatische Unterschiede. So folgen im Süden auf die feucht-heißen Regenwaldgebiete Amazoniens die kühl-gemäßigte Region Patagoniens und die polar beeinflussten Breiten Feuerlands. In den zwölf südamerikanischen Staaten, die Galápagos-Inseln sowie die englischen und französischen Überseegebiete der Falkland-Inseln und Französisch-Guyanas eingeschlossen, leben über 370 Millionen Menschen, was gut fünf Prozent der Weltbevölkerung entspricht.

Kontinente 87

ANTARKTIS

Der antarktische Kontinent umfasst eine Fläche von 12,4 Millionen km². Von dieser Fläche sind 200.000 km² nicht vom Eis bedeckter Fels. Die Landmasse

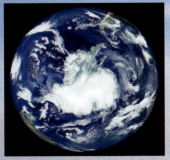

Antarktis auf der Erdhalbkugel

von der Größe Europas wird von einer rund zwei Kilometer dicken Eisschicht überzogen. Zur Mitte des Kontinents hin kann diese Schicht sogar über 4,5 Kilometer mächtig werden, damit ist die Antarktis auch der höchste Erdteil.

SUPERLATIVE DER ANTARKTIS

Das Gebiet der Antarktis reicht bis zum südlichen Polarkreis bei 66°33' südlicher Breite. Als Grenze gilt die antarktische Konvergenz (vgl. Text rechts) bei etwa 50° südlicher Breite. Die Größe des Kontinents schwankt je nach Jahreszeit: Im Winterhalbjahr wächst er durch die Zunahme der Eismassen auf rund das Doppelte an.

① **Höchstes Gebirge:**
Sentinel Range
Mount Vinson — 4.892 m
② **Tiefster Punkt:**
Bentleygraben,
Westantarktika — -2.496 m
③ **Längster Fluss:**
Onyx River — 30 km
④ **Größter See:**
Wostoksee (subglazial)
Ostantarktis — 15.690 km²
⑤ **Tiefster See:**
Wostoksee (subglazial) — 670 m
⑥ **Größte Insel:**
Alexander-I.-Insel — 49.070 km²

Die Antarktis, auch als Südpolargebiet bezeichnet, ist der südlichste Teil der Erde und erstreckt sich fast vollständig jenseits des südlichen Polarkreises. Die Festlegung der antarktischen Grenzen erfolgt nicht durch die Küstenlinie des Festlandes, sondern durch die Antarktische Konvergenz, eine scharf umrissene Zone an den südlichen Rändern des Atlantischen, Indischen und Pazifischen Ozeans. Die Konvergenz liegt zwischen 48 und 60° südlicher Breite. An dieser Stelle trifft kälteres Wasser, das von der Antarktis nach Norden strömt, auf wärmeres Wasser, das in südliche Richtung fließt. Zählt man bei den Flächenberechnungen auch die den Landgebieten vorgelagerten Schelfeistafeln, das Meer und die Inseln hinzu, so kommt man auf eine Gesamtfläche von 53 Millionen km². Die Weddellsee auf der atlantischen Seite und das Rossmeer auf der pazifischen Seite greifen tief in das Festland von Antarktika ein. Durch diese Einschnitte wird die Kontinentmasse in die mehr als 10 Millionen km² große Ostantarktis und die 2,3 Millionen km² große Westantarktis geteilt. Die Küstenlinie der gesamten Antarktis ist knapp 18.000 Kilometer lang. Auf dem kältesten Kontinent konzentrieren sich rund um den Südpol mehr als 90 % der Eismasse der Erde. Das Volumen des Inlandeises wird auf 24 Millionen km³ geschätzt und ist damit die größte zusammenhängende Eismasse der Welt. Die mächtige Eisschicht, die Antarktis bedeckt, verschiebt sich an den Rändern als Schelfeis oder fließt in Eisbergen und als Treibeis ab (»kalben«).

Bizarre Eisberge, von Wind und Wasser bizarr gestaltet, sind südlich des südlichen Polarkreises ein gewohnter Anblick.

Zwischen Ost- und Westantarktis verläuft auf einer Länge von 3.500 Kilometern das Transantarktische Gebirge (fünftlängster Gebirgszug der Erde), das Höhen bis über 4.500 Meter erreicht. Teil des Gebirges sind die antarktischen Trockentäler: ein Gebiet von knapp 5.000 km² in der Ostantarktis, das seit Millionen von Jahren eisfrei ist.

Großes Bild: Die Filchner Mountains im antarktischen Königin-Maud-Land sind nach dem Leiter der zweiten deutschen Südpolarexpedition, dem Antarktis- und Asienforscher Wilhelm Filchner, benannt.

SÜDPOL

Der geografische Südpol ist der südlichste Punkt der Erde am Südende der Erdachse im Inneren des Kontinents Antarktika auf der Breite von exakt 90°. Er liegt 2.804 Meter hoch über dem Meeresspiegel, die Eisdecke ist an dieser Stelle etwa 2.700 Meter dick. Im Winter bekommt der Südpol überhaupt kein Tageslicht, im Sommer steht die Sonne ständig – jedoch sehr niedrig – am Horizont. Der Südpol ist deshalb und aufgrund seiner Höhenlage einer der kältesten Orte der Erde und wesentlich kälter als der Nordpol: Die Temperaturen schwanken im Jahresverlauf zwischen

Flaggen der Nationen am Südpol

höchstens -25 °C und -65 °C. Seit 1956 betreibt die USA auf dem Südpol eine ständige wissenschaftliche Station, die Amundsen-Scott-Station, benannt nach den ersten Expeditionsleitern, die den Pol erreichten.

Die amerikanische Amundsen-Scott-Station (großes Bild) liegt in 2.853 m Höhe auf dem Inlandeis.

ROALD AMUNDSEN UND ROBERT SCOTT

Der Engländer Robert Falcon Scott (1868–1912) und der Norweger Roald Amundsen (1872–1928) lieferten sich zusammen mit ihren jeweiligen Expeditionsteams im Jahr 1911 einen Wettlauf zum Südpol. Der Gewinner dieses spannenden, aber auch tragischen Konkurrenzkampfs war Amundsen, der mit seinen vier Begleitern am 14. Dezember 1911 den Südpol erreichte und sein Lager dort Polheim nannte. Als Scott am 17. Januar 1912 ebenfalls dort ankam,

45 Jahre nach Amundsen und Scott setzte der nächste Mensch seinen Fuß auf den Südpol: 1956 kam Admiral George Dufek mit dem Flugzeug hierher, um die Konstruktion der amerikanischen Amundsen-Scott-Forschungsstation vorzubereiten.

Einer von Amundsens Hundeschlitten

Roald Amundsen (1892–1928)

14. Dezember 1911: Das Ziel ist erreicht.

fand er ein Zelt vor, auf dem die norwegische Flagge wehte – er war zu spät dran und nur Zweiter. Auf dem Rückweg starben alle Teilnehmer der britischen Expedition, auch Scott selbst, an Unterernährung und Erfrierungen. Erst

Scott findet am Pol Amundsens Zelt.

DIE GRÖSSTEN HALBINSELN EUROPAS

Geirangerfjord, Norwegen

❶	Skandinavien	770.000 km²
❷	Iberische Halbinsel	580.000 km²
❸	Balkanhalbinsel	560.000 km²
❹	Apenninhalbinsel	301.000 km²

DIE GRÖSSTEN HALBINSELN ASIENS

Stratovulkan Kronotsky auf Kamtschatka

❶	Arabische Halbinsel	3.000.000 km²
❷	Indochinesische Halbinsel	1.011.000 km²
❸	Kleinasien	757.000 km²
❹	Tschuktschen-Halbinsel	721.000 km²
❺	Kamtschatka	370.000 km²

DIE GRÖSSTEN HALBINSELN AUSTRALIENS

Seerosen auf einem Billabong, Australien

❶	Kap-York-Halbinsel	137.000 km²
❷	Arnhemland	97.000 km²

DIE GRÖSSTEN HALBINSELN AFRIKAS

Keilförmiges Horn von Afrika

❶	Horn von Afrika	2.000.000 km²

DIE GRÖSSTEN HALBINSELN NORD- UND MITTELAMERIKAS

Vergletscherte Berge, Alaska-Halbinsel

❶	Labrador-Halbinsel	275.000 km²
❷	Yucatan	180.000 km²
❸	Florida	170.000 km²
❹	Niederkalifornien	143.000 km²
❺	Melville-Halbinsel	65.000 km²
❻	Alaska-Halbinsel	ca. 60.000 km²
❼	Neuschottland	55.200 km²
❽	Kenai-Halbinsel	23.000 km²

DIE GRÖSSTEN HALBINSELN SÜDAMERIKAS

Küste der Valdés-Halbinsel, Argentinien

❶	Valdés-Halbinsel	3.625 km²

DIE GRÖSSTEN HALBINSELN ANTARKTIKAS

Treibeis vor der Küste der Westantarktis

❶	Antarktische Halbinsel	ca. 340.000 km²

HALBINSELN

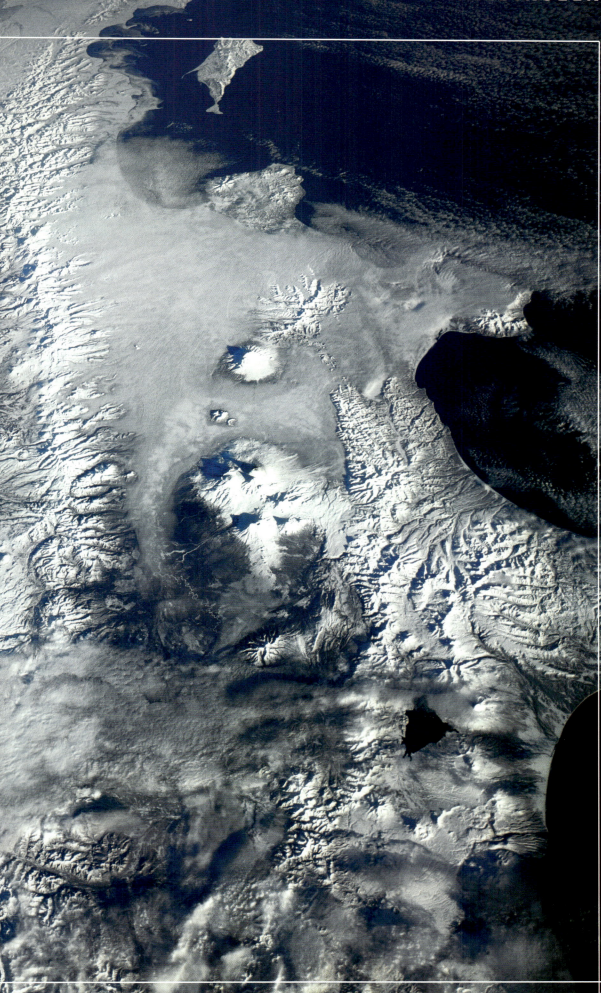

Halbinseln sind Landmassen, die fast vollständig von Wasser umgeben sind, aber eine natürliche Verbindung mit dem Festland haben. Viele Halbinseln sind lediglich höher gelegene Abschnitte der Erdkruste, die über das Meer hinausragen, während die Umgebung vom Wasser überflutet ist. Sofern die

Die Halbinsel Sinai mit Rotem Meer

Breite deutlich größer ist als die Länge, wie etwa bei Wales der Fall, spricht man nicht mehr von einer Halbinsel. Am Beispiel Großbritanniens und Irlands kann man sehen, dass es auch auf Inseln Halbinseln gibt.

DIE GRÖSSTEN HALBINSELN DER WELT

1. Arabische Halbinsel   3.000.000 km²
2. Horn von Afrika   2.000.000 km²
3. Indochinesische Halbinsel   1.011.000 km²
4. Skandinavien   770.000 km²
5. Kleinasien   757.000 km²
6. Tschuktschen-Halbinsel   721.000 km²
7. Iberische Halbinsel   580.000 km²
8. Balkanhalbinsel   560.000 km²
9. Kamtschatka   370.000 km²
10. Antarktische Halbinsel   ca. 340.000 km²
11. Apenninhalbinsel   301.000 km²
12. Labrador-Halbinsel   275.000 km²

Großes Bild: Kamtschatka, die mit 370.000 km² größte Halbinsel Ostasiens zwischen Beringstraße und dem Ochotskischen Meer.

ARABISCHE HALBINSEL
DIE GRÖSSTE HALBINSEL DER ERDE

Die Arabische Halbinsel ist die westlichste der großen südasiatischen Halbinseln und anders als Indien eher dünn besiedelt.

Die Arabische Halbinsel im äußersten Südwesten des asiatischen Kontinents ist mit knapp drei Millionen km² die größte Halbinsel unserer Erde. Sie grenzt im Norden an Jordanien und den Irak, im Osten an den Persischen Golf sowie an den Golf von Oman, im Süden ans Arabische Meer und an den Golf von Aden, und im Westen stößt sie an das Rote Meer. Mit etwa 70 Millionen Einwohnern (Schätzung von 2008) auf diesem riesigen Terrain ist die Arabische Halbinsel auch eine der am dünnsten besiedelten Regionen der Welt. Diese Einwohner teilen sich auf die Staaten Saudi-Arabien, Vereinigte Arabische Emirate, Bahrain, Jemen, Katar, Kuwait sowie Oman auf. Saudi-Arabien ist von diesen Ländern das mit Abstand größte: Seine Staatsfläche umfasst ganze 2,24 Millionen km². Im Westen und im Süden ist die Arabische Halbinsel von hohen, unzugänglichen Bergländern geprägt, die in Richtung Osten allmählich zum Persischen Golf hin abfallen. Auf der Halbinsel mit ihrem extrem trockenen und heißen Klima – nur sehr wenige Gebiete können mehr als 178 Millimeter Jahresniederschläge verzeichnen,

und im Sommer steigen die Temperaturen bis auf 55 °C an – erstrecken sich außerdem die größten Sandwüsten der Erde: die Rub al-Khali und die Große Nefud-Wüste. Tektonisch bildet die Halbinsel die Arabische Platte. Aus geologischer Sicht gehört sie zur alten afrikanischen Kontinentalmasse, obgleich sie durch das Rote Meer davon getrennt ist.

Auf dieser Satellitenaufnahme erkennt man Ostafrika, Jemen, das Rote Meer und den Golf von Aden (links). Die Rub al-Khali (»Leeres Viertel«), die mit rund 780.000 km² größte Sandwüste der Welt, nimmt ein Drittel der Arabischen Halbinsel ein. Die einsamen Straßen der Wüste sind von Sanddünen gesäumt (großes Bild).

DIE BERGLÄNDER DER ARABISCHEN HALBINSEL

Im Landesinneren Jemens verläuft das zerklüftete, 1.500 bis 2.500 Meter hohe jemenitische Bergland, das mehr als ein Drittel des Landes einnimmt. Der höchste Berg ist der Dschabal an-Nabi Schu'aib (3.760 Meter). Der Hauptgebirgszug Al-Sarat hat ein für die Halbinsel recht mildes Klima, weshalb man auch in bis zu 2.500 Meter Höhe noch zahlreiche Dörfer findet. Im Sultanat Oman erstreckt sich von der Grenze zu den Vereinigten Arabischen Emiraten in Richtung Indischer Ozean auf etwa 450 Kilometern das großteils sehr schroffe Hadscharoder Omangebirge, das die Küsten am Golf von Oman einrahmt. Der höchste Gipfel ist der Dschabal Schams (3.020 Meter).

Das Dorf Al-Karn im jemenitischen Bergland

Das Hadschargebirge im Sultanat Oman

Kontinente 95

INSELN

Sie übertreffen mit ihrer Größe die Fläche der Benelux-Staaten um ein Vielfaches und kommen in allen Klimaregionen vor. Die größten Inseln der Erde liegen wie Grönland unter einem dicken Eispanzer oder sind wie Neuguinea mit dichtem tropischen Regenwald bedeckt. Zwi-

Treibeis an der Küste Grönlands

schen diesen Extremen gibt es je nach Klimazone zahlreiche Mischformen. Das gemeinsame Merkmal ist, dass sie vollständig von Wasser umgeben sind und häufig durch ihre Größe die Ozeane von Nebenmeeren und Meeresteilen trennen.

DIE GRÖSSTEN INSELN DER WELT

❶ Grönland
Dänemark 2.166.086 km^2

❷ Neuguinea
Indonesien/Papua-Neuguinea
785.753 km^2

❸ Borneo
Indonesien/Malaysia/Brunei
748.168 km^2

❹ Madagaskar
Madagaskar 587.042 km^2

❺ Baffin Island
Kanada 507.451 km^2

❻ Sumatra
Indonesien 443.066 km^2

❼ Honshu
Japan 230.316 km^2

❽ Großbritannien
Vereinigtes Königreich
229.883 km^2

❾ Victoria Island
Kanada 217.291 km^2

❿ Ellesmere Island
Kanada 196.236 km^2

Leuchtturm am Kap Reinga, dem nordwestlichsten Punkt der neuseeländischen Nordinsel. Hier vereinigen sich Tasmanische See und Pazifik.

GRÖNLAND

Grönland ist die größte Insel der Erde. Sie ist ungefähr 2.650 Kilometer lang, hat eine maximale Breite von etwa 1.000 Kilometer und eine Fläche von 2.166.086 km². Der dicke Eispanzer mit einer maximalen Mächtigkeit von bis zu 3.000 Meter Höhe, der rund 80 % der Fläche Grönlands bedeckt, ist

Das Gewässer um Kap Farvel gilt wegen Treibeis und Stürmen als sehr gefährlich.

ein Relikt der letzten Eiszeit. Die Küsten im Süden und Südwesten sind weitgehend eisfrei. In dem vorherrschenden subpolaren bis polaren Klima leben Eisbären, Rentiere, Moschusochsen und über 200 Vogelarten. Bäume gibt es nur in einem sehr kleinen Randgebiet im äußersten Süden. Tundrenvegetation bedeckt ansonsten die nicht vereisten Küstenabschnitte.

Großes Bild: Tauwetter an der Ostküste Grönlands mit dem Scoresbysund, dem längsten Fjord der Erde. An den olivefarbenen Stellen wachsen Pflanzen.

98 Inseln

DIE GRÖSSTE INSEL DER ERDE

Gewaltige Gletscher, die bis zum Meer reichen und an der Küste mit großen Bruchstücken kalben, sind in Grönland vielerorts zu beobachten. Als Eisberge driften diese Bruchstücke der Gletscher durch die Buchten auf das offene Meer hinaus. Auf dem Bild oben sieht man Gletscher, die sich zwischen Felsen bis an die Küste vorschieben. Das Bild unten zeigt einen Ausschnitt der mit Eisbergen gefüllten Disko-Bucht im Westen Grönlands.

Inseln 99

ARKTISCHER OZEAN

Der kleinste Ozean, Arktischer Ozean oder auch Nordpolarmeer genannt, grenzt nördlich an eine Vielzahl von Inseln, die auf Festlandsockeln sitzen.

BAFFIN ISLAND
Kanada   507.451 km²

Die fünftgrößte Insel der Erde ist die größte im Archipel des inselreichen Nordens Kanadas. Ein stark vergletscherter Gebirgszug durchzieht die Insel fast der gesamten Länge nach. Zahlreiche vegetationsarme Fjorde kennzeichnen die Küste entlang der Baffin Bay. Den Westen und Südwesten der Insel prägen eiszeitlich geformte Tiefländer mit Tundrenvegetation. Im Osten der Insel ist der Mount Thor ein geologischer Superlativ. Mit einer 1.250 Meter hohen senkrechten Steilwand ist er der höchste dieser Art auf der Erde. Etwa 11.000 Menschen, überwiegend Inuit, leben in den wenigen Siedlungen auf der Insel. Mehr als die Hälfte davon in Iqaluit, der Hauptstadt des im Jahr 1999 neu geschaffenen Territoriums Nunavut, das viele Inseln Nordkanadas, einen großen Teil des nordkanadischen Festlandes sowie die gesamte Hudson Bay umfasst. Die Menschen leben vom Fischfang und von der Jagd sowie in zunehmendem Maße vom Tourismus.

VICTORIA ISLAND
Kanada   217.291 km²

Die zweitgrößte Insel Kanadas liegt im Kanadisch-Arktischen Archipel. Der westliche Teil gehört zu den Nordwest-Territorien, der östliche zum Territorium Nunavut. Sie wird durch Dolphin- und Union-, Prince-of-Wales-, Dease- und Victoria-Straße sowie Coronation- und Queen-Maud-Golf vom Festland getrennt. Die Topografie der Victoria Island ist von Gletschertätigkeit geprägt, die höchste Erhebung sind mit 665 Metern die Shaler Mountains. Benannt ist die Insel nach der britischen Königin Victoria.

DEVON ISLAND
Kanada   55.247 km²

Die zweitgrößte der Königin-Elisabeth-Inseln gehört zum Territorium Nunavut. Mit ihrer Fläche von 55.247 km² ist sie die größte unbewohnte Insel der Welt. Ein Drittel der Fläche ist von einer Eiskappe bedeckt, dem 1.920 Meter hohen Devon Ice Cap in den Treuter Mountains. Bekannt ist die Insel wegen des Haughton-Kraters mit einem Durchmesser von ca. 20 Kilometern. Außerdem wurde wegen des dortigen Klimas das Mars-Habitat eingerichtet, das die Bedingungen auf dem Nachbarplaneten simulieren und auf eine mögliche bemannte Mission vorbereiten soll.

Tundrenvegetation, Victoria Island   Eisschollen vor Ellesmere Island

ELLESMERE ISLAND
Kanada   196.236 km²

Vor der Nordküste Grönlands liegt Ellesmere Island, deren Nordspitze, Kap Columbia, der nördlichste Punkt Nordamerikas ist. Sie gehört zu den Königin-Elisabeth-Inseln Kanadas, Ost- und Westküste sind durch eine Vielzahl an Fjorden stark zerklüftet. Mehr als ein Drittel der Fläche ist vergletschert. In der baumlosen Tundra gedeihen Flechten, Moose und arktische Pflanzen, die Durchschnittstemperatur liegt bei 12 °C. Der Quittinirpaaq-Nationalpark umfasst ein Fünftel der Insel.

NOWAJA SEMLJA NORDINSEL
Russland   48.904 km²

Die Nordinsel Sewery Ostrow ist die viertgrößte Insel Europas und bildet mit der Südinsel und mehreren kleineren Eilanden die Inselgruppe Nowaja Semlja, die die Barentssee im Westen von der Kara-See im Osten trennt. Die schmale Meerenge Matotschkin Schar befindet sich zwischen der Doppelinsel. Während auf der Südinsel Tundra dominiert, ist die Nordinsel stark vergletschert. Auf den Inseln gibt es mehrere Forschungsstationen, die sich mit Geophysik und Meteorologie beschäftigen.

BANKS ISLAND
Kanada   70.028 km²

Die westlichste Insel des Kanadisch-Arktischen Archipels ist nach dem englischen Naturforscher Sir Joseph Banks benannt und gehört zu den Nordwest-Territorien. Prince-of-Wales-Straße, McClure-Straße und Amundsen-Golf trennen die Insel von der umliegenden Victoria Island, der Prince-Patrick-Insel und von Melville Island. Die von der Tundra dominierte Landschaft besteht überwiegend aus Tiefland, und nur im Osten erheben sich die Durham Heights, ein bis 730 Meter hohes Bergland.

AXEL HEIBERG ISLAND
Kanada   43.178 km²

Die Insel ist die siebtgrößte Kanadas und gehört zu den Königin-Elisabeth-Inseln. Sie liegt an der Westflanke von Ellesmere Island und ist durch den Nansen Sound von ihr getrennt. Die stark von Fjorden zerklüftete Insel erreicht ihren höchsten Punkt mit 2.211 Metern im Outlook Peak. Gletscher und Eis bedecken ein Drittel des unbewohnten Eilands. 1985 fand man im Osten einen mumifizierten Wald aus dem Eozän, 40–50 Millionen Jahre alte Fossilien, mit Wasserfichten und Mammutbäumen, die bis zu 50 Meter hoch und 1.000 Jahre alt wurden.

Baffin Island ist die größte Insel des Kanadisch-Arktischen Archipels. Ihr Norden ist gebirgig und vergletschert, der Westen sumpfig (links).

Teilweise vergletschert: Devon Island

Gletscherzunge auf Axel Heiberg Island

Charakteristisch für die Inseln des Svalbard-Archipels sind bizarr gezackte Gebirgslandschaften und Gletscher. Nationalparks schützen den Lebensraum von wilden Rentieren, Walrossen und vielen Vogelarten.

MELVILLE ISLAND
Kanada 42.149 km²

Die hügelige, unbewohnte Insel ist die viertgrößte der Königin-Elisabeth-Inseln im Kanadisch-Arktischen Archipel und ragt an ihrer höchsten Stelle 776 Meter auf. Im Norden grenzt sie an die Hazen-Straße, im Nordosten an den Byam-Martin-Kanal und im Süden an Viscount Melville Sound und McClure-Straße. Mit dem Westteil liegt die Melville Island in den Nordwest-Territorien, mit dem Ostteil zum Territorium Nunavut. Das Zentrum ist kaum von Vegetation und teilweise mit Eis bedeckt. Entdeckt wurde die Insel vom britischen Polarforscher Sir William Edward Parry.

SOUTHAMPTON ISLAND
Kanada 41.214 km²

Am Nordrand der Hudson Bay liegt, umgeben von Roes Welcome Sound, Frozen-, Evans- und Fisher-Straße, Southampton Island. Die Topografie ist überwiegend eben und flach, nur im Nordosten erheben sich die Porsild Mountains bis über 600 Meter, der Mathiasen Mountain ist mit 625 Metern der höchste Gipfel. Viele Säugetiere wie Eisbären, Karibus, Lemminge, Polarhasen u. Ä. leben in der Tundravegetation. Die größte Siedlung ist Coral Harbour mit knapp 800 Einwohnern, von denen die Mehrheit Inuit sind.

SPITZBERGEN
Norwegen 37.673 km²

Spitzbergen ist die größte Insel des Svalbard-Archipels und gehört zu Norwegen. Im deutschen Sprachgebrauch hat es sich eingebürgert, dass alle Inseln dieses Archipels mit Spitzbergen bezeichnet werden. Die arktische Flora besteht fast ausschließlich aus Moosen, Flechten und Farnen, weite Flächen sind vegetationslos. An der Westküste hat sich in Ny-Ålesund ein internationales Zentrum der Arktisforschung entwickelt, mit dem nördlichsten Meeresforschungslabor und einem Observatorium zur Erforschung von Polarlichtern.

Inseln 101

ATLANTISCHER OZEAN

Die Inseln des Atlantischen Ozeans sind sehr unterschiedlich. Von den subpolaren Regionen über die gemäßigten Breiten bis zu den mediterranen und tropischen Gebieten sind alle Klimazonen vertreten.

GROSSBRITANNIEN
Vereinigtes Königreich   229.883 km²

Die größte Insel Europas ist die achtgrößte Insel der Erde. Trotz ihrer Ausmaße ist die Landschaft äußerst abwechslungsreich und weist oft starke Kontraste auf. Großbritannien lässt sich geografisch in zwei Hauptregionen, das Hoch- und das Tiefland, gliedern. Schottland und Wales sowie Norden, Nordwesten und Südwesten Englands liegen im Hochlandbereich. In Schottland befinden sich in den Highlands die gebirgigsten Gebiete des Vereinigten Königreichs, darauf folgen das schottische Tiefland und die Southern Uplands. Wales umfasst vor allem die Cambrian Mountains. Ausgedehnte Tieflandgebiete nehmen den Osten und Südosten Englands ein. Während im Norden die stark erodierten Mittelgebirgsmassive die Landschaft dominieren, prägen in der Mitte der Höhenzug der Pennines und im Süden ein parkähnliches Aussehen die sanftwellige und hügelige Schichtstufenlandschaft. An den zerklüfteten Küsten wechseln sich majestätisch aufragende Steilklippen mit Sandstränden ab.

NEUFUNDLAND
Kanada   108.860 km²

Neufundland liegt vor dem weiten Mündungstrichter des Sankt-Lorenz-Golfs im Osten Kanadas. Die felsige Insel mit Mittelgebirgscharakter ist geologisch betrachtet eine Fortsetzung der Appalachen, weist eine stark gegliederte Fjordküste und eine Höhe von 814 Meter auf. Wälder und Moore kennzeichnen das Innere der Insel, das in der Morphologie ein flachhügeliges, eiszeitlich geformtes Relief zeigt.

Als nördlicher Ausläufer der Appalachen ist Neufundland sehr gebirgig.

IRLAND
Irland/Vereinigtes Königreich   81.638 km²

Die grüne Insel ist geteilt in die Republik Irland und das britische Nordirland. Der zentrale Teil der Insel ist ein moor- und seenreiches Tiefland, das mit seinen kleinen Buchen- und Eichenhainen einen parkähnlichen Charakter zeigt. Die Tiefebene ist von Bergländern umgeben, höchster Punkt ist der Carrauntoohill mit 1.038 m. Die Westküste ist im Gegensatz zur Ostküste sehr buchtenreich und weist einige steile Klippen auf.

Stürmisch ist es am Leuchtturm am Fanad Head im Nordwesten Irlands (rechts).

KUBA
Kuba   105.806 km²

Das zu den Großen Antillen gehörende Kuba ist die größte Insel der Karibik und trennt den Golf von Mexiko vom Karibischen Meer. Auf circa 1.200 Kilometern Länge und 120 Kilometern Breite werden die drei Gebirgsformationen im Westen, in der Mitte und im Osten von weiten Tiefebenen unterbrochen. Der höchste Punkt (1974 Meter) liegt in der Sierra Maestra.

Der Malecón ist die Strandpromenade von Kubas Hauptstadt Havanna.

HISPANIOLA
Dominikan. Rep./Haiti   73.929 km²

Hispaniola ist die zweitgrößte Insel der Großen Antillen. Den westlichen, kleineren Teil nimmt die Republik Haiti ein, den östlichen, größeren die Dominikanische Republik. Fünf Bergketten durchziehen die gebirgige Insel, auf der sich die fünf höchsten Berge der Karibik befinden, so der 3.175 Meter hohe Pico Duarte. Das Klima ist subtropisch bis tropisch feucht. Die natürliche Vegetation bilden Regen- und Nebelwälder.

Palmenstrände laden in der Dominikanischen Republik zum Baden ein (rechts).

ISLAND
Island   103.000 km²

Die Insel aus Feuer und Eis liegt auf einem Hot Spot des Mittelatlantischen Rückens. Hier gibt es rund 130 aktive Vulkane sowie Geysire, Dampf- und Schwefelquellen. Zahlreich sind auch die Gletscher, etwa 11 % der Insel sind von ihnen bedeckt. Den Hauptteil nimmt jedoch ein 300 bis 1.000 Meter hohes Plateau ein, das überwiegend aus einer vegetationslosen Fels- und Geröllwüste besteht.

Gewaltige Wassermassen stürzen auf breiter Front am Goðafoss herab.

FEUERLAND
Argentinien/Chile   47.404 km²

Feuerland (Tierra del Fuego) ist durch die Magellanstraße vom südamerikanischen Festland getrennt. Die Gebirgsketten der Anden finden hier mit der Cordillera Darwin ihr Ende. Das Klima in dieser Region ist subpolar, es ist maritim-feucht und oft stürmisch. Die Vegetation geht auf Feuerland von Wäldern im Inneren der Insel zu einer Tundrenvegetation mit Sträuchern, Moosen und Flechten über, die hauptsächlich an der Küste vorkommt.

Vom ständigen Wind auf Feuerland künden die stark geneigten Bäume (rechts).

102   Inseln

Mit ihren fossilen Zeugnissen bietet die britische Felsküste in Dorset und Devon, auch »Jurassic Coast« genannt, eine einzigartige Gesamtschau durch 185 Milionen Jahre Erdgeschichte (links).

SIZILIEN
Italien   **25.662 km²**

Sizilien, die größte Insel des Mittelmeeres, liegt vor der Stiefelspitze Italiens. Die schmale Straße von Messina trennt die Insel mit ihrem oft baumlosen Berg- und Hügelland vom Festland. An der Ostküste, im Hinterland von Catania, ist die einzige große Tiefebene der Insel zu verzeichnen. Der Ätna, der 3.323 Meter hohe aktivste Vulkan Europas, wirkt hinter dieser Ebene mit seiner großen Kegelform besonders mächtig und majestätisch. Das auch im Winter sehr milde mediterrane Klima macht die Insel zum idealen Anbaugebiet für Zitrusfrüchte.

SARDINIEN
Italien   **23.949 km²**

Sardinien ist die zweitgrößte Insel des Mittelmeeres. Sein Relief ist sehr abwechslungsreich. Der zentrale Teil wird von einem Bergland eingenommen, mit dem 1834 Meter hohen Punta la Marmora als höchstem Punkt. Wild zerklüftete Strukturen hat das Gebirgsland im Nordosten. Das Bergland der ehemaligen Bergbauregion Iglesiente wird durch die Tiefebene Campidano, einen breiten Grabenbruch, der den Südwesten diagonal durchquert, abgetrennt. Auch einige kleinere vorgelagerte Inseln werden Sardinien zugeordnet.

JAMAIKA
Jamaika   **10.991 km²**

Die drittgrößte Insel der Großen Antillen ist durch den Caymangraben vom 145 Kilometer entfernten Kuba im Norden getrennt. Jamaika ist überwiegend gebirgig, die Blue Mountains durchziehen es von West nach Ost, im Süden befindet sich ein ausgedehntes sumpfiges Küstengebiet. Da etwa 60 % der Inseloberfläche aus bis zu 900 Meter hohen Kalksteinplateaus bestehen, prägen Karstformationen häufig die Landschaft. Bis auf wenige Gebiete mit Regen- und Nebelwäldern wurde die ursprüngliche Vegetation auf der Insel von den Menschen zerstört.

Inseln 103

INDISCHER OZEAN

An den Rändern der fünf tektonischen Platten unter dem Indischen Ozean spalten sich Plattenteile ab, die dann zu Inseln, Inselketten und -bögen aufsteigen.

MADAGASKAR
Madagaskar 587.042 km²

Die breite Straße von Mosambik trennt die viertgrößte Insel der Erde vom afrikanischen Kontinent. Die Ostküste der etwa 1.600 Kilometer langen und maximal 580 Kilometer breiten Insel hat nur wenige Buchten. Die Küste verläuft überwiegend geradlinig, wirkt fast wie mit dem Lineal gezogen. Die Westküste ist dagegen mit Buchten und Trichtermündungen, die in die Schwemmlandebenen hineinreichen, sehr viel stärker gegliedert. Das Rückgrat der Insel bildet ein bis zu 2.876 Meter hoher Gebirgszug, der nach Osten in Bruchstufen steil abfällt. Die relativ große Entfernung Madagaskars vom afrikanischen Kontinent hat in der Fauna und Flora zu einem hohen Anteil endemischer Arten geführt. Lemuren, eine Affenart, die es in den unterschiedlichsten Formen und Größen gibt, sind sicher die bekanntesten unter ihnen. Die vielen anderen Arten sind teilweise kaum erforscht. Ihr Lebensraum ist durch Abholzung der Wälder und Umwandlung in landwirtschaftliche Nutzflächen stark gefährdet.

SUMATRA
Indonesien 443.066 km²

Die sechstgrößte Insel der Erde erstreckt sich über eine Länge von 1.700 Kilometern. Parallel zum Westufer verläuft das Barisan-Gebirge, das aus einer Kette erloschener und aktiver Vulkane besteht. Höchster Punkt ist der Kerinci mit 3.805 Metern. Nach Osten geht der Höhenzug in eine breite, von Sümpfen durchzogene Schwemmlandebene über. Im Nordwesten liegt der Toba-See, mit 1.103 km² der größte Vulkansee der Erde. Entstanden ist er vor etwa 74.000 Jahren durch die Eruption eines Supervulkans.

JAVA
Indonesien 138.794 km²

Östlich von Sumatra folgt Java, die dichtbesiedeltste Insel Indonesiens. Auf der äußerst fruchtbaren Insel gibt es zahlreiche erloschene und aktive Vulkane, darunter auch der Merapi, einer der gefährlichsten der Erde. Südlich der Insel befindet sich mit dem Sundagraben die Subduktionszone der Australischen Platte. Diese schiebt sich an dieser Stelle unter die Eurasische Platte, was den Vulkanismus in dieser Region und die häufig auftretenden Erdbeben erklärt.

SRI LANKA
Sri Lanka 65.268 km²

Der tropische Inselstaat liegt nur wenige Breitengrade nördlich des Äquators an der Südspitze Indiens, mit der er über die Adam's Bridge vor 6.000 Jahren vermutlich noch verbunden war. Das zentrale Hochland mit Bergen über 2.500 Meter Höhe, bekannt für den Teeanbau als Relikt aus britischer Kolonialzeit, teilt die Insel klimatisch. Während der Südwesten ein immerfeuchtes Monsumklima aufweist, herrscht im Nordosten ein wechselfeuchtes Klima mit einer ausgeprägten Trockenperiode vor.

TASMANIEN
Australien 64.519 km²

Die Bass-Straße trennt Tasmanien vom Festland im Süden Australiens. Große Gebiete im Westen der Insel sind reine Wildnis, bestehend aus Regenwäldern und Moorlandschaften mit einer großen Zahl endemischer Arten. In der Tierwelt sind ebenso endemische Arten zu verzeichnen, wie z. B. der bekannte Beutelteufel. Fast die Hälfte der Insel ist durch Nationalparks unter Schutz gestellt, ein Viertel der Insel gehört zum UNESCO-Weltnaturerbe.

Busch- und Regenwaldvegetation an der regenreichen Westküste Tasmaniens

104 Inseln

Die Bucht von Antongila ist die größte Bucht Madagaskars (links). Sie wird jedes Jahr Ende Juni von Buckelwalen aufgesucht, die sich dort paaren.

Palmenstrände sowie tropischer Regen- und Bergwald prägen die sonnige Südwestküste Sri Lankas.

TIMOR
Indonesien/Osttimor   28.418 km²

Die etwa 500 Kilometer lange und 80 Kilometer breite Insel ist politisch geteilt. Der Westteil gehört bis auf eine Enklave zu Indonesien, der Ostteil ist seit 2002 ein unabhängiger Staat. Höchster Punkt ist der erloschene Vulkan Tatamailau mit 2.963 Metern. Von der ursprünglichen Vegetation des tropischen Regenwaldes und den großen Sandelholzbeständen ist nicht mehr viel vorhanden. Sekundärwald und Grasland herrschen heute dort vor, wo keine Landwirtschaft betrieben wird. Das wechselfeucht-tropische Klima der Insel hat eine ausgeprägte Trockenzeit.

SUMBAWA
Indonesien   14.386 km²

Sumbawa liegt zwischen den Inseln Lombok und Flores. Die Insel ist von mehreren Bergketten durchzogen, an deren Hängen Reste von tropischem Regenwald gedeihen. Im Norden der Insel befindet sich der Vulkan Tambora, der 1815 nach einem gewaltigen Ausbruch das Land verwüstete und mehr als 100.000 Menschen das Leben raubte. Dieser Ausstoß von etwa 100 Kubikkilometern Magma und 400 Millionen Tonnen Schwefelgasen hatte große Auswirkungen auf das globale Klima und führte zu einer vorübergehenden Abkühlung der Erde.

FLORES
Indonesien   13.540 km²

Der Name der Insel (Flores = Blumen) erinnert an die ehemalige Kolonialmacht Portugal, die in dieser Region Inseln für sich beanspruchte, bevor sie von den Holländern verdrängt wurde. Die etwa 400 Kilometer lange und maximal 70 Kilometer breite Insel besteht aus einem Bergland mit kleinen Tiefländern entlang der Küste. Mit seinen drei dicht beieinanderliegenden farbigen Kraterseen ist der 1.639 Meter hohe und 1968 letztmalig ausgebrochene Vulkan Kelimutu eine Besonderheit. Ein See ist rot, einer blau und einer weiß-türkis.

SUMBA
Indonesien   10.711 km²

Ein wenig abseits von der Kette der Kleinen Sunda-Inseln findet sich die Insel Sumba. Der bergige Westen ist feucht und erhält genug Niederschläge für den Nassreisanbau. Der Osten dagegen ist trocken und hat mit Hochgräsern und einen Restbaumbestand eher den Charakter einer Savannenlandschaft. Aktive Vulkane gibt es auf Sumba nicht. Der ehemalige Reichtum an Sandelholz ist durch Abholzung auf bescheidene Bestände reduziert worden. Durch die isolierte Lage sind traditionelle Riten und Gebräuche lebendig geblieben.

PAZIFISCHER OZEAN

Die Inseln des Pazifischen Ozeans befinden sich zum größten Teil in der tropischen und suptropischen Klimazone. Eine oft idealisierte Inselwelt stellt die Südsee mit den Inseln Polynesiens dar.

NEUGUINEA
Indonesien/Papua-Neuguinea 785.753 km²

Die zweitgrößte Insel der Erde liegt nördlich von Australien in unmittelbarer Nähe des Äquators. Die Insel ist politisch geteilt, der Westen gehört zur Republik Indonesien, der Osten zu dem seit 1975 unabhängigen Staat Papua-Neuguina. Ein Hochgebirge durchzieht die Insel von West nach Südost. Der höchste Berg Neuguineas befindet sich im Westen: der Puncak Jaya im Maokegebirge mit 4.884 Meter Meereshöhe. Im Osten ist der Mount Wilhelm mit 4.510 Metern die höchste Erhebung. Mehrfach ragen weitere Gipfel zwischen diesen beiden Bergen über 4.000 Meter hinaus. Im Süden des Gebirges schließt sich ein weites, flaches Tiefland an, das von mäandrierenden Flüssen durchzogen ist und während der Regenzeit großflächig überflutet wird. Das nördliche Tiefland wird von einem lang gezogenen Bergland entlang der Küste abgeriegelt, was zur Folge hat, dass die Hauptflüsse des Nordens über längere Strecken parallel zum Hochgebirge fließen

BORNEO
Indonesien/Malaysia/Brunei 748.168 km²

Die drittgrößte Insel der Erde liegt beiderseits des Äquators in den immerfeuchten Tropen. Regenwald bedeckt das ausgedehnte Tief- und Hügelland, das den gebirgigen Kern der Insel fast vollständig umgibt. Die Insel ist relativ unzugänglich und deshalb auch wenig besiedelt. Höchster Punkt ist mit 4.095 Metern der Kinabalu im Norden der Insel. Die Artenvielfalt der Tier- und Pflanzenwelt ist sehr hoch. Die Heimat des Orang-Utans ist aber durch massive Abholzung stark gefährdet.

NEUSEELAND SÜDINSEL
Neuseeland 145.836 km²

Die Südlichen Alpen (Southern Alps) durchziehen mit ihren Ausläufern den Westen der Insel. Nach Osten und Süden gehen sie in Bergland und Tiefebenen über. Höchster Punkt ist der Aoraki (Mount Cook) in der Mitte der Insel. Im Süden weisen zahlreiche Gletscherseen und die charakteristische Fjordküste auf die eiszeitliche Formung der Landschaft hin. Das kühlgemäßigte Klima geht mit einer hohen Niederschlagsmenge einher.

Dichte Wolken über dem Nugget Point, South Othago, Catlins (kleines Bild rechts)

HONSHU
Japan 230.316 km²

Honshu, durch die Tsugarustraße von Hokkaido getrennt, ist die größte Insel Japans und Teil des zirkumpazifischen Feuerrings. Zahlreiche Vulkane sind hier sehr aktiv. Sie gleichen den Druck aus, den die Pazifische Platte durch ihr Abtauchen unter die Eurasische aufbaut. Erbeben mit verheerenden Folgen sind für die dicht besiedelte Insel keine Seltenheit. Der Fujisan ist mit 3.776 Meter der höchste Vulkan Japans. Die Ausbruchswahrscheinlichkeit ist jedoch gering.

NEUSEELAND NORDINSEL
Neuseeland 111.583 km²

Die 35 Kilometer breite Cookstraße trennt die Nord- von der Südinsel. Ein vulkanisches Hochland bildet den Kern der subtropischen Nordinsel rund um den Lake Taupo, an dessen Rändern Thermalquellen, heiße Dämpfe, Fumarolen, Schlammpfuhle und Geysire aus dem Erdinneren emporsteigen. Gebirgszüge mittlerer Höhe begleiten die Ostküste der Insel. Der lang gestreckte Norden zeigt im Osten zahlreiche Buchten mit vielen Inseln, im Westen dagegen schier endlos wirkende buchtenfreie Sandstrände.

SULAWESI
Indonesien 189.216 km²

Die unregelmäßige Form dieser Insel vulkanischen Ursprungs, die vor der Unabhängigkeit Indonesiens noch Celebes hieß, ist besonders wegen ihrer sehr unregelmäßigen Form auffällig. Vegetation und Klima entsprechen ihrer westlichen Nachbarinsel Borneo – üppige, dichte Regen- und Bergwälder bei tropischen Temperaturen –, von der sie durch die Makassarstraße getrennt ist. Das Relief der Insel ist komplex strukturiert, 70 % der Fläche ist Bergland, höchster Berg ist der Rantemario mit 3.440 Metern.

LUZON
Philippinen 109.965 km²

Luzon ist die größte Insel der Philippinen und zählt zu den am dichtesten besiedelten der Erde. Sie liegt zwischen Südchinesischem Meer, der Philippinischen See und der Luzónstraße. Die Insel ist sehr gebirgig, Kordilleren verlaufen in Nord-Süd-Richtung und begrenzen breite Tiefebenen im Inneren. Es gibt zahlreiche aktive Vulkane, darunter der Pinatubo und der wegen seiner idealtypischen Form eines Stratovulkans bekannte Mayon. Mit der Laguna de Bay befindet sich nach dem Tobasee auf Sumatra der zweitgrößte Süßwassersee Südostasiens auf Luzon.

Großes Bild: Das rote Torii stellt den Eingang zum Shintō-Schrein von Itsukushima auf der Insel Miyajima dar. Die Insel, die vor der Küste von Honshu in der Seto-Inlandsee liegt, zählt zu den schönsten Landschaften Japans.

106 Inseln

müssen, bis sie schließlich zum Meer gelangen. Tropischer Regenwald dominiert die Insel – 75 % der Insel sind bewaldet. Floristisch betrachtet gehört Neuguinea zu den zehn artenreichsten Regionen der Erde. Die Tierwelt weist sowohl eine hohe Vielfalt wie auch einige endemische Arten auf. Darunter ist auch der Paradiesvogel, das Wappentier Papua-Neuguineas.

Einer der zahlreichen aktiven Vulkane der Region ist der Tavurvur nahe Rabaul auf Papua-Neuguinea, dem drittgrößten Inselstaat der Welt nach Indonesien und Madagaskar (links).

MINDANAO
Philippinen 97.530 km²

Mindanao ist die zweitgrößte Insel der Philippinen nördlich der Celebessee und sehr gebirgig. Neben vielen anderen Bergen befindet sich hier auch der höchste Berg der Philippinen, der erloschene Vulkan Mount Apo. Mit 2.954 Metern Höhe liegt er in unmittelbarer Nähe der Inselhauptstadt Davao im Süden. Der tropische Regenwald dieser Insel weist eine hohe Zahl endemischer Arten und auch seltene Tiere wie den Philippinenadler mit einer Flügelspannweite von bis zu 2,20 Metern auf.

HOKKAIDO
Japan 78.719 km²

Kühle Sommer und schneereiche Winter kennzeichnen das Klima der nördlichsten und zweitgrößten Insel Japans. Die aufgrund vulkanischer Tätigkeit entstandenen Plateaus im Zentrum der Insel sind umringt von Tieflandebenen, die bis an die Küste reichen. Die seismische Aktivität auf der Insel ist sehr hoch. Neben einigen noch aktiven Vulkanen sind heftige Erdstöße und -beben auf Hokkaido häufig. Wie Honshu gehört auch Hokkaido zum zirkumpazifischen Feuergürtel.

SACHALIN
Russland 72.493 km²

Diese lang gestreckte Insel im Osten ist Russlands größte Insel. Sie misst fast 1.000 Kilometer in der Länge, ist aber nur zwischen 24 und 160 Kilometer breit. Schmale Bergketten mit Mittelgebirgscharakter durchziehen sie der Länge nach. Der höchste Punkt ist mit 1.609 Metern im Zentrum der Insel der Lopatin, die größten Flüsse sind Poranay und Tym. Unberührte Taiga kennzeichnet die Vegetation im größten Teil der Insel. Auf der Insel sind die Erdöl- und Erdgasvorkommen von großer Bedeutung.

Inseln 107

ANTARKTISCHER OZEAN

Im zweitkleinsten Ozean der Erde vereinigen sich im Norden die Wassermassen von Atlantik, Indik und Pazifik. Zu den Inseln des Südpolarmeers gehören die Inseln, die sich an der Küste des antarktischen Festlands und damit südlicher als 49° südlicher Breite befinden. Auch die sogenannten »Streuinseln« finden sich hier: die nicht küstennahen und im Antarktischen Ozean verstreuten Inseln, die meist vulkanischen Ursprungs sind wie z.B. South Orkney, Heard Island, South Georgia und South Sandwich. Aufgrund des extremen Klimas im antarktischen Polargebiet sind die meisten der Inseln vergletschert und unbewohnt. Außerdem befindet sich im Antarktischen Ozean die Antarktische Halbinsel, zu der auch die ihr vorgelagerten kleineren Inseln (wie Elephant Island und King George Island) der Südlichen Shetland-Inseln gehören.

DIE GRÖSSTEN INSELN IM ANTARKTISCHEN OZEAN

❶	Alexander-I.-Island	49.070 km²
❷	Berkner Island	43.837 km²
❸	Thurston Island	15.700 km²
❹	Carney Island	8.500 km²
❺	Roosevelt Island	7.910 km²
❻	Siple Island	6.390 km²
❼	Adelaide Island	4.463 km²
❽	Spaatz Island	4.100 km²

Die Oberflächenstruktur der Antarktischen Halbinsel ist sehr gebirgig und steigt bis auf 2.800 Meter an (großes Bild: Bergketten bei Sonnenaufgang).

108   Inseln

Die Wasseroberfläche des Antarktischen Ozeans ist im Winter in weiten Bereichen mit Eis und Eisschollen bedeckt.

POLARE ZONEN

In der Nähe des 66. nördlichen Breitengrades sowie des südlichen 66. Breitengrades liegen der nördliche bzw. der südliche Polarkreis. Jenseits davon erstrecken sich im Norden die Arktis und im Süden die Antarktis. In diesen polaren Gebieten, bei Temperaturen bis zu -70 °C in den Eis-, Schnee- und Gerölllandschaften, wo monatelang Dunkelheit herrscht, scheint Leben unmöglich zu sein. Doch auch in dieser unwirtlichen Umgebung schaffen es Menschen, Tiere und verschiedene Pflanzen, zu überleben. Die nördlichste größere Siedlung mit knapp 2.000 permanenten Einwohnern ist Longyearbyen auf Spitzbergen (Svalbard).

Walross auf Treibeis bei Spitzbergen.

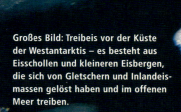

Großes Bild: Treibeis vor der Küste der Westantarktis – es besteht aus Eisschollen und kleineren Eisbergen, die sich von Gletschern und Inlandeismassen gelöst haben und im offenen Meer treiben.

ARKTIS UND ANTARKTIS

Die Antarktis ist das größte noch vollständig intakte Ökosystem unserer Erde, und auch die Arktis ist noch in weiten Teilen unberührt.

ARKTIS

Etwa 30 % der 26,4 Millionen km² großen Arktis sind Festland. Ihr Zentrum ist jedoch keine Landmasse, sondern das 14 Millionen km² große Nordpolarmeer, ein Nebenmeer des Atlantiks. Größte arktische und weltgrößte Insel zugleich ist Grönland. Kalte, strenge Winter und kühle Sommer sind für die gesamte Arktis typisch, sodass die Böden dauerhaft gefroren sind und nur an der Oberfläche auftauen. Die Fauna der Arktis ist artenreicher als die der Antarktis: Moschusochsen, Rentiere, Karibus, Eisfüchse, Eisbären, Schneehasen, Lemminge, Walrosse, Wale, Vögel und sogar Insekten beleben den hohen Norden. Durch den Einfluss des Nordpolarmeeres ist das Klima weniger rau als in der Antarktis; so ist auch zu erklären, dass sich der »Kältepol« der Arktis nicht etwa in Nordpolnähe, sondern in Ostsibirien befindet. Dort misst man bis zu -77,8 °C. Grönland weist mit etwa 3.400 Meter die größte Eismächtigkeit der Arktis auf. Bei Qaanaaq befindet sich der »geomagnetische Nordpol«, der errechnete Lagepunkt der geomagnetischen Achse.

ANTARKTIS

Antarktika ist der einzige Kontinent mit einer jahreszeitlich wechselnden Größe. Die Fläche der tatsächlichen Landmasse ist etwa 30 % größer als Europa und von einem durchschnittlich 2.000 Meter mächtigen Eispanzer bedeckt, der bis zu 4.000 Meter dick sein kann. Inmitten des Hochplateaus befindet sich der Südpol. Unter dem mächtigen Eispanzer liegen bedeutende Bodenschätze. Der Antarktisvertrag von 1959 untersagt jedoch Gebietsansprüche einzelner Staaten und sichert eine rein friedliche Nutzung für Forschungszwecke. Das Polargebiet gliedert sich in verschiedene Großregionen: die subantarktischen Inseln, die Schelfeisgebiete, das Transantarktische Gebirge, die Antarktischen Gebirge und die Kerguelen. Das 3.500 Kilometer lange Transantarktische Gebirge teilt den Kontinent in Ost- und Westantarktika. Das 5.140 Meter (mit Eisbedeckung) hohe Vinsonmassiv im Sentinel Range ist die höchste Erhebung des Kontinents.

Eisschollen treiben vor der Küste der Antarktischen Halbinsel.

Als einen »schrecklichen Ort« beschrieb der Antarktisforscher Robert F. Scott (1868–1912) einst die Antarktis und ihr Klima. Hier herrscht das ganze Jahr hindurch eine negative Wärmebilanz, im Jahr 1983 wurden auf der russischen Forschungsstation -89,2 °C gemessen. Im Inneren des Kontinents steigen die sommerlichen Temperaturen selten auf über -20 °C, an der Küste können sie die

Großes Bild: Gruppe von Kehlstreifenpinguinen auf einem Eisberg

112 Polare Zonen

Polarfüchse folgen häufig den wandernden Eisbären auf das Packeis, um an die Reste von deren Mahlzeiten zu kommen.

Null-Grad-Grenze erreichen. Durch die extreme Kälte ist die Luft äußerst trocken, insgesamt fällt nur sehr wenig Schnee. Die Antarktisstürme (bis zu 300 Stundenkilometer) sind bei allen Forschern gefürchtet. Kälte, Sturm, Trockenheit, Höhe sowie die winterliche Dunkelheit machen die Antarktis zum lebensfeindlichsten Ort unseres Planeten. Nur Forscher leben in den zahlreichen Forschungsstationen. Flora und Fauna konzentrieren

Ein Seeleopard auf Pinguinjagd

sich auf die Antarktische Halbinsel. Zu den berühmtesten Bewohnern zählen der Kaiserpinguin und der kleinere Adeliepinguin. Große Eisströme entwässern das Innere des Kontinents und bilden die Schelfeistafeln, die 40 % der über 18.000 Kilometer langen Küste ausmachen. Die größten sind das Ross-Schelfeis und das Filchner-Ronne-Schelfeis, insgesamt wird die Größe aller Schelfeisgebiete auf rund 1,5 Millionen km^2 geschätzt. Die schwimmenden Eisplatten werden vom Inlandeis, von Gletschern oder Eisströmen gespeist. Ein Teil liegt auf dem Wasser, ein anderer Teil schiebt sich auf das Land, wo es festgehalten wird. Wenn das Schelfeis den Kontakt mit dem Meeresboden verliert, bricht es ab, und es bilden sich Tafeleisberge. Diesem Schwund stehen in den vergangenen fünf Jahren spektakuläre Abbrüche von einigen Hundert Quadratkilometern wie die vom Larsen-B-Schelfeis gegenüber, die verstärkte Rückzugsraten der Gletscher markieren. Forscher führen diesen dramatischen Rückgang auf einen regionalen Erwärmungstrend zurück, in den letzten 50 Jahren stieg die Durchschnittstemperatur um 2,5 °C an.

Polare Zonen 113

WALROSSE

Walrosse, die zweitgrößte Robbenart, bevölkern die Gewässer im Osten der kanadischen Arktis und im Norden Grönlands. Sie leben auf dem Treibeis der Arktis und ziehen im Sommer südwärts, um dem Packeis auszuweichen. Die Bullen werden 3,50 Meter lang und rund 1.200 Kilogramm

Zuweilen wird es eng auf der Scholle.

Auffälligstes Merkmal: die Stoßzähne

schwer, die kleineren Weibchen bringen nur bis zu 800 Kilogramm auf die Waage.
Beide Geschlechter haben lange Stoßzähne, mit denen sie sich an Land ziehen, sich gegen Feinde verteidigen und ihren sozialen Status demonstrieren. Gegen die Kälte sowie auch vor Verletzungen schützt die Walrosse eine fünf bis acht Zentimeter dicke Fettschicht unter der Haut.

Die riesigen Meeressäuger sind keine Fischfresser, sondern tauchen nach Muscheln, die sie mit den Eckzähnen von den untermeerischen Bänken brechen und mithilfe der Borstenhaare, die so dick sind wie Strohhalme, aufschlürfen. Dabei stülpen sie die Oberlippe auf und drücken sie über die Schale. Außerdem wühlen sie am Meeresgrund nach Seesternen, Seeigeln und Würmern.

DIE GRÖSSTEN BEWOHNER DER ARKTIS

Polare Zonen 115

EISBÄREN

Der Eis- oder Polarbär lebt in der nördlichen polaren Zone und ist neben dem Kodiakbären das größte an Land lebende Raubtier der Welt: Die Kopf-Rumpf-Länge des Männchens beträgt bis zu 2,60 Meter, die Schulterhöhe bis zu 1,60 Meter und das Gewicht bis zu 800 Kilogramm.

Eisbären sind gute Schwimmer.

Im Unterschied zu anderen Bärenarten sind Eisbären hauptsächlich auf Fleischversorgung angewiesen, ihre Beutetiere sind z. B. Robben und junge Walrosse. Meist erbeuten sie diese an deren Atemlöchern im Packeis. Besonders der Geruchssinn der Bären ermöglicht es ihnen, Robben unter meterdickem Eis wahrzunehmen. Rund zwei Drittel des Tages verbringen die Raubtiere jedoch mit Ausruhen und Schlafen.

Der mit dem Braunbären eng verwandte Eisbär hat sich erst in geologisch jüngster Zeit, vor etwa 50.000 Jahren, auf die nordpolaren Küsten und Treibeisränder spezialisiert. Die fast weiße Farbe des extrem dichten Fells, von dem das Wasser abperlt, lässt die exzellenten Schwimmer und Taucher optisch weitgehend mit der Landschaft verschmelzen.

DIE GRÖSSTEN LANDRAUBTIERE DER ERDE

König der Arktis: Eisbären stehen an der Spitze der arktischen Nahrungskette und bevorzugen auf ihrem Speiseplan Robben (ganz oben). Die Jungen werden im Winter in einer Schneehöhle geboren, die sie erst nach drei Monaten verlassen, um ihrer Mutter ans Eismeer zu folgen. Die ersten zwei Lebensjahre verbringen sie bei der Mutter, die ihnen geduldig alles fürs Überleben Notwendige beibringt (oben).

Polare Zonen

SÜDLICHE SEEELEFANTEN

Die größte Robbenart der Welt, nach der rüsselartigen Nase der Männchen benannt, ist in zwei Arten einzuteilen: Die Nördlichen Seeelefanten sind an Nordamerikas Westküste zu finden, die Südlichen Seeelefanten leben in der Subantarktis, vor allem auf Inseln wie Südgeorgien, Kerguelen, Heard- und Macquarie-Insel. Heute gibt es noch rund 750.000 Südliche Seeelefanten, von denen über 50 % auf Südgeorgien leben. Die Bullen erreichen eine Kör-

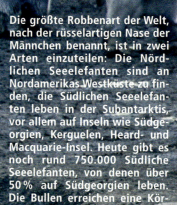

Junge Seeelefanten auf Südgeorgien

perlänge von bis zu fünf Metern und ein Gewicht von bis zu vier Tonnen, damit sind sie die größten Bewohner der Antarktis. Die weiblichen Tiere bleiben deutlich kleiner und leichter. In der Paarungszeit versammeln sich die ansonsten einzelgängerischen Seeelefanten zu großen Kolonien. Ein Bulle kommt dabei auf etwa zehn bis zwanzig Kühe, um die heftige Kämpfe ausgetragen werden.

Seeelefanten und Königspinguine – hier auf Südgeorgien im Atlantik – leben in friedlicher Koexistenz miteinander (großes Bild).

DIE GRÖSSTEN BEWOHNER DER ANTARKTIS

Polare Zonen

WANDERALBATROSSE

Albatrosse sind Seevögel mit Flugspannweiten von mehr als 3,50 Meter und einem Gewicht von bis zu zwölf Kilogramm. Der Großteil aller Albatrosse – es gibt 13 Arten – lebt an bzw. über den polaren und subpolaren Meeren der Südhalbkugel. Sie verbringen den größten Teil

Auf Prion Island, Südgeorgien

ihres Lebens in der Luft bzw. zur Nahrungssuche auf dem Wasser, festes Land suchen sie ausschließlich zum Brüten auf. Die Vögel können trotz ihres hohen Gewichts sehr weite Strecken fliegen, haben aber Probleme beim Starten und Landen. Für den Start brauchen sie einen langen Anlauf, und bei der ebenfalls langen Landung im Gleitflug überschlagen sie sich gelegentlich. In Brutkolonien planen Albatrosse Start- und Landebahnen ein, auf denen keine Nester gebaut werden.

In elegantem Segelflug gleiten die Albatrosse über den Wellen dahin. Sie ernähren sich von Tintenfischen, Krebsen und Fischen an der Wasseroberfläche.

DIE VÖGEL MIT DER GRÖSSTEN FLÜGELSPANNWEITE

Albatrosse haben ein komplexes Balzritual: Sie recken synchron die Köpfe, breiten die Flügel aus, reiben den Schnabel an der Flanke und bedienen sich verschiedenster Rufe (ganz oben, Mitte). Die monogamen Vögel treffen bei jeder Brutzeit den Partner der letzten Paarung wieder. Eine Balz ist erst wieder nötig, wenn ein Partner gestorben ist. Das einzige Ei im Nest wird abwechselnd von beiden Partnern bebrütet (oben).

Polare Zonen

TUNDRA UND TAIGA

Als Tundra werden die Steppen nördlich des borealen Nadelwaldgürtels Eurasiens und Nordamerikas bezeichnet, die von langen, kalten Wintern und kurzen Sommern mit geringen Niederschlägen geprägt sind. Durch den Permafrostboden, der auch im Sommer nie vollständig taut, sind in dieser Region nur solche Pflanzen und Tiere angesiedelt, die mit den kargen Böden und niedrigen Temperaturen zurechtkommen. Im Sommer bevölkern zahlreiche Vogelarten die Steppenlandschaft. Das weltweit größte zusammenhängende und teilweise noch völlig unerschlossene Nadelwaldgebiet südlich

Blühender Pflanzenteppich, Kanada

der Tundra, das nur ab und zu von riesigen Sumpfgebieten unterbrochen wird, ist die Taiga. Auch dieser Landschaftstyp ist durch lange, kalte Winter und kurze, kühle Sommer mit Permafrostboden geprägt, sodass in der Taiga ebenfalls nur besonders kälteresistente Tiere und Pflanzen leben.

Der Tombstone Territorial Park ist ein Schutzgebiet in den Ogilvie Mountains im kanadischen Yukon-Territorium. In der vom Permafrost geprägten Region leben Karibus, Elche, Dallschafe, Grizzly- und Braunbären und viele Vogelarten.

TUNDRA NORDASIENS

Der gesamte Norden Asiens ist vom polaren Klima und der dort vorherrschenden Tundrenlandschaft geprägt.

Jenseits des nördlichen Polarkreises erstreckt sich Nordasien etwa von der Insel Nowaja Semlja im Westen über das nordsibirische Byrrangagebirge bis zum Anadyrgebirge im äußersten Osten Asiens. Entlang der gesamten sibirischen Küste des Polarmeeres verläuft auf einem mehr oder weniger schmalen Streifen die Tundra, eine fast baumlose, steppenartige Landschaft, die im Süden über die Waldtundra, in der nur wenige kleinwüchsige Bäume gedeihen, in den borealen Nadelwald der Taiga übergeht. Dem Klima der Tundra (lange, sehr kalte Winter und kurze, kühle Sommer, in denen die Sonne nie ganz untergeht und der Permafrostboden nur an der Oberfläche auftaut) entsprechend ist das Futterangebot für die hier lebenden Tiere gering: Im Sommer wachsen Gräser, Beerensträucher, Moose und Flechten. Moschusochse, Rentier, Rothirsch, Polarhase und Lemming kommen damit jedoch zurecht. Im Winter scharren die Rentiere mit Hufen und Geweih den gefrorenen Boden auf, um Flechten zu finden. Zu den gefiederten Bewohnern der Tundra gehören Schneeeule, Rothalsgans und Trottellumme.

Als Waldtundra wird der Übergang vom borealen Nadelwald zur baumlosen Tundra bezeichnet (links: in Sibirien). Von links unten im Uhrzeigersinn: Schneefelder und Wasserläufe in der Tundra- und Gebirgslandschaft der russischen Wrangel-Insel; Bergtundra im Magadangebiet, Ostsibirien; Grasbüschel und Gebirge, Wrangel-Insel; herbstliche Tundralandschaft im russischen Providenija.

Tundra und Taiga   125

TUNDRA NORDAMERIKAS

Jenseits der arktischen Baumgrenze bestimmen ausgedehnte Tundragebiete mit extremen Lebensbedingungen das Landschaftsbild Nordamerikas.

Auch die Tundra in den nordamerikanischen subpolaren Gebieten zeichnet sich durch Dauerfrostböden und spärliche Vegetation aus. Den arktischen Winter überleben die Pflanzen, weil sie von einer Schneedecke geschützt sind. Im Mai aber beginnt die Schneeschmelze längs der arktischen Küste. Schon ab null Grad setzt die Entwicklung der Vegetation explosionsartig ein, weil die Pflanzen in ihren Schneetunneln aktiv bleiben und dort bereits Knospen und Blätter anlegen. In den feuchten Gebieten spielen Torfmoose eine große Rolle, an trockenen Stellen gedeihen Flechten und Sträucher, die im Herbst Beeren tragen. An steinigen Südhängen, die von der tief stehenden Sonne erwärmt werden, breiten sich regelrechte Blumengärten aus. Über hundert Vogelarten brüten im Sommer im nördlichen Polarkreis, z. B. Ringelgans, Eisente und Küstenseeschwalbe. Ab April ziehen Karibuherden aus den Wäldern Kanadas in die Tundra. Kleine Säugetiere wie Lemminge, Wühlmäuse oder Schneehasen vermehren sich stark, was Raubmöwen und Polarfüchse anlockt. Im Herbst ziehen die meisten Tiere wieder nach Süden.

Karibugeweih in der Tundra auf Baffin Island, Kanada

Im Sommer verwandelt sich die Tundra in ein Blütenmeer.

Ein Grizzlybär durchstreift die herbstliche Tundra auf der Suche nach Essbarem – das können Beeren, Insekten, Vögel, Nagetiere und größere Säugetiere wie Rentiere sein (links). Das große Bild zeigt das North Klondike Valley im Herbst – es liegt im Tombstone Territorial Park in den Ogilvie Mountains in Kanada.

Tundra und Taiga 127

Die kanadische Tundra nördlich der Baumgrenze dehnt sich bis zur arktischen Kältewüste ganz im Norden des Landes aus, dazu gehören auch noch einige Inseln des Kanadisch-Arktischen Archipels. Der Permafrostboden reicht hier bis zu 500 Meter in die Tiefe – in den kurzen Sommermonaten bildet hier das an der Oberfläche tauende Eis zahlreiche Seen und Sümpfe, da das Wasser nicht versickern kann. Der bitterkalte und dunkle Winter dauert hier mindestens acht Monate. In den zerklüfteten Mackenzie Mountains, die im Nordwesten Kanadas die natürliche Grenze zwischen Yukon und den Nordwest-Territorien bilden, leben robuste Tiere wie Schneeeulen, Nordamerikanische Elche, Wapitis, Moschusochsen und Polarfüchse. Die eindrucksvollsten Säugetiere dieser Region sind jedoch die Großbären – hierzu zählen Grizzly-, Kodiak-, Schwarz- und Eisbär.

Großes Bild: Nordöstlich des Mackenziedeltas erstreckt sich die rund 100 km lange Tuktoyaktuk-Halbinsel in die Beaufortsee. Am linken unteren Bildrand liegt Tuktoyaktuk, die einzige Siedlung, deren Umgebung von Seen und mäandrierenden Flüssen geprägt ist. Vor der Küste der Halbinsel liegen Treibeisfelder, die sich nach Nordwesten zu einem Packeisgürtel verdichten. Fingerartig ragt die Liverpool Bay nach Südwesten, trennt Festland und Halbinsel voneinander. Die Eskimo Lakes schließen sich in ihrer Verlängerung nach Süden an.

Herbstliche Tundralandschaft in den Nordwestterritorien Kanadas

Tundra und Taiga 129

MOSCHUSOCHSEN

Mit seinem dichten, langen Fell ist der Moschusochse, der in großen Herden mit fester Rangordnung lebt, ideal an das entbehrungsreiche Leben in einem harten Klima angepasst. Dem größten Tier der Tundra – die Bullen werden bis zu 2,50 Meter groß und wiegen dann bis

Moschusochse mit kräftiger Mähne

zu 400 Kilogramm – genügt die karge Nahrung dieser Region, die aus verschiedenen Gräsern, Seggen, Blütenpflanzen, Moosen, Flechten und den Blättern der Sträucher besteht. Im kurzen arktischen Sommer fressen sich die Tiere Fettreserven an, um den entbehrungsreichen Winter zu überstehen.

Wenn Gefahr von Wölfen oder Bären droht, bilden Moschusochsen eine Art Festung: Die erwachsenen Tiere stellen sich im Kreis oder Halbkreis auf, nehmen die Jungtiere in die Mitte und wenden dem Feind ihre Köpfe mit den Hornbasen (verdickte Wülste auf der Stirn) und Hörnern zu.

DIE GRÖSSTEN TIERE DER TUNDRA

Tundra und Taiga 131

KARIBUS

Das Karibu – der Begriff stammt aus der Sprache der Mi'kmaq-Indianer – ist das nordamerikanische, etwas größere Gegenstück zum europäischen Rentier. Man unterscheidet zwischen dem Barren-Ground-Karibu und dem Westkanadischen Waldren. Letzteres ist heute in den meis-

Karibus in der herbstlichen Tundra

Teil einer großen Karibuherde

ten Regionen der USA ausgerottet. Karibus bevorzugen offenes Gelände, besonders die Tundren. Dort scharren die Herdentiere mit ihren Hufen den verfilzten Flechtenteppich von Schnee frei. Zu ihrer Grundnahrung gehören das sogenannte Rentiermoos sowie Sträucher, Gräser und Baumtriebe. Das Karibu bzw. das Rentier Eurasiens ist die einzige Hirschart, bei der auch das Weibchen ein Geweih trägt, das allerdings kleiner und weniger verzweigt ist als das der männlichen Tiere. Wenn die Herden im Winter gen Süden in wärmere Gebiete – bzw. im Frühling wieder in den Norden – wandern, legen sie bis zu 5.000 Kilometer zurück.

Karibus sind Herdentiere, die in Gruppen umherziehen. Im Herbst buhlen und kämpfen die Hirsche um die Gunst der Weibchen, 240 Tage nach der Paarung kommen dann ein bis zwei Jungtiere zur Welt.

132 **Tundra und Taiga**

DIE LÄNGSTEN TIERWANDERUNGEN DER ERDE

Tundra und Taiga 133

TAIGA NORDEUROPAS, NORDASIENS UND NORDAMERIKAS

Der boreale Nadelwald bzw. die Taiga zieht sich von Skandinavien über Russland und Sibirien bis nach Nordamerika und ist damit das größte zusammenhängende Nadelwaldgebiet der Erde.

EUROPA

Die boreale Nadelwaldzone, auch Taiga genannt, beginnt dort, wo das Klima für Laubwälder zu ungünstig wird – im Jahresdurchschnitt liegen die Tagestemperaturen in der Taiga bei lediglich +5 °C, und die länger als sechs Monate dauernden Winter sind besonders kalt. Skandinavien – von Norwegen über Schweden bis Finnland – und Nordrussland gehören fast vollständig dieser borealen Zone an. Das raue Klima und die nährstoffarmen Böden bedingen hier eine Artenarmut, denn der Boden des borealen Nadelwaldes ist von einer dicken Nadel- und Zweigschicht bedeckt, die sich wegen der Kälte nur sehr langsam zersetzt. Die Fichten-, Kiefern-, Tannen- und Lärchenbestände in diesen Wäldern werden nur gelegentlich durch kleinblättrige Laubbäume wie etwa Birken durchbrochen. Nadelbäume haben den Vorteil, besser an Kälte angepasst zu sein. Zu den Tieren der europäischen Taiga gehören Elche, Wölfe, Luchse, Bären, Riesenmarder und eine Vielzahl von Vögeln wie die Haubenmeise, die ausschließlich in Nadelwäldern lebt.

NORDASIEN

Die Taiga im Norden Asiens erstreckt sich von Sibirien (»Taiga« ist die russische Bezeichnung für »Wald«) bis nach China. Große Teile dieser Landschaften sind bis

Farne und Moose im Taigawald

heute noch völlig unerforscht. Das Terrain der Taiga ist weitgehend flach und wird von Nadelwäldern dominiert, daneben findet man aber auch zahlreiche Sümpfe und Torfmoore. Da auch die Taiga durch lange, kalte Winter und kurze, kühle Sommer geprägt ist, können hier wie in der Tundra nur besonders kälteresistente Tiere und Pflanzen überleben. Neben den Nadelbäumen wie Lärchen, Zirbelkiefern, Tannen und Fichten wächst hier das für die asiatische Taiga typische Moosglöckchen (das allerdings inzwischen auch in Skandinavien verbreitet ist), und in den Sumpfgebieten blüht die Sibirische Iris oder Schwertlilie. Die Fauna ist wesentlich artenreicher als die der Tundra weiter nördlich – in der Taiga Nordasiens leben Braun- und Schwarzbär, Otter, Luchs, Zobel, Hermelin, Wolf, Elch, Wildschwein, Vielfraß, Sibirisches Feuerwiesel, Eichhörnchen und unzählige Vogelarten. Relativ häufig kommt auch der Sibirische Winkelzahnmolch vor, dessen Verbreitungsgebiet vom Ural bis in die Mongolei und nach Hokkaido reicht. Leoparden und der Sibirische Tiger sind vor allem in Gebieten entlang dem Fluss Amur anzutreffen.

Großes Bild: Taiga und Sumpfgebiet auf der nur wenig besiedelten kanadischen Labrador-Halbinsel

Die Taigagebiete sind durch Nadelwälder, die meist nur zwei Baumarten aufweisen, Gräser, Moose und Flechten gekennzeichnet (links).

NORDAMERIKA

Nördlich des 50. Breitengrades erstreckt sich quer über die riesige Landmasse des nordamerikanischen Kontinents ein ausgedehnter Nadelwaldgürtel, an den sich im Norden die waldlose Tundra anschließt, im Süden folgen Misch- und Laubwälder. Die winterkalten Nadelwaldgebiete werden auch hier mit dem russischen

Erdhörchen sind typische Waldbewohner.

Wort Taiga bezeichnet. Kalt-humides Klima mit extrem langen und extrem kalten Wintern und kurzen Sommern sind kennzeichnend für diese Zone, durch deren Mitte der Polarkreis verläuft und die einen relativ einheitlichen Lebensraum für Tiere und Pflanzen darstellt. Viele Tiere überstehen den harten, schneereichen Winter aber nur durch Winterschlaf, Winterstarre oder aber weite Wanderungen in wärmere Gefilde. Verglichen mit Europa sind die Wälder Nordamerikas sehr artenreich – einschließlich der Laubbäume gibt es auf diesem Kontinent rund 130 Baumarten: z. B. Ahorn, Eschen, Ulmen, Eichen, Hickorys, Buchen, Kastanien, Kiefern, Douglasien, Fichten und Zedern. Und auch die Fauna der Taiga ist vielfältiger. Ein Bewohner der Nadelwälder ist der Waldbison, der lange Zeit als ausgestorben galt, bis er dann 1957 wiederentdeckt wurde. Inzwischen hat er im Wood-Buffalo-Nationalpark, mit 45.000 km^2 Kanadas größtem Naturschutzgebiet, wieder eine Heimat gefunden. Weitere Tiere der Taiga im äußersten Norden der USA und in Kanada sind z. B. der Wapiti (nach dem Elch der zweitgrößte Hirsch Nordamerikas), der Nordluchs (vor allem in Alaska und Kanada), der Schneeschuhhase, das Rot- und das Grauhörnchen sowie Grizzly-, Kodiak- und Schwarzbären. Beachtlich ist auch der Bestand von ungefähr 6.000 Bisons.

Nadelbäume spiegeln sich im Saimaasee, dem größten See Finnlands.

Nadelwälder bestimmen auch die Landschaft im kanadischen Alberta.

Tundra und Taiga 135

SIBIRISCHE TAIGA
DIE GRÖSSTE WALDREGION DER ERDE

Das größte zusammenhängende Waldgebiet der Erde ist die Taiga in Mittel- und Ostsibirien. Im Westsibirischen Tiefland ist die Abfolge der Vegetationszonen Tundra, Taiga, Waldsteppe und Steppe besonders deutlich ausgeprägt.

Im Norden Russlands erstreckt sich der größte geschlossene Nadelwaldgürtel der Welt: fast 1.000 Kilometer breit und 4.800 Kilometer lang. Ein Charakteristikum dieser Taigagebiete sind ihre sumpfigen oder dauerhaft gefrorenen Böden, die oft nur von einer kargen Schicht aus Krautgewächsen, Zwergsträuchern und Moosen bedeckt sind. Die Taigalandschaften liegen meist fernab der Ozeane und sind daher von kontinentalem Klima geprägt. Strenge und vor allem schneereiche Winter, aber auch trocken-warme, in Teilen Sibiriens sogar extrem heiße Sommer sind die Regel. Der Temperaturunterschied zwischen Sommer und Winter kann bis zu 100 °C betragen. Nur zwei bis drei Monate mit mehr als 10 °C beträgt die Vegetationsperiode in der südlichen Taiga, in den nördlicheren Breiten ist sie noch mal kürzer. Fauna und Flora sind artenarm, das Aufkommen von Tieren und Pflanzen aber sehr hoch. Den Baumbestand bilden Fichten, Kiefern, Tannen und Lärchen. In der Taiga leben vor allem kälteresistente Säugetiere. Viele Vogelarten überwintern in wärmeren Gefilden, andere Tiere halten Winterschlaf oder fallen in

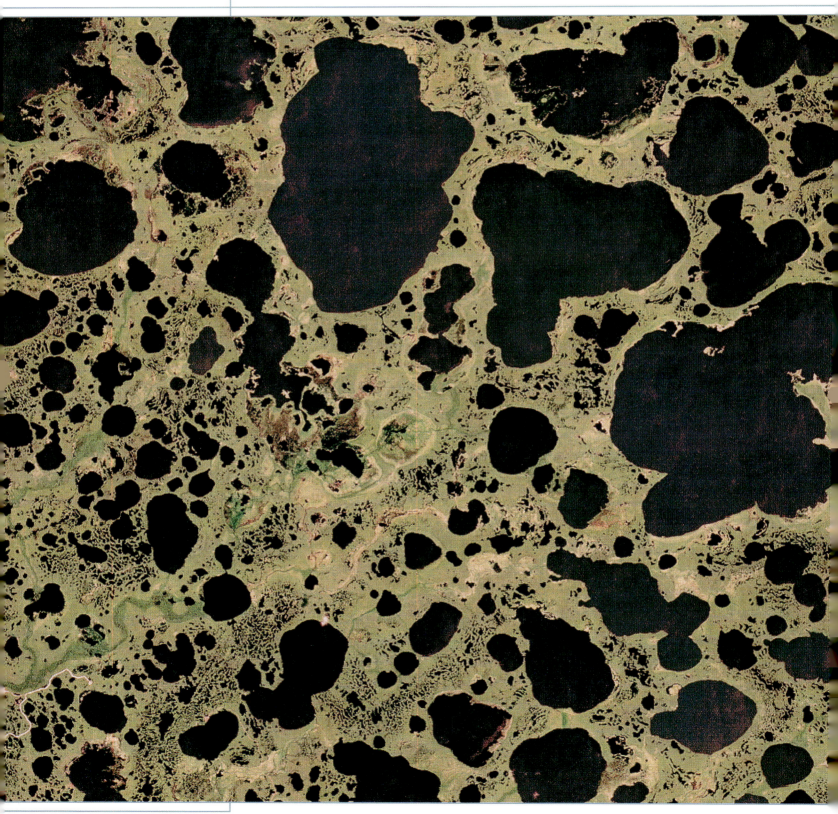

Winterstarre. Weite Teile der Taiga liegen im Bereich des Permafrostes: in einer Zone, die etwa ein Fünftel der Erde umfasst und in der der Boden in bis zu 1.000 Meter Tiefe ganzjährig gefroren ist. Die oberen Bodenmeter tauen im Sommer zwar auf, doch das dabei entstehende Schmelzwasser kann nicht abfließen. Die Folge sind kilometerweite sumpfige Flächen.

Nördlich von Surgut am mittleren Ob finden sich ausgedehnte boreale Nadelwälder, Moore und zahlreiche Seen (links und Satellitenbild unten): Hier wachsen vor allem Fichten, Tannen, Lärchen und Birken. Altarme und Sümpfe sind im Sommer ein Brutgebiet für Mücken. Die Linien der Verkehrsdämme und Erdölpipelines machen den Eingriff in die Natur sichtbar.

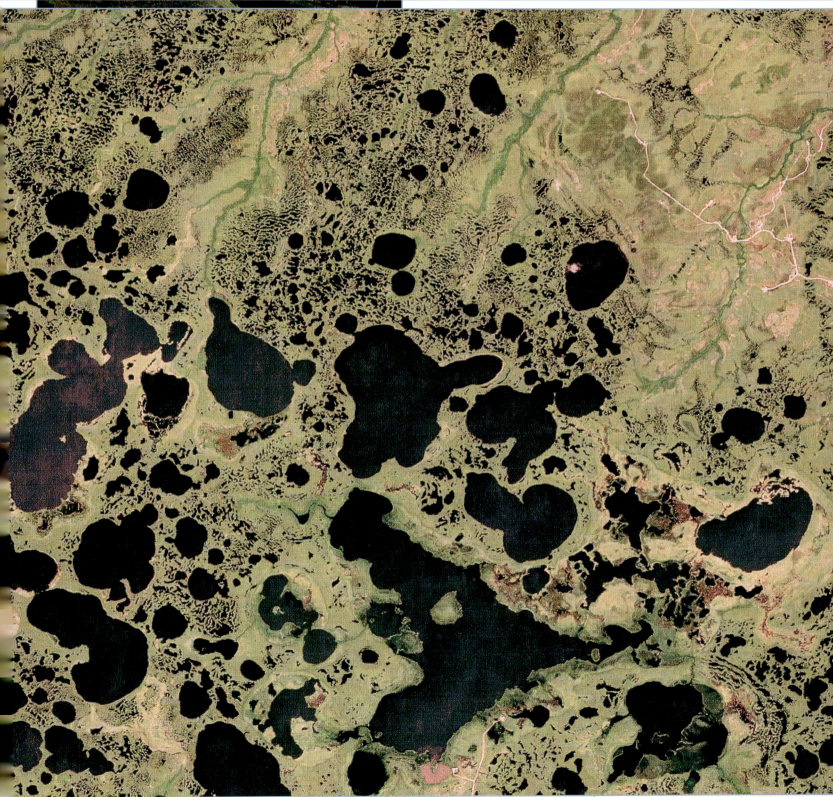

Tundra und Taiga 137

SIBIRISCHE TIGER

In den Wäldern am Amur und an seinen Nebenflüssen im fernen Osten Russlands und in den angrenzenden Gebieten Chinas und Nordkoreas leben weit verstreut noch etwa 450 Sibirische Tiger oder Amurtiger in freier Wildbahn. Obwohl der Tiger unter Artenschutz steht,

Das dicke und lange Fell schützt den Tiger bei extremer Kälte.

ist er durch Jagd akut von der Ausrottung bedroht. Dies liegt vor allem daran, dass der Sibirische Tiger von großem Interesse für die ostasiatische Medizin ist. Er stellt für den Jäger einen lukrative Beute dar, denn es gibt fast keinen Körperteil des erlegten Tieres, der nicht von medizinischem Nutzen wäre. Die Haut, die Knochen, die Zähne, die Krallen, das Blut, ja sogar die Gallensteine und Genitalien gelten als wertvolle Medikamente gegen Krankheiten wie Rheuma, Epilepsie oder unreine Haut und schwache Augen. Bestimmte Stoffe sollen Intelligenz und Manneskraft stärken und zu allgemeinem Wohlbefinden führen. Doch nicht nur in China, sondern auch in den USA und in Europa wird Tigermedizin zu hohen Preisen verkauft. Darüber hinaus entstehen aus seinem Fell kostbare Mäntel, die mit großem Gewinn exportiert werden. Der bis zu drei Meter lange und 300 Kilogramm schwere Tiger herrscht als nachtaktiver Einzelgänger über ein riesiges Revier. Hier macht er Jagd auf Wild wie Goral, Wildschwein und Rothirsch, wofür er täglich 15 bis 20 Kilometer zurücklegt. Um in dem kalten Klima zu überleben, muss er täglich etwa zehn Kilogramm Fleisch zu sich nehmen.

Der Sibirische Tiger ist die kräftigste und größte Raubkatze. Auf der Pirsch ist er Jäger und Gejagter zugleich. Er erlegt Wildschweine, Hirsche und Rinder, ist aber auch selbst begehrte Jagdbeute. Als scheues Nachttier lebt er meist allein. Heute findet sich der Sibirische Tiger in den Birkenwäldern und Bergen der nordostchinesischen Provinz Jilin. Im Sommer ist sein Fell kurz und glatt, ähnlich wie bei den Tigern in tropischen Ländern. Im Winter wächst ihm jedoch ein besonders dichter und üppiger Pelz.

Tiger sind Einzelgänger und verteidigen ihr Revier gegen Geschlechtsgenossen.

DIE GRÖSSTEN RAUBKATZEN DER ERDE

Tundra und Taiga

BRAUNBÄREN

Grizzlybär in der Tundra Nordamerikas

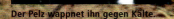

Der Pelz wappnet ihn gegen Kälte.

Die Großbären Nordamerikas sind allesamt Braunbären der Gattung »Ursus«. Zu ihnen gehören der Grizzly-, der Kodiak-, der Schwarz- und sogar der Eisbär. Der bis zu 3,80 Meter große Kodiak- oder Alaskabär ist die größte Unterart der Braunbären und kommt in Alaska und im nordwestlichen Kanada vor, der Grizzly- oder Graubär lebt heute nur noch in Kanada und in den Bergen Montanas. Der mit etwa zwei Metern Länge eher kleine Schwarzbär oder Baribal ist heute in Nordamerika am weitesten verbreitet. Er ernährt sich, wie übrigens Kodiak- und Grizzlybär auch, vorwiegend vegetarisch.

Das »große Fressen« kommt für die Braunbären Nordamerikas zur Zeit der Lachswanderung: Dann stellen sie sich oberhalb der Stromschnellen mitten in die Flüsse und lassen die Beute einfach in ihr geöffnetes Maul springen. Beim Anstehen wurde allerdings eine klare Rangordnung unter den Tieren beobachtet.

Braunbären beim Lachsfischen an den Brook Falls im Katmai-Nationalpark auf der Alaska-Halbinsel

DIE GRÖSSTEN BÄREN DER NÖRDLICHEN WÄLDER

KAMTSCHATKABÄREN

Eine weitere Unterart des Braunbären ist der Kamtschatkabär, der auch Sibirischer Braunbär genannt wird und dessen Heimat die Halbinsel Kamtschatka im ostasiatischen Teil Russlands ist. Er kann eine Kopf-Rumpf-Länge von bis zu 2,70 Meter und ein Gewicht von bis zu 600 Kilogramm erreichen und ist damit fast so groß wie der Kodiakbär. Die Fellfarbe des Kamtschatkabären variiert zwischen dunklem Braun und Schwarz. Sein Revier, in dem der Allesfresser nach Beeren, Wurzeln sowie nach Beutetieren wie Insekten, Vögeln und Fischen sucht, kann bis zu 2.000 km^2 umfassen. An den Küsten erbeutet er auch Robben und andere Meeressäugetiere. In der kalten Jahreszeit hält der Sibirische wie der Nordamerikanische Braunbär eine Winterruhe, in der die Körpertemperatur geringfügig sinkt, Herzschlag und Atemfrequenz aber deutlich zurückgehen.

Tundra und Taiga 141

ELCHE

Die Lebensräume der Hirschart Elch sind die borealen Nadelwaldgebiete von Europa, Asien und Nordamerika. Der größte Hirsch der Erde ist der Nordamerikanische Elch. Er kommt in Alaska, aber auch in Kanada und im Gebiet der Großen Seen Nordamerikas vor. Ein männ-

Elchbullen beim Kräftemessen

liches Tier, Elchhirsch oder Schaufler genannt, kann bis zu 2,30 Meter Schulterhöhe erreichen und bis zu 500 Kilogramm wiegen. Auffallend groß sind seine mächtigen Schaufeln: ein bis zu 1,60 Meter breites, vielendiges Geweih, das im Winter abgeworfen wird. Die Elchkuh, das weibliche Tier, ist kleiner und besitzt kein Geweih.

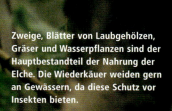

Zweige, Blätter von Laubgehölzen, Gräser und Wasserpflanzen sind der Hauptbestandteil der Nahrung der Elche. Die Wiederkäuer weiden gern an Gewässern, da diese Schutz vor Insekten bieten.

142 Tundra und Taiga

DIE GRÖSSTEN HIRSCHE DER ERDE

Zur Brunftzeit im Herbst treffen sich die Elche an bestimmten Orten. Nach der Paarung gehen die Kühe wieder ihrer Wege. Wenn schließlich alle Weibchen gedeckt sind, verlassen auch die Männchen den Brunftplatz. Nach etwa acht Monaten Tragzeit werden ein bis zwei Kälber geboren, die dann bei der Mutter bleiben, bis diese sie kurz vor der nächsten Niederkunft vertreibt. Die Tiere sind tagaktive Einzelgänger und mit 16 Monaten geschlechtsreif. Die maximale Lebensdauer der Elche liegt bei etwa 27 Jahren, in freier Wildbahn werden sie jedoch selten älter als 15 Jahre.

Ein seltener Anblick: ein Elchbulle zusammen mit Kuh und Kalb

Tundra und Taiga 143

LAUB- UND MISCHWALDZONEN

Junger Braunbär im Bayerischen Wald

Die Vegetationsform der sommergrünen Laub- und Mischwälder ist fast ausschließlich auf die nördliche Erdhalbkugel beschränkt: In Europa erstrecken sich Mischwälder von Großbritannien über Frankreich, Mittel- und Osteuropa bis zum Ural. In Ostasien findet man sie im Nordosten Chinas, in Korea und Japan. In Nordamerika gibt es diese Vegetationsform südlich der Großen Seen bis hin zum Atlantik bzw. bis zum Golf von Mexiko. Das typische Merkmal sommergrüner Laub- und Mischwälder ist der Laubfall im Herbst, der vornehmlich dem Schutz vor Austrocknung der Laubbäume in der kalten Jahreszeit dient. Durch die letzte Eiszeit sind die Laub- und Mischwälder im Gegensatz zu den tropischen Regenwäldern eher artenarm.

Mächtige Rotbuchen kennzeichnen den Naturpark Spessart in Bayern (großes Bild). Die Rotbuche wird bis zu 40 m hoch und hat eine glatte graue Rinde. Sie gilt als einer der wichtigsten Waldbäume, da sie wertvolles Nutzholz liefert. Die Frucht, eine dreikantige Nuss namens Buchecker, ist für viele Tiere des Waldes ein wichtiges Nahrungsmittel.

Laub- und Mischwaldzonen 145

EUROPA

Mischwaldzonen, die kühl temperierten Übergangsgebiete zwischen borealem Nadelwald und sommergrünem Laubwald, findet man von Mittelskandinavien bis Osteuropa sowie auf den Britischen Inseln.

SKANDINAVIEN

Auch in Norwegen und Dänemark findet man zwar ausgedehnte Mischwälder mit Buchen und Eichen sowie Kastanien, Birken, Ulmen, Fichten und Kiefern, doch Schweden und Finnland gehören zu den an Wäldern reichsten Ländern der Erde: In Schweden ist über die Hälfte der Staatsfläche von Wald bedeckt, in Finnland sind es sogar drei Viertel. Finnland ist damit das Land mit der höchsten Walddichte ganz Europas – aus der Vogelperspektive betrachtet, herrscht hier sattes Grün vor. Zumeist handelt es sich bei den bewaldeten Gebieten zwar um boreale Nadelwälder (Taiga), der Bestand an Mischwäldern mit Laub- und Nadelbäumen nimmt aber zu, je südlicher man kommt. Zur Tierwelt der skandinavischen Wälder gehören z. B. Rehe, Rothirsche, Elche, Füchse, Waschbären, Wildschweine, Dachse, Marder, Hasen, Igel und Eichhörnchen sowie zahlreiche Insekten- und Vogelarten. Dank strenger Umweltbestimmungen sind in den letzten Jahren auch Raubtiere wie Braunbären, Wölfe und Luchse wieder auf dem Vormarsch.

WEST- UND ZENTRAL-EUROPÄISCHE MITTELGEBIRGE

Die europäische Mittelgebirgsschwelle reicht von den belgisch-französischen Ardennen im Westen über die Mitte Deutschlands und Tschechien bis kurz vor den Karpaten in der Slowakei. Zu diesen Mittelgebirgen gehören z. B. in Deutschland Harz, Rhön, Thüringer Wald, Fichtelgebirge, Kyffhäuser, Westerwald, Weserbergland, Spessart, Taunus, Hunsrück und der Bayerische Wald. In den weitläufigen Waldgebieten dieser Höhenzüge wachsen bis in einen Bereich

Moosbewachsene Bäume im Spessart

von etwa 700 Meter zumeist Laubwälder, in denen Buchen dominieren, aber auch Stieleichen, Ahorn, Ebereschen, Birken, Ulmen und Weiden vorkommen. In den mittleren Höhenlagen (700 bis 800 Meter über dem Meeresspiegel) trifft man auf natürliche Buchen-Fichten-Mischwälder, die jedoch inzwischen vielerorts – bedingt durch die Bewirtschaftung – reinen Nadelbaumbeständen gewichen sind. Die Wälder im Harz etwa, dem höchsten Gebirge Norddeutschlands, bestehen zu über 80 % aus Fichten, etwa 12 % der Bäume sind Buchen, den Rest machen Eichen, Ebereschen und Birken aus. In zahlreichen Wäldern der west- und mitteleuropäischen Mittelgebirge findet man heute immer noch – oder wieder (nachdem sie als ausgerottet galten und in moderner Zeit wieder ausgewildert wurden) – den Europäischen Luchs, das Auerhuhn, die Wildkatze, Rot- und Rehwild, Waschbär und Marderhund, um nur einige Tierarten zu nennen.

146 Laub- und Mischwaldzonen

Buchen und Eichen sind die charakteristischen Bäume der Laub- und Mischwälder (links). In höheren und kühleren Lagen treten an die Stelle der Laubbäume die immergrünen Nadelhölzer, vor allem Fichten und Kiefern.

OSTEUROPÄISCHE WALDZONEN

Im Osten Europas bis zu den baltischen Regionen gedeihen auf den kalkigen Böden Buchenwälder. Allerdings verarmt der kontinentale

Herbststimmung im Laubwald

osteuropäische Buchenwald bereits hinter der Weichsel aus geologischen Gründen. Die nun nur noch schmale Laubwaldzone besteht aus Eichenwäldern, die nach einem breiten Mischwaldgürtel in die Nadelwaldzone übergehen. Den größten Teil des Osteuropäischen Tieflands, einer Großlandschaft im europäischen Teil Russlands, bedecken im kälteren Norden Nadelwälder, weiter südlich dominieren Misch- und Laubwälder mit Eichen, Buchen, Linden, Eschen, Ahorn und einigen anderen Arten. In Polen, vor allem im Osten des Landes, erstrecken sich kilometerweite Wälder, in denen sich sogar Wölfe zu Hause fühlen. Der Białowieża-Wald im Grenzgebiet zu Weißrussland gilt als einer der letzten verbliebenen Urwälder Europas. Doch dieses Grün ist vom Waldsterben bedroht: Laut einem UN-Bericht von 2003 sind von hundert polnischen Bäumen nur acht gesund. In vielen Ländern Osteuropas sind bis zu 90 % der Bäume krank. Eine Ausnahme bildet Rumänien, dessen Karpatenwälder abseits der industriellen Ballungsräume liegen.

RUMÄNISCHE KARPATEN – GRÖSSTES ZUSAMMENHÄNGENDES WALDGEBIET EUROPAS

Den rumänischen Teil des Karpatengebirges überzieht das größte geschlossene Waldgebiet Europas (großes Bild und links): Es erstreckt sich von der nördlichen Grenze Rumäniens etwa 300 Kilometer nach Süden und genauso weit nach Westen. Das Gebirge bildet die natürliche Grenze von Transsilvanien bzw. Siebenbürgen. In den Wäldern der rumänischen Karpaten sind Bären, Wölfe, Karpatenhirsche, Luchse und viele andere Tiere heimisch.

Laub- und Mischwaldzonen 147

EICHEN UND BUCHEN

DIE VERBREITETSTEN LAUBBAUMGATTUNGEN DER SOMMERGRÜNEN WÄLDER EUROPAS

EICHEN

Von den weltweit 200 Arten des Laubbaums Eiche sind in Mitteleuropa vor allem die Zerreiche, die Stieleiche und die Traubeneiche in großer Zahl heimisch. Die Stieleiche, die 20 bis 40 Meter hoch wird und einen Stammdurchmesser von bis zu drei Metern erreicht, ist am weitesten verbreitet und kommt in fast ganz Europa vor. Stieleichen erreichen ein Alter von 500 bis 1.000 Jahren, in Einzelfällen werden sie noch älter. Bei

Alte Eiche mit Durchgang im Stamm

Älteste Stieleiche Europas: die Grabeiche in Noebdenitz in Thüringen

vielen Waldbewohnern ist die zylindrische, nussartige Frucht, die Eichel, sehr begehrt: Sie dient wegen ihres Reichtums an Stärke, Zucker und Eiweiß zahlreichen Nagetieren, Wildschweinen und anderen Wildarten als bevorzugtes Nahrungsmittel.

Im Reinhardswald im Weserbergland (Landkreis Kassel, Hessen) befindet sich das Naturschutzgebiet »Urwald Sababurg«, in dem 200 bis 600 Jahre alte dickstämmige Eichen und Rotbuchen stehen (großes Bild).

BUCHEN

Frühlingsteppich aus Glockenblumen im Buchenwald

Farbenfroher Laubwald in der Nähe von Ashridge, England

Winterwald in den slowakischen Waldkarpaten

Buchen – sommergrüne, bis zu 40 m hohe Laubbäume mit einer glatten grauen Rinde – sind in ganz Mitteleuropa verbreitet. Ursprünglich waren 40 % der Wälder in Europa Buchenwälder. Aber in der langen Zeit der menschlichen Besiedelung wurden die einheimischen Buchenwälder durch selektiven Holzeinschlag stark verändert. Deswegen gibt es heute in Europa kaum mehr unberührte Buchenwälder. Richtige Urwälder findet man nur noch in den Waldkarpaten. An der Grenze zwischen Slowakei und Ukraine bilden zehn Schutzgebiete entlang einer Achse von rund 180 Kilometern ein seit 1992 als solches anerkanntes Weltnaturerbe. Buchen wachsen hauptsächlich in Gebieten mit eher milden Wintern und kühlen Sommern, Regionen mit strengem Frost und starker Trockenheit meiden sie dagegen. Die Frucht der Buche, die Buchecker, steht auf dem Ernährungsplan vieler Waldtiere.

Laub- und Mischwaldzonen 149

WISENTE

Der Wisent war zusammen mit dem Auerochsen das europäische Wildrind der Laub- und Mischwälder. Noch im frühen Mittelalter gab es in mitteleuropäischen Forsten also zwei verschiedene Arten von »Büf-

Wisentkuh mit Kalb

feln«. Der Wisent ist mit dem steppenbewohnenden Amerikanischen Bison nahe verwandt, unterscheidet sich aber von ihm durch eine weniger ausgeprägte Vorderfront, die nicht farblich abgesetzt ist. Die langen, wolligen Haare an Kopf und Vorderkörper bieten einen guten Schutz gegen Kälte. Wisente ernähren sich von Gräsern, Flechten, Moosen, Blättern und der Rinde an Bäumen. Zu Beginn des 20. Jh. war der Wisent nahezu ausgerottet, es gab nur noch wenige Exemplare verstreut über verschiedene Tiergärten. Heute leben wieder rund 300 Wisente freilebend im Białowieża-Nationalpark an der Grenze von Polen zu Weißrussland.

Der Wisent erreicht eine Kopf-Rumpf-Länge von bis zu 3,3 m, eine Schulterhöhe von bis zu 2 m und wird bis zu 1 t schwer. Damit ist er heute das größte und schwerste Landsäugetier Europas.

DIE GRÖSSTEN WALDTIERE EUROPAS

Wisente leben meist in Herden, Bullen jedoch oftmals als Einzelgänger.

Laub- und Mischwaldzonen

LUCHSE

Der Eurasische Luchs ist mit einer Kopf-Rumpf-Länge von 80 Zentimetern bis 1,20 Meter und einer Schulterhöhe von 50 bis 70 Zentiimetern die größte europäische Raubkatze. Nach Bär und Wolf ist er das drittgrößte in Europa heimische Raubtier. Nachdem der Luchs in

Ein Luchs im Sprung auf die Beute

Westeuropa schon als ausgerottet galt, siedelte man ihn um 1950 wieder an, und heute findet man die Tiere in europäischen Mittelgebirgen und in den Alpen. Typisch für Luchse sind die Pinselohren wie auch der sehr kurze Schwanz und der ausgeprägte Backenbart. Sie leben als Einzelgänger und finden nur zur Paarungszeit zwischen Februar und April zusammen. Nach etwa 70 Tagen kommen dann zwei bis fünf Jungen zur Welt, die bis zum nächsten Frühjahr bei der Mutter aufwachsen.

Luchsmutter mit ihren zwei Jungtieren (großes Bild). Bis diese im Alter von knapp einem Jahr ihrer eigenen Wege gehen, werden sie ausschließlich von der Luchsin versorgt.

DIE GRÖSSTEN RAUBKATZEN EUROPAS

Laub- und Mischwaldzonen

OSTASIEN

Im Osten Asiens herrscht die Vegetationsform der Waldsteppe vor: Das sind Übergangsbereiche zwischen Mischwaldzone und baumfreier Steppe, in denen Laubwald und Wiesensteppen dominieren.

OSTCHINA

Im Osten Asiens finden sich große Mischwälder mit zahlreichen endemischen Arten wie etwa dem Sibirischen Tiger (der größten Raubkatze der Welt) und dem Chinesischen Schuppentier. Viele der hier lebenden Tiere kamen erst gegen Ende der letzten Eiszeit in diese Region. In Ostchina erstrecken sich weitläufige Waldflächen, z. B. über das Meili-Gebirge an der Grenze zu Tibet. In diesen Mischwäldern leben seltene Vögel und andere Tiere, die andernorts nicht zu finden sind, und auf den Wiesen in den Lichtungen blühen im Frühjahr und Sommer unzählige Blumen. Miyaluo in der Präfektur Abi ist berühmt für seine Farbenpracht im Oktober, wenn die Laubbäume goldgelb bis tiefrot leuchten. Zur reichen Fauna dieses Waldes gehört beispielsweise der seltene Gemeine Flugdrache. Einer der bekanntesten Bergzüge Chinas ist das Laoshan-Gebirge, das im Osten an das Gelbe Meer grenzt. Im Sommer lassen die Fluten die Wasserfälle und Bäche sprudeln, im Herbst färben sich auch hier die Laubgehölze rot und braun.

JAPAN HOKKAIDO

Wer Japan wegen seiner berühmten Industriezentren und Großstädte besucht, weiß wahrscheinlich nicht, dass zwei Drittel des Landes mit Bergen, Hügeln und Wäldern bedeckt sind und eine sehr üppige und vielfältige Flora und Fauna präsentieren. Hokkaido, Japans zweitgrößte Insel, ist sehr dünn besiedelt

Hokkaido – das Alaska Asiens

und wird wegen seiner weiten natürlichen Landschaften – mit ursprünglichen Wäldern, imposanten schneebedeckten Berggipfeln, zahlreichen Bergketten und Vulkanmassiven, klaren Seen und heißen Quellen sowie zahlreichen, zum Teil sehr seltenen Tier- und Pflanzenarten – mit Alaska verglichen. In den Wäldern Hokkaidos leben z. B. Braunbären, Rotfüchse, Marderhunde und Sikahirsche, in den Sumpfgebieten sieht man häufig die anmutigen Mandschurenkraniche. Der Winter auf Hokkaido ist lang (von Anfang Dezember bis Ende März) und hart (nicht selten bis zu -40 °C), darauf folgt ein recht kurzer Frühling, in dem Kirsch- und Pflaumenbäume sowie Fliederbüsche gleichzeitig in voller Blüte stehen. Der Sommer ist ebenfalls kurz und warm (im Durchschnitt etwa 30 °C bei 60 bis 70 % Luftfeuchtigkeit), der Herbst, der dann ungefähr eineinhalb Monate dauert, taucht die Mischwälder in ein intensives Farbenmeer. Das kühle Klima ohne die für Japan sonst übliche Regenzeit im Sommer ist mit dafür verantwortlich, dass Hokkaido auch »Hanataikriku« (Blumenkontinent) genannt wird. Zur Blütezeit kommen viele Naturliebhaber, um die Farbenpracht zu bewundern.

154 Laub- und Mischwaldzonen

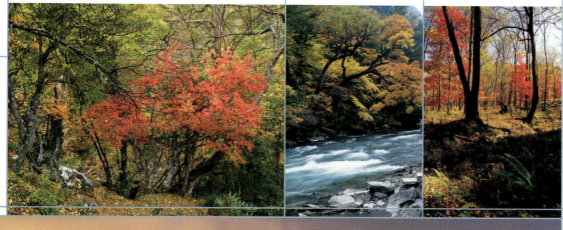

Herrliche natürliche Wälder im Osten Chinas im Meili-Gebirge (links), in Miyaluo (Mitte) und in der Provinz Jilin (rechts). Ausgeprägte Wälder sowie Seen im Landesinneren kennzeichnen die japanische Insel Honshu. Im Herbst bietet der Tsutanumasee mit seinen Laubwäldern ein grandioses Farbspektakel (großes Bild).

JAPAN
HONSHU

Honshu, die größte Insel Japans und siebtgrößte Insel der Welt, ist in mehrere Vegetationszonen gegliedert: Im Norden herrschen Reisanbaugebiete, Wälder und Berge vor, in Zentralhonshu erheben sich die höchsten Berge des Landes wie z. B. der Fuji, das Wahrzeichen Japans. Die dicht besiedelten Küstenregionen und der Großraum von Tokio sind von Industrie und eingestreuten landwirtschaftlichen Flächen geprägt. Im Inselinneren findet man zahlreiche malerische Seen sowie Laub- und Mischwälder mit Kiefern, Eichen, Eichenkastanien, Weiden, Birken, Buchen, Ahorn und Japanischen

Dichter Laubwald im Nikko-Nationalpark

Herbst am Yasunotaki-Wasserfall

Zypressen – die Baumvegetation entspricht damit der derjenigen der gemäßigten Zone. Zur Seidenraupenzucht werden Maulbeerbäume in großem Umfang angebaut und der japanische Lackbaum, der den Grundstoff für die japanischen und chinesischen Lackkunstarbeiten liefert.

Laub- und Mischwaldzonen 155

AHORNE

Rot gefärbter Ahorn in Ontario

Die etwa 150 Arten der Gattung Ahorn, eines sommergrünen Laubbaums, sind in ganz Europa, in Nordamerika sowie in Ostasien heimisch, vor allem in den Mittelgebirgen. Eine der größten Ahornarten ist der Bergahorn, der bis zu 30 Meter hoch wachsen kann. Daneben gibt es z. B. in Europa noch Blut-, Spitz- und Feldahorn. Das fünfzackige Ahornblatt – das Nationalsymbol Kanadas – erinnert an die menschliche Hand. Von der gezackten Form der Blätter hat der Baum auch seinen Namen: nach dem lateinischen Wort »acer« für »spitz« oder »scharf«. Die Früchte des Ahorns besitzen Flügel, mit deren Hilfe die Standorterweiterung der Bäume gesichert wird.

Großes Bild: Herbstliche Ahornbäume im Nordosten der japanischen Insel Honshu. Von den 150 Ahornarten haben viele ihre Heimat in Amerika und Asien. Einige kommen ausschließlich auf japanischen Inseln vor wie der Rote Schlangenahorn auf Honshu und Shikoku.

DIE VERBREITETSTE LAUBBAUMGATTUNG DER SOMMERGRÜNEN WÄLDER DER ERDE

Der Ahornbaum ist der weltweit meistverbreitete Laubbaum. Im Sommer tragen die einzeln stehenden oder auch Wälder bildenden Ahorne grünes Laub, im Herbst legen sie ihr farbenfrohes Festtagskleid an. Die besondere, aerodynamische Form der Samen führt beim Herabfallen vom Baum zu einem langsameren Absinken, sodass die Samen durch den Wind großflächig verteilt werden. Das Holz des Ahornbaumes wird vor allem als Möbel- und Bauholz genutzt, eher selten als Brennstoff. Das Holz des Bergahorns gilt als eines der wertvollsten Edellaubhölzer. Der Zuckerahorn im Osten der USA und Kanadas liefert Zucker und Sirup. Der Bergahorn wurde zum »Baum des Jahres 2009« gewählt.

Ahornbäume in der japanischen Kaiserstadt Kyoto

Herbstlicher Ahornwald am Elliot Lake. In Kanada ist der Ahorn Nationalbaum, ein Ahornblatt ziert sogar die Landesflagge.

Laub- und Mischwaldzonen 157

JAPANMAKAKEN

Die am weitesten im Norden beheimatete Affenart der Welt ist der 45 bis 75 Zentimeter große Rotgesichtsmakak. Er wird auch Japanmakak genannt, da sich sein Verbreitungsgebiet auf Japan und dort auf die Inseln Honshu, Shikoku und Kyushu beschränkt. Die Tiere leben in Wäl-

Neugieriger Japanmakak im Wald

Makak auf der Insel Yakushima

dern unterschiedlicher Art: im Norden in den gebirgigen, im Süden in den subtropischen Waldgebieten. Auffälligstes Merkmal dieser Primatenart ist das unbehaarte Gesicht mit rosaroter bis tiefroter Färbung. Die Japanmakaken gehören zu den Allesfressern, nehmen aber hauptsächlich pflanzliche Nahrung zu sich. Diese variiert je nach Jahreszeit: Im Winter, wenn bis zu 1,50 Meter Schnee liegen, ernähren sie sich von Wurzeln und Rinde, im Sommer auch von Beeren, Nüssen und Früchten. Der Rotgesichtsmakak lebt in größeren Gruppen von 30 bis 60 Tieren mit eigenem Territorium.

Die Kommunikation der Japanmakaken funktioniert über eine Reihe von Lauten und Gesichtsausdrücken, etwa das Spitzen oder Anlegen der Ohren. Sie sind lernfähig und können erlernte Verhaltensweisen an Gruppenmitglieder weitergeben.

DIE NÖRDLICHSTE AFFENPOPULATION DER ERDE

Die in sozial strukturierten Gruppen lebenden Japanmakaken sind für ihre ausgiebigen Sitzbäder in heißen Thermalquellen berühmt, mit denen sie im Winter ihre Körpertemperatur regeln.

Laub- und Mischwaldzonen 159

NORDAMERIKA

Nordamerikas Laubwälder bieten mit bis zu acht Stockwerken unzähligen Tieren Lebensraum. Zu den typischen Laubbäumen gehören Hickory-Baum, Tulpenbaum, Ahorn, Eiche, Linde, Rosskastanie und Magnolie.

APPALACHEN

Die Appalachen, ein bewaldetes Mittelgebirge an der Atlantikküste im Osten Nordamerikas, verlaufen über 2.400 Kilometer von der kanadischen Provinz Québec bis in den US-Bundesstaat Alabama. Das Gebirge bildet den westlicheren Teil einer Bergkette, die einst, vor Entstehung des Atlantischen Ozeans, im nördlichen Skandinavien ihre Fortsetzung fand. Die Appalachen sind mit etwa 400 Millionen Jahren tatsächlich um vieles älter als etwa der Himalaya, die Alpen oder auch die Rocky Mountains. Zu den bedeutendsten Gebirgszügen der Appalachen gehören die Green und die White Mountains, die Catskill Mountains, die Blue Ridge Mountains und die Cumberland Mountains. All diese Bergketten sowie auch die Täler zwischen den Gipfeln sind zumeist dicht von Misch- und Laubwäldern bedeckt. Die Wälder der Appalachen sind nicht nur ihrer Größe wegen beeindruckend, auch ihre Pflanzenvielfalt – im südlichen Teil gedeihen mehr Baumarten als in ganz Europa – und die zahlreichen Tiergattungen faszinieren.

ROCKY MOUNTAINS

Die Rocky Mountains erstrecken sich über 4.300 Kilometer weit entlang der Westküste Nordamerikas – von der Brooks Range in Alaska bis zur östlichen Sierra Madre in Mexiko. Vulkane und

Pappel-Eichen-Wald in Colorado

Gletscher haben das riesige Felsengebirge geformt. Es weist 74 Gipfel mit mehr als 3.500 Meter Höhe auf. Schluchten, Bergseen, Kare und Moränen, aber auch Hochbecken wie das Colorado-Plateau mit dem Grand Canyon bilden eine sehr vielfältige, zudem auch äußerst gegensätzliche Landschaft, denn im Norden dieses Gebirges wächst Nadelwald, an der Küste der nordamerikanische gemäßigte Regenwald und im Süden üppige tropische Vegetation. Die Rocky Mountains bilden eine markante Wasser- und Klimascheide: An den Westhängen regnen Wolken vom Pazifik ab, im Osten gibt es dagegen kaum Niederschläge. Die Sierra Nevada zieht sich 650 Kilometer weit von Britisch-Kolumbien bis nach Südkalifornien. Die nördlicheren Rocky Mountains sind viel dichter bewaldet als die südlichen. Hier findet man z. B. Douglasien, Colorado-Tannen und Amerikanische Zitterpappeln. In den höheren Lagen wachsen fast ausschließlich Nadelbäume wie Fichten, Tannen und Kiefern. Zu den Bewohnern der Rocky Mountains gehören Puma, Nordluchs, Rotfuchs, Weißwedelhirsch, Waschbär und das seltene Dickhornschaf, das in den Rocky Mountains ein letztes Refugium hat.

Im Herbst färben sich die Espen am Hart Mountain in Oregon leuchtend orangerot (großes Bild).

Laub- und Mischwaldzonen

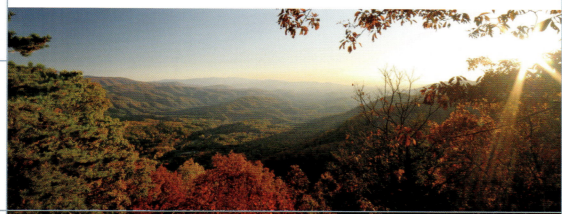

Die dicht bewaldeten Great Smoky Mountains (links), ein Gebirgsmassiv in den Appalachen, liegen an der Grenze zwischen North Carolina und Tennessee.

NEW ENGLAND

Zur Region Neuengland im Nordosten der USA gehören die Bundesstaaten Connecticut, New Hampshire, Maine, Massachusetts, Rhode Island und Vermont. Dies ist der europäischste Teil Amerikas: Landschaften, Klima und

Herbstfarben im amerikanischen Osten

Vegetation Neuenglands sind ähnlich wie in Nord- und Mitteleuropa, und neben geschichtsträchtigen Orten aus der Gründungszeit der USA findet man hier Küsten, Strände und weitläufige Wälder. Der Acadia National Park in Maine – dem größten und waldreichsten und zugleich am wenigsten besiedelten Neuenglandstaat – mit seinen Mischwaldgebieten, Flüssen, Bächen und Seen, Klippen und Bergen ist eines der meistbesuchten Naturschutzgebiete der USA. Besonders zur Zeit des »Indian Summer«, wenn sich die Laubbäume gelb, rot oder braun färben, lockt der Park viele Naturliebhaber an. Auch New Hampshire, das nur eine knapp 20 Kilometer lange Meeresküste hat, lockt mit mehr als 1.300 Seen, und Wasserfällen inmitten von Wäldern. Und auch Connecticut mit seiner großen Dichte an historischen Stätten und Kulturschätzen ist von einer landschaftlichen Vielfalt mit Seen, Flüssen, Berggipfeln und Wäldern geprägt. Insgesamt präsentieren die Neuenglandstaaten kein homogenes Bild, sondern abwechslungsreiche Ansichten mit Meer und Bergen, Wäldern und Wiesen.

Laub- und Mischwaldzonen 161

APPALACHEN

Bearfence Mountain im Shenandoah-Nationalpark, südliche Appalachen

Wie feiner Rauch hängt der Nebel über den Wäldern der Great Smoky Mountains, die in Höhenlagen zwischen 250 und 2000 Metern eine große Artenvielfalt beherbergen.

Die Appalachen, ein bewaldetes Mittelgebirge im Osten Nordamerikas, reichen über 2.400 Kilometer von der kanadischen Provinz Québec bis in den Norden des US-Bundesstaates Alabama. Mit ihrem Alter von etwa 400 Millionen Jahren gehören die Appalachen zu den ältesten Gebirgen der Erde.

Nicht weniger beeindruckend sind die weitläufigen, dichten Laub- und Mischwälder, die ihre Bergrücken und Täler überziehen. Sie zählen zu den in Flora wie Fauna artenreichsten der Welt. So finden sich beispielsweise im Great-Smoky-Mountains-Nationalpark mehr unterschiedliche Baumarten als auf dem gesamten europäischen Kontinent. Hinzu kommt ein enormer Artenreichtum bei den Blumen, die die Waldböden im Frühling in einen bunten Flickenteppich aus Azaleen, Hartriegel und Berglorbeer verwandeln. Im Herbst hingegen färbt das sehr intensive Laub die Wälder ein – die wohl spektakulärste Zeit des Jahres in diesen Gegenden. Hier fühlen sich auch 10 % aller weltweit lebenden Salamanderarten äußerst wohl und kommen im regenreichen Frühjahr aus ihren Verstecken heraus. Zahlreich sind in den Appalachen auch Schwarzbären und andere Großtiere wie z. B. die Weißwedelhirsche. Vom Südosten in Georgia bis hinauf nach Maine zieht sich der etwa 3.440 Kilometer lange Appalachian Trail, einer der längsten Wanderwege der Erde. Er geht u. a. auf alte Pfade der hier bis zu ihrer Zwangsumsiedlung 1838 lebenden Cherokee-Indianer zurück.

Der Wald im Great-Smoky-Mountains-Nationalpark in den Appalachen (North Carolina und Tennessee) ist einer der ältesten der Erde und zugleich der größte Urwald im Osten der USA (großes Bild).

DIE GRÖSSTE LAUB- UND MISCHWALDREGION NORDAMERIKAS

Laub- und Mischwaldzonen 163

PRÄRIEN, STEPPEN UND SAVANNEN

Steppen sind trockene, baumlose Graslandschaften in den gemäßigten Breiten – die Eurasische Steppe etwa zieht sich von der ungarischen Puszta bis in die Mongolei. In Nordamerika wird diese Vegetations-

Kamele grasen im Süden der Gobi.

form Prärie genannt; man findet sie dort in den Great Plains zwischen Rocky Mountains und den Großen Seen. Savannen sind ebenfalls flache Grasländer, die jedoch in den subtropischen und tropischen Breiten liegen. Dieser Vegetationstyp bedeckt ungefähr ein Sechstel der gesamten Festlandfläche unseres Planeten. In den niederschlagsreicheren Gebieten gehen Savannen meist in tropische Feuchtwälder über, in trockeneren Regionen in Halbwüsten oder Wüsten. Beide Formen sind durch geringen Pflanzenbewuchs charakterisiert, da Steppen und Savannen meist im Inneren der Kontinente und somit weit entfernt von den Ozeanen liegen.

Hohes, trockenes Gras, Zwergsträucher und dornenbewehrte Akazien sind die typische Vegetation in der Serengeti, einer Savanne, die sich im Norden Tansanias auf einer Fläche von etwa 30.000 km² erstreckt.

EURASISCHE STEPPE – DIE GRÖSSTE STEPPENREGION DER ERDE

Vom Schwarzen Meer bis zur Wüste Gobi, von Osteuropa bis weit in die Mongolei, erstreckt sich die Eurasische Steppe, eine Steppe der gemäßigten Zone mit trockener und baumloser Graslandschaft.

Die Eurasische Steppe ist eine riesige Graslandschaft, die sich auf einer Länge von insgesamt etwa 5.000 Kilometern von der Puszta in Ungarn bis tief in die Mongolei in Asien hinzieht. Der größte Teil der Eurasischen Steppe liegt in Zentralasien, nur ein kleiner Abschnitt befindet sich im Osten des europäischen Kontinents, z. B. in Russland, in der Ukraine und Ungarn. Im Allgemeinen gelten Steppengebiete als trist, karg und öde, und nur sehr wenige Menschen – hauptsächlich Nomaden – zieht es in solche vermeintlich unwirtlichen Gegenden. Doch die Steppen, die sich über den eurasischen Kontinent erstrecken, sind erstaunlich lebendig: Es gedeihen mehr als 1.500 Pflanzenarten, und hier leben Saiga-Antilopen sowie die Przewalski-Wildpferde, die als Stammform der Hauspferde gelten und früher in ganz Europa beheimatet waren. Inzwischen sind sie jedoch in die entlegensten Ecken Eurasiens zurückgedrängt worden. Zudem treffen sich zuweilen Millionen von Vögeln mitten in diesen »Einöden«, da die grasbewachsenen Steppenlandschaften Wasser und andere Nahrung versprechen.

Im Herbst leuchten die einzeln stehenden kleineren Bäume der zentralasiatischen Steppe orangerot bis gelb (großes Bild).

166 Prärien, Steppen und Savannen

Im Norden der Mongolei schließen sich an die Taiga weite Grassteppenlandschaften an, in denen die Pferde und Rinder der Nomaden genügend Futter finden (links).

Typischer Ziehbrunnen in der Puszta

Grassteppe in der Mongolei

Endlose Weite der Mongolischen Steppe

PUSZTA

Die Puszta, eine Enklave der Eurasischen Steppe im Ungarischen Tiefland, entstand durch Menschenhand, als Waldbestände gerodet und Flüsse reguliert wurden, um Weideland zu gewinnen. Inzwischen gehen die Viehbestände in Ungarn jedoch zurück, weshalb es zur Umwandlung weiterer Teile der Steppenlandschaft in Äcker kam. Heute existieren von den ungarischen Salz- und Grassteppen noch ungefähr 400.000 Hektar.

MONGOLISCHE STEPPE

Steppen sind in der Mongolei die vorherrschende Landschaftsform. Die Gebirgsgras- und Kurzgrassteppen machen etwa die Hälfte des mongolischen Staatsgebiets aus. Diese Graslander bieten den (nomadischen) Bauern nach wie vor genügend Weideland für ihr Vieh. In der Steppe wachsen neben Gräsern aber auch andere Pflanzen wie vor allem Moose und Flechten sowie niedrige Sträucher. Auch die meisten unserer Getreidepflanzen waren ursprünglich in der Steppe beheimatet. Während das Grasland üppig wächst, gedeihen in dem trockenen Klima nur wenige größere Pflanzen wie beispielsweise Bäume. Kleine Wäldchen sind in der Mongolischen Steppenlandschaft ein seltener Anblick, ausschließlich in günstigen Lagen. Zu den Bewohnern der Mongolischen Steppe gehören Steppenfüchse und -schafe, Trappen und zahlreiche Nagetiere.

Prärien, Steppen und Savannen 167

GOBI

Über die geografische Definition der zentralasiatischen Steppenwüste Gobi ist man sich uneins. Sie erstreckt sich unge-

Hügelige Steppenlandschaft der Gobi

Pferde beim Grasen in der Steppe

Schafherde und Jurten der Nomaden

fähr vom Pamir bis zum Hinggan-Gebirge, im Norden bilden Altai- und Changaigebirge ihre Grenze, im Süden Nanschan- und Kunlun-Shan-Gebirge. Von West nach Ost erstreckt sie sich demnach über 2.000 Kilometer, von Süd nach Nord etwa 800 Kilometer. Ihre Gesamtfläche beträgt über eine Million km², durchschnittlich liegt sie rund 1.000 Meter über dem Meeresspiegel. Das Klima ist kontinental, mit sehr kalten Wintern (bis unter -40 °C) und heißen Sommern. Die Jahresniederschläge betragen im Durchschnitt unter 200 Millimeter. Die feuchteren Randgebiete im Norden und Osten werden weidewirtschaftlich genutzt. Nirgendwo wohnen weniger Menschen als in der Gobi, doch mongolische Nomaden ziehen seit Jahrhunderten in Kamelkarawanen durch die Steppengebiete.

Eine Kamelherde bei ihrer Wanderung durch die farbenfroh blühende Steppenwüste Gobi (großes Bild).

168 Prärien, Steppen und Savannen

DIE GRÖSSTE STEPPENREGION ASIENS

Prärien, Steppen und Savannen

TRAMPELTIERE UND DROMEDARE

DIE GRÖSSTEN STEPPEN- UND WÜSTENTIERE DER ERDE

DROMEDAR

Das Dromedar (von griechisch dromas »laufend«) erreicht eine Schulterhöhe von ca. zwei Metern und wiegt bis zu einer halben Tonne. Es hat nur einen Höcker und ist weniger massig als das Kamel und als Reittier leichtfüßiger. Die Tiere haben ein meist sandfarbenes Fell, einen langen Hals und verschiedene Hornschwielen, die sie beim Kontakt mit dem heißen Sand vor Verbrennungen schützen. Dromedare kommen nur noch in domestizierter Form in Wüstengebieten in Asien und Afrika vor, außerdem in Australien, wohin viele Exemplare als Last-, Zug- und Reittier im 19. Jahrhundert gebracht wurden.

BAKTRISCHES KAMEL

Das Zweihöckrige oder Baktrische Kamel, früher auch Trampeltier genannt, ist in der Mongolei noch immer ein wichtiges Transportmittel. In der Steppenwüste Gobi lebt eine Restpopulation wilder Tiere. Das Zweihöckrige Kamel, der größte Bewohner der asiatischen Steppengebiete, erreicht eine Schulterhöhe von bis zu 2,30 Meter und wiegt bis zu 500 Kilogramm. In Gebieten wie etwa im Hindukusch wird es gehalten, weil es auch im Schnee als Lasttier eingesetzt werden kann. Die Kamele sind wiederkäuende Pflanzenfresser – selbst dornige und salzige Nahrung verschmähen sie nicht. Sie können einige Tage ohne Wasser auskommen und bei Bedarf 100 Liter und mehr in kürzester Zeit aufnehmen.

Im Winter schützt zottiges Fell vor der Kälte, im Sommer fällt es büschelweise aus, sodass Kamele (oben) dann fast kahl sind.

Dromedare (oben) haben ein kürzeres Fell als Kamele, und sie kommen auch längere Zeit ohne Wasser aus.

Kamele können Lasten bis zu 450 kg tragen und eine Strecke von 50 km am Tag zurücklegen. Ihre Heimat waren ursprünglich die Steppen und Halbwüsten Zentralasiens, heute kommen sie nur noch im Südwesten der Mongolei (in der Gobi) und im Nordwesten Chinas vor.

TIBETISCHE STEPPE

Die weitläufigen Hochlandsteppen im Nordosten Tibets, Changthang oder Qangtang genannt, präsentieren sich in den warmen Sommermonaten als grüne Graslandschaften, im sehr trockenen und kalten Winter nehmen sie dagegen einen wüstenhaften Charakter an. Der Changthang, der von den Hochgebirgszügen des Transhimalaya und des Kunlun Shan eingerahmt wird, liegt durchschnittlich 4.500 Meter über dem Meeresspiegel, was die Region zum höchstgelegenen Steppengebiet der Erde macht. Es gibt zwar Vegetation, doch auf einer Fläche von rund einer Million km² wächst kein einziger Baum. Dennoch leben in dem Steppengebiet zahlreiche Wildtiere, die früher in ganz Tibet vorkamen, doch inzwischen hierher zurückgedrängt wurden, wie etwa Wildyak, Tibetischer Braunbär, Tibetische Gazelle und Tibetantilope. 1983 richtete die chinesische Regierung das Qangtang-Naturreservat ein, das mit 298.000 km² den größten Nationalpark in ganz Asien darstellt. Seitdem haben die Tierbestände in der tibetischen Steppe wieder deutlich zugenommen.

Charakteristikum der Steppe: weite, baumlose Graslandschaften

Der von Schnee und Eis bedeckte Gipfel des Shisha Pangma (8.013 m) ragt hier hinter der tibetischen Steppenlandschaft auf (großes Bild):

DIE HÖCHSTGELEGENE STEPPENREGION DER ERDE

Pferde im Tibetischen Hochland in der Nähe des Bayan-Har-Gebirges auf dem Weg zum Kailash.

Prärien, Steppen und Savannen

OSTINDISCHE FEUCHTSAVANNE

Feuchtsavannen schließen sich vom Äquator aus gesehen dem tropischen Regenwald an und gehen in Richtung der Wendekreise in Trockensavannen über. Dieser Vegetationstyp tritt vor allem in Afrika und Asien, aber auch in Australien und Südamerika auf. In Indien ist die

Im indischen Kaziranga-Nationalpark

Savanne in unterschiedlichen Formen (auch Trockensavanne) im Norden, in zentralen Gebieten und im Osten verbreitet. Der Monsun prägt das Klima der Feuchtsavannen: Von April bis November regnet es so viel, dass es häufig Überschwemmungen gibt. Die Temperaturen betragen im Sommer etwa 32 °C, im Winter 10 °C. Die Vegetation besteht überwiegend aus Monsun- und Feuchtwäldern mit laubabwerfenden Bäumen, die weniger Wasser benötigen und meist auf Hügeln zu finden sind. Außerdem prägen bis zu sechs Meter hohe immergrüne Gräser die Landschaft der Savanne.
Die Fläche des Kaziranga-Nationalparks im Nordosten Indiens ist zu etwa 70 % vom Grasland der Feuchtsavanne bedeckt. Der Park bietet Tieren wie dem Asiatischen Elefanten, dem Indischen Panzernashorn, dem Bengalischen Tiger und wilden Wasserbüffeln einen geschützten Rückzugsraum.

Sambar im Kaziranga-Nationalpark

Nilgauantilope im indischen Velavadar-Nationalpark

174 Prärien, Steppen und Savannen

DIE GRÖSSTE SAVANNENREGION ASIENS

Großes Bild: Wilde Wasserbüffel auf Nahrungssuche im Kaziranga-Nationalpark in Assam. Wilde Wasserbüffel zählen zu den stark bedrohten Arten, man schätzt ihre Zahl auf nur noch 200 bis 4.000 Exemplare.

Prärien, Steppen und Savannen 175

PANZERNASHÖRNER

Das Panzernashorn ist mit einer Schulterhöhe von 1,80 Meter (beim Männchen), einer Länge von 3,70 Metern und einem Gewicht von bis zu 2,2 Tonnen die größte der drei Nashornarten Asiens. Auf seiner Nase sitzt ein einzelnes Horn, das bis zu 50 Zentimeter lang werden kann.

Hoch zu Elefant können die Panzernashörner sicher beobachtet werden.

Eigentlich bevorzugen Panzernashörner offene Sumpflandschaften, doch inzwischen haben sich viele Panzernashörner vor dem Menschen in die Wälder zurückgezogen. Ihr ursprüngliches Verbreitungsgebiet reichte von Pakistan bis nach Bangladesch und Assam, mittlerweile leben noch etwa 2.500 wilde Panzernashörner in Bhutan, Nepal und Indien. Mehr als 80 % leben im Kaziranga-Nationalpark: die Fluten des Brahmaputras überschwemmen während des Monsuns die grasbedeckten Landschaften und verwandeln die Region in den idealen Lebensraum für die Tiere.

Auf dem Areal des Chitwan-Nationalparks, des ältesten Nationalparks Nepals, leben noch einige Hundert der seltenen Panzernashörner (großes Bild).

176 Prärien, Steppen und Savannen

DIE GRÖSSTEN NASHÖRNER
ASIENS

Prärien, Steppen und Savannen   177

AUSTRALIEN: OUTBACK
NEUSEELAND: HIGH COUNTRY

AUSTRALIENS OUTBACK

»Outback« werden in Australien spärlich bewachsene Gebiete im Landesinneren genannt, die fernab der Zivilisation liegen.

Die Dales Gorge im Karijini-Park

»Mondlandschaft« im Outback

Dies trifft auf über zwei Drittel der gesamten Fläche Australiens zu: auf Regionen im Northern Territory, in Western Australia, Queensland, New South Wales und South Australia. In weiten Abschnitten des extrem trockenen Outbacks im Westen des Kontinents fällt manchmal jahrelang kein Regen, und im Sommer wird es häufig über 50 °C heiß. In Westaustralien liegt auch der gut 620.000 Hektar große Karijini-Nationalpark, eine Steppenlandschaft mit spektakulären geologischen Formationen und Flussläufen, die sich nach den seltenen, aber zuweilen sturzbachartigen Regenfällen im Sommer rasch mit Wasser füllen. Berühmt sind die Schluchten des Parks, über deren Wände dann Wasserfälle in die Tiefe stürzen.

NEUSEELAND HIGH COUNTRY

Der Lindis-Pass in Otaga, Neuseeland, liegt an der Hauptstrecke zum Mackenzie-Becken.

Die mit »High Country« bezeichneten, hoch gelegenen, ländlichen Vegetationszonen in Neuseeland entsprechen in etwa dem steppenähnlichen Outback Australiens, der Pampa in Argentinien oder dem High Veld in Südafrika. Als High Country werden konkret das Mackenzie-Becken und Central Otago auf der Südinsel sowie Teile der Zentralen Hochebene (North Island Volcanic Plateau) auf der Nordinsel Neuseelands bezeichnet. Diesen weitläufigen Gebieten gemeinsam sind die geringen Niederschläge – weil die Hochebenen im Regenschatten der Neuseeländischen Alpen bzw. mehrerer Vulkane liegen –, eine extrem niedrige Bevölkerungsdichte, die Höhenlage von mehr als 600 Meter über dem Meeresspiegel sowie ein kontinentales Klima mit sehr kalten Wintern und heißen Sommern. In den zumeist mit Tussockgras bewachsenen Steppenlandschaften sieht man häufig Viehherden weiden, hauptsächlich Schafe, aber auch Alpakas oder Hirsche.

DIE GRÖSSTEN STEPPENREGIONEN
AUSTRALIENS/OZEANIENS

Im Outback Australiens wächst stacheliges Spinifexgras, zwischen dem sich bizarr aussehende rotbraune Termitenhügel erheben (großes Bild).

Prärien, Steppen und Savannen 179

ROTE RIESENKÄNGURUS

Eines der besten Beispiele für die Evolution ist die Entwicklung der australischen Beuteltiere. Ihre Entstehung reicht 150 Millionen Jahre zurück, als Australien durch das Auseinanderbrechen des Urkontinents Gondwana isoliert wurde, sodass sich die Beuteltiere, an-

Kängurus besitzen muskulöse Hinterbeine und einen kräftigen Schwanz.

ders als in Asien und Südamerika, ohne Konkurrenz zu den höheren Säugetieren ungestört entwickeln konnten. Innerhalb der Ordnung der Beuteltiere sind das Rote und das Graue Riesenkänguru die größten Vertreter. Männliche Tiere des Roten Riesenkängurus erreichen eine Körpergröße von bis zu 1,60 Meter und ein Gewicht von 90 Kilogramm. Die Weibchen sind etwa ein Viertel kleiner. Die Länge des Schwanzes beträgt etwa einen Meter. Das Fell der vor allem in den inneren Landesteilen Australiens verbreiteten Roten Riesenkängurus ist rotbraun.

Das Rote Riesenkänguru (»Macropus rufus«) lebt in Australien auf Grasflächen, in Buschwaldungen und Halbwüsten – manchmal in Gruppen, oft aber auch einzeln.

DIE GRÖSSTEN BEUTELTIERE DER ERDE

Prärien, Steppen und Savannen 181

EMUS

Das Wappentier Australiens ist der flugunfähige Große Emu, der in den trockenen, ebenen, locker bewaldeten Buschsteppen und Halbwüsten Westaustraliens beheimatet ist. Nach jahrelanger Verfolgung lebt er heute in Reservaten und ist auf Tasmanien völlig ausgerottet.

Australiens Nationaltier: der Emu

Der größte Vogel Australiens und nach dem Afrikanischen Strauß größte Laufvogel der Welt kann bis zu 1,90 Meter hoch und 45 Kilogramm schwer werden. Die Weibchen wachsen etwas höher und sind schwerer als die Männchen. Letztere sind allein für Brut und Jungenaufzucht zuständig. Mit seinen starken, langen Beinen kann der Große Emu bis zu 60 km/h schnell rennen.

Das Gefieder der Emus ist grau-braun und zottelig. Nach der Mauser wird es dunkel, danach aber durch Sonneneinstrahlung aufgehellt.

182 Prärien, Steppen und Savannen

DIE GRÖSSTEN VÖGEL AUSTRALIENS

Die grünen Emueier werden vom Männchen ausgebrütet, während das Weibchen weiterzieht. Etwa fünf Stunden nachdem sie geschlüpft sind, können die 25 Zentimeter großen Küken laufen, und bereits nach einer Woche verlassen sie mit dem Männchen das Nest. Noch etwa sechs Monate lang haben sie zu ihm eine sehr enge Bindung. Ihr charakteristisches gestreiftes Federkleid tragen die Küken etwa drei Monate lang (rechts).

Prärien, Steppen und Savannen | 183

SAHEL

Die Landschaft des Sahel (arabisch für »Ufer«) zieht sich in einem etwa 300 Kilometer breiten Gürtel von Mauretanien und dem Senegal an der atlantischen Küste bis nach Somalia zum Horn von Afrika durch den gesamten afrikanischen Kontinent. Sie bildet die allmähliche Übergangszone zwischen der äußerst trockenen Sahara im Norden und den wechselfeuchten Savannen im Süden. Der Sahel besteht meist aus Dornbuschsavannen mit vereinzelten Grasfluren, die sich als Weidegebiete für nomadische Viehhaltung eignen. Weiter südlich, in den Gebieten des Niger, des Senegal sowie in der Umgebung des Tschadsees, ist auch Feldbewässerung möglich. Aufgrund extensiver Landwirtschaft und Viehhaltung sind große Teile der ursprünglichen Baum- und Strauchvegetation vernichtet worden; Überweidung hat zu starker Bodenerosion geführt, sodass jährlich mehrere Millionen Tonnen Staub aus dieser Region weiträumig – sogar bis nach Europa – verfrachtet werden.

Ziegenherde in Mali

Im Land der Dogon im Süden von Mali erheben sich die Felsen von Bandiagara, ein Felsmassiv aus Sandstein, das sich über 200 km erstreckt, fast senkrecht etwa 250 m tief abfällt und bis zu 700 m hohe, von Höhlen durchzogene Klippen aufweist.

DIE GRÖSSTE SAVANNENREGION DES NÖRDLICHEN AFRIKA

OSTAFRIKANISCHE SAVANNEN

Im ostafrikanischen Staat Kenia liegen mehrere große Savannengebiete, z. B. im 1.510 km² großen Masai-Mara-Naturschutzgebiet. Daran schließt sich im Westen der nur 390 km² große Amboseli-Nationalpark sowie im Süden die Savanne der Serengeti an, die sich in Tansania in 1.500 bis 1.800 Meter Höhe erstreckt. Der Südosten der ausgedehnten Grasflure besteht aus Kurzgrassteppe, im Westen erstrecken sich Langgrasareale, durchbrochen von vereinzelten Galeriewäldern. Hier prägen die für die afrikanische Baumsteppe typischen Schirmakazien die Landschaft. Das Kernland des zu den wildreichsten Gebieten der Erde gehörenden Areals bildet der gleichnamige Nationalpark, der eine Fläche von rund 14.750 km² einnimmt. Legendär wurde die Serengeti durch die Wanderungen der riesigen Tierherden. Wenn im Mai und Juni die Regenfälle im Süden nachlassen und die Grasebenen abgeweidet sind, ziehen Gazellen, Gnus, Zebras, Löwen, Hyänen, Geparden und Vögel in nordwestlicher Richtung in den Masai-Mara-Nationalpark. Im Herbst kehren die Herden wieder in die Serengeti zurück.

Hohes Gras und dornenbewehrte Akazien sind die typische Savannen-Vegetation.

Zebras im Ngorongoro-Krater am Rand der Serengeti in Tansania

Sonnenuntergang im Amboseli-Nationalpark im Südwesten Kenias (großes Bild), in dessen offenen Graslandschaften zahlreiche Großwildarten leben.

AFRIKANISCHE ELEFANTEN

Der Afrikanische Elefant ist das größte Landtier der Erde. Im Unterschied zum kleineren Asiatischen Elefanten sind die Ohren und die Stoßzähne viel größer, außerdem hat er zwei Finger am Rüssel. Überschüssige Körperwärme wird über die Ohren abgegeben, was deren Größe erklärt, denn Elefanten können nicht schwitzen. Mit dem Rüssel rupft das Tier Äste ab und frisst sie mitsamt Rinde, Blättern und Früchten. Es trinkt täglich etwa 220 Liter Wasser und duscht sich häufig. Parasiten entfernt es durch ausgiebige Staubbäder.

Die Stoßzähne eines 50-jährigen Afrikanischen Elefantenbullen wiegen etwa 50 kg.

DIE GRÖSSTEN LANDTIERE
DER ERDE

Großes Bild: Eine Herde Afrikanischer
Elefanten wandert auf der Suche nach
Wasser durch die ausgedörrte Steppe.
Elefanten leben in nach Bullen und Kühen
getrennten Herden. Die Jungen werden
bis zu drei Jahre lang gesäugt.

Prärien, Steppen und Savannen   189

GIRAFFEN

Mit dem langen Hals und den noch längeren Beinen hat sich die Giraffe die oberen Fressetagen der Akazien in den Savannen gesichert. Das höchste Tier, das heute die Erde bewohnt (die Giraffe kommt in mehreren Unterarten nur in Afrika vor), besitzt wie der Mensch nur sieben Halswirbel, die jedoch extem verlängert sind. Mit der 40 Zentimeter langen Greifzunge reißt sie Ästchen mitsamt Blättern und Dornen ab. Ihr Verbreitungsgebiet

Neugierige Giraffen in Kenia

Giraffenmutter mit trinkendem Jungen

ist stark geschrumpft: Nur noch im zentralen Teil Ostafrikas gibt es größere zusammenhängende Bestände. Giraffen leben in getrennten Herden: Weibchen und Jungtiere auf der einen, Männchen auf der anderen Seite. Bei Rangordnungskämpfen schlagen sie mit dem Kopf und dem Hals aufeinander ein. Zum Trinken müssen die Giraffen ihre Beine weit spreizen. Bei Gefahr preschen sie mit 50 km/h im Galopp davon. Gegenüber Löwen setzen sie sich mit tödlichen Fußtritten zur Wehr.

Giraffen in der Savanne Namibias. Die bis zu sechs Meter hohen Tiere haben eine gelbbraune Grundfarbe mit unterschiedlich großen braunen Flecken.

DIE HÖCHSTGEWACHSENEN LANDTIERE DER ERDE

Prärien, Steppen und Savannen

KAFFERNBÜFFEL

Wegen seiner mächtigen Hörner gehört der Kaffernbüffel zu den früher oft gejagten Tieren Afrikas – das bullige, leicht reizbare Wildrind hat aber schon so manchen Großwildjäger und auch Löwen – der einzige wirkliche Feind (neben dem Menschen) für einen gesunden, ausgewachsenen Büffel – getötet. Da es schlecht sieht, geht es oft ganz unvermittelt auf bewegte Objekte zu. Der Kaffernbüffel zieht in stattlichen Herden von 50 bis 500 Tieren durch die Savannen und weidet nachts und in der Dämmerung. Während der heißen Tagesstunden zieht er sich ins Dickicht zurück oder kühlt sich im Wasser oder durch Schlammbäder ab.

Kaffernbüffel gelten als aggressiv.

Dem Rhythmus der Regen- und Trockenzeiten folgend, durchziehen riesige Herden von Kaffernbüffeln die Savannen Afrikas.

192 Prärien, Steppen und Savannen

DIE GRÖSSTEN RINDER DER AFRIKANISCHEN SAVANNEN

Prärien, Steppen und Savannen 193

GNUS UND ZEBRAS

Die Gnus, die zur Gruppe der Kuhantilopen gehören, ernähren sich von frischem, kurzem Steppengras und müssen viel trinken. Zweimal jährlich ziehen sie auf der Suche nach Wasser und neuen Weidegründen in Herden von Zehntausenden durch die Savanne, vor allem in der Serengeti. Dabei legen sie bis zu 1.600 Kilometer im Jahr zurück. Die Kopf-Rumpf-Länge beträgt etwa zwei Meter, die Schulterhöhe 130 Zentimeter und das Gewicht 200 Kilogramm. Die Tiere haben kurzes Fell, eine Nacken- und Brustmähne, eine Quaste am Schwanzende sowie mächtige Hörner, die die männlichen Tiere bei ihren Revierkämpfen zum Einsatz bringen.

Eine Gnuherde durchquert den Mara, den einzigen ganzjährig wasserführenden Fluss im Serengeti-Wildreservat, der vielen Tieren das Überleben sichert.

Das Zebra ist in den Savannen Afrikas südlich der Sahara in mehreren Arten verbreitet: Bergzebra, Steppenzebra und Grevyzebra. Zebras gehören zu den Pferdeartigen, vereinfacht gesagt: Sie sind die Wildpferde Afrikas. Sie bilden untereinander gemischte Herden und ziehen häufig mit Straußen und Gnus durch die afrikanische Wildnis. Die Streifen der Zebras sind eine wirksame Tarnfärbung in der Savanne – aus einiger Entfernung löst sich die Kontur des Tieres im Auge des Betrachters auf. Neuere Untersuchungen haben außerdem ergeben, dass zwischen dem weißen Fell und den schwarzen Streifen eine kühlende Luftzirkulation entsteht. Zebras flüchten bei Gefahr mit bis zu 80 km/h.

Bei den jahreszeitlichen Wanderungen der Gnus von Mai bis Juli galoppiert ein vieltausendköpfiger Pulk in einer den Himmel verdunkelnden Staubwolke. Unter die Gnus hat sich hier ein einzelnes Zebra verirrt (großes Bild). Die größten Gnuwanderungen im südlichen Afrika gibt es in der Makgadikgadi Pan in Botsuana.

DIE GRÖSSTEN TIERHERDEN AFRIKAS

Prärien, Steppen und Savannen

LÖWEN

Der Löwe ist mit einer Länge von bis zu 2,50 Metern und einer Schulterhöhe von etwa 1,20 Meter das größte Landraubtier auf dem afrikanischen Kontinent. Als einzige Katzenart lebt der Löwe im familiären Rudel, dem die Weibchen ihr Leben lang angehören. Sie werden zusammen mit den Jungtieren von einem einzigen männlichen Löwen angeführt. Junge Männchen werden ab dem Alter von drei Jahren aus der Sippe vertrieben; sie ziehen dann allein weiter oder schließen sich anderen Junggesellen an, bis sie das Weibchenrudel eines alten, oft zahnlos gewordenen Löwen erobern. Im Familienverband jagen die Weibchen gemeinsam, während der männliche Löwe sein Rudel verteidigt und sein Revier gegen fremde Artgenossen sichert. Bei Kämpfen fängt die mächtige Mähne die Prankenhiebe des Gegners ab, sie dient aber vor allem dem Imponieren. Als Rudel- und Lauerjäger überwältigen die Löwinnen große, schwergewichtige Beutetiere. Lediglich Elefanten und Nashörner greifen sie nicht bzw. nur in großen Rudeln an. In freier Wildbahn können Löwen bis zu 20 Jahre alt werden.

Die Löwenmähne variiert je nach Alter und Unterart. Bei manchen Männchen ist sie kaum ausgeprägt. Generell wird sie bei den Tieren umso üppiger, je nördlicher sie leben.

DIE GRÖSSTEN RAUBKATZEN AFRIKAS

Löwen sind gewaltige Beutegreifer, die für sich und das Rudel jeden Tag große Mengen Frischfleisch brauchen. Ein ruhendes Löwenrudel wird von den Antilopen, Zebras und Gnus ignoriert. Auch wenn die Jäger umherzustreifen beginnen, entsteht keine Panik. Nur das ausgewählte Opfer hat äußersten Stress zu erdulden (oben). Zu den Beutetieren zählen Zebras, Gnus, Antilopen, Büffel, aber auch Hasen, Vögel und Fische. Auch Aas wird nicht verschmäht, weshalb Löwen oft Hyänen von deren Beute vertreiben.

Prärien, Steppen und Savannen 197

GEPARDEN

Als weltweit schnellstes Landsäugetier erreicht der Gepard auf kurzen Strecken (maximal 500 Meter) nicht nur bis zu 120 km/h, er kann auch innerhalb von fünf Sekunden von Null auf 100 km/h beschleunigen. Diese unglaubliche Schnelligkeit des Geparden geht weniger auf seine langen Beine als auf seine enorm leistungsfähige Lunge zurück. Selbst plötzliche Haken schlagende Gazellen entkommen dem Geparden nicht, denn er kann einen notwendigen Zickzack-Spurt mit seinem langen Schwanz ausgleichen. Nach nur 20 Sekunden hat er seine Beute meist erwischt, mit einem Schlag der Pfote umgeworfen und einem Biss in die Kehle getötet. Danach schlingt er sein Mahl extrem schnell hinunter, damit es ihm nicht von Löwen oder Hyänen entrissen wird. Beutetiere sind zumeist kleinere Huftiere wie Gazellen, die leichter zu überwältigen sind als die größeren Zebras oder Gnus.

Gepardenmutter mit Nachwuchs in der afrikanischen Savanne

Geparden leben in ihrem Revier in der afrikanischen Savanne allein, als Paare oder auch in Gruppen zusammen. Manchmal jagen sie auch gemeinsam (großes Bild).

DIE SCHNELLSTEN LANDTIERE DER ERDE

SÜDAFRIKANISCHE SAVANNEN UND VELDS

NAMIBIA
(Etosha, Caprivi)

Der mit fast 23.000 km² größte Nationalpark Namibias, inmitten der Kalahari gelegen, heißt Etosha, wofür es mehrere Übersetzungen gibt: »Platz der großen weißen Flächen«, »Ort des trockenen Wassers« oder (in der Sprache der San): »wegen des heißen Bodens von einem Fuß auf den anderen hüpfen«. Diese Umschreibungen beziehen sich auf die Etoshapfanne, eine 5.000 km² große Salzpfanne im Zentrum des Nationalparks. Sie ist der Rest eines eiszeitlichen Sees. Höchstens einige Wochen im Jahr ist diese weite Salz-Ton-Ebene heute mit Wasser bedeckt, meist gibt es nur einzelne Wasserlöcher. Diese ziehen riesige Scharen von Was-

Zebras und Kudu-Antilopen an einer Wasserstelle im Etosha-Nationalpark

servögeln, Antilopen- und Zebraherden und in der Folge auch Raubtiere wie Löwen, Leoparden, Geparden und Hyänen an. Der Wildbestand in der Etoshapfanne ist unglaublich groß. Neben Flusspferden, Krokodilen, Wasserböcken und Büffeln findet man hier alle Großtierarten, die im südlichen Afrika heimisch sind.

Oryxantilope in der Kalahari

Der 400 Kilometer lange Caprivizipfel, ein in die Nachbarländer hineinragender Landstreifen im Nordosten Namibias, wird größtenteils von Naturschutzgebieten eingenommen. Caprivi ist der einzige Teil Namibias, der gänzlich in den Tropen liegt, und aufgrund der in der Regenzeit von Dezember bis März reichlichen Niederschläge sowie vieler großer und kleiner Flüsse die wasserreichste Region des Landes. Dies sorgt für eine dichte, üppig grüne Vegetation und auch für einen hohen Bestand an Wildtieren – vor allem Elefanten sind hier zahlreich vertreten. Da es hier keine Grenzzäune gibt, können die Tiere ungehindert umherziehen und auch in die Nachbarländer Botsuana und Sambia wandern.

Großes Bild: Eine wachsame Springbockherde grast im Etosha-Nationalpark in Namibia – stets bereit, bei drohender Gefahr mit einer Geschwindigkeit von bis zu 90 km/h zu fliehen.

SÜDAFRIKA UND BOTSUANA
(Kruger-Park, Karoo, Kgalagadi-Transfrontier-Park)

Buschland im Kgalagadi Transfrontier National Park, Südafrika/Botsuana

In Südafrika befinden sich mehrere Regionen mit ausgedehnten Velds (Grasländern). Eines der bekanntesten ist der Kruger-Nationalpark, das größte Wildschutzgebiet des Landes. Der 20.000 km² große Park im Nordosten, östlich der Großen Randstufe, besteht aus Grasebenen, Buschland, Wäldern und Hügeln. Von Norden nach Süden erstreckt er sich auf etwa 350, von Osten nach Westen rund 60 Kilometern. Im Kruger-Park wurden an die 150 Säugetierarten gezählt, darunter die afrikanischen »Big Five«: Elefant, Löwe, Büffel, Nashorn und Leopard. Zudem leben hier etwa 500 Vogel- und über 100 Reptilienarten.

Die von Bergen umgebene Halbwüste Karoo nördlich der Großen Randstufe umfasst mit rund 500.000 km² nahezu ein Drittel des Territoriums Südafrikas. Da hier wenig Regen fällt, herrschen trockene Ebenen mit spärlicher Vegetation vor. Bekannt ist die Karoo für ihre zahlreichen Sukkulentenarten. Im Karoo-Nationalpark leben

Büffel im Kruger-Nationalpark, Südafrika

Bei Calvania, Great Karoo, Südafrika

Tiere wie Elenantilope, Zebra und Spitzmaulnashorn sowie Reptilienarten – etwa die Areolen-Flachschildkröte und die Gesägte Flachschildkröte, die mit fünf bis zehn Zentimeter Panzerlänge kleinste Schildkröte der Welt. Im Nordosten Südafrikas liegt der südlichste Abschnitt der Kalahari. Hier im grenzüberschreitenden Kgalagadi Transfrontier National Park dominieren Gras- und Buschflächen mit einem großen Wildtierbestand.

Prärien, Steppen und Savannen 201

NASHÖRNER

BREITMAULNASHORN

Afrikanische Nashörner sind Bewohner trockener Steppengebiete, während ihre asiatischen Verwandten feuchtere Lebensräume bevorzugen. Die beiden in Afrika lebenden Nashornarten haben sich auf unterschiedliche Nahrung spezialisiert.

Breitmaulnashorn mit Jungem

Das Breitmaulnashorn weidet überwiegend Gras. Es lebt gesellig in kleinen gemischten Gruppen in jeweils bestimmten Gebieten. Geruchs- und Gehörsinn sind sehr gut ausgebildet, die Tiere sehen aber schlecht. Erst mit sieben bis neun Jahren sind die Kolosse ausgewachsen und erreichen dann eine Schulterhöhe von 1,60 bis 2 Metern und eine Länge von drei bis vier Metern. Es gibt zwei Unterarten: das Nördliche Breitmaulnashorn kommt in der Demokratischen Republik Kongo vor, das Südliche Breitmaulnashorn in Südafrika, Botsuana, Namibia, Swasiland, Simbabwe, Kenia und Sambia. Das Nördliche Breitmaulnashorn ist vom Aussterben bedroht. Es gibt nur noch einige wenige Exemplare in freier Wildbahn. Der Bestand des Südlichen Breitmaulnashorns wird dagegen auf mehr als 14.500 Tiere geschätzt. Vom Spitzmaulnashorn unterscheidet sich das Breitmaulnashorn durch große Spitzohren, ein breites, stumpfes Maul ohne Greiffortsatz und einen markanten Nackenhöcker.

SPITZMAULNASHORN

Das Spitzmaulnashorn ist kleiner (bis zu 1,60 Meter Schulterhöhe und 3,50 Meter Länge) als sein Verwandter, es hat eine dunklere Haut, ist ein angriffslustiger Einzelgänger und hat an

Spitzmaulnashornmutter mit Jungem

der Oberlippe einen fingerförmigen Fortsatz. Damit ergreift es z. B. Rinde, Blätter und Triebe von Bäumen und Sträuchern. Als Lebensraum bevorzugt es Dornbusch-, Strauch- und Baumsavannen, immer in der Nähe von Wasserstellen. Das vordere Horn des Spitzmaulnashorns kann bis zu 1,30 Meter lang werden. Das Spitzmaulnashorn ist in Angola, Kamerun, Simbabwe, Mosambik, Kenia, Namibia, Ruanda, Swasiland, Südafrika und Tansania verbreitet. Es gibt noch rund 4.000 Exemplare.

Breitmaulnashorn im 1898 gegründeten Kruger-Nationalpark, dem größten Wildschutzgebiet Südafrikas. Breitmaulnashörner bevorzugen Savannen mit Buschwerk, das genug Schatten und Deckung bietet.

DIE ZWEITMÄCHTIGSTEN SAVANNENTIERE AFRIKAS

ELENANTILOPEN

Die Elenantilope mit ihren relativ geraden, gedrehten Hörnern, wird zwischen zwei und drei Meter lang und erreicht eine Schulterhöhe von etwa 1,50 Meter. Sie ist damit die größte Antilopenart der Welt. Elenantilopen leben in Herden in den trockenen Savannen und

Elenantilope mit elegantem Geweih

Bergländern Afrikas. Sie sind gute Läufer (bis zu 70 km/h) und Springer und ernähren sich von Laub, Gras und Wurzeln, die sie mit den Hufen ausgraben. An hohe Temperaturen sind sie gut angepasst: Um Wasserverlust durch Schwitzen zu vermeiden, steigt in der Trockenzeit ihre Körpertemperatur um 7 °C an.

Ein Fischadler beobachtet eine Gruppe von Elenantilopen am Ufer des Lake Nzerakera im Selous-Wildreservat in Tansania, dem größten kontrollierten Wildschutzgebiet Afrikas.

DIE GRÖSSTEN ANTILOPEN DER ERDE

STRAUSSE

Die Flügel der Strauße dienen nicht mehr zum Fliegen, sondern werden eingesetzt, um beim Laufen das Gleichgewicht zu halten.

Prärien, Steppen und Savannen

DIE GRÖSSTEN VÖGEL DER ERDE

Der Afrikanische Strauß aus der Gruppe der Laufvögel ist der größte Vogel der Welt: Die Männchen bzw. Hähne werden bis zu 2,50 Meter hoch, die Weibchen, Hennen genannt, bis etwa 1,90 Meter. Charakteristisch sind der lange, nackte Hals und der im Verhältnis zum Körper kleine Kopf des Straußes. Die Flügel sind für Laufvögel groß, aber die Tiere sind viel zu schwer – Hähne wiegen bis zu 130 Kilogramm –, um sich damit tatsächlich in die Luft erheben zu können. Strauße leben in lockeren Verbänden, die sich immer wieder neu zusammensetzen, aber dennoch klar hierarchisch gliedert sind. In der Brunftzeit lösen sich diese Gruppen dann auf, und die geschlechtsreifen Hähne suchen sich einen Harem aus einer Haupt- und mehreren Nebenhennen. Vor der Paarung kratzt der Hahn mit den Klauen Nestgruben mit etwa drei Meter Durchmesser in die Erde, in die die Hennen später die Eier legen.

Rangstreitigkeiten werden unter Straußen mit Drohgebärden ausgetragen.

Prärien, Steppen und Savannen

GREAT PLAINS

Mit einer Länge von über 5.000 Kilometern und einer Breite zwischen 500 und 1.200 Kilometern reichen die Great Plains (»Großen Ebenen«) westlich der Inneren Ebenen (Interior Plains) von der arktischen Küste im Mündungsdelta des Mackenzie bis zum Rio Grande im mittleren

Bisonherde in den Great Plains

Texas, wo sie an die Golfküstenebene grenzen. Insgesamt umfassen die Great Plains rund zwei Millionen km² Fläche in zehn US-Bundesstaaten und drei kanadischen Provinzen, auch Prärieprovinzen genannt. Während ihre mittlere Höhe im Osten nur etwa 400 bis 500 Meter beträgt, steigen die von einer Vielzahl von Flüssen zerschnittenen Plateaus der Great Plains westwärts auf Höhen von bis zu 1.600 Meter am Fuß der Rocky Mountains an. Das Grasland in der östliche Randzone der Great Plains wird im Eigentlichen als Prärie bezeichnet. Prärien sind Steppengebiete, in denen Gräser und Wildblumen die vorherrschende Vegetation bilden und nur vereinzelt Bäume auftreten.

Großes Bild: Sonnenuntergang hinter einem Getreidefeld in den Great Plains Nordamerikas. Das Gebiet wird häufig als Brotkorb oder Kornkammer der USA bezeichnet, denn etwa die Hälfte des amerikanischen Weizens wird in den Great Plains angebaut.

208 Prärien, Steppen und Savannen

DIE GRÖSSTE STEPPENREGION NORDAMERIKAS

Die Plateaulandschaft der Great Plains bestand ursprünglich aus weitläufigen natürlichen Grasflächen. Als jedoch die ersten weißen Siedler mit ihren Rindern und Pferden Besitz von diesem Land ergriffen, änderte sich ihr Erscheinungsbild, und die Landschaften verloren immer mehr ihren ursprünglichen Charakter. Riesige Felder, auf denen heute überwiegend in Monokultur Getreide angebaut wird, bestimmen jetzt das Aussehen dieser Region.

Prärien, Steppen und Savannen   209

BISONS

Planvoll, systematisch und mit einem unsäglichen Zynismus wurde Amerikas größtes und mächtigstes Tier, der Bison, bis auf wenige Exemplare beinahe ausgerottet: Die weißen Siedler wollten den Indianern so die Lebensgrundlage entziehen. Um 1700 durchzogen 60 Millionen

Kampf der Rivalen zur Paarungszeit

dieser mit dem Wisent eng verwandten Wildrinder das weite Land auf immer gleichen Pfaden von Nord nach Süd und wieder zurück – 1885 zählte man auf dem Gebiet der USA knapp 90 Exemplare, die das massenhafte Abschlachten überlebt hatten. Anfang des 20. Jahrhunderts begann man, die Bisons zu schützen und nachzuzüchten. Der Präriebison ernährt sich von Gräsern und Kräutern. Er stammt wie der Waldbison vom europäischen »Bison occidentalis« ab, der vor einer Million Jahren nach Amerika einwanderte. Das mächtige Tier mit dem wuchtigen Schädel und dem massiven Vorderkörper wird drei Meter lang und eine Tonne schwer. Es lebt in nach Bullen und Kühen getrennten Gruppen, die sich nur zur Brunftzeit zu Großherden zusammenschließen. Die Kühe bringen nach neunmonatiger Tragzeit ein rotbraunes Kälbchen zur Welt.

Großes Bild: Bisons haben einen besonders ausgeprägten Vorderkörper, einen Widerrist und am massigen Kopf kurze, spitze Hörner – Männchen und Weibchen gleichermaßen. Das Fell ist hell- bis dunkelbraun, teilweise schwarz und am Vorderkörper deutlich länger als am Hinterkörper.

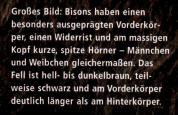

Obwohl die Bisons fast ausgerottet waren, gibt es heute wieder über 20.000 Exemplare.

210 Prärien, Steppen und Savannen

DIE GRÖSSTEN PRÄRIETIERE NORDAMERIKAS

CERRADOS

Cerrados sind die Savannengebiete in Zentralbrasilien, die sich über zehn Bundesstaaten erstrecken und insgesamt eine Fläche von zwei Millionen km² einnehmen, was etwa ein Viertel des gesamten brasilianischen Territoriums ausmacht. Vor allem Hochebenen beherrschen die Region bis zu einer Höhe von 900 Metern.
In den Cerrados herrscht trockenes Klima mit zwei Jahreszeiten:

Wolken über einem Cerrado

einer Regenzeit (Oktober bis April) und einer Trockenzeit (Mai bis September), in der Dürre herrscht. An der Oberfläche ist der Boden zwar trocken, ab einer Tiefe von etwa zwei Metern jedoch ist er feucht. Viele Pflanzen haben sich den Bedingungen dort im Lauf der Zeit angepasst, und spezielle Arten besitzen Wurzeln von 30 Meter Länge, womit sie bis zum Grundwasserspiegel gelangen. Gräser und Pflanzen mit flachen Wurzeln verdörren jedoch in der Trockenzeit. Die Bäume der Cerrados werden teilweise an die zehn Meter hoch und ähneln denen der afrikanischen Feuchtsavanne, einige bleiben aber im Gegensatz zu diesen das ganze Jahr über grün, andere werfen ihr Laub während der Trockenzeit nur teilweise ab. In den Cerrados gedeihen außerdem 10.000 Gefäßpflanzenarten, von denen es etwa die Hälfte nur hier gibt. Zur Tierwelt dieser Savannenregion gehören annähernd 200 Säugetier-, über 800 Vogel-, 180 Reptilien- und mehr als 100 Amphibienarten. Da in den Ebenen immer intensiver Landwirtschaft betrieben wird, ist die Artenvielfalt dieses besonderen Ökosystems jedoch inzwischen bedroht.

Die Hochebene Chapada dos Veadeiros im Bundesstaat Goiá zählt zur Cerrados-Region.

212 Prärien, Steppen und Savannen

DIE GRÖSSTEN SAVANNENREGIONEN SÜDAMERIKAS

Großes Bild: In der trockenen Jahreszeit vertrocknet das Gras in den Cerrados. Nur während der Regenzeit ist es grün.

Prärien, Steppen und Savannen 213

PAMPA

Die Pampa ist eine Großlandschaft in Argentinien, die sich bis in den Süden Uruguays erstreckt. Es handelt sich um eine weitgehend baumlose, von Osten nach Westen leicht ansteigende Ebene, die vom Andenvorland im Westen bis zur Atlantikküste reicht und im Norden in die Region Gran Chaco, im Süden in das Patagonische Tafelland übergeht. Da sie verschiedene Klima- und Vegetationszonen durchläuft, unterscheidet man zwischen der östlichen »Pampa húmeda« und der westlichen »Pampa seca«. Die Pampa seca liegt im ariden Klimabereich und trägt Dornstrauchvegetation, im Norden wird sie von tropischem Trockenwald durchsetzt. Die Pampa húmeda ist ein reines Grasland, das sich über 530.000 km² ausbreitet. Richtung Westen nehmen die Niederschläge stetig ab, wobei ein häufiger Wechsel von Wassermangel und -überfluss charakteristisch ist. Dieser Faktor begünstigt die Entstehung eines natürlichen Graslandes. Die Böden der Pampa sind feinkörnig, locker und gut wasserhaltend. Bedeutende Flüsse fehlen, am wichtigsten sind im Norden der Rio Carcarana und im Süden der Rio Salado. Um 1880 begann die intensivere wirtschaftliche Nutzung der Pampa, einerseits durch Rinder- und Schafzucht, andererseits durch ihre teilweise Umwandlung in Ackerland. So bildet die Pampa als eine der größten Agrarzonen der Südhalbkugel heute das wirtschaftliche Kernland Argentiniens, auf dem 60 % des Viehbestandes weiden. Viele Tier- und Pflanzenarten sind dadurch vom Menschen verdrängt oder stark dezimiert worden.

Gauchos mit Schafherde auf Tierra del Fuego (Feuerland)

Über der argentinischen Pampa zieht ein Sturm herauf.

DIE GRÖSSTEN STEPPENREGIONEN SÜDAMERIKAS

Ungewöhnlich einförmige Steppenlandschaft der Pampa Seca in Patagonien im Süden Argentiniens (großes Bild). Sie ist wesentlich geringer besiedelt als die fruchtbaren Gebiete der Pampa Húmeda.

Prärien, Steppen und Savannen

WÜSTEN

Viele Regionen dieser Erde sind von so extremer Trockenheit oder Kälte geprägt, dass sich vor allem Trockenflora, aber keine landschaftsbestimmende Vegetation entwickeln kann. Trocken- oder Heißwüsten befinden sich häufig in der Zone der subtropischen Hochdruckgebiete, an Meeresküsten mit kaltem Auftriebwasser und in abgeschlossenen Gebirgsbecken.

Überlebenskampf in trockenem Areal

Die jährlichen Niederschläge liegen in den nahezu vegetationslosen Voll- oder Kernwüsten unter 100 Millimeter.

DIE GRÖSSTEN WÜSTEN DER ERDE

❶ Sahara	Nordafrika	8,7 Mio. km²
❷ Gobi	Zentralasien	1,3 Mio. km²
❸ Kalahari	Südafrika	1,0 Mio. km²
❹ Rub al-Khali	Saudi-Arabien	780.000 km²
❺ Patagonische Wüste	Südamerika	673.000 km²
❻ Great Basin	USA, Nevada	540.000 km²
❼ Atacama	Argentinien, Chile, Peru	400.000 km²
❽ Chihuahua-Wüste	USA, Mexiko	363.000 km²
❾ Große Sandwüste	Nordwestaustralien	360.000 km²
❿ Gibson-Wüste	Westaustralien	330.000 km²
⓫ Taklamakan	China	320.000 km²
⓬ Sonora-Wüste	USA, Mexiko	320.000 km²
⓭ Kysylkum	Zentralasien	300.000 km²
⓮ Karakum	Zentralasien	280.000 km²
⓯ Große Victoria-Wüste	Australien	274.000 km²
⓰ Dascht-e Lut	Iran	274.000 km²

Sanddünen, die je nach Sonnenstand und Feuchtigkeitsgehalt ihre Farben ändern, prägen den Namib-Naukluft-Nationalpark in der Namib-Wüste in Namibia, der ältesten Wüste der Erde (großes Bild).

Wüsten 217

SAHARA – DIE GRÖSSTE WÜSTE DER ERDE

Die größte Trockenwüste der Welt ist nicht so lebensfeindlich, wie man vielleicht annehmen könnte: Auf einer Fläche von etwa 200.000 km² gibt es äußerst fruchtbare Oasen. Pflanzen und Tiere haben sich außerdem an die extremen Bedingungen angepasst.

Die größte Wüstenregion der Erde hat eine Ausdehnung von etwa 8,7 Millionen km². Das unermessliche, von Sand und Geröll bedeckte Tafelland – durchsetzt von kleinen Oasen – reicht über etwa 6.000 Kilometer in Ost-West-Richtung vom Atlantik bis zum Roten Meer und in Nord-Süd-Richtung über mehr als 2.000 Kilometer bis in die Sudanzone. Nur etwa 20 % der Sahara werden von Sandwüsten bedeckt, die restlichen Gebiete sind Geröll- und Steinbecken, die in Flächen mit Kieselsteinbedeckung (Serire) und in Ebenen mit grobem Gestein (Hammadas) unterschieden werden. Die Becken fallen an ihren Rändern zu sogenannten Wadis ab – Flussbetten, die nur nach starken Regenfällen Wasser führen. Binnendepressionen, bedeckt mit gewaltigen Sandmeeren (Ergs) und Salzseegebieten (Schotts), prägen weite Teile des Nordens der Sahara bis zu den Mittelmeerküsten. Diese Binnenbecken setzen sich nach Süden fort und bilden die Ténéré-Wüste sowie die Gebiete der Libyschen und der Arabischen Wüste. Durchbrochen von der Nilsenke, reichen sie bis an das Rote Meer. In der Zentralsahara erheben sich Inselberge

TIBESTI UND AHAGGAR: DIE HÖCHSTEN GEBIRGE IN DER SAHARA

Der Ahaggar ist mit ungefähr 300.000 km² die größte Gebirgsregion der Zentralsahara. Das Herz dieses spektakulären Berglandes, das vor etwa 600 Millionen Jahren entstand und durch stetige Vulkantätigkeit überformt wurde, ist die bizarre Basaltlandschaft des Atakor, in dem sich der Gipfel des Tahat 2.918 Meter hoch erhebt. Dem Ahaggar im Norden und Osten vorgelagert sind die Tassili-Stufenländer, die sich vor etwa 250 Millionen Jahren gehoben haben. Auf diesen Hochebenen wurden die Sandsteinschichten durch frühere Flussläufe ausgewaschen und sind durch Wind und Sand zu einzigartigen Formen erodiert. Das ausgedehnte Tassili der Adjer in Algerien, auf dem der Adrar eine Höhe von 2.158 Metern erreicht, ist eine fantastische Mondlandschaft.

Das ungefähr 100.000 km² große Tibestigebirge in der Zentralsahara gehört mit seinen steilen Schluchten und bizarren Verwitterungen zu den eindrucksvollsten Landschaften des Kontinents. Das stark zerklüftete Hochgebirge ragt wie ein Keil aus der umliegenden Flachebene heraus. Den Sockel des Tibestigebirges bilden Granit- und Schieferschichten, die sich im Quartär und Tertiär aufgefaltet haben. Im Zuge dieser tektonischen Aktivitäten entstanden Vulkane, deren erkaltete Lavamassen heute auf diesem Sockel als Gipfel aufsitzen.

Durch Erosion und Verwitterung im Lauf der Zeit entstandene, zuweilen bizarr anmutende Formationen aus Steinsäulen und Dünenlandschaften (oben) prägen das Gesicht von Ahaggar- und Tibestigebirge in der Sahara.

218 Wüsten

und Hochländer wie Tademait, Tassili und Djado, die von Hochgebirgen wie dem Ahaggar, dem Tibesti, dem Aïr, dem Iforas und dem Ennedi überragt werden. Das einzige Dauergewässer in der Sahara ist der Nil. Die größte Wüste der Welt hat ein extremes Klima: Die Temperaturen können tagsüber auf über 50 °C steigen, nachts sinken sie im Sommer bis unter den Gefrierpunkt.

Dünen, so weit das Auge reicht: der Grand Erg Occidental, das Große Westliche Sandmeer, in der Sahara (links). Unterschiedlichste Reliefformen machen die Sahara zur facettenreichen Großlandschaft, in der die gewaltigen Sanddünen nur einen kleinen Teil ausmachen (großes Bild).

Wüsten 219

SAHARA

Ergs sind die weitläufigen, in sich geschlossenen Dünengebiete, die zusammengenommen etwa 20 % der Gesamtfläche der Sahara ausmachen. Besonderes Merkmal der Ergs sind die sehr großen Draa-Dünen, die nur in den großen Sandgebieten der Erde vorkommen. Diese

Dünen im Grand Erg Occidental

Dünen können bis zu 200 Meter hoch werden, einzelne Exemplare sogar noch höher.
Die ausgedehntesten dieser Dünenmeere sind der Grand Erg Oriental (Großes Östliches Sandmeer), der sich im Nordosten Algeriens bis nach Tunesien hinein erstreckt und mit einer Fläche von etwa 600 mal 200 Kilometer den Größenrekord für sich verbucht, und der Grand Erg Occidental (Großes Westlicher Sandmeer), ebenfalls im Norden Algeriens gelegen. Hier gibt es keine menschlichen Siedlungen, und nicht einmal Straßen führen durch die Dünenlandschaft.

DIE GRÖSSTEN ERGS (SANDMEERE) DER SAHARA

Das Satellitenbild zeigt einen Ausschnitt aus dem Großen Östlichen Sandmeer (Grand Erg Oriental) in der algerischen Sahara. Auffallend ist das gleichmäßige Muster aus goldgelben Sterndünen, die durch das Zusammenspiel von Sand und Wind entstanden sind. Sterndünen haben drei bis fünf »Arme«, die vom höchsten Punkt der Düne ausgehen.

RUB AL-KHALI

Die mit einer Fläche von 780.000 km² größte Sandwüste der Erde ist zum überwiegenden Teil unerforscht – sieht man von Satellitenaufnahmen aus dem Weltall ab. Bis heute ist die Rub al-Khali eine der unzugänglichsten Regionen der Erde. Weihrauchkarawanen zo-

Wahiba-Sandmeer im Oman

Dünen mit Ton- und Salzablagerungen

gen bis um das Jahr 300 durch die Wüste, doch da die Desertifikation, die Wüstenbildung, immer mehr voranschritt, wurden diese Handelsreisen bald unmöglich, und auch die reiche antike Stadt Ubar im heutigen Oman versank im Sand.

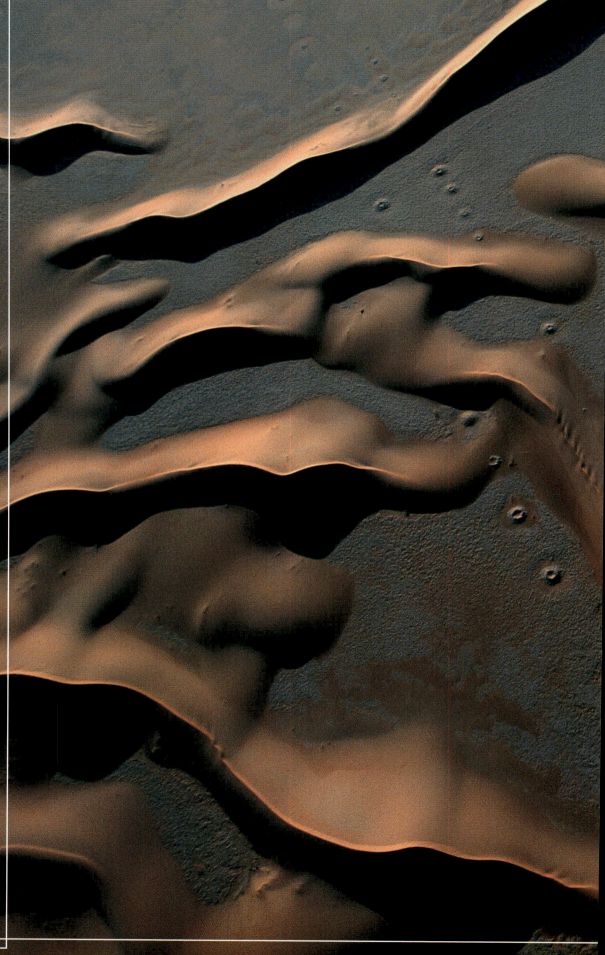

Erdöl hat viele arabische Länder reich gemacht. Im Bild sind inmitten der Dünenlandschaft der Arabischen Wüste Bohrlöcher zu erkennen.

DIE GRÖSSTE SANDWÜSTE DER ERDE

»LEERES VIERTEL«

Die erste Durchquerung der Wüste gelang 1931 dem Briten Bertram Thomas. Hauptsächlich besteht die Rub al-Khali, wörtlich »Leeres Viertel«, aus Sanddünen – sie machen insgesamt über 500.000 km² aus. Die Temperaturen in dieser Wendekreiswüste (in solchen Wüsten lösen Hochdruckgebiete die Wolken auf, sodass es keinen Niederschlag gibt) schwanken extrem und können von 0 °C in der Nacht bis zu 60 °C am Tag reichen. Trotz dieser Bedingungen leben in der Wüste Spinnen, Nagetiere und einige wenige Pflanzen.

Kreuz- oder Sterndünen, die bis zu 300 m hoch werden können

Wüsten 223

ASIEN

Zu den bekanntesten Wüstenregionen der Welt gehören die Rub al-Khali, die Taklamakan und die Gobi. Damit liegen einige der größten Wüsten der Erde auf dem asiatischen Kontinent.

SYRISCHE WÜSTE
260.000 km²

Die Syrische Wüste, ein steppen- bis wüstenhaftes Kreidekalkplateau, liegt im Norden der Arabischen Halbinsel. Sie erstreckt über den Norden von Saudi-Arabien, den Nordosten von Jordanien, den Südosten des namengebenden Syrien und den Westen des Irak. Im Norden wird das Trockengebiet von den Ebenen des Fruchtbaren Halbmondes begrenzt, im Nordosten vom Fluss Euphrat und im Südosten vom vulkanischen Gebirgsmassiv Hauran. Durch die Syrische Wüste verlaufen große Pipelines, die die Ölfelder Saudi-Arabiens und des Irak mit den Häfen am Mittelmeer verbinden. Entlang der alten Karawanenstraßen durch die Steppen- und Wüstenlandschaften liegen die Ruinen einiger historischer Städte, die einst in den Oasen errichtet wurden, wie z. B. Tudmur aus dem ersten Jh. n. Chr. Da es in der Syrischen Wüste im Durchschnitt nur etwa 130 Millimeter Niederschläge pro Jahr gibt, müssen die landwirtschaftlich genutzten Flächen intensiv bewässert werden.

NEGEV-WÜSTE
12.000 km²

Die Negev-Wüste nimmt etwa 60 % der Fläche Israels ein und ist ein Teil des Wüstengürtels, der sich vom Atlantik bis nach Indien erstreckt. Im Norden und Westen der Wüste befindet sich eine recht eintönige, staubige Ebene, im Süden durchziehen Gebirge und Erosionskrater die Region. Nach Regenfällen verwandeln sich die ausgetrockneten Wadis in reißende Flüsse, und die Wüste blüht für kurze Zeit.

In der Negev-Wüste findet man viele einzeln stehende Pilzfelsen.

RUB AL-KHALI
780.000 km²

Die Rub al-Khali (»Leeres Viertel«) oder Große Arabische Wüste ist die größte zusammenhängende Sandfläche der Erde und bedeckt das südliche Drittel der Arabischen Halbinsel, vom Nadschd in Saudi-Arabien im Norden bis nach Hadramaut im Jemen im Süden und in die Vereinigten Arabischen Emirate im Osten. Die 1.500 Kilometer breite Vollwüste wird von bis zu 300 Meter hohen Dünen durchzogen. In dem extrem ariden Klima mit maximal 50 Millimeter Niederschlägen im Jahr gibt es nur wenige Oasen wie etwa die große Liwa-Oase im Norden.

NEFUD-WÜSTE
104.000 km²

Die von rötlichem Sand bedeckte Nefud-Wüste in Saudi-Arabien ist für starke, jäh auftretende Winde bekannt, die zur Bildung von bis zu 180 Meter hohen Dünen führen. Die Sandsteinfelsen der Wüste sind zum Teil zu bizarren Formen erodiert. In einigen Oasen können Obst, Gemüse und Getreide angebaut werden. Im Südosten geht die »Kleine Nefud« in die Rub al-Khali über.

Kamele vor Bergkulisse in der saudi-arabischen Nefud-Wüste

KARAKUM
280.000 km²

Die Karakum-Wüste (»Schwarzer Sand«) macht mit der benachbarten Kysylkum-Wüste (»Roter Sand«) einen großen Teil des Tieflands von Turan in Zentralasien aus. Die Karakum liegt fast komplett in Turkmenistan, ein kleiner Teil auf dem Terrain Usbekistans. Aufgrund ihrer kontinentalen Lage ist die Wüste extrem trocken, das Landschaftsspektrum reicht von Lehmwüste über Kalktafeln bis zu Sandwüste. Der Sand ist aber nicht schwarz. Statt hoher Dünen wie in anderen Wüsten bildet der Sand hier nur niedrige Wellen.

AD-DAHNA
104.000 km²

Die Ad-Dahna-Wüste, ein etwa 1.300 Kilometer langer und bis zu 50 Kilometer breiter bogenförmiger Korridor aus Sand und Kiesel, verbindet die zwei großen Wüsten Saudi-Arabiens: die Rub al-Khali im Süden und die im Norden des Landes liegende Nefud-Wüste. Die Dünen der Ad-Dahna-Wüste erscheinen aufgrund des hohen Eisenoxidgehalts des Sandes zum größten Teil rötlich bis tiefrot. Durch die Wüste verlaufen wichtige Verkehrsstraßen, die Kuwait mit Riad sowie Riad mit Al-Hasa verbinden.

KYSYLKUM
300.000 km²

Die Kysylkum ist eine Kies-, Schotter- und Sandwüste in Turkmenistan, Usbekistan und Kasachstan, zwischen den Flüssen Amudarja im Südwesten und Syrdarja im Norden. Sie besteht aus einer weitläufigen Ebene, die in Richtung Nordwesten abfällt, und einigen einzeln stehenden, bis zu 922 Meter hohen Bergkuppen. Im Zentrum der Kysylkum-Wüste erhebt sich das Muruntau-Granitmassiv, in dem Gold abgebaut wird.

Blühende Steppenkerzen in der Kysylkum-Wüste in Usbekistan (links)

Das Wadi Rum, der größte ausgetrocknete Flusslauf in Jordanien, ist etwa 100 km lang und 60 km breit. Das Trockental ist gesäumt von schroff aufragenden Felswänden und Gebirgen, die aus Sandstein und Granit bestehen (links).

LUT
274.000 km²

Die Dascht-e Lut südwestlich des Zagrosgebirges ist die größte Wüste im Iran. Nördlich davon schließt sich die zweite große Wüste des Landes, die Kavir, an. In der Lut finden sich einige sehr hohe Dünen, die es sonst nur in den Ergs der Sahara gibt. Mit Temperaturen bis zu 70,7 °C ist die Lut-Wüste der heißeste Ort der Erde. Bislang fand man hier weder Hinweise auf frühere Besiedelung noch Fossilien, und auch heute noch ist die Wüste menschenleer.

Die Sanddünen in der Lut-Wüste sind teilweise über 300 m hoch.

THAR
260.000 km²

Die Thar, eine Wüstenregion in Vorderindien östlich des Indus, liegt zu zwei Dritteln in Rajasthan, der Rest in Haryana, Punjab und Gujarat. Sie besteht aus Wander- sowie festen Dünen, Felsen und Salzpfannen. Extreme Temperaturschwankungen von 0 °C im Winter bis zu 50 °C im Sommer prägen das Klima. Die jährliche Niederschlagsmenge liegt zwischen unter 150 Millimetern im Westen und 350 Millimetern im Osten.

Kamelkarawane auf einem Dünenkamm in der indischen Sandwüste Thar

TAKLAMAKAN
320.000 km²

Die zweitgrößte Sandwüste der Erde ist die Taklamakan-Wüste in Zentralasien. Sie reicht vom chinesischen Xinjiang durch das Tarimbecken bis zur Straße 218 (östlich dieser Straße liegt die Lop-Nor-Wüste). Großteils besteht die Taklamakan aus über 100 Meter hohen Dünen, die aufgrund der starken Winde schnell wandern. Mit weniger als 30 Millimetern Niederschlag im Jahr gilt die Taklamakan als extrem arid.

Die wellige Dünenlandschaft der Taklamakan-Wüste in China

Wüsten 225

GOBI

GOBI
1,3 Mio. km²

Die zentralasiatische Steppenwüste Gobi, deren größter Teil in der Mongolei liegt, wird von Gebirgszügen begrenzt: im Osten und Südosten vom Großen Hinggan, im Süden von Altun Shan und Nan Shan, im Westen vom Bei Shan und im

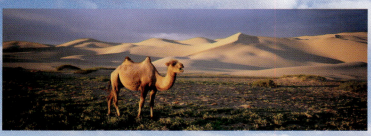

Kamel in den Khongryn-Dünen im Gobi-Nationalpark in der Mongolei

Ein fruchtbarer Ort: Mondsichel-Oase

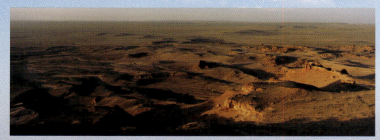

Gelb bis orange leuchten die Bajanzag-Hügel (»Flaming Cliffs«) bei Sonnenaufgang.

Norden von Changai- und Jablonowygebirge. Weite Flächen bedecken Geröll und Löss, Felsen und sogar Seen, den Charakter einer Sandwüste hat die Gobi nur in einem Abschnitt im Südwesten, der etwa 3 % der Gesamtfläche ausmacht. Die durchschnittliche Höhe der Gobi beträgt im Osten etwa 900 Meter, im Westen ungefähr 1.500 Meter. Die Niederschläge liegen im Jahresdurchschnitt unter 200 Millimetern, nur in den Randgebieten der Wüste fällt etwas mehr Regen – hier werden einige Flächen landwirtschaftlich genutzt. Das Klima ist kontinental mit sehr kalten Wintern und heißen Sommern, im Frühjahr kann es zu kalten Sand- und sogar Schneestürmen kommen.

Großes Bild: Dünen und Seen der Badain-Jaran-Sandwüste aus der Vogelperspektive. Sie ist Bestandteil der Steppenwüste Gobi und befindet sich in ihrem Südwesten.

DIE HÖCHSTEN SANDDÜNEN ASIENS

AUSTRALIEN

Rund zwei Drittel Australiens, des trockensten Kontinents der Erde, sind von Wüsten oder Halbwüsten bedeckt, in denen es viele beeindruckende geologische Formationen gibt.

GIBSON-WÜSTE
330.000 km²

Die Gibson-Wüste im Bundesstaat Westaustralien erstreckt sich südlich der Großen Sandwüste und nördlich der Großen Victoria-Wüste, zwischen Lake Disappointment und Lake Macdonald am Südlichen Wendekreis. Aus geografischer Sicht ist die Gibson-Wüste ein Teil der Hochebene Westaustraliens. Sie besteht aus weiträumigen Gebieten mit welligen Sandflächen und Dünenfeldern, niedrigen Felskämmen – die höchsten Erhebungen liegen knapp 500 Meter über dem Meeresspiegel – sowie Regionen mit zahlreichen Lateritformationen. Im Zentrum der Gibson-Wüste befinden sich mehrere Salzwasserseen. Durch die Wüste führen nur wenige Straßen, und die einzige nennenswerte Siedlung ist Warburton am Rand des Trockengebiets. Das Klima der Gibson-Wüste ist trocken-heiß, mit Niederschlägen zwischen 200 und 250 Millimeter im Jahr (bei einer hohen Verdunstungsrate) und Temperaturen von über 40 °C in den Sommermonaten und maximal 18 bis zu 6 °C im Winter.

GROSSE SANDWÜSTE
388.000 km²

Im Nordwesten des Kontinents, in Western Australia, liegt im Canning Basin die Große Sandwüste, ein Flachland zwischen dem Pilbara- und dem Kimberley-Gebirge. In der Wüste mit mehreren Salzseen wohnen nur einigen Aborigines-Gruppen. Im Küstenbereich und nahe den Kimberley-Bergen fallen etwa 300 Millimeter Niederschläge im Jahr, allerdings in sehr unregelmäßigen Abständen, im Rest der Wüste rund 250 Millimeter – das ist für eine Wüste relativ viel, die Hitze sorgt aber für eine hohe Verdunstung: Im Sommer herrschen Temperaturen von ca. 38 °C, im kurzen Winter fallen sie nicht unter 25 °C. Unter diesen Bedingungen gedeihen nur einige wenige Gräser. Trotz dieser unwirtlichen Gegebenheiten ist die Region die Heimat des Alexandrasittichs, einer an aride Zonen angepassten Papageienart.

GROSSE VICTORIA-WÜSTE
274.000 km²

Die Große Victoria-Wüste ist eine Halbwüste im Süden Australiens, in den Bundesstaaten Süd- und Westaustralien. Die Sanddünen, die im Durchschnitt nur 15 Meter hoch sind, werden zum Teil von Graswuchs gefestigt, andere sind Wanderdünen. Dazwischen liegen Grasländer und Salzseen. Ein Charakteristikum der Großen Victoria-Wüste sind halbmondförmige Dünen, die sich an windabgewandten Rändern von nur selten mit Wasser gefüllten Seen aus den Ablagerungen des Seebodens bilden. Die Temperaturen liegen im Durchschnitt zwischen 18 und 40 °C, im Winter kommt es gelegentlich auch zu Frost. In manchen Gegenden der Wüste ist es feucht genug, damit Mulga (eine in Australien endemische Akazienart) gedeiht. Reptilien wie Geckos und Warane bevölkern diese Wüste.

Nur wenige Gräser können in der Großen Sandwüste im Nordwesten Australiens überleben. Ihr Erscheinungsbild wird vielerorts durch Sanddünen und Salzseen bestimmt.

228 Wüsten

Mit trockenem Gras bestandene Ebene in der Gibson-Wüste vor der Kintore Range im Bundesstaat Western Australia (links).

TANAMI-WÜSTE
180.000 km²

Die Tanami-Wüste, die nördlichste Wüste Australiens, liegt im Northern Territory, östlich der Großen Sandwüste und nordwestlich von Alice Springs. So weit im Norden des Kontinents fällt mehr Niederschlag als in anderen Regionen: Die Tanami-Wüste verzeichnet bis zu 400 Millimeter jährlich. Doch aufgrund der Hitze (die Tagestemperaturen liegen im Sommer bei rund 38 °C, im Winter noch immer um die 25 °C mit gelegentlichen Nachtfrösten) verdunstet das Wasser schnell, und es gedeiht nur spärliche Vegetation. Durch die weiten roten Sandebenen der Tanami-Wüste, die stellenweise von niedrigen Hügelketten unterbrochen werden, verläuft der beliebte, über 1.000 Kilometer lange Tanami Track, die kürzeste Verbindung zwischen der Kimberley-Region und dem Zentrum Australiens. Die Naturpiste ist zwar gut befestigt, wird jedoch in den Regenzeiten im Sommer zuweilen überflutet und somit unpassierbar.

SIMPSON-WÜSTE
250.000 km²

Auch die Simpson-Wüste erstreckt sich im Northern Territory: Im Westen begrenzen Finke River und Mabel Range die Wüste, im Norden die Adam Range, im Osten die Flüsse Georgina und Diamantina, und im Süden liegt der Lake Eyre. Unter der Wüste liegt ein großer Grundwasserspeicher, der jedoch zu versiegen droht, da er in den letzten Jahren extrem ausgebeutet wurde. Im Inneren der Simpson-Wüste gibt es ausgedehnte Wanderdünen, in den Randgebieten kahle Felsformationen. Die Region ist größtenteils unbewohnt und durch Naturschutzgebiete geschützt, darunter der Simpson Desert National Park und der Witjira National Park. Da in der Simpson-Wüste im Vergleich zu anderen australischen Wüsten nur wenig Niederschlag fällt (unter 150 Millimeter pro Jahr), gibt es lediglich am Rand Buschvegetation. Je weiter man ins Innere der Wüste vordringt, desto mehr weichen die Büsche Spinifexgräsern, einer Süßgräserart.

Wüsten 229

Auch aus dem All sind die ausgeprägten Längsdünen der australischen Simpson-Wüste gut zu erkennen.

SIMPSON-WÜSTE
DIE LÄNGSTEN SANDDÜNEN DER ERDE

SIMPSON-WÜSTE
250.000 km²

Das Klima in der australischen Simpson-Wüste ist gekennzeichnet durch heiße Sommer mit 38 bis 40 °C und durch warme Winter mit 18 bis 24 °C. Allerdings kann es durchaus zu gelegentlichen Nachtfrösten kommen.

DIE LÄNGSTEN DÜNEN DER ERDE

Ein besonderes Merkmal der Simpson-Wüste: die längsten Längsdünen der Welt

Rote Dünen mit Spinifexbüschen

Typisch für die Simpson-Wüste sind die parallel verlaufenden, bis zu 300 Kilometer langen und 3 bis 30 Meter hohen Längsdünen – die bekannteste, Nappanerica oder Big Red genannt, ist sogar bis zu 40 Meter hoch. Die Dünen sind Zeugen der jüngsten geologischen Vergangenheit dieser Region. In der Zeit, als in den mittleren Breiten der Wechsel von Kalt- und Warmzeiten das Klima bestimmte und Mitteleuropa zeitweise vergletschert war, vor etwa 15.000 Jahren, wechselten hier trockene und feuchte Phasen einander ab, und während der Feuchtzeit existierte der riesige Lake Dieri. Als dieser See auf dem Höhepunkt der letzten Kaltzeit austrocknete, blieben Strandwälle, Dünen sowie Fluss- und Seesedimente zurück. Der Wind lagerte den Sand um und schuf die heute raumprägenden Längsdünen. Sie sind durch die karge Vegetation in ihrer Lage stabil und zeigen die vorherrschende nordsüdliche Windrichtung an.

Die jährlichen Niederschläge von maximal 120 Millimetern fallen äußerst unzuverlässig. Nach langjährigen Dürreperioden kann es – wenngleich höchst selten – zu kurzzeitigen heftigen Niederschlägen kommen. Dann füllen sich die Gerinne mit Wasser und führen es zu den abflusslosen Senken, was zu verheerenden Überschwemmungen führt. Flache Salzpfannen und Salzseen sowie ausgetrocknete Täler bleiben zurück.

Wüsten 231

AFRIKA

Die Sahara ist die größte Wüste Afrikas und der ganzen Erde. Doch auf diesem Erdteil gibt es noch weitere ausgedehnte Wüsten und Halbwüsten.

ARABISCHE WÜSTE
220.000 km²

Die Arabische Wüste, ein trockene, hügelige Region im Osten Ägyptens, ist nicht mit der Großen Arabischen Wüste, der Rub al-Khali, zu verwechseln. Die Arabische Wüste, neben der Nubischen Wüste die östlichste Teilwüste der Sahara in Afrika, erstreckt sich zwischen dem Mittelmeer im Norden, dem Roten Meer und dem Golf von Suez im Osten, der Nubischen Wüste im Süden sowie dem Nil im Westen. Hier ragen Klippen aus dem Niltal auf, die weiter östlich in ein zerklüftetes Hochplateau übergehen und schließlich am Roten Meer zu schroffen Vulkanbergen ansteigen, die an der Küste unvermittelt abfallen. Hier liegt Hurghada, das größte ägyptische Tourismuszentrum am Roten Meer. Gleich hinter der Stadt fängt die Wüste an. Die höchste Erhebung in der Arabischen Wüste ist der Berg Gebel Shayib al-Banat mit 2.187 Metern über dem Meeresspiegel. Die Wüste verzeichnet gelegentliche Niederschläge und wird von mehreren Wadis (Trockenbetten saisonaler

NAMIB
50.000 km²

Die Trockenwüste, deren Name so viel wie »das leere Gebiet« bedeutet, erstreckt sich auf einer Länge von rund 1.800 Kilometern im Westen Afrikas entlang der Küste

Oryxantilope in den Dünen der Namib

des Atlantischen Ozeans, auf dem Staatsgebiet von Namibia und Angola. Sie weist eine Breite von 80 bis 130 Kilometern auf, bis sie an den Fuß der Großen Randstufe stößt. Das Kaokoveld im Norden der Namib besteht aus einer Reihe von Inselbergen, deren höchste Erhebung mit 2.579 Metern der Brandberg ist. Die extreme Trockenheit begründet sich durch den nahen Benguela-Kaltstrom, der für häufigen Nebel sorgt. Weite Teile des von Geröll und Kieseln bedeckten Nordens, der in die Kalahari übergeht, sind fast vegetationslos, während der mittlere Teil von breiten Dünen geprägt ist, die eine Höhe von bis zu 300 Metern erreichen können und je nach Sonnenstand und Feuchtigkeitsgehalt ihre Farbe verändern. Die Namib ist mit etwa 80 Millionen Jahren die älteste Wüste der Welt und eine der unwirtlichsten Regionen der Erde: Tagsüber wird es über 50 °C heiß, nachts sinken die Temperaturen zuweilen unter den Gefrierpunkt, außerdem gibt es häufig jahrelange Trockenperioden, und Sandstürme suchen die Namib regelmäßig heim. Die einzige Feuchtigkeitsquelle für Tiere und Pflanzen ist der Nebel in den Küstengebieten. An diese Umgebung ist die Welwitschie, eine der ältesten Pflanzen der Welt, angepasst.

Großes Bild: In der von riesigen Dünen umgebenen Salz-Ton-Pfanne Sossusvlei steht im Frühjahr Wasser.

232 Wüsten

Flüsse) durchschnitten. Die vom Rest Ägyptens recht isolierte Wüste ist reich an natürlichen Ressourcen wie Erdöl – das sowohl an Land als auch im Golf von Suez gefördert wird –, Phosphatgestein, Nitrat, Uran und Gold. Die meisten Bewohner der Arabischen Wüste leben in Fischerdörfern und Öl fördernden Gemeinden am Roten Meer.

Nahe der ägyptischen Stadt Hurghada am Roten Meer erstreckt sich die durch zerklüftete Granit- und Basaltformationen gekennzeichnete Dünen- und Felsenlandschaft der Arabischen Wüste (links).

KALAHARI
1.000.000 km²

Die abflusslose, trockene Beckenlandschaft der Kalahari besteht aus weiten Hochlandflächen, die das größte zusammenhängende Sandgebiet der Erde bilden. Die großen Dünenfelder, die den Westen kennzeichnen, bestehen teilweise seit der Eiszeit. Die einzigen Erhebungen in der ansonsten endlos flachen Trockensavanne auf 900 Meter Meereshöhe sind Felshügel. Zur Kalahari gehören überdies Salzpfannen, Reste von eiszeitlichen Seen, darunter mit der Makgadikgadi-Pfanne und der Etoshapfanne zwei der größten dieser Erde. Im Norden erstreckt sich das

Fossile Dünen in der Kalahari

Ein Meer aus Sandwellen: die Kalahari

sumpfige Okavangobecken. Anders als in der Namib verlaufen die Dünen der Kalahari in schmalen, langen Rippen parallel zueinander. Es sind fossile Dünen, deren Fundament vor langer Zeit versteinerte und die sich nicht bewegen. In den Dünentälern findet sich oberflächennahes Wasser, dessen unterirdisches Netz mit dem Okavango-Binnendelta verbunden ist. Ist das Delta gut bewässert, fließt überschüssiges Nass bis an die äußersten Enden dieses Netzes. Liegt es trocken, zieht es das Wasser zurück. Dieser Prozess beschert der Kalahari eine relativ große Fruchtbarkeit. In den Tälern weiden Giraffen, Oryxantilopen, Zebras und Springböcke.

Wüsten 233

NAMIB

Die Namib-Wüste ist für ihre ungewöhnlich farbintensiven und besonders großen Sanddünen berühmt. Zahlreiche Namib-Dünen gehören zu den höchsten Dünen der Welt, doch besonders imposant ist die »Düne 7«, die bis zu 350 Meter emporragt – eine höhere Sand-

Farbenspiel der Dünen ...

... im Namib-Naukluft-Nationalpark

düne existiert nirgendwo auf der Erde. Abhängig vom Sonnenstand sowie von der Sand- und Luftfeuchtigkeit nehmen die Dünen in der Namib die unterschiedlichsten, kräftigsten Farben an.

Die gewaltigen Dünen in der Namib-Wüste können eine Höhe von bis zu 300 m und mehr erreichen.

DIE HÖCHSTEN DÜNEN DER ERDE

NAMIB- UND SECHURA-WÜSTE

Die heiße Namib-Wüste grenzt direkt
an den kalten Atlantischen Ozean.
Auf dem Satellitenbild sind sogar
die in Wellenlinien verlaufenden
Dünenkämme zu erkennen.

DIE GRÖSSTEN KÜSTENWÜSTEN DER ERDE

NAMIB-WÜSTE

Die Wogen des Atlantiks brechen sich an Wellen aus Sand.

Die Zentral-Namib im südlichen Namibia ist eine riesige, kaum erforschte und unter strengem Naturschutz stehende Region. Besucher dürfen nur in die Randgebiete der Wüste eindringen: in die Dünenwelt rund um das Sossusvlei, eine Salz-Ton-Pfanne, in die vergleichbar majestätischen Dünenformationen weiter südlich auf dem Areal des privaten Namib-Rand-Naturreservat oder von der Walvis Bay an der Küste entlang nach Sandwich Harbour, einer einzigartigen Lagunenlandschaft.

SECHURA-WÜSTE

Halbmondförmige Sicheldünen in der Sechura-Wüste

Die Sechura-Wüste an der peruanischen Pazifikküste, südlich der Piura-Region, gilt als eine der trockensten Wüsten der Erde, trotz der Nähe zum Pazifik und obwohl die Temperaturen relativ moderat sind – im Sommer 24 bis 38 °C, im Winter 16 bis 24 °C. Die Sechura-Wüste besteht aus Stein-, Geröll- und Sandflächen, niedrigen Gebirgszügen und Salzebenen. Typisch für die Sechura sind Sicheldünen, deren Leeseite konkav gebogen sind, d. h. die Öffnung der Sichel zeigt in die Richtung der Windströmung.

KÖCHERBAUM

Sehr malerisch sieht die »Aloe dichotoma« aus, der Köcherbaum. Als Kookerboom wurde er bereits 1685 in einem Rapport erwähnt, den der Gouverneur der Kapkolonie Simon van der Stel abgefasst hatte. Er berichtet darin, dass die Buschmänner aus den Ästen und der Rinde des

Traubiger, verzweigter Blütenstand

Baumes Pfeilköcher herstellten. Dass es den Köcherbaum im südlichen Afrika schon länger gibt, belegen Felsbilder, auf denen er dank seiner charakteristischen Gestalt eindeutig zu erkennen ist. Die Pflanze ist im südlichen Afrika endemisch und ein typisch namibischer Überlebenskünstler: Das schwammartige Gewebe in Stamm und Ästen speichert Wasser, das den Baum durch die trockenen Monate rettet. Seine Rinde ist hauchdünn wie Papier; die dunkelgrünen, im Alter gelblich werdenden Blätter sind fleischig. Wenn die Aloepflanze im Juni und Juli gelb blüht, umschwirren Bienen und Vögel ihre Krone; der süße Nektar lockt sogar Paviane auf den Baum. Köcherbäume bevorzugen felsigen Untergrund und stehen meist alleine – der bei Keetmanshop in Südnamibia wachsende Köcherbaumwald ist eher ungewöhnlich. Oft nisten in seiner Krone Siedelwebervögel, sodass der Baum aussieht, als trüge er einen Heuhaufen.

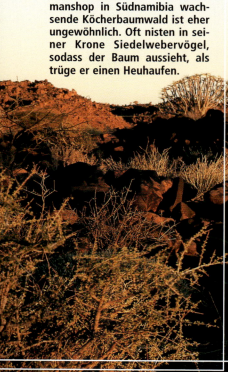

DIE GRÖSSTEN ALOE-GEWÄCHSE DER ERDE

Dank seiner Fähigkeit, Wasser zu speichern, übersteht der Köcherbaum mit seiner charakteristischen Krone und dem massiven Stamm auch lange Trockenzeiten.

WELWITSCHIEN

Im Jahr 1859 identifizierte der österreichische Botaniker Friedrich Welwitsch erstmals einen Haufen wirr durcheinanderwuchernder, hier absterbender und dort neu sprießender Blätter in der Wüste als eine bislang unbekannte Pflanze. Schon bald vermuteten Forscher, dass sie ein Fossil aus einer feuchteren Periode in der Namib sei und sich im Lauf der Austrocknung von einem ursprünglichen Baum zu ihrer heutigen gedrungenen Größe entwickelt habe. In diesem Zeitraum hat die nach ihrem Entdecker benannte »Welwitschia mirabilis« eine ganz besondere Methode entwickelt, ihren Flüssigkeitshaushalt aufrechtzuerhalten. Sie wächst in küstennahen Regionen der Namib und besitzt ein dicht unter der Oberfläche weit verzweigtes Wurzelwerk. Wenn Nebelbänke von der Küste landeinwärts ziehen, kondensiert die Feuchtigkeit auf dem Blattwerk der Pflanze und tropft von dort auf den Boden, wo die Wurzeln sie aufsaugen. Die Nebelfeuchtigkeit nutzen auch andere Pflanzen und sogar Tiere. Der Tenebriokäfer stellt sich im Kopfstand dem Nebel entgegen und lässt sich das Nass am Panzer entlang ins Maul tropfen. Die Oryxantilope macht es ähnlich: Sie postiert sich auf einem Dünenkamm und leckt sich die kondensierten Tropfen von den Nüstern. Nebelbänke ziehen vom Atlantik bis zu 100 Kilometer landeinwärts; es gibt Tage, an denen die Dünen des Sossusvlei im Nebel versinken.

Die »Welwitschia mirabilis« ist ein Symbol für Ausdauer, Beharrlichkeit und Erfindungsreichtum, den Pflanzen aufbringen müssen, um im ariden Namibia zu überleben.

DIE GROSSBLÄTTRIGSTE WÜSTENPFLANZE DER ERDE

NORD- UND MITTELAMERIKA

Von Texas bis zu den Bergen Südkaliforniens und von Oregon bis nach Mexiko breiten sich Wüsten bzw. Halbwüsten aus, die sich stark in ihrer Flora unterscheiden.

GREAT BASIN
540.000 km²

Beim Great Basin handelt es sich um ein weitläufiges, abflussloses Wüstenhochland, das aus etwa 100 Teilbecken besteht. Es dehnt sich zwischen dem Columbia-Plateau im Norden, der Mojave-Wüste im Süden, der Sierra Nevada im Westen und der Wasatch-Kette, einem Gebirgszug der Rocky Mountains, im Osten aus. Der größte Teil des Great Basin liegt im US-Bundesstaat Nevada, kleinere Abschnitte befinden sich auf dem Terrain von Oregon, Idaho, Utah, Arizona und Kalifornien. Kurze, steil aufragende Gebirgsketten durchziehen das Becken in Nord-Süd-Richtung. Einer der höchsten Punkte ist das Humboldtgebirge, mit einem 3.677 Meter hohen Gipfel. Das Große Becken ist von Steppen, Stein- und Sandwüsten, ausgetrockneten Flussbetten, Canyons, Salzseen und -pfannen sowie unterschiedlich großen Seen wie dem Utah-See und dem Großen Salzsee geprägt. Der Great-Basin-Nationalpark ist berühmt für die Langlebigen Kiefern, die ältesten bekannten Lebewesen der Welt.

DEATH VALLEY
8.500 km²

Das wegen seines vermeintlich lebensfeindlichen Klimas Death Valley (Tal des Todes) genannte, von mehreren Gebirgen umschlossenes Tal im Great Basin erreicht in Badwater, einem salzhaltigen Tümpel, den tiefsten Punkt (85,5 Meter unter dem Meeresspiegel) der westlichen Hemisphäre. Obwohl das Death Valley nur wenige Hundert Kilometer vom Pazifischen Ozean entfernt liegt, ist es einer der trockensten Orte der Erde. Der Hitzerekord liegt hier bei 56,7 °C. Eine Besonderheit im Death Valley ist die Artists Palette, eine Gesteinsformation an den Hängen der Black Mountains. Durch die Oxidation verschiedener Metalle in den Felsen entstehen hier spektakuläre Farbspiele: Rot lässt auf Eisen im Gestein schließen, Grün auf Kupfer.

Dünen (rechts oben) und Felsformation Artists Palette (rechts) im Death Valley

MOJAVE-WÜSTE
40.000 km²

Die Mojave-Wüste auf dem Gebiet der US-Bundesstaaten Kalifornien, Utah, Nevada und Arizona ist ein abflussloses Wüstenbecken, das von mehreren Gebirgszügen umgeben ist. Im Westen ist die Wüste von der San-Andreas-Verwerfung und der Garlock-Störungszone begrenzt. Die bedeutendste Wasserquelle der Mojave ist der gleichnamige Fluss, der nur episodisch Wasser führt und in die abflusslose Mojave-Senke übergeht. In der Wüste liegen mehrere verlassene »Geisterstädte«, die zur Zeit der Silbersuche und des Baus der Route 66 entstanden. In der Wüste leben viele Reptilien wie die Kalifornische Gopherschildkröte und Klapperschlangen. Eine typische Pflanze ist der Joshua Tree, der ausschließlich hier vorkommt.

Antelope Valley (rechts oben) und südliche Mojave mit Nachtkerzen (rechts)

242 Wüsten

Nur dürre Grasbüschel wachsen im ausgetrockneten High Rock Lake im spärlich besiedelten Great Basin, Nevada, das vor allem von Wüstensteppe und Längstälern geprägt ist.

SONORA-WÜSTE
320.000 km²

Die parallelen Bergketten mit ihren breiten Tälern und die nordpazifische Küstenebene im mexikanischen Bundesstaat Sonora entstanden im mittleren und späten Tertiär. Im Norden dieser trockenen Landschaft beginnt die Sonora-Wüste, die sich bis nach Kalifornien und in den Südosten von Arizona ausbreitet. Im Norden grenzt sie an die Mojave-Wüste, im Osten an die Chihuahua-Wüste. Die Sonora gehört zu den vielseitigsten und artenreichsten Wüstenregionen der Erde: Hier leben z. B. viele Reptilien- und Vogelspezies, und es gedeihen zahlreiche Kakteenarten, die man besonders gut im Organ-Pipe-Cactus-Nationalmonument im nördlichen Teil der Sonora-Wüste bewundern kann. Der Park ist nach dem Orgelpfeifenkaktus benannt, den es in den USA nur noch hier gibt.

Das Organ Pipe Cactus National Monument im Norden der Sonora-Wüste

CHIHUAHUA-WÜSTE
363.000 km²

Die Chihuahua-Wüste erstreckt sich im Süden des US-Bundesstaates New Mexico, im Westen von Texas sowie in den mexikanischen Bundesstaaten Chihuahua und Coahuila. Das Wüstenbecken wird von kleineren Gebirgen wie der Sierra del Carmen unterbrochen, in denen es deutlich kühler und feuchter als in der Wüste darunter ist, sodass dort Koniferenwälder wachsen. Die Chihuahua-Wüste hat typische Wüstenvegetation mit Agaven, Kakteen, Peyote und Gräsern. Der auffälligste Abschnitt der Chihuahua-Wüste ist das White Sands National Monument mit Dünen aus weißen Gipskristallen. Der Gips wird durch Niederschläge von den umliegenden Bergen in den abflusslosen Lake Lucero gespült, der im Sommer austrocknet – zurück bleiben die Gipskristalle, die vom Wind zu Dünen geformt werden.

Feigenkakteen verleihen der Chihuahua-Wüste in Mexiko ein wenig grüne Farbe.

JOSHUA TREES UND SAGUAROKAKTEEN

JOSHUA TREES – DIE GRÖSSTEN AGAVENGEWÄCHSE DER ERDE

Wie stumme Wächter heben sich die Joshua Trees, eigentlich Joshua-Palmlilien, gegen den meist klaren Himmel im Joshua-Tree-Nationalpark östlich von Palm Springs ab. Diese kakteenartigen Pflanzen sind mit den Yuccas verwandt und werden

Blühender Joshua Tree, Mojave-Wüste

bis zu zwölf Meter hoch und bis zu 900 Jahre alt. Die Pflanzen sind ein wichtiger Bestandteil des Ökosystems der Mojave-Wüste und liefern vielen Wüstentieren Nahrung und Schutz. Die Fasern der Palmlilie verarbeitet man zu Seilen und Tauen.

Großes Bild: Der Joshua Tree National Park im südlichen Kalifornien verdankt seinen Namen den gleichnamigen Palmlilien, die seine Flora dominieren.

244 Wüsten

DIE GRÖSSTEN WÜSTENPFLANZEN AMERIKAS

SAGUAROS – DIE GRÖSSTEN KAKTEEN DER ERDE

Das zweigeteilte Naturschutzgebiet des Saguaro-Nationalparks liegt im Süden von Arizona in den Tucson Mountains und der Sonora-Wüste. Innerhalb der Parkgrenzen findet man eine besonders dichte und schöne Ansammlung von Saguaro-Kakteen. Der botanische Name der Pflanze lautet »Carnegiea gigantea«, zu Ehren des amerikanischen Industriellen und Philantrophen Andrew Carnegie.

Die mächtigen sukkulenten (dickfleischigen) Pflanzen erreichen eine Höhe von bis zu 15 Metern und ein durchschnittliches Alter von 85 Jahren, einzelne Exemplare können aber bis zu 200 Jahre alt werden. Das Gewicht eines ausgewachsenen Saguaros kann bis zu 15 Tonnen betragen. Jede der langröhrigen Blüten wird von Fledermäusen, Kolibris oder Spechten bestäubt und blüht im Mai, kurz vor der Regenzeit, nur einen einzigen Tag. Die außen und innen roten Früchte sind zwischen sechs und neun Zentimeter lang. Der Saguarokaktus wächst extrem langsam – etwa vier Zentimeter im Jahr. Die größte Gefahr droht den Pflanzen von Eselhasen, Buschratten und Dickhornschafen, von denen sie gern gefressen werden. Spechte bauen ihre Bruthöhlen in den Stämmen der Kakteen, und größere Vögel wie Falken bauen ihre Horste auf den Pflanzen. Das schmackhafte Fruchtfleisch wird in getrockneter Form von den Papago-Indianern als Nahrungsmittel verwendet.

Der Saguaro National Park im Südwesten der USA hat seinen Namen von den Saguaro- oder Armleuchterkakteen.

Die roten Blüten sind bis zu 12 cm lang.

Die Joshua-Palmlilien erhielten ihren Namen von den Mormonen, die sich durch die Äste an die erhobenen Arme des Propheten erinnert fühlten.

Wüsten 245

SÜDAMERIKA

Die Atacama- und die Sechura-Wüste an der südamerikanischen Pazifikküste verdanken ihre Entstehung dem Humboldtstrom, dessen kaltes Wasser kaum verdunstet, weshalb an der Küste nur selten Regen fällt.

SECHURA-WÜSTE
180.000 km²

Die Sechura-Wüste erstreckt sich von der nördlichen Pazifikküste Perus, wo die Ozeanwellen direkt an das sandige Wüstenufer schlagen, etwa 100 Kilometer weit ins Landesinnere bis zu den niedrigen Ausläufern der Anden. Am nördlichen Ende der Wüste, in der Nähe der Stadt Piura, geht die Wüstenlandschaft in die äquatorialen Tumbes-Piura-Trockenwälder über. Wegen der Nähe zum Pazifischen Ozean verzeichnet die Sechura-Wüste relativ geringe Temperaturschwankungen mit warmen Sommer- (Dezember bis März) und kühlen Wintermonaten (Juni bis September), dennoch gehört sie – neben der benachbarten Atacama-Wüste – zu den trockensten Regionen der Welt. Vor allem an den zahlreichen kurzen Flüssen, die die Sechura-Wüste durchqueren, gibt es schon seit Jahrtausenden menschliche Siedlungen, und heute liegen in dieser Region Perus größte Städte wie etwa Piura und Chiclayo. Die Sandflächen der Sechura-Wüste sind für ihre ausgeprägten Sicheldünen bekannt.

ATACAMA-WÜSTE
140.000 km²

Im niederschlagsarmen nördlichen Chile an der Westküste Südamerikas bildet eine Reihe abflussloser Becken die Atacama-Wüste, das bedeutendste Wüstengebiet Süd-

Atacama-Wüste bei Antofagasta, Chile

Salar de Atacama – größter Salzsee Chiles

amerikas. Zwischen den Küstenkordilleren und der Andenkette steigt die Atacama von 600 Meter Meereshöhe stufenförmig auf. Besonders eindrucksvoll ist das Valle de la Luna (Mondtal), in dem die Erosion aus diversen Kordillerengesteinen Tausende sogenannter Erdpyramiden geschaffen hat, die aufgrund ihrer mineralischen Unterschiede farblich verschieden sind. Weite Gebiete der Atacama sind von Salzkrusten überzogen: Extreme Trockenheit – die Atacama gilt als die trockenste Wüste der Erde – sowie starke Temperaturunterschiede zwischen Tag und Nacht – um 30 °C tagsüber, etwa -15 °C nachts – verhindern das Entstehen von nennenswerter Vegetation. In der Atacama-Wüste liegt nördlich von San Pedro das Geysirfeld El Tatio. Der »rauchende Großvater« ist das höchstgelegene Geysirgebiet der Erde und wird vom in der Nähe liegenden Vulkan Cerro Tatio gespeist.

El Tatio ist mit 4.320 m das höchstgelegene Geysirfeld der Welt (großes Bild).

246 Wüsten

Dünen in der Sechura-Wüste (ganz links) und die stürmische Pazifikküste (links) in der peruanischen Paracas National Reserve, die auf der überwiegend von Wüsten geprägten Halbinsel Paracas liegt

Wüsten 247

REGENWÄLDER DER GEMÄSSIGTEN BREITEN

In den gemäßigten Klimazonen werden die für die Klassifikation als Regenwald erforderlichen 2.000 Millimeter Niederschlag nur an den Hängen von Küstengebirgen erreicht. Größere Bestände von gemäßigten Regenwäldern gibt es in Nord- und Südamerika, Australien und Tasmanien, Neuseeland, Anato-

Farne und immergrüne Südbuchen in Victoria, Australien

lien und Georgien. Von größeren »Temperate Rainforests« bewachsene Gebiete finden sich an der Pazifikküste Nordamerikas. Sie reichen von der Küste Alaskas über Kanada bis ins nördliche Kalifornien. Kleinere gemäßigte Regenwälder gibt es noch in Norwegen, Südafrika und Ostasien. In vielen dieser Gebiete ist der Bestand durch die kommerzielle Forstwirtschaft bedroht, denn das Interesse an den häufig besonders ausgeprägten Exemplaren wertvoller Baumarten ist groß.

Auch im australischen Bundesstaat Victoria dehnen sich gemäßigte Regenwälder aus. Hier überwiegen vor allem Eukalyptuswälder, in denen der »Mountain Ash«, auch Königseukalyptus, anzutreffen ist. Er erreicht eine Höhe von bis zu 80 Metern, einzelne Exemplare werden sogar über 100 Meter hoch.

Regenwälder der gemäßigten Breiten 249

ASIEN

CHINA

Im Süden des Reichs der Mitte finden sich Bestände gemäßigter Regenwälder, die dort bereits in tropische Regenwälder übergehen. Eine besondere Ausprägung des gemäßigten Regenwalds sind Bambuswälder, deren weltweit größter der Shunan-Wald im Westen des Landes ist. Hier leben die vom Aussterben bedrohten Pandas sowie Katzenbären und Glanzfasane. Neben den Bambusgewächsen hat die Pflanzenwelt Azaleen, Orchideen und Pfirsichbäume zu bieten.

KOREA

Die Halbinsel Korea hat – außer in den bergigen Regionen – ein gemäßigtes Klima. In den üppigen koreanischen Regenwäldern gedeihen zahlreiche endemische Tier- und Pflanzenarten. Die ursprünglich nur in Korea vorkommende Tanne »Abies koreana« hat sogar den Weg in europäische Gärten gefunden. An der Südküste und auf den vorgelagerten Inseln Jejudo und Ulleungdo gedeihen auch Bambus, Lorbeer und immergrüne Eichen. Einstmals verbreitete Raubtiere wie Bären, Tiger und Leoparden sind infolge der Holzgewinnung und illegalen Jagd praktisch verschwunden.

JAPAN

Im Südwesten Japans, auf der Pazifikseite der Inseln Shikoku, Kyushu und Honshu erstrecken sich Restbestände gemäßigter

Zedernwald von Yakushima in Japan

Regenwälder: die Taiheiyo-(Pazifik-)Wälder. In den niedrigeren Lagen bestehen sie aus immergrünen Bäumen, in höheren wachsen laubabwerfende Arten. Am weitesten verbreitet sind immergrüne Eichen und japanische Chinquapin-Bäume sowie Kerbbuchen.

Auf Yakushima vor der Südspitze von Kyushu wächst ein unwegsamer Primärwald mit uralten Japanischen Zedern oder Sicheltannen (»Cryptomeria japonica«). Der zu den Zypressengewächsen gehörende Nadelbaum wird bis zu 40 m hoch und sendet Wurzeln von seinen Blättern und Stielen aus (großes Bild). Das berühmteste Exemplar, die Jomon-Zeder, wird auf 3.000 Jahre geschätzt, ihr Stamm hat einen Umfang von 16 m.

GRÖSSTER BAMBUSWALD DER ERDE

In der westchinesischen Provinz Sichuan an den östlichen Ausläufern des Himalaya liegt auf Höhen zwischen 600 und 1.000 Metern der etwa 120 km² große hügelige Shunan-Bambuswald, in dem mehr als 60 Bambusarten wachsen. Der Wald wirkt wie ein riesiger grüner See, weshalb er auch »Bambussee« genannt wird. Dies ist die Heimat des seit Langem vom Aussterben bedrohten Großen Pandas, der sich ausschließlich von Bambuspflanzen ernährt.

RIESENBAMBUS

Der Riesenbambus (»Dendrocalamus giganteus«), die weltweit größte Bambusart, wird bis zu vier Meter hoch und erreicht Halmdurchmesser von 20 bis 30 Zentimetern. In der Wachstumsphase kann er täglich bis zu 70 Zentimeter an Länge zulegen. Wie andere Bambusarten

Die Halme sind durch Knoten, die Ansatzstellen der Blätter, gegliedert.

blüht er nur selten, etwa alle 40 Jahre, und stirbt dann ab (eine Bambusart blüht auf der ganzen Welt immer zur gleichen Zeit). Aus den Samen wachsen danach neue Horste. Ursprünglich stammt der Riesenbambus aus Myanmar (früher Birma), dem Norden Indiens, der chinesischen Provinz Yunnan und Thailand. In der Kolonialzeit wurde er aber auch in anderen tropischen Regionen wie Ostafrika, Madagaskar und Ostasien eingeführt, und auch in botanischen Gärten der ganzen Welt ist er zu bestaunen.

Im Bambuswald im Süden der chinesischen Provinz Sichuan wachsen Dutzende verschiedener Bambusarten, darunter auch der »Dendrocalamus giganteus«. Die Halme können mit unglaublicher Geschwindigkeit in die Höhe wachsen (großes Bild).

DIE GRÖSSTEN BAMBUSGEWÄCHSE DER ERDE

Regenwälder der gemäßigten Breiten   253

GROSSE PANDAS

In der chinesischen Provinz Sichuan lebt der vom Aussterben bedrohte Große Panda geschützt in mehreren Nationalparks. Es gibt Schätzungen zufolge nur noch etwa 1.000 wild lebende Exemplare des rund 1,60 Meter langen und 80 bis 120 Kilogramm schweren Pandabären.

Ein Panda in Sichuan beim Fressen

Wolong-Naturreservat, Sichuan

Er ist in Höhenlagen von 1.800 bis 3.800 Meter zu Hause, wo er mit seinem dichten Pelz optimal an Kälte, Regen und Schnee angepasst ist. Mit Ausnahme der Paarungszeit (April/Mai) lebt der Panda, der in Freiheit etwa 20 Jahre alt wird, als Einzelgänger. Im Spätsommer kommen die Jungen zur Welt, die dann ungefähr 18 Monate bei der Mutter bleiben und erst mit vier bis sechs Jahren geschlechtsreif werden. Als im Jahr 1975 der Bambus großflächig abstarb, verhungerten 140 Bären. Inzwischen ist die Zahl der wild lebenden Pandas im Reservat wieder angestiegen.

Die einzige Nahrung des Großen Pandas sind Bambuspflanzen – vor allem Blätter und Triebe –, wovon er täglich 10 bis 40 kg zu sich nehmen muss, da sie kaum Nährstoffe liefern. So ist der Panda täglich zehn bis zwölf Stunden mit Fressen beschäftigt.

DIE GRÖSSTEN BÄREN DER SUBTROPISCHEN WÄLDER

Regenwälder der gemäßigten Breiten

AUSTRALIEN/OZEANIEN

TASMANIEN

Mount Anne in Tasmanien, Australien

Auf Tasmanien herrscht gemäßigtes Klima, in dem Regenwälder gedeihen. Im Styx Valley sind einige Eukalyptusbäume über 95 Meter hoch und teilweise älter als 400 Jahre. Von den ursprünglichen Wäldern existieren jedoch nur noch rund ein Viertel – und davon ist ein Drittel von der Rodung bedroht. Im tasmanischen Regenwald leben u. a. Zwergopossum, Beutelmarder und das Nationaltier: der Tasmanische Teufel.

NEUSEELAND

Mehr als 2 % der Fläche Neuseelands nehmen Nationalparks, Urwälder und Schutzgebiete mit einer Vielfalt an unberührter Vegetation ein. Die Küste der Südinsel etwa ist von dichtem Regenwald mit vielen heimischen Pflanzenarten bewachsen. Allein im Fiordland-Nationalpark gibt es über 700 endemische Arten, darunter die berühmten Baumfarne. Auf dem Wanderweg Tuatapere Hump Ridge Track im Park passiert man Regenwald- sowie subalpine Vegetation.

Ein Bach plätschert durch den mit Farnen und Bäumen dicht bewachsenen Regenwald am Hump Ridge Track in Neuseeland (großes Bild).

256   Regenwälder der gemäßigten Breiten

SÜDAUSTRALIEN

Regenwald des Yarra Ranges National Park in Victoria

Baumfarne und Eukalyptusbäume

Rieseneukalyptus im Great Otway National Park, Victoria

Im Süden Australiens konnte sich dank des gemäßigten Klimas eine einzigartige Tier- und Pflanzenwelt entwickeln. Im Yarra Ranges National Park im Bundesstaat Victoria mit seinem alten Baumbestand, darunter Baumfarne und mächtige Rieseneukalypten, die zu den höchsten Laubbäumen der Erde gehören und bis zu 400 Jahre alt werden können, leben über 40 Säugetier- und 120 Vogelarten. Und im Great Otway National Park, ebenfalls in Victoria, fühlen sich in den lichten Eukalyptuswäldern die Koalas wohl.

BAUMFARNE

Die Baumfarne (»Cyatheales«) gehören zu den »Dinosauriern« unter den Pflanzen und haben schon vor Jahrmillionen das Bild der Erde geprägt. Sie wachsen zwar vorwiegend in tropischen und subtropischen Regionen, einige Arten, etwa die der Gattung »Dicksonia«, gedeihen jedoch im gemäßigten Klima der Regenwälder von Australien, Tasmanien und Neuseeland. Der Stamm der Baumfarne ist eigentlich keiner, denn er besteht nicht aus Holz, sondern aus Blattbasen und Wurzeln. Meist hat der Stamm nur seine Wedelkrone, aber keine weiteren Verzweigungen. Dicksonien werden bis zu fünf Meter hoch – einzelne Exemplare auch noch höher – und bis zu 200 Jahre alt. Die bis zu einen Meter langen Farnwedel, die aus dem Herz gebildet werden, rollen sich aus, wie bei den Farnen üblich.

Farnwedel der »Dicksonia antarctica«   Unverzweigte Baumfarnstämme

DIE GRÖSSTEN FARNGEWÄCHSE DER ERDE

Riesige Exemplare von »Dicksonia antarctica« (Australischer Taschenfarn) im dicht bewachsenen Regenwald im Westland-Nationalpark auf Neuseelands Südinsel. Der Stamm ist von einem Wurzelgeflecht umzogen, das für die Wasseraufnahme der Pflanze wichtig ist.

NORD- UND MITTELAMERIKA
SÜDAMERIKA

NORDAMERIKANISCHE PAZIFIKKÜSTE

An der nordamerikanischen Pazifikküste zwischen Kalifornien und Alaska dominieren Nadelbäume die gemäßigten Regenwälder. In Kalifornien ist außerdem der Küstenmammutbaum,

Redwood National Park, Kalifornien

der höchste Baum der Erde, beheimatet. Viele Exemplare dieser Giganten kann man im kalifornischen Redwood National Park bestaunen. Der Big Basin Redwoods State Park in den Santa Cruz Mountains, ebenfalls in Kalifornien, hat den größten Bestand an solchen Mammutbäumen südlich von San Francisco. Auch im Olympic National Park im US-Bundesstaat Washington sorgen milde Temperaturen und reichlich Niederschläge für einen dichten, üppig grünen Regenwald mit Hemlocktannen und Riesen-Lebensbäumen sowie Farnen, Flechten und Moosen. Im Regenwald leben u. a. Pumas, Maultierhirsche, Schwarzbären, Rotluchse, Kojoten und etwa 300 Vogelarten.

Olympic National Park, Washington

Regenwald mit bemoosten Bäumen im Olympic National Park

SÜDAMERIKANISCHE PAZIFIKKÜSTE

Der gemäßigte Nebelregenwald im Süden Chiles und Argentiniens gilt heute als der artenreichste Wald der Erde. In dem einzigen noch verbliebenen gemäßigten Regenwald der südlichen Hemisphäre gedeiht eine Vielzahl an Bäumen, darunter uralte, mit dem kalifornischen Küstenmammutbaum verwandte Alercebäume. Die Alerce oder Patagonische Zypresse (»Fitzroya cupressoides«) ist ein immergrüner pyramidal wachsender Baum, der bis zu 50 Meter hoch werden und einen Stammdurchmesser von bis zu fünf Meter erreichen kann. Die

Dicht stehende Alerce-Bäume in nordpatagonischen Regenwald

Alerce wächst nur langsam und kann sehr alt werden. Im argentinischen Nationalpark Los Alerces bei Esquel und im Parque Nacional Alerce Andino bei Puerto Varas im Süden Chiles finden sich Bäume, die angeblich 3.500 Jahre alt sind.

Inmitten uralter Küstenmammutbäume im Big Basin Redwoods State Park, Kaliforniens ältestem Staatspark, stürzt der Berry-Creek-Wasserfall in die Tiefe.

SEQUOIAS

Die immergrünen Sequoias oder Riesenmammutbäume sind bezüglich des Volumens die mächtigsten Bäume der Erde: Die 90 Meter und noch höher aufragenden Bäume erreichen einen Stammdurchmesser von über zwölf Meter an der Basis. Bei alten Exemplaren – die ältesten von ihnen sind über 2.500 Jahre alt – sind die Stämme bis zu 50 Meter über dem Boden astfrei. Die Heimat des Riesenmammutbaums sind die Westhänge der kalifornischen Sierra Nevada in Höhen von 1.350 bis 2.500 Meter. Inzwischen ist er jedoch weltweit verbreitet, auch in Europa. Die ursprünglichen Bestände in den USA sind bis auf etwa 10 % abgerodet.

Die Riesenmammutbäume im Yosemite National Park in Kalifornien recken sich bis zu 90 m hoch in den Himmel (großes Bild).

GENERAL SHERMAN

Der 83,80 Meter hohe, 1.900 bis 2.500 Jahre alte General Sherman Tree im Sequoia-Nationalpark, Kalifornien, ist mit einem Brusthöhendurchmesser von 8,25 Metern der voluminöseste Baum der Welt: 1486,9 Kubikmeter.

GENERAL GRANT

Der zweitgrößte Baum ist der 1.500 bis 1.900 Jahre alte, 81,10 Meter hohe General Grant im Grant Grove des Kings-Canyon-Nationalparks, Kalifornien, mit 8,98 Meter Brusthöhendurchmesser und 1.319,8 Kubikmeter Volumen.

262 Regenwälder der gemäßigten Breiten

DIE GRÖSSTEN BÄUME DER ERDE

DER DICKSTE BAUM

In Santa María El Tule im mexikanischen Bundesstaat Oaxaca steht im Hof der Dorfkirche die 2.000 Jahre alte mexikanische Sumpfzypresse (mexikanisch »Ahuehuete«) mit dem Namen »El Árbol de Tule«. In Bodennähe beträgt der Umfang des 41 Meter hohen Baums ganze 46 Meter. Um den Stamm mit ausgebreiteten Armen zu umfassen, wären mindestens 30 Personen nötig; im Schatten des Baums finden bis zu 500 Menschen Platz. Als 1996 das abgestorbene Holz aus dem »Baum von Tule« geschnitten wurde, fielen ganze 10 Tonnen Material an.

DIE ÄLTESTEN BÄUME

Es gibt einen Baum auf der Erde, der für die Altersbestimmung geradezu prädestiniert ist, da die 4.000 und mehr Jahresringe leicht zu »lesen« sind: die Kalifornische Borstenkiefer oder »Bristlecone Pine«. Dieser »Methusalem« unter den Bäumen wächst in über 3.000 Meter Höhe im Bristlecone Forest in Kaliforniens White Mountains. Diese Borstenkiefer ist 4.783 Jahre alt (Stand 2009) und überdauert in dem unwirtlichen, sehr trockenen Hochgebirgsklima. Als ältester Baum der Welt überhaupt gilt eine Fichte in Schweden, die fast 10.000 Jahre alt sein soll.

REGEN- UND MONSUNWÄLDER DER TROPISCHEN BREITEN

Die nur in den immerfeuchten tropischen Klimazonen anzutreffende Vegetationsform des tropischen Regenwaldes findet man in Süd- und Mittelamerika, Afrika, Südasien und Australien. Die Niederschlagsmenge liegt

Der Rotaugenlaubfrosch lebt in den Regenwäldern Mittelamerikas.«

jährlich bei 2.000 bis 4.000 Millimetern, die Temperaturen verändern sich im Jahresverlauf nur geringfügig: Die Tageshöchsttemperaturen variieren zwischen 24 und 31 °C. Charakteristisch für den tropischen Regenwald ist der sogenannte Stockwerkbau vom Wurzelwerk über die bis zu fünf Meter hohe Etage des Buschwerks bis hinauf zum dichten Baumkronendach in 40 Meter Höhe und einzelnen darüber hinausragenden Baumriesen. Im Gegensatz dazu schießen die Monsunwälder weniger in die Höhe, ihr Unterholz ist stärker ausgeprägt und die Anzahl der dort beheimateten Arten ist spürbar geringer als im tropischen Regenwald. Neben den Korallenriffen weisen die tropischen Regenwälder die höchste Artendichte sowohl in der Flora als auch in der Fauna auf. Die meisten tierischen Arten sind Gliederfüßer, daneben leben hier Säugetiere wie Elefanten oder Tiger, große Reptilien wie Krokodile, kleine Reptilien und Amphibien, Primaten wie Orang-Utans oder Gorillas sowie unzählige farbenfrohe Vögel. Die Flüsse der Regenwälder sind zudem sehr fischreich.

»Jangala« bedeutet auf Hindi Wildnis, über das englische »Jungle« kam das Wort als »Dschungel« zu uns, womit meist ein wild wuchernder tropischer Urwald oder ein asiatischer Regenwald gemeint ist, wie hier in Borneo (großes Bild). Voraussetzung dafür ist ein dauerhaft heißes Klima bei regelmäßigen ergiebigen Regenfällen.

Tropische Regen- und Monsunwälder 265

AMAZONASBECKEN

Zum Amazonasbecken gehören Gebiete in Brasilien, Französisch-Guyana, Suriname, Venezuela, Guayana, Kolumbien, Peru, Ecuador und Bolivien. Mit ungefähr sieben Millionen km² sind die Regenwälder Amazoniens das größte zusammenhängende Waldgebiet der Erde.

Am Lago Sandoval in Peru

Das Becken ist durch das riesige Flusssystem des Amazonas und seiner zahlreichen Nebenflüsse geprägt, von denen zehn (wie natürlich der Amazonas selbst) zu den 25 wasserreichsten Flüssen der Erde gehören. Die tropischen Regenwälder der Region zeichnen sich unter anderem durch ihre große Artenvielfalt aus, doch die Anzahl der Tierspezies ist schwer zu schätzen, da vermutlich erst ein Bruchteil von ihnen entdeckt wurde – man geht von einer Zahl zwischen fünf und zehn Millionen Arten insgesamt aus.

Auf der Luftaufnahme ist gut zu erkennen, wie sich der Amazonas durch den dichten tropischen Regenwald Brasiliens schlängelt.

DAS GRÖSSTE REGENWALDGEBIET DER ERDE

SÜDASIEN

Besonders viele und ausgeprägte Regen- und Monsunwälder gibt es in Südasien. Charakteristisch für die Klimaverhältnisse in dieser Region ist die vier bis fünf Monate dauernde Trockenzeit.

SÜDWESTLICHES INDIEN
Malabarküste

Die Malabarküste, die auch als Pfefferküste bezeichnet wird, ist ein Küstenabschnitt am Arabischen Meer, der sich rund 650 Kilometer von Mangalore im Bundesstaat Karnataka bis zur Südspitze des Indischen Subkontinents erstreckt. Im Osten begrenzt der Gebirgszug der Westghats die Niederungen der Malabarküste. Parallel zur Küste findet man viele Lagunen und Kanäle, die sogenannten »Backwaters«. Begünstigt vom feuchten Klima wachsen Bambus, Kapokbäume und wertvolle Edelholzarten (etwa Teak und Sandelholz) ebenso wie eine Vielzahl an Palmenarten, z. B. Kokos-, Betel- und Ölpalmen, die gezielt zur wirtschaftlichen Nutzung kultiviert werden. Außerdem begünstigt das Klima dieser Region den Anbau von Tee, Kaffee und verschiedenen Gewürzen, darunter Zimt, Tamarinde, Ingwer und Pfeffer. Große Teile der natürlichen Vegetation der ursprünglichen Regen- und Feuchtwälder der Malabarküste mussten der hohen Bevölkerungsdichte weichen.

WESTLICHES INDIEN
Westghats

Das Gebirge der Westghats verläuft auf einer Länge von etwa 1.600 Kilometer am Rande des Dekkan-Plateaus und trennt es von der Küstenebene am Arabischen Meer. Die Bergketten stellen eine Wasserscheide dar, denn sie fangen die Regenfälle des jährlichen Monsuns auf. Ursprünglich war das Gebiet fast vollständig von Regenwald

Wolken über den Westghats

bedeckt. Inzwischen ist nur noch ein kleiner Teil in unberührtem Zustand erhalten – von 160.00 km^2 etwa 12.000 km^2 –, der in mehreren Nationalparks geschützt wird. Die Tier- und Pflanzenwelt der Westghats gilt als eine der vielfältigsten der Welt. Viele Spezies sind nur hier verbreitet. Die Ökologie des Gebietes ist unterschiedlich. Allgemein ist der Norden wesentlich trockener als der Süden, insgesamt wird das Gebirge in vier Ökoregionen eingeteilt: Im Norden und Süden sind dies jeweils die niedriger gelegene Region laubabwerfender Regenwälder und die kühl-feuchtere Region der Berg-Regenwälder. Das artenreichste Gebiet in ganz Indien sind die Berg-Regenwälder im Süden: 80 % aller Blütenpflanzen der gesamten Westghats wachsen hier. 35 % der Pflanzen, 42 % der Fische, 48 % der Reptilien und 75 % der Amphibien sind endemisch.

Tropische Regen- und Monsunwälder

Die »Backwaters« sind ein verzweigtes Netz von Wasserstraßen an der mittleren Malabarküste, die schon seit Jahrhunderten als Verkehrs- und Handelswege dienen. Die Aufnahme links entstand an der von Regenwald gesäumten Küste in der Nähe von Mobor im indischen Bundesstaat Goa.

SRI LANKA

Die Insel Sri Lanka vor Indiens Südspitze ist für ihre große Pflanzen- und Tierartenanzahl auf einer relativ geringen Fläche bekannt. Doch dieser Reichtum ist bedroht: Schätzungen einer Umweltschutzorganisation zufolge gibt es heute nur noch etwa 1,5 % der ursprünglichen Waldbestände, der Rest wurde gerodet. Das wichtigste Naturschutzgebiet Sri Lankas und eines der ältesten Reservate Südasiens ist der 1978 zum Nationalpark ernannte Sinharaja-Wald im Südwesten der Insel, der zum UNESCO-Weltnaturerbe erklärt wurde. In dem 765 km² großen Schutzgebiet mit bis zu 5000 mm Jahresniederschlag existieren über 200 Gehölzarten und eine hohe Zahl endemischer Tiere. Von den Vögeln etwa sind ganze 95 % nur auf Sri Lanka heimisch, und unter den Säugetieren und Schmetterlingen beträgt der Anteil der Endemiten weit über 50 %.

Die spektakulären Devon Falls in Sri Lankas Regenwald (großes Bild).

ANDAMANEN-ARCHIPEL

Die zu Indien gehörenden 204 Andamanen-Inseln im Golf von Bengalen sind noch immer hauptsächlich mit ursprünglichen tropischen Regenwäldern bedeckt. Auf den Inseln herrscht

Natur pur: die Andamanen-Insel Betapur

feucht-heißes Klima mit Temperaturen zwischen 18 und 34 °C und bis zu 150 Regentagen im Jahr. Ein leichter Wind macht die hohe Luftfeuchtigkeit (66 bis 85 %) erträglich. An den Küsten gedeihen Mangroven, die jedoch von dem verheerenden Tsunami im Dezember 2004 teilweise zerstört wurden.

PALMEN

LODOICEA MALDIVICA – DIE PALMEN MIT DEN GRÖSSTEN SAMEN

Die Seychellenpalme, auch als »Coco de mer« bezeichnet, gedeiht nur auf den Seychellen-Inseln Curieuse und Praslin im Indischen Ozean. Diese Palmenart entwickelt innerhalb von sechs bis sieben Jahren nach Befruchtung der bis zu zwei Meter langen Blütenstände eine grüne, herzförmige Frucht, die einen bis zu 25 Kilogramm schweren Samen enthält.

Männlicher Blütenstand einer Coco de Mer

RAPHIA – DIE PALMEN MIT DEN LÄNGSTEN BLÄTTERN

Raphiapalmen im Nationalpark Tortuguero an der Karibikküste Costa Ricas

»Lodoicea maldivica« mit den größten Samen aller Pflanzen auf den Seychellen

Diese Gattung der Palmengewächse ist vor allem in Afrika und auf Madagaskar verbreitet, eine weitere Art in Mittel- und Südamerika. Die Blätter werden bis zu 25 Meter lang, die Stämme erreichen eine Höhe von 16 Meter. Bei einer in Südafrika und Mosambik vorkommenden Art wachsen die Palmwedel aufrecht in die Höhe.

Weiblicher Coco-de-Mer-Samen

CORYPHA – DIE PALMEN MIT DEN GRÖSSTEN BLÜTEN

Blütenstand einer Talipotpalme, eine von sechs Unterarten der »Corypha«

Die Schopf- oder Schirmpalme ist eine in Südostasien bis Nordaustralien verbreitete, bis 50 Meter hohe Fächerpalme. Diese Gattung entwickelt den größten Blütenstand aller Pflanzen der Welt mit etwa zehn Millionen Blüten pro Infloreszenz (Blütenstand). Aus der Palme lässt sich Sago, ein Verdickungsmittel, gewinnen.

270 Tropische Regen- und Monsunwälder

DIE GRÖSSTEN BLÄTTER, BLÜTENSTÄNDE UND SAMEN DER ERDE

Der Name der Palmen kommt aus dem Lateinischen: »palma« bedeutet so viel wie »flache Hand« und bezieht sich auf die Ähnlichkeit der Blätter der

Palmen in der Nähe von Hilo auf Big Island, Hawaii, an der Hamakua-Küste

Pflanzen mit einer gespreizten Hand. Die Stämme, meist unverzweigt, werden zwischen 0,25 und 60 Meter hoch. Darauf sitzt ein Bündel fächer- oder federartiger Blätter, dazwischen befinden sich die Blüten in dichten Blütenständen. Verbreitet sind die etwa 2.600 Arten in tropischen und subtropischen Gebieten sowie auf ozeanischen Inseln. Die Palmengewächse sind Nutzpflanzen: die Früchte von ca. 100 Arten sind essbar (z. B. Dattelpalme, von anderen die Samen (z. B. Kokosnuss), aus dem Stamm mancher Palmen lässt sich Sago gewinnen, aus dem Palmensaft können verschiedene Getränke, Zucker, Palmwein und -honig extrahiert werden. Das Holz der Stämme wird vielerorts als Baumaterial für Häuser und Möbel benutzt.

Palmen im tropischen Regenwald nahe Soufrière an der Süwestküste von St. Lucia (großes Bild).

Tropische Regen- und Monsunwälder 271

GANGESBECKEN/ INDOCHINESISCHE HALBINSEL

Das Gangesbecken in Indien sowie Waldbestände in Thailand und Laos gehören zum größten Monsunwaldgürtel der Welt. Das Gangesdelta besteht aus einem Labyrinth aus Wasserstraßen,

Ein Doppelhornvogel in Thailand

Sümpfen, Seen und Schwemmlandinseln. Das Gebiet der Sundarbans, des weltweit größten Mangrovenwaldes, ist ein Teil davon. Typischerweise treten Monsunwälder in Regionen auf, die besonders stark vom Wechsel zwischen Trocken- und Regenzeit geprägt sind. Meist gibt es zwei Baumschichten, von denen die obere Laub abwirft, z. B. Teak- und Ebenholzbäume, die untere hingegen immergün bleibt, dort wachsen Pflanzen wie der Bambus. Da die Kronen der Bäume in den Monsunwäldern nicht so dicht sind wie die der tropischen Regenwälder, kann durch den stärkeren Lichteinfall ein üppiges und artenreiches Unterholz gedeihen. Monsunwaldbestände gibt es noch in Hinterindien, Nordaustralien, Ostbrasilien, Ostafrika und am Malaiischen Archipel, die jedoch heute vielerorts durch den Bedarf an Brennholz und landwirtschaftlichen Nutzflächen gefährdet sind.

Der thailändische Nationalpark Khao Sok in der Provinz Surat Thani ist im nördlichen Teil von immergrünen Monsunwäldern (großes Bild) und im südlichen Teil von tropischen Regenwäldern geprägt.

DER GRÖSSTE MONSUNWALDGÜRTEL DER ERDE

Üppiger Regenwald im Kachin-Staat in Myanmar

Grasflächen vor Urwald: Khao Yai National Park in Thailand

Wasserfall Nam Tok Haeo Suwat im Khao Yai National Park

Tat-Kuang-Si-Wasserfallsystem bei Luang Prabang in Laos

INDISCHE ELEFANTEN

Der Asiatische oder Indische Elefant («Elephas maximus«) ist nach dem Afrikanischen Elefanten das zweitgrößte auf dem Land lebende Tier. Von seinem afrikanischen Vetter unterscheidet er sich u. a. durch kleinere Ohren und nur eine statt zwei Rüsselspitzen.

Asiatische Elefanten fressen am Tag rund 150 kg an Gräsern, Blättern, Zweigen und Baumrinden.

Die Kühe und Jungtiere leben in Familienherden, die Bullen bleiben alleine oder bilden, wenn sie noch jung sind, eigene Verbände und schließen sich zur Paarung vorübergehend einer Herde an. Der Lebensraum des Asiatischen Elefanten umfasste einst den tropischen Regenwald ebenso wie offenes Grasland. Heute sind wilde Asiatische Elefanten, die als stark gefährdet gelten, nur noch in dichten Wäldern zu finden, ihre Zahl dürfte zwischen 35.000 und 55.000 liegen. Von diesen leben etwa 40 % auf dem Indischen Subkontinent, weitere 40 % auf dem Festland Südostasiens und der Rest auf Sri Lanka und den süostasiatischen Inseln.

Elefantenkuh mit Nachwuchs   Ein Bulle mit imposanten Stoßzähnen

Tropische Regen- und Monsunwälder

DIE GRÖSSTEN TIERE
DER ASIATISCHEN WÄLDER

Asiatische Elefanten sind kleiner als
ihre Verwandten in Afrika: Die maximale
Schulterhöhe beträgt 3 m und die Kopf-
Rumpf-Länge 6 m. Das Gewicht einer Kuh
liegt bei 2.700 kg, das eines Bullen kann
5.000 kg überschreiten.

SUNDARBANS

Mit 6.000 km² sind die Sundarbans (»Schöne Wälder«) der größte Mangrovenwald der Erde. Sie liegen im Mündungsgebiet von vier großen Flüssen, die Niederschläge von den Südhängen des Himalaya und sai-

Wasserläufe, Inseln und Mangrovensümpfe prägen die Sundarbans.

sonal bedingte Wassermassen ins Meer abführen. Große Teile der Sundarbans, die zum UNESCO-Weltnaturerbe zählen, gehören heute zu einem Nationalpark an der Grenze zwischen Indien und Bangladesch. In den Mangrovenwäldern leben unzählige Vögel, Fische, Hirsche, Krokodile, Pythons und Wildschweine. Die Sundarbans sind außerdem das Rückzugsgebiet des Bengalischen Tigers, der zum Symbol für das Artensterben in dieser Region wurde. Charakteristisch für die Mangrovensümpfe sind die Wurzelgeflechte, die den Pflanzen auf hartem, feinem und lockerem Untergrund Halt geben. Dazwischen ragen spezielle Triebe zum Atmen, Pneumatophoren, auf, ohne die die Wurzeln absterben würden, da der schlammige Boden schon in wenigen Millimetern Tiefe sauerstofffrei ist.

MANGROVEN – EINZIGARTIGE BAUMGATTUNG ZWISCHEN LAND UND MEER

Mangrovenwälder auf der Insel Borneo, Malaysia

Rote Mangroven (»Rhizophora mangle«) im Salzwasser des Everglades National Park im US-Staat Florida

Die im Gezeitengebiet tropischer Küsten anzutreffenden Mangrovenwälder bestehen aus salztoleranten Bäumen und Sträuchern verschiedener Pflanzenfamilien, die sich an die Lebensbedingungen der Meeresküsten und brackigen Flussmündungen angepasst haben: Sie lagern beispielsweise in ihren Zellen Salz ein, einige können auch wie Kakteen Wasser speichern, um die Salzkonzentration zu verdünnen. Über Drüsen scheiden sie das überschüssige Salz aus, und die mit Salz angereicherten Blätter werfen sie ab. Neben Korallenriffen und tropischen Regenwäldern gehören Mangroven zu den produktivsten Ökosystemen der Erde. In den Kronen des Mangrovenwaldes leben Reptilien, Säugetiere und Vögel. Im Wasser dagegen findet man bei den Wurzeln zahllose Fische, Muscheln und Krabben.

DER GRÖSSTE MANGROVENWALD DER ERDE

Auf dieser Satellitenaufnaheme erscheinen die Sundarbans dunkelgrün, die helleren Flächen sind landwirtschaftlich genutzte Areale und Wälder, die Flüsse sind hell- bis dunkelblau.

Tropische Regen- und Monsunwälder

BENGALISCHE TIGER

Der bedrohte Bengalische oder Indische Tiger, nach dem Sibirischen Tiger die zweitgrößte Art, kam früher in ganz Asien vor. Heute ist er nur noch in Indien, Bangladesch, Bhutan, Nepal und Myanmar verbreitet. Die größte Population lebt in den Sundarbans-Mangrovenwäldern.

Tiger in einem indischen Nationalpark

Beim Anschleichen an die Beute

Der majestätische Bengalische Tiger (»Panthera tigris tigris«) mit seinem rot-gelb-braun gestreiften Fell, der kräftigen Gestalt und dem geschmeidigen Gang wird 1,90 bis 2,80 Meter lang und 180 bis 260 Kilogramm schwer. Die Eckzähne dieses Raubtiers messen bis zu sechs Zentimeter, die Krallen werden bis zu zehn Zentimeter lang. Er ernährt sich von etwa neun Kilogramm Fleisch am Tag.
Die Bestände der Tiger sind stark gefährdet, da der Lebensraum immer weiter eingeschränkt wird. Dennoch gibt es vom Bengalischen Tiger noch die meisten Exemplare – etwa 4.000 bis 5.000.

Ein Tiger hat einen Sambar (Pferdehirsch) geschlagen und hält sich nun tagelang am Riss auf. Ein angreifender Tiger schnellt aus dem Hinterhalt hervor, und mit nur wenigen Sprüngen muss er an Hals oder Schulterbereich des Beutetiers gelangen.

278 Tropische Regen- und Monsunwälder

DIE GRÖSSTEN RAUBTIERE DER ASIATISCHEN REGENWÄLDER

Tropische Regen- und Monsunwälder 279

SÜDOSTASIEN

Aufgrund des dauer- und wechselfeuchten Klimas finden sich in Südostasien Nebel- und tropische Gebirgsregenwälder, subtropische Regenwälder, Monsunwälder sowie tropischer Tieflandregenwald.

MALAIISCHE HALBINSEL

Die Malaiische Halbinsel, auch als Malaien-Halbinsel oder Goldene Halbinsel bezeichnet, ist eine schmale, lang gezogene Fortsetzung des südostasiatischen Festlands. Das Terrain der Halbinsel teilen sich die Staaten Myanmar, Thailand und Malaysia. Die Landschaften und Ökosysteme sind vielgestaltig und abwechslungsreich: Neben Bergregionen gibt es Tiefebenen, Seen und Strände und Regenwaldflächen, die typisch sind für die äquatornahen Gebiete.

Im Taman Negara, dem Nationalpark im Norden des malaysischen Teils der Halbinsel, erstreckt sich ein ausgedehnter urwüchsiger tropischer Regenwald, der mit 130 Millionen Jahren das älteste Waldgebiet der Erde ist. Durch Eiszeiten, Klimaschwankungen und Schwankungen des Meeresspiegels haben sich viele Teile der Welt verändert, doch auf der Malaiischen Halbinsel sind die Verhältnisse relativ stabil geblieben, und die Tier- und Pflanzenwelt konnte sich hier nahezu ungestört entwickeln. Im Taman-Negara-Regen-

SUMATRA

Die tropischen Regenwälder auf der indonesischen Insel Sumatra sind in der ganzen Welt berühmt, denn hier existieren einige der am meisten gefährdeten und seltensten Arten. In den zu Nationalparks erklärten letzten verbliebenen Urwaldbeständen leben Sumatra-Tiger, Schabrackentapir, Nashornvogel, Großaugenfasan, Sumatra-Elefant, Weißhandgibbon, Javaneraffe und Sumatra-Orang-Utan. Mit 176 Säugetier-, 194 Reptilien-, 62 Amphibien- sowie 320 Vogelarten hat Sumatra eine größere tierische Vielfalt zu bieten als jede andere indonesische Insel. Zur abwechslungsreichen Vegetation dieser Region gehören z. B. Rafflesien, Titanenwurz (mit dem größten Blütenstand der Welt) sowie zahlreiche endemische Orchideen, Farne und Moose. Die tropischen Regenwälder Sumatras gehören seit 2004 als Naturdenkmal zum UNESCO-Welterbe.

BORNEO

Uralte Regenwälder, Mangroven, Orang-Utans, zahlreiche endemische Pflanzen – die indonesische Insel Borneo, die drittgrößte Insel der Welt, ist noch an vielen Stellen ein urwüchsiger Flecken Natur. Zu den mehr als 220 Säugetierarten gehören Gibbons, Sumatra-Nashörner, Malaienbären, Nebelparder und Nasenaffe. Der Nashornvogel ist eine der 622 hier lebenden Vogelarten, daneben gibt es 400 Reptilien- und Amphibienarten – darunter die Kapuas-Wassertrugnatter, die einzige Schlange, die wie ein Chamäleon ihre Farbe ändern kann. Sie alle teilen sich die Regenwälder, in denen 15.000 verschiedene Gefäßpflanzen heimisch sind. Und nirgendwo sonst gibt es mehr Orchideenarten als auf Borneo. Auch hier ist der Lebensraum für Flora und Fauna durch das Abholzen der Wälder und den Anbau von Nutzpflanzen gefährdet.

Forstreservat Danum Valley auf Borneo Fluss Kinabatangan auf Borneo, Malaysia

wald leben z. B. Asiatische Elefanten, Panther, Schabrackentapir, Wildschweine und Affen, außerdem vom Aussterben bedrohte Arten wie der Malaysia-Tiger und das Sumatra-Nashorn. 1.000 verschiedene Schmetterlinge und über 600 Vogelarten sind dort heimisch. Das Klima ist hier ganzjährig tropisch, mit einer besonders hohen Luftfeuchtigkeit.

Über dem Regenwald in Nordmalaysia hängt in der Morgendämmerung ein undurchdringlicher Nebelschleier (links).

KLEINE SUNDA-INSELN

Die Gruppe der Kleinen Sunda-Inseln aus sechs größeren – Bali, Lombok, Sumbawa, Flores, Timor und Sumba – und zahlreichen kleineren Inseln liegt östlich von Java im Indonesischen Archipel. Zwischen Bali und Lombok verläuft die Wallace-Linie, die biogeografische Grenze zwischen asiatischer und australischer Flora und Fauna. Einst waren weite Teile der Kleinen Sunda-Inseln von Monsunwäldern bedeckt, die jedoch durch die Kultivierung der Landschaften stark zurückgedrängt wurden. Im Westen und Süden Balis blieben die Wälder teilweise erhalten, und seit 1984 ist die ursprüngliche Vegetation der Insel durch den Bali Barat National Park geschützt. Manche Waldgebiete auf Bali und Lombok sind noch relativ unberührt und völlig naturbelassen – weltweit gibt es nur wenige interessantere Plätze für Naturliebhaber als diese beiden Inseln mit ihren Bergen, natürlichen Wäldern, Flüssen und Meeresküsten.

PHILIPPINEN

Die mehr als 7.000 Philippinen-Inseln im westlichen Pazifischen Ozean bilden zusammen eines der artenreichsten Ökosysteme der Welt. Hier gibt es über 5.000 Tierarten – etwa Wasserbüffel, Papageien, Delfine, Krokodile, Schlangen, Koboldmakis, Schildkröten, Echsen und die nur in dieser Region vorkommende Philippinenente – sowie 14.000 Pflanzenarten. Attraktion der Insel Bohol sind die Chocolate Hills (»Schokoladenhügel«), ein Gebiet aus 1.268 natürlichen kegelförmigen Kalksteinhügeln, die zwischen 40 und 120 Meter hoch sind. Entstanden ist diese Landschaft durch das Absinken des Meeresspiegels, vulkanische Aktivitäten und Erosion. Durch die Abholzung in den letzten Jahrhunderten kam es auf den Hügeln zur Ausbreitung einer sehr widerstandsfähigen Grasvegetation, die in der Trockenzeit verdorrt und die Hügel schokoladenbraun färbt.

Blick auf die Philippinen-Insel Palawan

Chocolate Hills, Philippinen-Insel Bohol

Regenwald am Loboc River auf der philippinischen Insel Bohol (großes Bild)

Tropische Regen- und Monsunwälder   281

ORANG-UTANS

Die rotbraunen Primaten gehören zur Familie der Menschenaffen. Orang-Utans kommen heute nur noch in zwei Arten in den tropischen Regenwäldern auf den südostasiatischen Inseln Sumatra und Borneo vor. Früher waren sie, wie Fossilienfunde belegen, auch in Südchina, Vietnam und auf Java verbreitet. Orang-Utans sind besonders gut an das Leben auf den Bäumen angepasst. Bei der Nahrungsaufnahme etwa – hauptsächlich ernähren sie sich von Früchten und Blättern – sitzen oder hängen sie in den Bäumen, und mit ihren kräftigen Armen biegen oder brechen sie selbst dickere Äste, um an die Früchte heranzukommen.

Männlicher Borneo-Orang

Auch mit anhänglichem Jungem ...

... bleibt ein Orang-Utan beweglich.

282 Tropische Regen- und Monsunwälder

DIE GRÖSSTEN PRIMATEN ASIENS

Orang-Utans besitzen ein langhaariges rötlich braunes bis dunkelbraunes Fell, sehr lange Arme und verhältnismäßig kurze Beine. Sie leben als Schwinghangler in den Bäumen. Die größten Exemplare sind aufgerichtet fast 2 m hoch.

Tropische Regen- und Monsunwälder

KOMODOWARANE

Der Komodowaran, die größte lebende Echsenart, kommt nur auf den zu Indonesien gehörenden Inseln Komodo, Rinca, Gili Motang und Flores vor, wo er im Wald- und Buschland lebt. Er kann zwar bis zu drei Meter lang werden, die meisten wild lebenden Exemplare sind jedoch wesentlich kleiner – im Durchschnitt erreichen sie eine

Komodowaran am Strand von Komodo

Länge von etwa 1,80 Meter. Mit leerem Magen wird der Komodowaran zwar selten schwerer als 50 Kilogramm, in vollgefressenem Zustand sind allerdings bis zu 100 Kilogramm möglich, da er innerhalb kurzer Zeit unfassbar große Mengen zu sich nehmen kann. Der Komodowaran ist zudem sehr wendig, er besitzt ausgezeichnete Sinnesorgane und gilt als eines der intelligentesten Reptilien. Auf dem Speiseplan des Komodowarans steht vor allem Aas, aber er mag auch lebende Beute: von kleinen Reptilien, Vögeln und Säugern bis hin zu ausgewachsenen Hirschen und Wildschweinen. Kleinere Beutetiere verschlingt der Komodowaran gleich auf einmal.

Gemeinsames Mahl – Komodowarane erbeuten manchmal sogar Hirsche und Büffel.

DIE GRÖSSTEN ECHSEN DER ERDE

Komodowarane sind tagaktive Tiere. Die Nacht verbringen sie meist in ihren Höhlen. Sie sind trotz ihrer Größe sehr schnell, schwimmen gut und klettern auch auf Bäume.

Tropische Regen- und Monsunwälder

TITANENWURZ
RAFFLESIE

TITANENWURZ

Das Aronstabgewächs Titanenwurz (»Amorphophallus titanum«) kommt außerhalb botanischer Gärten ausschließlich auf Sumatra vor. Sein Blütenstand ist aus botanischer Sicht die größte Blume der Welt – den Rekord hält derzeit die Titanenwurz der Wilhelma, des Zoologisch-Botanischen Gartens in Stuttgart, deren Blütenstand 2005 eine Höhe von 2,94 Meter und einen Umfang von 1,50 Meter erreichte. Allerdings blüht die Titanenwurz

Eine Rarität: Titanenwurz in voller Blüte; siehe auch großes Bild

nur sehr selten und unregelmäßig alle neun bis zwölf Jahre. Wegen ihres üblen Geruchs heißt die Pflanze in Indonesien auch »Aasblume«.

DIE GRÖSSTEN BLÜTENPFLANZEN DER ERDE

RAFFLESIE

Die »Rafflesia arnoldii« bildet mit bis zu einem Meter Durchmesser und einem Gewicht von bis zu elf Kilogramm die größten Einzelblüten im Pflanzenreich aus. Rafflesien sind Vollschmarotzer, die mit Ausnahme der Blüten – die meist auf dem Boden liegen – vollständig innerhalb ihrer Wirtspflanze leben. Wie die Titanenwurz ahmen sie die Farbe und den Geruch von Aas nach, um Insekten zur Bestäubung anzulocken. Die »Rafflesia arnoldii« ist im malaysischen Sarawak und im indonesischen Kalimantan Barat auf Borneo sowie auch auf Sumatra verbreitet.

Tropische Regen- und Monsunwälder

AUSTRALIEN/OZEANIEN

In Australien, Neuseeland und anderen Inselstaaten Ozeaniens existieren noch ausgehnte Gebiete mit tropischen Regen- und Monsunwäldern.

NEUGUINEA

Die von tropischen Regenwäldern dominierte Insel Neuguinea, nach Grönland die zweitgrößte Insel der Erde, gehört mit etwa 20.000 Pflanzenarten zu den weltweit zehn artenreichsten Regionen. Besonders auffällig ist der hohe Anteil (rund 55 %) von endemischen Arten, also solchen, die an keinem anderen Ort der Welt vorkommen. Begünstigt wird diese hohe Artenanzahl durch die geografische Vielfältigkeit der Insel und ihren von menschlichen Eingriffen weitgehend unberührten geschlossenen Bewuchs – rund 75 % der Fläche Neuguineas sind allein mit Wäldern bedeckt. Auch die Fauna ist beeindruckend: Auf Neuguinea leben 400 bis 600 Vogel-, über 400 Amphibien- und Schmetterlings- sowie 180 Säugetierarten, außerdem viele Spinnen, Reptilien und Insekten. In den Lagunen, Seen und Flüssen schwimmen mehr als 1.000 verschiedene Fischarten.

Der Regenwald von Papua-Neuguinea im Osten der Insel gilt noch als der drittgrößte der Welt, ist jedoch durch Rodungen bereits beträchtlich redu-

ziert worden. Im westlichen Teil der Insel liegt der 23.555 km² große Lorentz National Park, der weitläufigste Nationalpark ganz Südostasiens. Dies ist der einzige Park, der sich von äquatornahen Gletschern bis hin zum tropischen Meer erstreckt, und er umfasst Tiefland- und Bergregenwälder, subalpine Vegetationszonen, Sumpfwälder und Mangroven.

Tropisches Urwaldparadies: ein Wasserfall im Hochland von Papua-Neuguinea, dessen Regenwald der drittgrößte der Erde ist (links). Auf Cape Tribulation, einer Landzunge an der Küste von Queensland (Australien), erstrecken sich dichte tropische Regenwälder (großes Bild).

NÖRDLICHE PAZIFIKKÜSTE AUSTRALIENS

Die Atherton Tablelands in Queensland bilden mit 800 km² die größte zusammenhängende Regenwaldfläche an der nördlichen Pazifikküste. Hier kann man elf Waldtypen unterscheiden, vorherrschend sind aber Lianenwälder mit vielen Baumfarnen und Epiphyten. Im Daintree-Nationalpark, der sich im selben Bundesstaat bis ans Great Barrier Reef erstreckt, werden allein 13 verschiedene Sorten von Regenwäldern unterschieden. In diesem Gebiet, das 0,2 % der Landmasse Australiens ausmacht, finden sich 30 % der Säugetiere, 65 % aller australischen Fledermaus- und Schmetterlingsarten und 20 % aller Vogelgattungen. Auch in Queensland liegt die Landzunge Cape Tribulation, wo tropischer Regenwald und Great Barrier Reef aufeinandertreffen. Das tropische Klima und die unberührte Natur bieten beste Bedingungen für eine vielseitige Tier- und Pflanzenwelt: In dieser artenreichsten Region des Kontinents gedeihen über 3.500 Pflanzenarten. Zu der facettenreichen Tierwelt gehören insbesondere zahlreiche Reptilienarten. Auf der Halbinsel Cape York gibt es auf einer Fläche von rund 7.480 km² ausgedehnte tropische Regenwälder sowie Savannen, Heidelandschaften und Mangrovenwälder. 3.300 Pflanzen- und 700 Tierspezies sind hier beheimatet.

Wet Tropics National Park (oben) und Millaa Millaa Falls im Atherton Tableland (unten)

Tropische Regen- und Monsunwälder

HELMKASUARE

Nach dem afrikanischen Strauß und dem Großen Emu ist der flugunfähige Helmkasuar weltweit der drittgrößte Vogel. Er wird etwa 1,50 Meter lang, hat eine Schulterhöhe von rund 90 Zentimeter und wiegt bis zu 70 Kilogramm. Auf dem Kopf trägt dieser Laufvogel, der ver-

Der »Helm« macht ihn einzigartig.

steckt in Wäldern Neuguineas und Australiens lebt, ein helmartiges Horngebilde, das das Tier im Dickicht schützt. Der Helmkasuar gilt als gefährdete Art, bedroht vom Schwund seines Lebensraums, von der Jagd auf die schmückenden Federn und vom Straßenverkehr.

Helmkasuare leben einzeln und in einem festen Revier – bis zur Brutzeit (rechts). Nachdem die Henne drei bis acht große hellgrüne Eier ins Nest gelegt hat, zieht sie weiter. Das Männchen brütet die Eier aus und kümmert sich danach noch etwa neun Monate um die hellbraun gestreiften Küken. Auf dem Speiseplan der Helmkasuare stehen vorwiegend Früchte, Pilze, Insekten, kleine Säugetiere und Vögel sowie deren Eier.

290 Tropische Regen- und Monsunwälder

DIE GRÖSSTEN REGENWALDVÖGEL DER ERDE

Ein Helmkasuar streunt in einem Getreidefeld im australischen Bundesstaat Queensland herum. Sein natürlicher Lebensraum befindet sich jedoch im Unterholz des dichten Regenwalds.

Tropische Regen- und Monsunwälder

AFRIKA

Nicht einmal mehr 10 % des afrikanischen Kontinents zu beiden Seiten des Äquators sind noch von immergrünem Regenwald bedeckt – der ehemals geschlossene Grüngürtel ist heute mehrfach von Savannen unterbrochen.

WESTAFRIKA

Im tropisch-wechselfeuchten Klima im Westen des afrikanischen Kontinents gedeihen noch großflächige Regenwälder. Die Elfenbeinküste etwa ist geprägt von Wäldern mit Affenbrotbäumen, Orchideen und Epiphyten sowie einer artenreichen Fauna. Der Afrikanische Elefant, dessen Stoßzähne der Elfenbeinküste den Namen gaben, ist heute nur noch in Reservaten zu sehen, da Jagd und Wilderei nach den begehrten Tierzähnen den Bestand erheblich reduziert haben. In den Wäldern der Elfenbeinküste leben Flusspferde, Primaten (wie der mittlerweile vom Aussterben bedrohte Schimpanse), Nage- und Schuppentiere, Raubkatzen wie Löwen und Leoparden, Krokodile und Schlangen sowie unzählige Vögel. Auch auf dem Staatsgebiet Ghanas (früherer Name: Goldküste) liegen große Waldgebiete mit einer reichen Pflanzen- und Tierwelt, deren Bestände jedoch in den letzten 50 Jahren halbiert wurden – vor allem wegen der Rodung von für den Export bestimmten Edelgehölzen wie Mahagoni- und Walnussbäumen.

KONGO-BECKEN

Den größten Anteil an tropischem Regenwald in Afrika stellt das Kongo-Becken, das nach dem Amazonas-Becken das zweitgrößte zusammenhängende Regenwaldgebiet der Erde ist und sich über ganz Zentralafrika erstreckt. Die Regenwälder hier sind noch intakt und trotz der Nähe zur dicht besiedelten Westküste kaum erschlossen. Das Kongo-Becken ist deshalb ein »Reservat ursprünglichen Lebens«: Hier haben sich Arten erhalten, die anderswo längst ausgestorben sind. Auch die Gorillas und die noch selteneren Berggorillas sind in dieser Region zu Hause. Außerdem Schimpansen und Bonobos, Waldelefanten und Waldbüffel, Bongoantilopen und Waldgiraffen. Die Artenvielfalt der Region ist einzigartig: Die Kongo-Regenwälder beheimaten über 400 Säugetierarten, mehr als 1.000 Vogelspezies und wahrscheinlich über 10.000 Pflanzenarten. Viele Bewohner des Regenwaldes haben sich in den höheren »Etagen« ein-

Nouabalé-Ndoki-Nationalpark, Kongo

gerichtet, wo sie auf den Ästen der Bäume regelrechte »Trampelpfade« haben. Viele dieser Arten sind bis heute unerforscht bzw. völlig unbekannt. Auch manche Bodentiere wurde erst vor kurzer Zeit entdeckt.

Die Luftaufnahme zeigt die sumpfige Waldlichtung Mbeli Bai im Nouabalé-Ndoki-Nationalpark im Kongobecken.

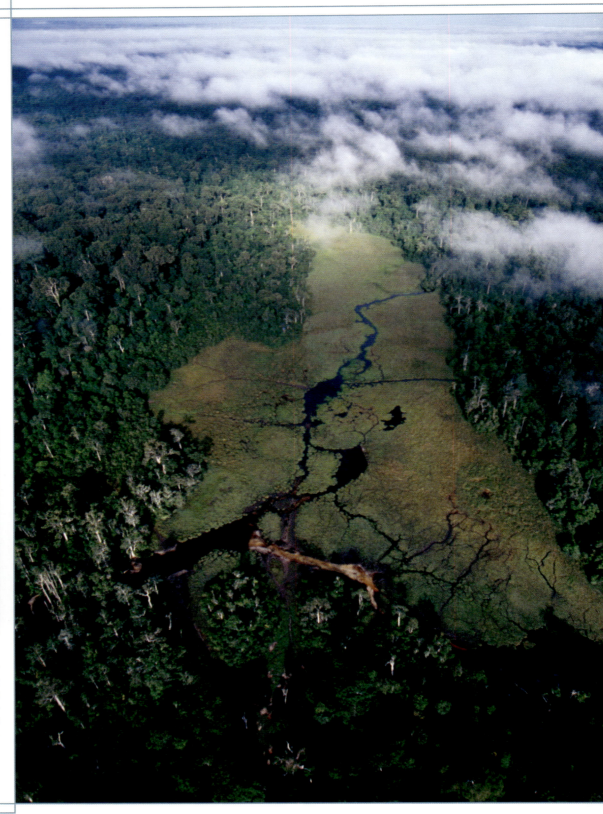

Impressionen aus dem westafrikanischen Regenwald: der Kintampo-Wasserfall (links) und ein dichtes Regenwalddach in Ghana (Mitte) sowie der von Regenwald gesäumte Hana-Fluss (rechts) im Tai-Nationalpark im Südwesten der Elfenbeinküste, dem letzten großen Regenwaldgebiet Westafrikas.

MADAGASKAR

Vor rund 130 Millionen Jahren hat sich Madagaskar, die viertgrößte Insel der Erde, vom afrikanischen Kontinent abgelöst und ist weit in den Indischen Ozean gedriftet. In etwa 400 Kilometer Entfernung von der ostafrikanischen Küste konnte sich in dieser Isolation wie auf einer Arche Noah eine sehr urtümliche Tier- und Pflanzenwelt erhalten, die auf dem afrikanischen Festland längst ausgestorben ist. Doch Brandrodung bedroht heute das einzigartige Paradies. Da Madagaskar im Gegensatz zu vulkanischen Inseln nicht »frisch aus dem Meer geboren« wurde, musste dieses Land von den Tieren und Pflanzen nicht mühsam neu erobert und besiedelt werden. Die meisten Arten befan-

Im Montagne-d'Ambre-Park, Madagaskar

den sich bereits darauf und konnten im Unterschied zu ihren Artgenossen auf dem Festland überleben, weil für sie dort günstigere Bedingungen herrschten – es fehlte zum Beispiel die Konkurrenz höher entwickelter Arten. Als Kolonisten auf Madagaskar gelten lediglich einige Säugetiere, die die Straße von Mosambik schwimmend oder fliegend überqueren konnten. Echte Ureinwohner Madagaskars sind aber die Reptilien und die Amphibien. Rund 80 % der Flora (davon allein 86 % der Blütenpflanzen) und zahlreiche Tierarten sind endemisch, also nur in dieser Region der Welt zu finden. Etwa zwei Drittel aller Chamäleonarten der Erde sind ausschließlich hier heimisch, darunter das Riesenchamäleon. In den unerschlossenen Regenwäldern der Halbinsel Masoala vermutet man viele noch unbekannte Pflanzen und Tiere.

Geschützter Regenwald auf Madagaskar: der bewaldete Ambatotsondrona im Marojejy-Nationalpark (oben), Baumriesen im Andringitra-Nationalpark (unten).

Tropische Regen- und Monsunwälder

WALDELEFANTEN

Der dunkelgraue Waldelefant, das drittgrößte Landtier der Erde, ist deutlich kleiner als sein Vetter, der Afrikanische Elefant, der auch viel größere Ohren hat. Markante Merkmale des Waldelefanten sind seine schaukelnde Gangart, der massige Körper mit gewölbtem Rücken, der nach hinten etwas abfällt, sowie der Rüssel mit zwei »Fingern«, mit denen er sehr geschickt seine Nahrung – wie etwa Blätter, Grashalme, Zweige, Baumrinde, Wurzeln und Früchte – greifen kann. Der Waldelefant frisst täglich bis zu 16 Stunden lang und nimmt dabei etwa 100 bis 150 Kilogramm Nahrung zu sich. Er lebt in den äquatornahen Regenwäldern und Sumpfgebieten Zentral- und Westafrikas, relativ häufig ist er im Kongo-Becken zu sehen. Doch aufgrund der Zerstörung der tropischen Urwälder und der Jagd steht der Waldelefant heute kurz vor der Ausrottung. Die Elefantenweibchen (meist Schwestern oder andere nahe Verwandte) und ihre Jungen bilden stabile Familienherden, deren Anführerin, die Matriarchin, angibt, wann gefressen, getrunken, gebadet und geschlafen werden soll. Die Elefantenbullen dagegen leben in eher losen Junggesellengruppen oder aber als Einzelgänger und schließen sich einer Herde nur dann vorübergehend an, wenn eine Kuh empfängnisbereit ist. Beim Afrikanischen Elefanten kommt es zuweilen vor, dass sich mehrere Weibchen- und Jungbullengruppen zu großen Herden zusammentun. Beim Waldelefanten ist dies jedoch niemals der Fall.

Waldelefanten leben häufig als Einzelgänger oder in kleineren Gruppen.

DIE GRÖSSTEN TIERE DER AFRIKANISCHEN WÄLDER

Elefanten trinken 80 l Wasser am Tag. Obwohl die Tiere Gräben nicht durch einen Sprung überwinden können, begeben sie sich zu Seen und Flüssen, da das Wasser sie trägt und sie längere Strecken ohne Ermüdungen schwimmend zurücklegen.

Tropische Regen- und Monsunwälder 295

GORILLAS

BERGGORILLAS

Von der Küste Äquatorialguineas bis Ostafrika reichte einst der Lebensraum des Gorillas. Heute existieren zwei getrennte Populationen: die Flachlandgorillas und die ausschließlich auf die Virunga-Vulkane im Grenzgebiet zwischen Uganda, Ruanda und der Demokratischen Republik Kongo beschränkten Berggorillas. Von dieser Art gibt es vermutlich nur noch etwa 400 bis 700 Tiere. Die Pflanzen fressenden Primaten leben in famili-

Imponiergehabe eines Silberrückens

Gorilla im Virunga-Park, Ruanda

enähnlichen Verbänden aus einem ausgewachsenen Silberrücken-Männchen, etwa vier fortpflanzungsfähigen Weibchen und dem gemeinsamen Nachwuchs. Berggorillas verbringen den größeren Teil ihres Lebens auf dem Boden und klettern nur selten auf Bäume.

FLACHLANDGORILLAS

Flachlandgorillas werden in eine Östliche und eine Westliche Unterart eingeteilt. Östliche Flachlandgorillas sind mit bis zu 1,75 Metern die größten Primaten. Sie bewohnen das Tief- und Hügelland am östlichen Rand des Kongo-Beckens. Die Westlichen Flachlandgorillas sind dafür die am weitesten verbreitete Gorillaart. Sie leben in der Küstenregion am Golf von Guinea zwischen den Mündungen des Niger und des Kongo. Wie die Berggorillas sind ihre Verwandten

Flachlandgorillas im Nouabalé-Ndoki-Nationalpark in der Republik Kongo

im Flachland tagsüber aktiv und bauen sich für die Nacht Blätternester in den Bäumen oder am Boden. Die friedfertigen Nomaden müssen aufgrund ihrer Größe und Intelligenz keine natürlichen Feinde fürchten. Doch inzwischen bedroht der Mensch die Gorillas: Obwohl ihre letzten Lebensräume als Schutzgebiete ausgewiesen sind, werden sie zur Gewinnung von Bau- und Brennholz sowie für die landwirtschaftliche Nutzung gerodet. Zudem fallen viele Gorillas Wilderern zum Opfer, die das Fleisch oder den Schädel (als Trophäe) verkaufen.

Trotz ihrer imposanten Erscheinung sind Gorillas im Prinzip sehr friedliebend und kaum aggressiv. Ihre Ernährung ist vegetarisch.

DIE GRÖSSTEN PRIMATEN DER ERDE

Tropische Regen- und Monsunwälder

BAOBABS

Einer der charakteristischsten Bäume des tropischen Afrikas ist der Baobab oder Affenbrotbaum mit seinem eher kurzen, aber sehr kräftigen Stamm und seiner ausladenden Krone. Wenn sie keine Blätter trägt, ähnelt die Baumkrone einer Wurzel – eine Legende besagt, die Götter hätten im Ärger über die Sünden der Menschen den Baobab ausgerissen und verkehrt herum wieder eingepflanzt. Der Baobab, ein periodisch laubabwerfender Baum, dessen Blätter kurz vor der Regenzeit austreiben, kommt südlich der Sahara

Affenbrotbäume auf Madagaskar

Der Stamm ist oft extrem dick.

Ein grün belaubter Baobab in Südafrika

in ganz Afrika vor, in Madagaskar gibt es endemische Arten. Während der Regenzeit kann der Baum bis zu 140.000 Liter Wasser speichern und dient in den trockenen Monaten als wertvolles Wasserreservoir für die Menschen und Tiere. Sein robuster Stamm übersteht Feuer nahezu unbeschadet.

Großes Bild: Eine Art der Affenbrotbäume, der »Adansonia grandidieri«, bildet bei Morondava an der Westküste Madagaskars eine ganze Allee.

DIE GRÖSSTEN SUKKULENTEN DER ERDE

DER GRÖSSTE BAOBAB DER ERDE

Der »Big Baobab« bei Tzaneen in Südafrika gilt mit 22 Metern Höhe und rund 47 Metern Umfang als größter Affenbrotbaum der Welt. 1993 höhlten die Grundstückseigner den Stamm aus und richteten darin eine Bar ein. Doch noch immer trägt der mächtige Baum jedes Frühjahr Blüten.

Tropische Regen- und Monsunwälder

PARSONS-CHAMÄLEONS / RIESENCHAMÄLEONS

Rund zwei Drittel aller Chamäleonarten sind ausschließlich in den Wäldern und Savannen auf Madagaskar heimisch, darunter das Parsons-Chamäleon und das Riesen- oder Madagaskar-Riesenchamäleon, das eine Länge von bis zu 68 Zentimetern erreicht. Beide Arten haben einen kräftigen Kopf mit einem stark ausgebildeten »Helm«. Das Parsons-Chamäleon-Männchen hat darüber hinaus zwei schaufelförmige, beschuppte Hornfortsätze an der Spitze der Schnauze. Die männlichen Parsons-Chamäleons sind meist türkisblau, die Weibchen eher grün. Manche Exemplare haben einen gelben Fleck in der Rumpfmitte. Das männliche Riesenchamäleon zeichnet sich durch eine etwas schmutzig wirkende braun-graue Tarnfarbe aus. Das Weibchen ist bunter gefärbt mit hauptsächlich Grüntönen und weißen Flecken an den Seiten. Da sich Chamäleons überwiegend von Insekten ernähren, sind sie von den Madagassen als Fliegenfänger gerne gesehen.

Riesenchamäleon-Weibchen

DIE GRÖSSTEN CHAMÄLEONS
DER ERDE

Das Parsons-Chamäleon, das bis zu 60 cm lang werden kann, kommt ausschließlich in den Regenwäldern Madagaskars vor. Es jagt auf Bäumen nach Insekten, aber auch nach kleinen Vögeln oder Säugetieren. Die muskulöse, klebrige Zunge, die das Parsons-Chamäleon dabei herausschleudert, ist bis zu doppelt so lang wie sein schuppiger Körper (großes Bild).

Tropische Regen- und Monsunwälder

NORD- UND MITTELAMERIKA

Tropische Regenwälder finden sich vor allem in Mittelamerika, das Klima Nordamerikas begünstigt Regenwälder der gemäßigten Breiten.

MITTELAMERIKA

In mehreren Ländern Mittelamerikas, darunter Costa Rica, Honduras, Panama und Nicaragua, gibt es noch größere Regenwaldflächen. Panamas Provinz Darién etwa ist eine Hügellandschaft mit dichten Wäldern, deren Artenvielfalt jedoch nach wie vor von der Brandrodung bedroht ist. Costa Rica, südlich von Panama, bekam seinen Namen (»Reiche Küste«) einst wegen der atemberaubenden natürlichen Schätze, die das Land zu bieten hat. Und noch immer leben an der Grenze zwischen Nord- und Südamerika einige Tiere aus beiden Kontinenten, auch seltene Arten wie Kapuzineraffe oder Jaguar. In Costa Rica werden inzwischen erste Erfolge der Wiederherstellung des natürlichen Waldes vermeldet, der vor etwa 50 Jahren fast vollständig abgeholzt worden war. In Nicaragua findet man sowohl besonders artenreiche tropische Regenwälder als auch Mangrovensümpfe, und in Honduras gibt es noch einige Bestände an bislang unerforschtem Urwald, der ungezählten Pflanzen- und Tierarten ein Refugium bietet.

In Costa Rica findet man atemberaubende Landschaften, etwa am Vulkan Arenal (links), und viele blühende Pflanzen wie diese Bromelie (rechts). Die Nebel- und Regenwälder im Osten Panamas zeichnen sich durch hohe Biodiversität aus (Mitte links). Auf St. Lucia, einer Insel der Kleinen Antillen, sind zahlreiche Berge – hier die knapp 800 m hohen Twin Pitons – mit dichtem Regenwald bedeckt (unten).

KARIBISCHE INSELN

In Kuba wurden zum Schutz der Ökosysteme Nationalparks eingerichtet, u. a. der Parque Nacional Alejandro de Humboldt mit Trocken- und Regenwäldern und Mangroven. Auch Jamaikas Cockpit Country ist eine üppig grüne Waldlandschaft mit einer besonderes hohen biologischen Vielfalt. Hier finden einige Arten, die der Mensch im Rest der Insel bereits vertrieben hat, ein letztes Rückzugsgebiet. Zu sehen sind z. B. viele Schlangen, Schmetterlinge, Papageien und Frösche. Die Insel Hispaniola, die sich die Staaten Haiti und Dominikanische Republik teilen, ist noch zu etwa 50 % von Regenwäldern bedeckt. Im Anteil der Dominikanischen Republik findet man besonders viele Tierarten, etwa Kolibris, Land- und Meeresschildkröten, Flamingos und Reiher. Puerto Rico hat den herrlichen Regenwald El Yunque zu bieten, der von Wasserfällen, Tropenvegetation (u. a. Farne, Orchideen und Palmen) sowie zahllosen Vogelarten geprägt ist.

Dies ist die Heimat der farbenfrohen puerto-ricanischen Papageien und des Baumfrosches »El Coqui«, dem Maskottchen der Puerto Ricaner. Dominica mit seiner tropischen Flora und Fauna gilt als die ursprünglichste Insel der Kleinen Antillen. Besonders das Kerngebiet der Insel ist von dichten Regenwäldern geprägt. Auf der Insel Guadeloupe liegt der gleichnamige Nationalpark, in dessen tropischen Regenwäldern z. B. Mahagonibäume wachsen. In diesem Park leben Papageien, Sittiche, Fledermäuse, Guadeloupe-Waschbären, Mungos und die vom Aussterben bedrohten Agutis. Auch auf Trinidad und Tobago findet man noch ausgedehnte Regenwälder mit Wasserfällen und einer artenreichen Tier- und Pflanzenwelt sowie riesige Sumpfgebiete. Das von Flüssen durchzogene vulkanische Hügelland von St. Lucia ist von Regenwaldvegetation mit Bougainvillea, Hibiskus, wilden Orchideen und Rosen bedeckt, die vor allem in den Höhenlagen noch ursprünglich erhalten ist.

Bis in die Bergregionen reicht der tropische Regenwald im Darién-Nationalpark in Panama, dem mit einer Fläche von 579.000 ha größten Nationalpark Mittelamerikas.

Tropische Regen- und Monsunwälder

JAGUARE

Der bis zu 1,50 Meter lange Jaguar ist – nach dem Tiger und dem Löwen – die drittgrößte Großkatze der Welt und die größte in Amerika. Mit der gelben Grundfarbe und den schwarzen Ringflecken ähnelt er dem Leoparden Afrikas und Asiens, die Flecken sind aber größer als bei diesem, und der Schwanz des Jaguars ist kürzer. Der bevorzugte Lebensraum des

Der Köperbau ist gedrungen.

Jaguare sind Einzelgänger.

Jaguars ist der Regenwald Süd- und Mittelamerikas, vor allem das Amazonasgebiet. Um an Nahrung zu kommen, pirscht sich die Raubkatze an ihre Beutetiere – z. B. Agutis, Pekaris oder Hirsche – heran und tötet sie mit einem Prankenhieb oder einem Biss in den Schädel. Der massive Kopf und die starke Kiefermuskulatur wirken dabei wie ein Nussknacker. Da haben auch gepanzerte Schildkröten keine Chance mehr. Jaguare sind die einzigen Großkatzen, die so ihre Beute erlegen.

Ein Jaguar beim Trinken (großes Bild). Wenn sich die Gelegenheit ergibt, erbeuten Jaguare auch Fische und sogar kleine Kaimane.

304 Tropische Regen- und Monsunwälder

DIE GRÖSSTEN RAUBTIERE DER AMERIKANISCHEN REGENWÄLDER

Jaguare und Leoparden sind nah verwandt, wenn sie auch auf verschiedenen Kontinenten leben: Sie gehören beide zur Gattung Panthera. Wie beim Leoparden (»Pantherus pardus«) kommt es auch beim Jaguar (»Pantherus onca«) recht häufig zu Melanismus, also einer Schwarzfärbung des Fells. Die schwarzen Jaguare werden – wie auch die schwarzen Leoparden – als Schwarze Panther bezeichnet. Das Fell der Panther erscheint jedoch nur auf den ersten Blick völlig schwarz, bei Lichteinfall hingegen wird die gefleckte Fellstruktur sichtbar.

Tropische Regen- und Monsunwälder 305

BIENENELFEN

Die Bienenelfe aus der Familie der Kolibris ist der kleinste Vogel der Welt. Das Bienenelfenweibchen misst von der Schnabelspitze bis zum Schwanzende sieben, das Männchen sogar nur 6,3 Zentimeter. Das Gewicht der auch als Elfenkolibris bekannten Vögel liegt bei etwa 2 Gramm. Die Heimat der Bienenelfen ist ausschließlich die Karibikinsel Kuba, wo sie noch in drei weit auseinanderliegenden Waldgebieten zu finden sind. Das Nest baut das Weibchen aus Pflanzen-

Größenvergleich mit einem Bleistift

fasern, und auch am Brutgeschehen nimmt das Männchen kaum Anteil. Nach etwa zwei Wochen schlüpfen die Jungen, nach drei Wochen sind sie flügge. Die Bienenelfe ernährt sich von Nektar und kleinen Insekten, die sie in den Blüten findet.

Großes Bild: Eine weibliche Bienenelfe beim Brüten in ihrem Nest auf Kuba. Die Weibchen brüten zwei- bis dreimal im Jahr jeweils zwei Eier aus.

DIE KLEINSTEN VÖGEL
DER ERDE

Die winzigen, federleichten Bienenelfen mit ihrer schönen Gefiederfärbung ernähren sich vorwiegend von Blütennektar. Sie »schweben« mit über 80 Flügelschlägen pro Sekunde vor der Blüte und saugen mithilfe ihres dünnen Schnabels und ihrer doppelt so langen Zunge den Nektar aus den Blüten.

Tropische Regen- und Monsunwälder 307

SÜDAMERIKA

Die Mehrheit der tropischen Regenwälder befindet sich in Südamerika. Das größte Regenwaldgebiet der Erde erstreckt sich im südamerikanischen Amazonas-Becken (siehe Kapitelanfang).

ORINOCO-TIEFLAND

Venezuela lässt sich in drei größere Landschaftsräume einteilen: das Gebirgsland der Anden, das Guayana-Hochland und das Orinoco-Tiefland. Zu den schönsten Gegenden Venezuelas gehören die Llanos del Orinoco, eine weite Ebene mit unglaublich vielen Tierarten und einer üppigen, fruchtbaren Vegetation. Zahlreiche Flüsse und Kanäle schlängeln sich durch verschiedene Landschaftsformen in Richtung Atlantik. Den Großteil dieser Region machen jedoch tropische Regenwälder mit Palmen, Fruchtbäumen, Orchideen, Bromelien und Baumfarnen aus, die Flüsse sind voller Mangroven. Im Orinoco-Tiefland leben, um nur einige Tiere zu nennen, Jaguar, Puma, Ozelot, Waschbär, Riesenotter, Brüll- und Kapuzineraffe und Wasserschwein. Außerdem gibt es viele Amphibien, Reptilien und Fische, und nicht zuletzt ist diese Region als Vogelparadies bekannt: Zu den gefiederten Bewohnern der Regenwälder am Orinoco gehören z. B. Papageien, Kormorane, Tukane, Eisvögel, Kolibris und Paradiesvögel.

BERGLAND VON GUAYANA

Das stark zerklüftete Bergland von Guayana erstreckt sich über eine riesige Fläche von 1,5 Millionen km² – vom Osten Kolumbiens durch Südvenezuela, Nordbrasilien, Guyana und Suriname bis nach Französisch-Guayana – und wird durch den Atlantischen Ozean sowie das Amazonas- und das Orinoco-Tiefland begrenzt. Gekennzeichnet wird das Hochland, eine

Baum mit Epiphyten in Venezuela

sehr alte geologische Formation aus vorwiegend Granitgestein, u. a. von mächtigen Tafelbergen, den Tepuis. Diese Berge, auf deren Hochplateaus sich aufgrund ihrer vom Regenwald isolierten Lage eine endemische Flora und Fauna entwickelt hat, überragen die über 1.000 Meter dicke, flache Sandsteintafel namens Gran Sabana. Von einigen dieser Tafelberge stürzen gewaltige Wasserfälle – darunter der Salto Angel, mit annähernd 1.000 Metern Fallhöhe der höchste Wasserfall der Welt – in den tropischen Regenwald hinab. Die höchste Erhebung der Region, die auch Guayana-Schild oder Guayana-Massiv genannt wird, ist mit 2.994 Metern der Pico da Neblina. Den niedrigeren Teil des Berglands im Osten bedecken tropische Regenwälder, die über eine eindrucksvolle Vielfalt an Pflanzen- und Tierarten verfügen – darunter befinden sich besonders viele Vogelgattungen. Weiter westlich herrschen Savannen- und Graslandschaften vor, in denen u. a. Kakao, Reis, Zuckerrohr und Baumwolle angebaut werden.

Zur vielfältigen Vegetation im dichten »Atlantischen Regenwald« in Brasilien gehören auch riesige Baumfarne (»Dicksonia sellowiana«).

Tropischer Regenwald spiegelt sich in einer ruhigen Lagune im Orinoco-Delta in Venezuela (links).

BRASILIENS ATLANTISCHE WÄLDER

Die Mata Atlântica, der »Atlantische Regenwald«, erstreckte sich einst über knapp 3.000 Kilometer an der brasilianischen Atlantikküste. Heute sind davon inmitten der von Menschenhand geprägten Kulturlandschaft nur noch kleine Waldinseln übrig, die jedoch immer noch einen sehr großen Reichtum an Pflanzen und Tieren aufweisen, von denen viele endemisch sind. Da im Gebiet der »Atlantischen Regenwälder« Brasiliens größte Städte liegen, gehören sie zu den meistbedrohten Waldgebieten der Welt. Die UNESCO hat sie inzwischen als Biosphärenreservat und teils als Welterbe geschützt,

Im Regenwald Brasiliens gedeihen Boden- und Kletterbegonien.

was illegal durchgeführte Rodungen nicht verhindern kann. Die einzigartige Vegetation der Mata Atlântica bietet von der Küstenebene bei Cananéia bis zur 1.400 Meter hohen Serra Paraná Piacaba so unterschiedliche Formen wie Salzwasserlagunen, Wanderdünen, Sandstrände, Mangrovenhaine, Acker- und Weideland und gehört zu den ökologisch wertvollsten Nischen Südamerikas. Auf und an den Bäumen des Regenwalds wachsen Farne, Orchideen, Begonien und Bromelien, die wiederum z. B. Baumfröschen als Lebensraum dienen. Weitere Vertreter der Fauna sind Flachland-Tapir, La-Plata-Otter und Harpyie (eine Adlerart).

Moos und Flechten bewachsen viele Bäume im Regenwald.   **Blühende Farbkleckse: Flamingoblumen**

Tropische Regen- und Monsunwälder

GROSSE ANAKONDAS

Erst wenn man eine Große Anakonda mit eigenen Augen gesehen hat, erkennt man die Ausmaße dieser Giganten. Hier halten peruanische Matse-Indianer ihre Jagdbeute in die Kamera: eine 5,50 Meter lange Anakonda.

DIE GRÖSSTEN SCHLANGEN DER ERDE

Die hauptsächlich in den Regenwäldern am Amazonas und Orinoco lebende Große Anakonda (»Eunectes murinus«) wird bis zu neun Meter lang und rund 150 Kilogramm schwer. In der Länge ist ihr nur der asiatische Netzpython ebenbürtig, der jedoch deutlich schlanker ist. Somit ist die Große Anakonda die größte Schlange der Welt. Ihr muskulöser Körper ist gelblich-graubraun gefärbt und hat zwei Reihen großer, ovaler dunkler Flecken, die Bauchseite ist dagegen weißlich bis gelb-

Die Große Anakonda ist durch ihre Färbung gut getarnt.

lich. Hinter den Augen beginnen zwei schwarze Linien, die zum Hals hin auslaufen. An Land ist die Anakonda eher langsam und träge, im Wasser aber bewegt sie sich schnell, wobei sie ihre Nasenlöcher fest verschließt. Sie ernährt sich vorzugsweise von Landtieren, die sie im Uferbereich fängt, dann unter Wasser zieht und mit ihrem Körper erwürgt. Das Weibchen bringt pro Wurf über 30 voll entwickelte Junge zur Welt, deren Länge bei der Geburt bereits etwa 70 Zentimeter beträgt.

Eine Große Anakonda lauert im Geäst eines Baumes auf Beute. Wasserschweine, Tapire und sogar Kaimane erstickt sie durch Umschlingen.

GEBIRGE UND HOCHLÄNDER

Schon immer erlagen die Menschen der Schönheit der majestätischen Bergwelt. Viele Völker sehen die unerreichbaren Gipfel bis heute als Sitz der Götter und Wohnstatt von Geistern an. Noch bis weit ins 20. Jahrhundert hinein waren die Achttausender der höchsten Gebirgsmassive der Erde, Himalaya und Karakorum, unbezwungen. 1950 erreichten die ersten Menschen, Maurice Herzog und Louis Lachenal, den Gipfel der Annapurna I, drei Jahre später erklommen Edmund Hillary und Tenzing Norgay den Mount Everest, den »Thron der Götter« und höchsten Berg der Erde. Entstanden sind diese asiatischen Gebirge wie auch die europäischen Alpen sowie die Rocky Mountains Nordamerikas und die Anden Südamerikas in langen Zeiträumen durch Auffaltung, hervorgerufen von den permanenten Bewegungen der Kontinentalplatten. Gleiten diese aufeinander zu, werden die Landmassen gestaucht, aufgefaltet und zu Gebirgen aufgeschichtet. Aufgrund der anhaltenden Plattenbewegung wachsen die Gipfel der Erde unaufhörlich auch heute noch jedes Jahr um einige Millimeter. Fast jede Landmasse dieser Erde hat ihre Berge der Superlative.

Untergehende Sonne am Mount Everest

DIE HÖCHSTEN GEBIRGE DER ERDE
Höhe des höchsten Berges über dem Meeresspiegel

❶ **Himalaya**
Asien
Mount Everest — 8.850 m

❷ **Karakorum**
Asien
K2 — 8.611 m

❸ **Kunlun Shan**
Asien
Muztag — 7.724 m

❹ **Pamir**
Asien
Kongur Shan — 7.719 m

❺ **Hindukusch**
Asien
Tirich Mir — 7.707 m

❻ **Tian Shan**
Asien
Jengish Chokusu — 7.439 m

❼ **Transhimalaya**
Asien
Ningchin Kangsha — 7.206 m

❽ **Anden**
Südamerika
Aconcagua — 6.963 m

❾ **Alaska Range**
Nordamerika
Mount McKinley — 6.194 m

❿ **St. Ellas Mountains**
Nordamerika
Mount Logan — 5.959 m

⓫ **Kilimandscharo**
Afrika
Kibo — 5.895 m

⓬ **Sierra Nevada de Santa Marta**
Südamerika
Pico Cristóbal Colón — 5.775 m

⓭ **Kaukasus**
Europa
Elbrus — 5.642 m

⓮ **Sierra Madre Oriental**
Mittelamerika
Citlaltépetl — 5.636 m

⓯ **Mount-Kenya-Massiv**
Afrika
Batian — 5.199 m

⓰ **Ellsworth Range**
Antarktis
Mount Vinson — 4.892 m

Der schneebedeckte Mount McKinley (großes Bild) spiegelt sich im Wonder Lake im Denali-Nationalpark. Mit 6.194 m ist der Mount McKinley, Teil der Alaska Range, der höchste Berg des nordamerikanischen Kontinents.

HIMALAYA

Auf der Satellitenaufnahme ist nur ein kleiner Teil des Himalaya zu sehen. Insgesamt wirkt die Gebirgskette von Süden gesehen wie ein gigantischer Bogen, in dessen Zentrum sich die höchsten Gipfel der Erde konzentrieren. Aufgrund seiner gewaltigen Massenerhebung fungiert der Himalaya als Klima- und Vegetationsscheide zwischen Nord und Süd.

DAS HÖCHSTE GEBIRGE DER ERDE

Die Satellitenaufnahme zeigt einen Abschnitt des höchsten Gebirges der Welt, des Himalaya in Tibet und Nepal. Hufeisenförmig umschließt eine Kette aus Sieben- und Achttausendern zahlreiche fast schneefreie Täler, die alle im nepalesischen Nationalpark Sagarmatha liegen. Hier ragen auch die berühmten Achttausender auf, darunter – im Bild zu sehen – der Cho Oyu (8.201 Meter), der Mount Everest (8.850 Meter), der Lhotse (8.516 Meter) und der Makalu (8.463 Meter). Gut zu erkennen ist, wie sich riesige Gletscherzungen bis weit in die Täler hineinschieben. Diese Gletscherflüsse münden in den Dudh Kosi, der gen Süden zum Sunkoshi fließt und die Quellgebiete der größten Ströme Asiens, Brahmaputra, Ganges und Indus, speist. Einige der 19 Flüsse, die das Himalaya-System entwässern, verlassen in tiefen Durchbruchstälern, deren Steilränder bis zu fünf Kilometer in die Höhe ragen, die Gebirgsketten nach Süden.

Satellitenbild des Mount Everest: Der Gipfel befindet sich etwa in der Bildmitte.

Die Nordflanke des Mount Everest

Gebirge und Hochländer 315

MOUNT EREVEST

ERSTBESTEIGUNG

Im Frühjahr 1953 versuchten mehrere Gruppen einer britischen Expedition, den Gipfel des höchsten Bergs der Erde, den »Thron der Welt« zu erklimmen. Der neuseeländische Imker und Bergsteiger Edmund Hillary und sein nepalesischer Sherpa Tenzing Norgay erreichten am 29. Mai als erstes Zweierteam den Gipfel des Mount Everest, nachdem eine Gruppe vor ihnen 100 Meter vor dem ersehnten Ziel hatte umkehren müssen. Seit der Erstbesteigung durch Hillary und Norgay haben viele Hundert Menschen den Berg bezwungen, mehr als 200 starben jedoch beim Auf- oder Abstieg.

Tenzing Norgay und Edmund Hillary beim Teetrinken nach ihrer Bezwingung des Mount Everest im Mai 1953 im Western Cwm (ganz oben). Die beiden Männer verband danach eine lebenslange Freundschaft.

Der Mount Everest, benannt nach dem britischen Landvermesser Sir George Everest, wird auf nepalesisch Sagarmatha (»Stirn des Himmels«) und auf tibetisch Qomolangma (»Mutter des Universums«) genannt. Er ist mit 8.850 Metern über dem Meeresspiegel der höchste Berg der Erde und befindet sich im Khumbu Himal in Nepal an der Grenze zu Tibet. Auf nepalesischer Seite ist er Teil des Sagarmatha-Nationalparks, auf der Nordseite gehört er zum Qomolangma National Nature Reserve.
Wie der gesamte Himalaya entstand der Mount Everest durch die Plattentektonik, als die Indi-

DER HÖCHSTE BERG DER ERDE

sche mit der Eurasischen Platte kollidierte. Die kleinere Indische Platte schiebt sich nach wie vor mit etwa drei Zentimetern pro Jahr unter Eurasien. Der Mount Everest wächst in der Folge noch immer, allerdings nur wenige Millimeter jährlich.

Aufgrund der großen Höhe beträgt der Luftdruck auf dem Mount Everest nur knapp ein Drittel des Normaldrucks auf Meeresspiegelniveau. Es herrschen extreme Temperaturschwankungen und starke Winde. Nach Überzeugung der einheimischen Bevölkerung dienen die steilen Himalaya-Gipfel im ewigen Schnee den Göttern als Wohnsitz. Seit Beginn des 20. Jh. versuchen sich auch Bergsteiger an den Achttausendern. Nach der Erstbesteigung 1953 durch Edmund Hillary und Tenzing Norgay bezwangen Reinhold Messner und Peter Habeler den Gipfel 1978 erstmals ohne zusätzlichen Sauerstoff. Die schnellste Besteigung gelang dem Sherpa Pemba Dorjee, der 2004 vom Basislager bis zum Gipfel nur etwas über acht Stunden brauchte. Der älteste Bergsteiger auf dem Gipfel war im Jahr 2008 der 76-jährige Nepalese Min Bahadur Sherchan. Seit den 1980er-Jahren herrscht ein wahrer »Mount-Everest-Tourismus«, der aufgrund des großen Andrangs und des hohen Müllaufkommens zu Umweltproblemen führte. In der Saison 1996 kehrten zwölf Menschen vom Berg nicht mehr zurück, weil sie von Wetterumschwüngen überrascht wurden. Dünne Luft, eisige Kälte und das unvorhersehbare Wetter gefährden das Leben der Bergsteiger bis heute, auch wenn die technische Ausrüstung in den letzten Jahrzehnten erheblich verbessert wurde. Doch nach wie vor zieht der Mount Everest zahlreiche Menschen an, die einmal auf dem höchsten Punkt der Erde stehen möchten.

Die chinesische Nordseite des Mount Everest. Endpunkt aller Routen hinauf ist ein 2 m^2 großes Gipfelplateau.

ACHTTAUSENDER

K2, Karakorum 8.611 m

Kangchenjunga, Himalaya 8.586 m

Lhotse, Himalaya 8.516 m

Dhaulagiri, Himalaya 8.167 m

Makalu, Himalaya 8.463 m

Manaslu, Himalaya 8.163 m

Cho Oyu, Himalaya 8.201 m

Nanga Parbat, Himalaya 8.126 m

Annapurna I, Himalaya 8.091 m

DIE 14 HÖCHSTEN BERGE DER ERDE

Alle über 8.000 Meter hohen Berge dieser Erde befinden sich in Asien: neun davon im Himalaya, fünf im angrenzenden Karakorum. Sie verteilen sich dabei auf die Länder China (mit Tibet), Indien, Nepal und Pakistan. Fünf Achttausender-Massive liegen ganz auf dem Territorium eines Landes, die restlichen neun haben ihre Basis in zwei verschiedenen Ländern. Als erster Achttausender wurde 1950 die Annapurna bestiegen, drei Jahre später standen die ersten Bergsteiger auf dem Mount Everest, dem höchsten Berg der Erde. Mit mehr als 4.100 Gipfelbesteigungen ist der Mount Everest der unter Bergsteigern begehrteste Gipfel.

Everest, Nuptse und Nebenberge

DIE 14 ACHTTAUSENDER
(mit Erstbesteigungen)

❶ **Mount Everest**
Nepal, China   8.850 m
Hillary, Norgay   1953
❷ **K2**
Pakistan   8.611 m
Compagnoni, Lacedelli   1954
❸ **Kangchenjunga**
Nepal, Indien   8.586 m
Band, Brown   1955
❹ **Lhotse**
Nepal   8.516 m
Luchsinger, Reiss   1956
❺ **Makalu**
Nepal   8.463 m
Terray, Couzy   1955
❻ **Cho Oyu**
Nepal   8.201 m
Tichy, Jöchler, P. Dawa Lama   1954
❼ **Dhaulagiri**
Nepal   8.167 m
Diemberger, Na. Dorje, Forrer, Schelbert, Diener, Ny. Dorje   1960
❽ **Mansalu**
Nepal   8.163 m
Norbu, Imanishi   1956
❾ **Nanga Parbat**
Pakistan   8.126 m
Buhl   1953
❿ **Annapurna I**
Nepal   8.091 m
Lachenal, Herzog   1950
⓫ **Gasherbrum I (Hidden Peak)**
Pakistan, China   8.068 m
Schoening, Kauffman   1958
⓬ **Broad Peak**
Pakistan, China   8.047 m
Buhl, Diemberger, Schmuck, Wintersteller   1957
⓭ **Gasherbrum II**
Pakistan, China   8.035 m
Moravec, Larch, Willenpart   1956
⓮ **Shisha Pangma**
China   8.013 m
Chin. Exped. Hsu Ching   1964

Gasherbrum I (Hidden Peak), Karakorum   8.068 m

Gasherbrum II, Karakorum   8.035 m

Broad Peak, Karakorum   8.047 m

Shisha Pangma, Himalaya   8.013 m

Der Mount Everest überragt alle anderen Achttausender. Die feuchtigkeitsbeladene Luft über der Gipfelpyramide kondensiert zu einer weißen Wolke. Aufgrund des Aussehens dieser »Wolkenfahne« schätzen Bergsteiger die Windgeschwindigkeit am Gipfel ein.

Gebirge und Hochländer   319

ANDEN

Lupinen im Nationalpark Torres del Paine im Süden Chiles

Die Anden, im Spanischen »Cordillera de los Andes«, das längste Kettengebirge der Welt, erstreckt sich entlang der gesamten Pazifikküste des südamerikanischen Kontinents. Fast immer verlaufen mehrere »Teilkordilleren« parallel zueinander. Im Dreiländereck von Peru, Bolivien und Chile erreicht das Gebirge eine Breite von über 700 Kilometer.

Über 3.000 m hoch erheben sich die Granittürme des Fitz-Roy-Massivs aus der patagonischen Ebene im argentinischen Nationalpark Los Glaciares. Der höchste Gipfel, der Cerro Fitz Roy, hat eine Höhe von 3.375 m und gilt als einer der am schwersten zu besteigenden Berge der Welt (großes Bild). Der 5.897 m hohe Cotopaxi in Ecuador ist einer der höchsten aktiven Vulkane der Welt (rechts).

DAS LÄNGSTE GEBIRGE DER ERDE

Die Anden reichen über 7.500 Kilometer vom Karibischen Meer im Norden bis zum Kap Hoorn an Südamerikas Südspitze. Dort löst sich das Gebirge in unzählige kleine Inseln auf. Die Südanden bestehen aus einem schmalen Gebirgszug, der in Feuerland bis auf 1.500 Meter ansteigt, weiter nördlich erreichen die Gipfel bereits 3.000 bis 5.000 Meter. In Mittelchile und Westargentinien ragen die Gipfel über 5.000 Meter auf. Hier liegt auch der höchste Berg der Anden und des amerikanischen Kontinents: der 6.963 Meter hohe Aconcagua. Ab dem 27. Grad südlicher Breite erweitert sich das Gebirge zu den Zentralanden. Zwischen der West- und der Ostkordillere erstreckt sich der Altiplano mit Salzpfannen und Seen wie dem Poopó- oder dem Titicacasee. Nordwestlich des Titicacasees nähern sich die beiden Ketten wieder an. In der nordperuanischen Lücke, in Höhe des fünften südlichen Breitengrades, flachen die Höhenzüge ab und werden schmaler. Hier beginnen die Nordanden, die sich in Ecuador in zwei Hauptketten teilen, mit dem 6.310 Meter hohen inaktiven Vulkan Chimborazo als höchster Erhebung des Landes. Die Kordillere von Mérida, ein Ausläufer der Ostkordillere, reicht bis nach Venezuela hinein. Die gewaltigen Höhen der Cordilleras de los Andes sowie ihre enorme Ausdehnung in Nord-Süd-Richtung über den ganzen südamerikanischen Kontinent machen das Gebirge zur größten Klimascheide der Erde. Während die Ostausläufer der Anden von den Passatwinden mit hohen Niederschlägen versorgt werden, sind große Teile der Westseite des Gebirgszuges vorwiegend von Trockenheit geprägt.

Gebirge und Hochländer

EUROPA

In Europa ist eine Vielzahl von Gebirgen durch die Kollision der Afrikanisch-Arabischen mit der Eurasischen Platte vor 35 Millionen Jahren entstanden.

KAUKASUS
Elbrus (Westgipfel)   5.642 m

Der Kaukasus ist ein etwa 1.100 Kilometer langes Hochgebirge in Eurasien zwischen dem Schwarzen und dem Kaspischen Meer. Er liegt auf den Territorien Russlands, Georgiens, Armeniens, Aserbaidschans sowie der nordöstlichen Türkei. Das Hochgebirge unterteilt sich in den Großen und den Kleinen Kaukasus. Die höchste Erhebung – und zugleich auch Russlands höchster Berg – ist der Elbrus im Großen Kaukasus. Ob er (oder der Mont Blanc) der höchste Berg Europas ist, hängt von der Definition der innereurasischen Grenze ab: Manche bezeichnen den Kaukasus als Grenze zu Asien, andere jedoch die Manytsch-Niederung nördlich davon. Für immer mehr Bergsteiger ist der Elbrus Europas höchster Berg und somit einer der »Seven Summits« (der höchsten Berge aller sieben Kontinente). Die beiden Gipfel des Elbrus, eines zurzeit nicht aktiven Vulkans, liegen etwa 1.500 Meter auseinander. Mehr als 70 Gletscher fließen von den Hängen des Elbrus ins Tal und bilden eine 145 km² große Eisfläche.

Der Mont Blanc mit der gleichnamigen Gebirgsgruppe spiegelt sich bei Sonnenaufgang im Lac des Cheserys.

ALPEN
Mont Blanc   4.807 m

Der Mont Blanc (italienisch Monte Bianco) ist der höchste Berg der Alpen und liegt auf französischem und italienischem Terrain. Der Berg aus Granit zeigt sich von zwei verschiedenen Seiten: Während er im Norden rundlich und fast lückenlos vergletschert ist, zeigt er sich im Süden als massiver Feldblock mit äußerst steilen Wänden. Die Erstbesteigung des Mont Blanc im Jahr 1768 durch die Franzosen Jacques Balmat und Michel-Gabriel Paccard gilt als das Startsignal für den Alpinismus.

SIERRA NEVADA
Mulhacén   3.482 m

Der Mulhacén ist die höchste Erhebung der Sierra Nevada (»Schneebedecktes Gebirge«) in den Provinzen Granada und Almería in der spanischen Region Andalusien. Auf dem europäischen Kontinent ist er außerhalb der Alpen und des Kaukasus der höchste Berg. Die Berge tragen in der Regel von November bis Mai eine weiße Haube. Entstanden ist die Gebirgskette durch das Aufstauchen der Europäischen Kontinentalplatte, unter die sich hier die afrikanische schiebt. Die Nähe zum Mittelmeer sorgt für ein mildes Klima.

PYRENÄEN
Pico de Aneto   3.404 m

Die Gebirgskette der Pyrenäen zwischen Atlantik und Mittelmeer trennt die Iberische Halbinsel vom übrigen Europa. Die Grenze zwischen Spanien und Frankreich verläuft mitten durch das Gebirge. Im östlichen Teil der Pyrenäen liegt der Zwergstaat Andorra. Die höchste Erhebung dieses im Tertiär entstandenen Gebirgszugs mit rund 200 Bergen über 3.000 Meter ist der Pico de Aneto, zugleich Spaniens dritthöchster Gipfel, der den südlichen Teil des Maladeta-Massivs bildet. Er wurde zuerst am 20. Juli 1842 von Platon de Tchihatcheff bestiegen.

ÄTNA
Ätnagipfel   3.323 m

Der ca. 600.000 Jahre alte Ätna auf Sizilien ist der höchste und aktivste Vulkan Europas. Er hat vier Gipfelkrater – einen Hauptkrater und drei 1911, 1968 und 1979 entstandene Krater – und etwa 400 weitere Nebenkrater an den Flanken des Bergkegels. Unter den aktiven Vulkanen der Welt steht der Ätna bezüglich der Zahl seiner Ausbrüche an erster Stelle. Er liegt in einer großen regionalen Störungszone, der Messina-Verwerfung, die tektonisch noch aktiv ist und sowohl den Vulkanismus des Ätna als auch Erdbeben in dieser Region verursacht.

Grandioses Panorama: Blick vom Gipfel des 5642 m hohen Elbrus über den Kaukasus (links)

RILA-GEBIRGE
Musala 2.925 m

Das Musala-Massiv ist die höchste Erhebung in Bulgarien und auf der gesamten Balkanhalbinsel. Vor Jahrhunderten nannten die Bulgaren den Berg nach ihrem Himmelsgott Tangra, im 15. Jahrhundert tauften die Osmanen ihn in Musala (»Gottes Lob«) um. Von 1949 bis 1962 trug der Berg den Namen Stalin. König Philipp II. von Makedonien (382–336 v. Chr.), Vater Alexanders des Großen, ist der erste historisch dokumentierte Besteiger des Musala. Auf dem Gipfel befinden sich heute eine Wetterstation und ein Labor zur Erforschung kosmischer Strahlung.

OLYMP
Mytikas 2.917 m

Der Olymp in Makedonien ist das höchste Gebirge Griechenlands. Der höchste Gipfel dieses Massivs wiederum ist der Mytikas. Auf einem Nebengipfel, Profitis Ilias, steht die höchstgelegene Kapelle des Balkans. Wegen der besonderen geologischen Formationen und der einzigartigen Flora und Fauna (darunter mehrere bedrohte Arten) wurde das Olympmassiv bereits 1913 von der UNESCO zum Biosphärenreservat erklärt. In der griechischen Mythologie spielt der Olymp als Sitz bzw. Versammlungsort von Zeus, Poseidon, Hades und anderen Göttern eine bedeutende Rolle.

PIRIN-GEBIRGE
Vihren 2.914 m

Im Südwesten Bulgariens erstreckt sich von Nordwest nach Südost auf 40 Kilometern Länge das Pirin-Hochgebirge, das im Vihren gipfelt. Das Gebirge ist mit knapp 265 km² gleichzeitig der größte Nationalpark des Landes und steht in der UNESCO-Liste des Weltnaturerbes. Benannt ist das Pirin-Gebirge nach Perun, dem obersten Gott der slawischen Mythologie. Charakteristisch für den Vihren sind das weiße Gestein und die schroffen Grate. Für Alpinisten interessant ist die 400 Meter hohe Nordwand des Gipfels, deren Erstbesteigung 1934 deutschen Bergsteigern gelang.

APENNIN
Corno Grande 2.912 m

Die höchste Erhebung des etwa 1.500 Kilometer langen Apennin-Gebirges, das Italien von Nordwesten nach Südosten durchzieht, ist der viel bestiegene Corno Grande (»Großes Horn«), ein eindrucksvolles Felsmassiv im Herzen des Gran Sasso d'Italia in den Abruzzen. Die drei höchsten Spitzen seiner Gipfelkrone – Occidentale, Centrale und Orientale genannt – bilden nach Norden hin einen Kessel, in dem der südlichste Gletscher Europas, der Calderone-Gletscher, liegt. Er ist zudem das einzige Eisfeld im gesamten Apennin.

Gebirge und Hochländer

ALPEN

Die Alpen, das zentrale europäische Gebirge, nehmen eine Fläche von etwa 220.000 km² ein. Das Faltengebirge ist rund 1.200 Kilometer lang und zwischen 150 und 250 Kilometer breit.

Die vom Bodensee im Norden und vom Comer See im Süden tief in das Hochgebirge eingreifenden Längstäler trennen die höheren Westalpen von den Ostalpen. Im Süden gilt der Passo dei Giovi in der Nähe von Genua als Grenze zum Apennin. Im Norden reichen die Alpen bis zum Genfer See und brechen im Westen zum Rhônetal ab. Im Nordosten schieben sie sich bis zur Donau bei Wien vor und im Süden bis zur Po-Ebene. Die Alpen erstrecken sich über die Länder Deutschland, Monaco, Frankreich, Italien, Liechtenstein, Österreich, Schweiz und Slowenien. Die meisten Gipfel über 4.000 Meter, von denen es fast 100 gibt, erheben sich in der Schweiz. Der höchste Berg, der Mont Blanc, liegt jedoch in Italien und Frankreich. Das Gebirge ist die Hauptwasserscheide zwischen Nordsee, Mittelmeer und Schwarzem Meer und die Klimascheide zwischen West- und Südosteuropa sowie Mittel- und Südeuropa.

Der höchste Berg der Alpen: Mont Blanc

DIE HÖCHSTEN GIPFEL DER ALPEN

❶ Mont Blanc	Frankreich/Italien	4.807 m
❷ Dufourspitze (Monte Rosa)	Schweiz/Italien	4.637 m
❸ Nordend	Schweiz/Italien	4.609 m
❹ Zumsteinspitze	Schweiz/Italien	4.563 m
❺ Signalkuppe (Punta Gnifetti)	Schweiz/Italien	4.556 m
❻ Dom	Schweiz	4.545 m
❼ Liskamm	Schweiz/Italien	4.527 m
❽ Weisshorn	Schweiz	4.505 m
❾ Täschhorn	Schweiz	4.490 m
❿ Matterhorn	Schweiz/Italien	4.478 m
⓫ Mont Maudit	Frankreich/Italien	4.465 m
⓬ Parrotspitze	Schweiz/Italien	4.436 m

MONTE ROSA – DAS MÄCHTIGSTE GEBIRGSMASSIV DER ALPEN

Der Monte Rosa ist ein ausgedehntes, stark vergletschertes Gebirgsmassiv in den Walliser Alpen an der Grenze zwischen der Schweiz und Italien. Der 4.637 Meter hohe Hauptgipfel, die nach dem Schweizer General Guillaume-Henri Dufour benannte Dufourspitze, ist der höchste Berg der Schweiz und der zweithöchste der Alpen. Die höchsten Nebengipfel sind Nordend (4609 m), Zumsteinspitze (4563 m), Signalkuppe (4556 m) und Parrotspitze (4436 m). Der Gebirgsstock besitzt mehr Gipfel, die über 4.500 Meter aufragen als das Mont-Blanc-Massiv. Auf der Nordseite befinden sich mehrere Gletscher, die sich zum Gorner-Gletscher, nach dem Aletsch-Gletscher die zweitgrößte zusammenhängende Gletscherfläche der Alpen, vereinigen.

Die imposante Dufourspitze

Monte-Rosa-Massiv und Gorner-Gletscher

DIE HÖCHSTEN GIPFEL DER ALPEN

Dom (4.545 m) und Täschhorn (4.490 m)

Das markante Matterhorn (4.478 m)

Großes Bild: Das 4.505 m hohe Weisshorn in den Walliser Alpen fällt durch seine ebenmäßige Pyramidenform auf. Der Berg wurde im August 1861 von John Tyndall, Johann Joseph Brennen und Ulrich Wenger erstmals bestiegen.

Gebirge und Hochländer 325

ASIEN

Der höchste Berg der Erde, der 8.850 m hohe Mount Everest, thront im asiatischen Himalaya-Gebirge. Doch daneben hat dieser Kontinent noch weitere gewaltige Bergketten und Gipfel zu bieten.

KARAKORUM
K2   8.611 m

Im Karakorum, einem Gebirge in Zentralasien, erhebt sich der zweithöchste Berg der Erde, der K2, sowie drei weitere Achttausender: Gasherbrum I (8.080 m), Broad Peak (8.047 m) und Gasherbrum II (8.035 m). Nirgendwo sonst gibt es so viele Achttausender auf so geringer Fläche wie im Zentralen Karakorum. Außerdem befinden sich hier einige der größten Gletscher der Erde außerhalb der Polregionen samt Alaska und Patagonien, etwa der Biafo-Gletscher und der Hispar-Gletscher. Der K2 oder Lambha Pahar auf der Grenze zwischen Pakistan und China gehört zum Baltoro-Muztagh-Gebirgsmassiv. Er gilt unter Alpinisten als weit anspruchsvoller als der Mount Everest. Seinen Namen erhielt der K2 vom Vermessungsingenieur Thomas George Montgomerie, der 1856 die Karakorum-Gipfel kartierte und dabei durchnummerierte. Der Masherbrum war der von Westen aus gesehen erste markante Gipfel (K1), der K2 der nächste usw. Die Nummern haben keinen Bezug zu den Höhen der Berge.

PAMIR
Kongur Shan   7.719 m

Das Faltengebirge Pamir gehört zu Kirgisistan, China, Afghanistan und Tadschikistan. Es verbindet einige der großen asiatischen Bergketten: Tianshan, Karakorum, Kunlun Shan und Hindukusch. Im Osten schließt sich das Hochland von Tibet an. Der höchste Gipfel des Pamirs ist der

Ewiges Eis im Pamir-Gebirge

Kongur Shan in China. Wegen seiner versteckten Lage wurde dieser Berg erst 1900 entdeckt. Die Besteigung gilt als extrem schwierig, insbesondere wegen der unwirtlichen Wetterbedingungen – erst 1981 bezwang eine britische Expedition den Gipfel.

HINDUKUSCH
Tirich Mir   7.707 m

Der Hindukusch, ein geologisch junges Gebirge, entstand durch das Eindringen der Indischen Platte in das zentralasiatische Festland und wächst noch immer. Der größte Teil befindet sich in Afghanistan, der östliche Part mit den höchsten Gipfeln gehört zu Pakistan. Die Hauptkette in der Grenzregion von Afgha-

Der vergletscherte Tirich Mir

nistan und Pakistan ist ein dem Himalaya ähnliches Hochgebirge mit mehreren Gipfeln über 7.000 Meter. Die Grate des höchsten Berges, des Tirich Mir, erstrecken sich in alle Himmelsrichtungen.

Im Karakorum ragen der K2 (links) – der zweithöchste Berg der Erde – und der Broad Peak (rechts) über 8.000 m hoch auf.

Wolken und Nebelschwaden verhüllen geheimnisvoll die Gipfel des Hochgebirges Tian Shan in der zentralasiatischen Gebirgsregion Turkestan.

KUNLUN SHAN
Muztag 7.724 m

Das Kunlun-Hochgebirge in China verläuft vom Karakorum entlang der

Ehrfurcht gebietend: das Kunlun-Gebirge

Nordgrenze zu Tibet in Richtung Osten und bildet auf 2.500 Kilometern Länge die Grenze zum Hochland von Tibet. Die Gebirgsketten des Kunlun Shan weisen mehr als 200 über 6.000 Meter hohe Gipfel auf. Die höchste Erhebung darunter ist der Muztag. Bei einem Beben im südlichen Kunlun Shan riss 2001 auf einer Länge von etwa 400 Kilometer die Erdoberfläche auf – diese Erdspalte ist die längste durch tektonische Aktivität entstandene.

TIAN SHAN
Jengish Chokusu 7.439 m

Das Tian Shan (»Himmlische Berge«) ist ein Hochgebirge, das die zentralasiatische Großlandschaft Turkestan in einen Nord- und einen Südteil trennt. Es erstreckt sich über Staatsgebiete von China, Kasachstan, Kirgisistan und Tadschikistan. Der stark vergletscherte Jengisch Chokusu, der höchste Berg

Das Tian Shan-Massiv in Turkestan

dieses Gebirges und des Landes Kirgisistan, wird häufig als nördlichster Siebentausender der Erde bezeichnet (geografisch exakt wäre dies der 7.010 Meter hohe Khan Tengri, ebenfalls im Tianshan gelegen).

Gebirge und Hochländer 327

ASIEN

Neben den höchsten Bergen der Erde – den Achttausendern – gibt es eine Reihe weiterer beeindruckend hoher Berge auf dem asiatischen Kontinent.

TRANSHIMALAYA
Ningchin Kangsha	7.206 m
Nyainqêntanglha	7.114 m

Der Transhimalaya, ein aus mehreren Gebirgsketten bestehendes Gebirgssystem im südlichen Tibet verläuft auf einer Länge von 1.600 Kilometern weitgehend parallel zum Himalaya in Ost-West-Richtung. Die Perspektive auf das Gebirge gab ihm seinen Namen: Von Indien aus betrachtet, befindet sich das Gebirge jenseits (trans) des Himalaya. Nach dem Namen seines Erforschers Sven Hedin wird der Transhimalaya auch Hedin-Gebirge genannt. Der westliche Teil der Gebirgskette (Gangdisê Shan) erreicht seine höchste Erhebung im Loinbo Kangri (7.095 m) mit dem markanten Gipfel des Kailash, der östliche Teil (Nyainqêntanglha) gipfelt im Noijin Kangsang (7.206). Während die Nordseite besonders trocken ist und Halbwüsten- bzw. Wüstencharakter hat, sind die Gebirgsteile im Süden stark vergletschert. Im Transhimalaya entspringt der von Gletscherbächen des Himalaya gespeiste Indus sowie sein größter Nebenfluss, der Sutlej.

ASSAM-BIRMA-RANGE
Hkakabo Razi	5.881 m

Der Hkakabo Razi ist der höchste Berg Myanmars und ganz Südostasiens. Er erhebt sich an der Grenze des myanmarischen Kachin-Staates zu China. Die Umgebung – 1998 wurde das Terrain zum Hkakabo-Razi-Nationalpark erklärt – ist für ihre außergewöhnliche Tier- und Pflanzenvielfalt bekannt. Der Berg selbst ist bis etwa 2.700 Meter hoch von Regenwald bewachsen, darüber von Laubwäldern, ab einer Höhe von 3.400 Meter von Nadelwäldern, und ab 4.500 Metern ist der Hkakabo Razi ganzjährig von Schnee und Eis bedeckt. Die erste Besteigung wagten am 15. September 1996 der Japaner Takashi Ozaki und der Birmane Nyama Gyaltsen. Die späte Erstbesteigung des Hkakabo Razi liegt darin begründet, dass es Ausländern bis 1993 verboten war, das gesamte Gebiet zu betreten.

ANATOLISCHES HOCHLAND
Ararat	5.165 m

Das Armenische oder Anatolische Hochland liegt am östlichen Rand des Kaukasus auf türkischem, iranischem, georgischem und armenischem Terrain. Der höchste Berg des Hochlands und

Der höchste Berg der Türkei: der Ararat

zugleich der Türkei ist der erloschene und in höheren Lagen stark vergletscherte Vulkan Ararat. Den letzten Ausbruch des Ararat gab es 1840. Erst seit 2001 erlauben die türkischen Behörden Ausländern (unter Auflagen) die Gipfelbesteigung.

ELBURS
Damavand	5.670 m

Das Hochgebirge Elburs erstreckt sich mit einer durchschnittlichen Höhe von etwa 2.000 Metern im nördlichen Iran zwischen dem Kaspischen Meer und dem Persischen Hochland. Der Gebirgszug trennt als Klima- und Vegetationsscheide die feuchteren Küstenlandschaften des Nordens vom wüstenhaften, trockeneren Binnenhochland im Süden. Der Damavand (»Frostiger Berg«) ist der höchste Berg Irans sowie des gesamten Nahen Ostens und neben dem Kilimandscharo einer der höchsten frei stehenden Berge der Erde. Mit seinen 5.670 Metern überragt der ruhende, nur noch gelegentlich leicht rauchende vergletscherte Vulkankegel alle umliegenden Berge bei Weitem. Der Vulkan gilt zwar als erloschen, die heißen Quellen an seinen Berghängen bezeugen allerdings die Aktivitäten im Berginneren. Die Erstbesteigung erfolgte 1837 durch den Briten W. Taylor Thomson.

KAMTSCHATKA
Kljutschewskaja Sopka	4.750 m

Kamtschatka ist eine Halbinsel im ostasiatischen Teil Russlands. 1996 wurde die Vulkanregion von der UNESCO zum Weltnaturerbe erklärt. Der etwa 8.000 Jahre alte, stark vergletscherte Kljutschewskaja Sopka, der zum Pazifischen Feuerring gehört, ist der größte aktive Stratovulkan (Schicht- bzw. Kegelvulkan) und der höchste aktive Vulkan Asiens. Der kegelförmige Berg entstand am Hang

Kljutschewskaja Sopka auf Kamtschatka

eines alten Vulkans, weshalb er so hoch ist, und und besitzt 27 Nebenkrater. Den letzten Ausbruch gab es 2003.

Luftaufnahme des stark vergletscherten und schneebedeckten Nyainqêntanglha-Gebirgszugs im tibetischen Transhimalaya.

Vom schroffen Felsmassiv des Mount Kinabalu auf Borneo, der den gleichnamigen Park überragt, bietet sich ein faszinierender Rundblick über das umgebende Berg- und Tiefland mit seinen so unterschiedlichen Habitaten (großes Bild).

ZAGROS
Kuh-e Zarde   4.548 m

Das Zagros-Massiv ist das größte Gebirge im Iran, einige kleinere Gebiete befinden sich allerdings auch auf irakischem Staatsgebiet. Die Gebirgskette verläuft etwa 1.500 Kilometer von der Provinz Kurdistan bis zur Straße von Hormuz, wo sich Vorderasien und die Arabische Halbinsel auf etwa 50 Kilometer nähern. Das Gebirge gehört zu den geologisch jüngeren Kettengebirgen, die sich von den Pyrenäen über die Alpen, den Balkan und die Türkei bis zum Hochgebirge Elburs fortsetzen. Hindukusch, Karakorum und Himalaya setzen diese Folge bis nach Ostasien fort. Die höchsten Gipfel des Zagros-Gebirges, viele davon sind über 3.000 Meter hoch und ständig mit Schnee bedeckt, erheben sich nahe der Stadt Isfahan, so auch der höchste, der Kuh-e Zarde (»Gelber Berg«). Diesem Berg in der Nähe der Stadt Kuhrang entspringen viele der wasserreichen Flüsse des Irans.

CROCKER RANGE
Kinabalu   4.095 m

Der Kinabalu ist der höchste Berg Malaysias. Der geologisch noch sehr junge und überwiegend aus Granit

Der Kinabalu, der höchste Gipfel Malaysias

bestehende Berg dominiert die Gebirgskette auf der Insel Borneo und somit die Landschaft des malaysischen Bundesstaates Sabah. Er ist etwa 90 Kilometer von Kota Kinabalu, der Hauptstadt des Bundesstaates, entfernt. Noch immer wächst der Kinabalu jedes Jahr etwa fünf Millimeter. Die Pflanzenwelt des Kinabalu ist sehr vielfältig und nahezu so artenreich wie die ganz Europas.

Gebirge und Hochländer   329

NANGA PARBAT, DHAULAGIRI

DHAULAGIRI
Südwand   4.000 m

Der Dhaulagiri (»Weißer Berg«) erhebt sich im nordwestlichen Nepal im östlichen Teil des Dhaulagiri-Himal-Massivs. Er ist der siebthöchste Berg der Erde und 8.167 Meter hoch. Durch das bis zu 5.600 Meter tiefe Tal des Flusses Kali Gandaki, das tiefste Tal der Welt, wird er von einem weiteren Achttausender getrennt, der 8.091 Meter hohen Annapurna I. Die mächtige Südwand des Dhaulagiri ragt über 4.000 Meter steil in die Höhe, und die Westwand steht ihr nur wenig nach.

Die Südwand des Dhaulagiri

Im Jahr 1809 wurde der Dhaulagiri erstmals vermessen: Mit 8.190 m – heute wird seine Höhe mit 8.167 m angegeben – galt er damals als der höchste Berg der Welt. Im Laufe der Zeit fanden sich allerdings Gipfel, die noch höher waren als er. Auf dem Bild präsentiert sich der Dhaulagiri aus der Sicht vom Poon Hill.

330   Gebirge und Hochländer

DIE HÖCHSTEN FELSWÄNDE DER ERDE

NANGA PARBAT
Rupalflanke　　　　　4.600 m

Der 8.126 Meter hohe Nanga Parbat ist der neunthöchste Berg der Erde und der höchste des Westhimalaya. Er liegt im von Pakistan kontrollierten Teil Kaschmirs. Seine Südseite, die Rupalflanke, ist mit 4.600 Metern die höchste Gebirgswand der Erde. Das Massiv aus Granit und Gneis ragt rund 7.000 Meter über das 25 Kilometer entfernten Tal des Indus. Der Nanga Parbat wird als »Schicksalsberg der Deutschen« bezeichnet, weil über 30 deutsche Bergsteiger bei den Versuchen der Erstbesteigung starben. Eine deutsch-österreichische Expedition schaffte es schließlich 1953.

Sonnenaufgang am Diamir (»König der Berge«) – die Rupalflanke des Nanga Parbat

Gebirge und Hochländer

TRANGO TOWERS

Die Trango Towers gehören zum Gebirgszug Baltoro Muztagh im Zentrum des Karakorum im Norden Pakistans. Die steilen, fast senkrechten Granitnadeln sind über 6.000 Meter hoch und liegen nördlich des Baltoro-Gletschers (754 km²), einem der größten Gletscher der Erde außerhalb der Polargebiete. In der Nachbarschaft von vier Achttausendern (K2: 8.611 Meter, Gasherbrum I/Hidden Peak: 8.068 Meter, Broad Peak: 8.047 Meter, Gasherbrum II: 8.035 Meter) ist die absolute Höhe der Trango Towers nicht spektakulär. So ist der Great Trango Tower als höchster Berg der Gruppe 6.287 Meter hoch. Dieses breite Massiv hat insgesamt vier Gipfel, den Hauptgipfel sowie South (6.250 Meter), East (6.231 Meter) und West (6.223 Meter). Seine Ostwand ist nahezu senkrecht und 1.600 Meter hoch – eine der höchsten Steilwände der Erde.

Die Trango Towers vom Baltoro aus

Great Trango Tower

1.600 m senkrechter Granit: die Ostwand des Great Trango Towers

DIE HÖCHSTEN FELSNADELN DER ERDE

Wolken hängen an den Spitzen der Trango Towers. Links im Vordergrund ist der Great Trango Tower zu erkennen. In der Bildmitte, von der Sonne teilweise angestrahlt, ragt die Spitze des Trango oder Nameless Tower 6.251 Meter in den Himmel. Ganz rechts, noch im Schatten, ist der Trango Monk zu erkennen. Die extremen Granitwände gehören zu den schwierigsten Kletterwänden oberhalb von 5.000 Metern (großes Bild).

TIBETISCHES HOCHLAND

Das durchschnittlich über 4.000 Meter hohe tibetische Hochland ist das höchste Plateau der Erde. Es entstand vor rund 50 Millionen Jahren, als die Indische Platte auf den asiatischen Kontinent stieß und dabei das Hochland von Tibet emporhob, so wie sie auch den

Blick zu den Himalaya-Gipfeln

Himalaya auffaltete. Die Qinghai-Tibet-Hochebene – so der offizielle Name – umfasst nicht nur das Autonome Gebiet Tibet der Volksrepublik China, sondern auch die Gebirge Himalaya, Karakorum usw. Begrenzt wird das Hochland von den Wüsten des Quaidam-Beckens und des Tarim-Beckens im Norden und von den Gebirge Pamir, Karakorum und Himalaya im Süden und Westen. Auf dem Hochland gibt es Gipfel von 6.000 bis 8.000 Meter Höhe, viele Salzseen, weite Steppen, Wüsten und dichte Wälder. In diesen Naturräumen leben zahlreiche Tierarten, darunter auch seltene wie Kiangs (Tibet-Wildesel), Saigaantilopen Asiatische Schwarzbären und Yaks.

AUF DEM DACH DER ERDE

Im Hochland von Tibet führen viele Tibeter und auch Mongolen nach wie vor ein Leben als Nomaden und betreiben vor allem Wanderviehwirtschaft. In den Sommermonaten nutzen sie die weiten, rauen Hochtäler extensiv als Weiden für ihre Schafe, Ziegen und Yaks. Trotz des kühlen Hochlandklimas mit starken Temperaturschwankungen und -unterschieden – im Süden und Südosten etwa 8 °C, im Norden 0 °C und niedriger im Jahresdurchschnitt – lassen sich einige Getreidesorten anbauen, allerdings nur auf begrenztem Terrain. Der Norden und Westen ist überwiegend unbewohnbar.

Großes Bild: Der Pekhu-Tso-See im tibetischen Hochland; in seiner Nähe befindet sich der niedrigste Gipfel der Achttausender: der Shisha Pangma.

YAKS

Im nepalesischen Nationalpark Sagarmatha am Mount Everest leben auch einige der gefährdeten Wildyaks.

Der Wildyak (»Bos mutus«) kann eine Länge von 3,25 Metern und eine Schulterhöhe von zwei Metern bei einem Gewicht von 1.000 Kilogramm erreichen. Diese Rinderart ist hervorragend an die kargen, sehr kalten Hochebenen Zentralasiens angepasst. Wildyaks leben in Höhen zwischen 4.000 und 6.000 Metern. Ihr Bestand ist gefährdet, wahrscheinlich gibt es nur noch an die 10.000 Tiere in China, Indien, Nepal und Bhutan. Von ihnen zu unterscheiden sind die als Haustiere gehaltenen, kleineren Yaks oder Grunzochsen (»Bos grunniens«), die weit verbreitet sind. Sie dienen zur Milchgewinnung, als Reit- und Transporttier. Ihr Fell wird zur Herstellung von Kleidung und der Dung als Brennmaterial verwendet.

Yaks fressen Gräser, Kräuter und Flechten.

DIE GRÖSSTEN HOCHGEBIRGSTIERE DER ERDE

Dank ihres langen, dichten Fells können Yaks extreme Kälte bis zu -40 °C überstehen. Sie sind widerstandsfähig und genügsam. Schon in der Jungsteinzeit wurden sie als Haustiere gehalten. Die Zahl der Hausyaks wird auf rund zwölf Millionen geschätzt.

Gebirge und Hochländer

AUSTRALIEN/OZEANIEN

Australien kann mit einer großen Anzahl kleinerer Gebirge und Inselbergen wie dem Uluru aufwarten. Den Osten dominiert die Great Dividing Range.

SUDIRMAN RANGE
Puncak Jaya   4.884 m

Die Sudirman Range, Teil des Maoke-Gebirges, erstreckt sich in West-Papua, dem westlichen, zu Indonesien gehörenden Teil der Insel Neuguinea. In diesem Massiv erhebt sich der höchste Berg Ozeaniens und somit der höchste Gipfel zwischen dem Himalaya und den Anden: der Puncak Jaya (»Siegesgipfel«), der auch Carstensz-Pyramide genannt wird. Diesen Namen hat er von dem niederländischen Seefahrer und Entdecker Jan Carstensz, der den Berg 1623 zum ersten Mal beschrieb. Der Puncak Jaya ragt neben der größten Goldmine der Welt, der Grasberg-Mine, auf. Ob der Berg als Vertreter Australiens und Ozeaniens zu den »Seven Summits« (den höchsten Bergen der sieben Kontinente) gehört oder nicht, ist zuweilen ein Streitpunkt. Politisch gesehen gehört er zu Indonesien und damit Asien – andererseits liegt er jedoch auf der australischen Kontinentalmasse und gehört damit geografisch nicht zu Eurasien. Den meisten Experten gilt die Carstensz-Pyramide als höchste Erhebung

NEUSEELÄNDISCHE ALPEN
Mount Cook (Aoraki)   3.764 m

Der Mount Cook (Aoraki), der höchste Berg Neuseelands, liegt in den Neuseeländischen Alpen auf der Südinsel. Er ist das Zentrum des Mount Cook National Park, der sich zweier Superlative rühmen kann – nicht nur des höchsten Berges, sondern auch des größten Gletschers des Landes: Der Tasman-Gletscher ist 29 Kilometer lang, vier Kilometer breit und 600 Meter dick. 1991 verlor der Aoraki zehn Meter an Höhe, als Eis- und Geröllmassen vom Gipfel zu Tal rutschten.

MOUNT RUAPEHU
2.797 m

Der Ruapehu im Tongariro-Nationalpark ist der höchste Vulkan Neuseelands und die höchste Erhebung der Nordinsel. Sein Gipfel birgt einen Kratersee, der durch vulkanische Dämpfe erwärmt wird. Dennoch ist der Krater vergletschert – sieben kleinere Gletscher befinden sich an den Hängen des Ruapehu. Die jüngste Eruption des nach wie vor aktiven Vulkans im September 2007 begann ohne jede Vorwarnung. Die Rauchwolke war 5.000 Meter hoch, ein Bergwanderer wurde bei dem Ausbruch schwer verletzt.

EMPEROR RANGE
Mount Balbi   2.715 m

Im nördlichen Teil der Salomonen-Insel Bougainville, die zu Papua-Neuguinea gehört, befindet sich die Emperor Range mit mehreren Vulkanen, darunter der höchste Berg der Insel: Mount Balbi. Der Mount Balbi, ein im Holozän entstandener Schichtvulkan, hat auf einem nördlich des Gipfels verlaufenden Kamm fünf Krater, von denen einer einen Kratersee enthält. In der Nähe der Krater existieren mehrere Fumarolen (Dampfaustrittsstellen), doch in historisch belegter Zeit ist der Balbi nicht ausgebrochen und gilt somit als erloschen.

MOUNT TARANAKI
2.518 m

Der Taranaki – in der Sprache der Maori »Kahler Berg« – ist ein solitärer Vulkan mit perfekter Spitzkegelform im Westen von Neuseelands Nordinsel. Er gilt als geologisch relativ jung und soll erst vor etwa 135.000 Jahren aktiv geworden sein. Die letzte größere Eruption gab es im 16. Jh., weshalb er mittlerweile als erloschen gilt. Der in Kraternähe mit Schnee und Eis bedeckte Vulkankegel ist an den Hängen dicht von Regenwald bewachsen. Die Erstbesteigung unternahm 1839 der deutsche Geologe Ernst Dieffenbach.

Ozeaniens und somit auch als einer der »Seven Summits«. Unter diesen ist sie einer der am schwierigsten zu besteigenden, obwohl sie vergleichsweise niedrig ist. Sie gilt als klettertechnisch weit diffiziler als der Mount Everest oder der Mount McKinley. In Bezug auf Höhenlagen und Temperaturen sind diese beiden allerdings die größeren Herausforderungen.

Die schroffe Spitze des Puncak Jaya auf Neuguinea überragt alle anderen Gipfel Ozeaniens (links). Hinter dem Lake Pukaki mit dichtem Baumbestand am Ufer erhebt sich der mit 3.764 m höchste Berg Neuseelands: der Mount Cook (großes Bild).

MOUNT POPOMANASEU
2.449 m

Der imposante Mount Popomanaseu ist der höchste Gipfel des vulkanischen Kavo-Gebirgszugs. Dieser durchzieht die Hauptinsel der pazifischen Inselrepublik Salomonen, Guadalcanal. Die Insel ist gebirgig, bewaldet und besitzt eine ausgedehnte Küstenebene. Lange Zeit galt der Mount Makarakomburu mit angegebenen 2.447 Meter als höchster Berg der Salomonen, doch diese Messung stellte sich schließlich als falsch heraus – tatsächlich überragt ihn der weiter östlich gelegene Mount Popomanaseu um mehr als 20 Meter.

MEYER RANGE
Mount Taron **2.400 m**

Im zu Papua-Neuguinea gehörenden Bismarck-Archipel und dort im südlichen Teil der Insel Neuirland befindet sich das Hans-Meyer-Gebirge. Es ist nach dem deutschen Forschungsreisenden, Zoologen und Erstbesteiger des Kilimandscharo, Hans Heinrich Josef Meyer (1858–1929) benannt. Die höchste Erhebung dieses Gebirges und zugleich der höchste Berg Neuirlands ist mit 2.400 Metern der Mount Taron. In den Tälern des Hans-Meyer-Gebirges befinden sich die letzten zusammenhängenden Regenwälder dieser Insel.

MOUNT OROHENA
2.241 m

Auf der südpazifischen Insel Tahiti erhebt sich der höchste Berg Französisch-Polynesiens: der Mount Orohena, ein erloschener Vulkan. Die Landschaft der Doppelinsel Tahiti, die geografisch zu den Gesellschaftsinseln gehört, ist von mehreren steilen Gipfeln geprägt. Der Mount Orohena befindet sich auf Tahiti Nui (Groß-Tahiti), die höchste Erhebung von Tahiti Iti (Klein-Tahiti) ist der Mount Ronui mit 1.332 Metern Höhe. Fließgewässer haben an vielen Stellen tiefe Täler eingegraben, die von schroffen Felsgraten begrenzt werden.

GREAT DIVIDING RANGE
Mount Kosciuszko **2.228 m**

Die Great Dividing Range ist Australiens größter Gebirgszug, der im Mount Kosciuszko als höchstem Berg des australischen Festlands gipfelt. Die Range verläuft von der Nordspitze Queenslands die gesamte Ostküste entlang durch New South Wales bis nach Victoria. Der Mount Kosciuszko, der zu den Snowy Mountains gehört, ist vom Kosciuszko National Park umgeben, dem mit 6.900 km² größten Nationalpark von New South Wales. Wegen der immensen Höhenlage herrscht hier ein für Australien ungewöhnliches alpines Klima.

Gebirge und Hochländer

MOUNT AUGUSTUS, STONE MOUNTAIN, EL CAPITAN, DEVILS TOWER

EL CAPITAN

El Capitan ist ein 914 Meter hoher, massiver Monolith im Yosemite National Park im US-Bundesstaat Kalifornien. Sein Gipfel liegt auf einer Höhe von 2.307 Metern über dem Meeresspiegel. Mit rund 1.300 Hek-

Von Gletschern geschliffen: El Capitan

tar graubraunem Granit ist er einer der größten frei stehenden Granit-Monolithen der Erde (fast doppelt so hoch wie der Fels von Gibraltar). Die steilen Wände mit nur wenigen Rissen machen El Capitan zu einem Paradies für Freikletterer – besonders seine »Nase« (The Nose), die über den Talgrund hinausragt, ist eine sportliche Herausforderung.

Abendsonne über dem El Capitan und dem Mercedes River (großes Bild)

DIE GRÖSSTEN MONOLITHE DER ERDE

MOUNT AUGUSTUS
DER GRÖSSTE MONOLITH DER ERDE

Der größte Monolith der Erde ist der Mount Augustus im Westen Australiens. Er ist sieben Kilometer lang und drei Kilometer breit, er hat eine Höhe von 1.105 Meter über Meereshöhe und erhebt sich bis 600 Meter über seine Umgebung. Sein Volumen ist zweieinhalbmal so groß wie das des Ayers Rock (der allerdings kein echter Monolith ist, denn als monolithisch gilt ein Objekt, wenn es aus »einem Guss« ist). Er bildet das Zentrum des gleichnamigen Nationalparks. Benannt ist der Monolith nach Sir Augustus Charles Gregory – dem Bruder von Francis Gregory, der den Fels am dritten Juni 1858 erstmals bestieg.

Der etwa eine Milliarde Jahre alten Mount Augustus, Australien

DEVILS TOWER

Der Devils Tower in Wyoming ist 265 Meter hoch, seine Spitze liegt 1.559 Meter über Meereshöhe. Er entstand vor rund 40 Millionen Jahren und besteht aus vulkanischem Phonolithgestein. Das weichere Gestein darum herum erodierte – übrig blieb dieser Härtling.

STONE MOUNTAIN

Der Stone Mountain bei Atlanta in Georgia ist der größte freiliegende Granitfels der Erde und nach dem Mount Augustus der zweitgrößte Monolith. Berühmt ist das Relief dreier bedeutender Amerikaner an der Nordwand – das größte Relief der Welt.

Devils Tower, erstes National Monument der Vereinigten Staaten

Stone Mountain, umgeben vom gleichnamigen Park nahe Atlanta

Gebirge und Hochländer 341

ULURU (AYERS ROCK)

Nicht nur vom Boden aus, sondern auch aus dem All gesehen, wird die Einzigartigkeit des Uluru deutlich: Ein markanter Felsblock im roten Zentrum des australischen Kontinents. Der Fels – schräg gestellter Sandstein – wird von mehreren Schluchten eingeschnitten. Das am Fuß der Felsen sich sammelnde Regenwasser lässt kleinere Bäume wachsen. Vom Südostende führt eine Straße nach Norden in das Yulara Resort. Die Wüste ist weitgehend eben, schmale Dünen sind sichtbar, nur eine schüttere Vegetationsdecke aus einzeln stehenden Sträuchern und Gräsern ist erkennbar.

DIE EINZIGARTIGE FELSFORMATION IM ZENTRUM AUSTRALIENS

Inmitten einer ausgedehnten Trockensavanne liegt »das rote Herz Australiens«, der Uluru-Kata Tjuta National Park. Und wie am Namen zu erkennen ist, befindet sich hier eines der Wahrzeichen Autraliens: der Uluru (»Sitz der Ahnen«), einer der größten Inselberge der Erde. Er gilt den australischen Ureinwohnern, den Aborigines, als heiliger Ort, weshalb man ihn nicht besteigen und sich stattdessen auf die 9,4 Kilometer lange »Basewalk-Umrundung« beschränken sollte. 3,5 Kilometer lang und 2,4 Kilometer breit ist das Felsmassiv, das wie ein gestrandeter Wal aus der Steppenlandschaft 348 Meter

Luftaufnahme vom Uluru und dem umliegenden Uluru-Kata Tjuta National Park

Der Uluru erhielt 1873 von seinem Entdecker William Gosse den Namen »Ayers Rock«, zu Ehren des australischen Premierministers.

hoch auf- und mehrere Kilometer in die Erde hineinragt. Wegen seines hohen Eisengehalts präsentiert er sich je nach Sonneneinstrahlung in unterschiedlichen Farben: purpurglühend, rostfarben, rosa, braun, tiefblau, nach Regenfällen sogar silbrig – ein immer wieder beeindruckendes Schauspiel. Seine Entwicklungsgeschichte, die vor ungefähr 570 Millionen Jahren begann, ist eng verknüpft mit der der Kata Tjuta, einer Gruppe von 36 Inselbergen. Das äußerst widerstandsfähige Gestein der Felsen verwitterte im Gegensatz zu den sie umgebenden Gesteinsmassen nur langsam, und so ragen sie heute als gewaltige versteinerte Zeugen des Erdaltertums aus der Ebene empor.

Gebirge und Hochländer | 343

AFRIKA

Der drittgrößte Kontinent der Erde liegt im Durchschnitt 650 Meter über dem Meeresspiegel. Darüber ragen jedoch zahlreiche Hochgebirge auf, etwa der höchste Berg, der Kibo, und der höchste Vulkan, der Kamerun-Berg.

KILIMANDSCHARO
Kibo   5.895 m

Der Kilimandscharo im Nordosten Tansanias ist das höchste Bergmassiv Afrikas, mit dem höchsten Berg des Kontinents, dem Kibo – der somit zu den »Seven Summits« gehört. Häufig wird der Kilimandscharo als höchster Berg Afrikas bezeichnet, was aber topografisch nicht korrekt ist, da dies der Name des gesamten Hochgebirges ist. Der Kilimandscharo ist vulkanischen Ursprungs: In diesem Gebiet driften seit Jahrmillionen die Afrikanische Platte und die Ostafrikanische Platte auseinander und bilden so den Ostafrikanischen Graben. Das Massiv liegt rund 340 Kilometer südlich des Äquators, nahe der Grenze Tansanias zu Kenia. Es befindet sich also in einer tropisch-heißen Region, ist jedoch neben dem Ruwenzori-Gebirge und dem Mount-Kenya-Massiv der dritte teilweise vergletscherte Hochgebirgszug des Kontinents. Die Eiskappe des Kibo büßte jedoch zwischen 1912 und 1989 etwa 75 % ihrer ursprünglichen Fläche ein, danach schrumpfte sie um weitere 25 %.

MOUNT-KENYA-MASSIV
Batian   5.199 m

Der Batian, der zweithöchste Berg des Kontinents, erhebt sich im Mount-Kenya-Massiv. Der Batian befindet sich nordöstlich der kenianischen Hauptstadt Nairobi im Zentrum des Landes. Wie bei vielen der »Seven Second Summits«, der zweithöchsten Berge der sieben Kontinente, ist auch hier die Besteigung des Batian weit anspruchsvoller als die Erklimmung des höchsten Bergs Afrikas, des Kibo.

Ab 4.300 m Höhe finden sich nur mehr Gletscher(seen) und Schneefelder.

ATLAS
Toubkal   4.167 m

Der Atlas ist ein Hochgebirge im Nordwesten Afrikas, das eine markante Scheidelinie zwischen dem feuchten Klima im äußersten Norden Westafrikas und der extrem trockenen Sahara bildet. Der höchste Gipfel des Gebirges und zugleich Marokkos ist der Toubkal im »Hohen Atlas« im Süden dieses Landes. Der Berg dominiert die umliegende Landschaft mit seinen steilen Bergwänden und ist von mehreren ähnlichen Gipfeln umgeben. Auf den höher gelegenen Hängen finden sich bis weit in den Sommer hinein ausgedehnte Schneefelder.

RUWENZORI-GEBIRGE
Margherita Peak   5.109 m

Die Berge des Ruwenzori-Gebirges in Ostafrika werden häufig auch als »Mondberge« bezeichnet. Die Grenze zwischen der Demokratischen Republik Kongo und Uganda verläuft genau über den Gipfel des höchsten Bergs dieses Massivs, des Margherita Peak oder Mount Stanley. Obwohl in der tropisch-heißen Region gelegen, ist er ab 4.500 Meter Höhe vergletschert.

Wind lichtet die Wolkendecke über dem Ruwenzori(»Regenmacher«)-Gebirge.

KAMERUN-BERG
    4.095 m

In der Südwest-Provinz von Kamerun, am Golf von Guinea, erhebt sich der höchste Berg Westafrikas: der Kamerun-Berg, auch Fako genannt. Die Hänge des aktiven Vulkans sind von dichtem Urwald bewachsen. In höheren Lagen herrschen Savanne und alpine Matten vor, am Gipfel sind Flechten die einzige Vegetation. Hier liegt gelegentlich auch Schnee. Die Südwesthänge des Massivs gehören mit über 11.000 Millimetern jährlichem Niederschlag zu den regenreichsten Orten der Erde.

HOCHLAND VON ABESSINIEN
Ras Dashen   4.620 m

Der Ras Dashen, eine Gruppe von neun felsigen Gipfeln, ist der höchste Berg im Hochland von Abessinien und in ganz Äthiopien. Der Berg, der sich in der Mitte des Simien-Gebirges befindet, besteht hauptsächlich aus Basaltgestein vulkanischen Ursprungs und ist das einzige Gebirgsmassiv Äthiopiens, das in den Wintermonaten schneebedeckt ist.

Der Ras Dashan wurde von Europäern 1841 erstmals bestiegen.

PICO DEL TEIDE
    3.718 m

Die Vulkaninsel Teneriffa gehört zwar politisch zu Spanien, liegt aber vor der Küste Marokkos. Die höchste Erhebung auf dieser Kanareninsel und zugleich der höchste Berg auf spanischem Staatsgebiet ist der Pico del Teide. Der dritthöchste Inselvulkan der Erde ist eines der Wahrzeichen Teneriffas. Er ragt aus der riesigen Las-Cañadas-Caldera (vulkanischer Kraterkessel) empor, seine Hänge sind nur geringfügig bewachsen, im Winter liegt auf dem Gipfel Schnee. Eine etwa 20.000 Hektar große Region um den Berg herum wurde 1954 zum Nationalpark erklärt.

Der Kilimandscharo, das höchste Bergmassiv Afrikas, erstreckt sich im gleichnamigen Nationalpark im Nordosten von Tansania (links).

DRAKENSBERGE
Thabana Ntlenyana   3.482 m

Die Drakensberge (»Drachenberge«) sind das höchste Gebirge im südlichen Afrika. Im Königreich Lesotho, wo sich der höchste Berg, der Thabana Ntlenyana (»Schöner kleiner Berg«) erhebt, werden sie Maloti-Berge genannt. Das Bergmassiv entstand im Jura vor etwa 180 Millionen Jahren durch Vulkanismus: Mächtige Sedimentschichten wurden damals von basaltischen Massen überflutet, die sich heute als hohe Berge markieren.

Die Drakensberge – Wolken schaffen ein grandioses Licht-Schatten-Schauspiel.

TIBESTI-GEBIRGE
Emi Koussi   3.415 m

Das vulkanische Tibesti-Gebirge im Tschad ist das höchste Bergmassiv in der Sahara. Das Hochgebirge ist teilweise stark zerklüftet und gehört zu den isoliertesten Regionen der Erde. Der höchste Berg, der Emi Koussi, ist ein aktiver Vulkan. Wegen der extrem abgeschiedenen Lage wurde dessen vulkanische Aktivität erst in den 1970er-Jahren festgestellt, als ein Satellit zufällig einen Ausbruch festhielt.

Trou du Natron, das »Natronloch« – eine riesige Caldera im Tibesti-Gebirge

HOGGAR-GEBIRGE
Tahat   2.918 m

Das Hoggar- oder auch Ahaggar-Gebirge, eine Bergszenerie vulkanischen Ursprungs im Süden Algeriens, ist für seine bizarren Felslandschaften mit zahlreichen Kegeln, Spitzen und Bergfestungen berühmt. Die höchste Erhebung dieses höchsten Gebirges in der Sahara und somit zugleich der höchste Berg Algeriens ist der Tahat. In dieser Region leben vorwiegend Tuareg. Die größte bewohnte Oase in der Hoggar-Region ist Tamanrasset.

Das Hoggar-Gebirge wirkt bei untergehender Sonne besonders geheimnisvoll.

Gebirge und Hochländer

HOCHLAND VON ABESSINIEN

Geheimnisvoll und geradezu unwirklich: Äthiopiens zerklüftetes Hochland

Das Satellitenbild zeigt einen Teil des Äthiopischen Hochlands in der Provinz Goram nordöstlich von Addis Abeba. Am oberen linken Bildrand fällt der 4.154 m hohe Choke Terara ins Auge, von dem sternförmig Täler in alle Richtungen ausgehen. Der Blaue Nil, der größte Fluss des Landes, und seine Nebenflüsse haben sich tief in das karge Hochland eingeschnitten. Die größten Zuflüsse des Nils kommen aus dem Osten und Süden, wo sie ein großes Einzugsgebiet durchqueren. Von Norden kommend, umfließt der Blaue Nil das Massiv des Choke Terara, um am unteren Bildrand nach Nordwesten abzubiegen. Die Hänge des mächtigen Berges werden landwirtschaftlich genutzt.

Das Hochland von Abessinien (auch Hochland von Äthiopien genannt) verläuft als Hochgebirge durch Zentral- und Nord-Äthiopien und reicht im Nordosten noch ins nördliche Eritrea. Im Nordwesten geht das Hochland in die Nubische Wüste über, im Südosten stößt es an den Ostafrikanischen Grabenbruch, im Südwesten und Westen schließen sich die Täler des Blauen und Weißen Nils an. Das in mehrere kleinere Gebirge gegliederte Hochland ist bis 3.000 Meter hoch und hat mehrere Gipfel, die über 4.000 Meter emporragen, wie den Talo mit 4.413 Metern, den Guma Terara mit 4.231 Metern und den Guge mit 4.203 Metern. Der Ras Da-shen ragt mit 4.620 Metern am weitesten in den Himmel. Die am höchsten gelegenen Regionen sind mehrere Monate im Jahr mit Schnee bedeckt, sodass der Blaue Nil, der aus dem Tanasee westlich des Hochlands entspringt, bei der Schneeschmelze die Wassermassen nicht aufnehmen kann und zuweilen über die Ufer tritt.

Die Hochgebirgsregion ist etwa 1.000 Kilometer lang und 500 Kilometer breit, was annähernd der Größe der Alpen entspricht. Das Hochland von Abessinien ist geprägt von Trocken-, Feucht- und Dornsavanne vor allem im Norden und Osten. Im Zentrum finden sich Tafelberge, Grasland und tropischer Regenwald, nach Westen hin fällt es nach und nach ab.

DAS HÖCHSTE HOCHLAND AFRIKAS

NORD- UND MITTELAMERIKA

Große, ausgedehnte Gebirgsketten – wie die Kordilleren mit den Rocky Mountains als Hauptgebirgszug und die Appalachen – prägen vor allem das Landschaftsbild im Westen Nordamerikas.

ALASKA RANGE
Mount McKinley 6.194 m

Die Alaska Range, die südlich gelegene Hauptkette der Kordilleren in Alaska, beschreibt einen Bogen von der Alaska-Halbinsel im Südwesten, wo sie bei den Chigmit Mountains in die Aleutenkette übergeht, bis etwa zur Grenze zum kanadischen Territorium Yukon im Osten, wo sie mit den Wrangell Mountains in die zu den nordamerikanischen Coast Mountains gehörende Elias-Kette übergeht. Der Gebirgszug bildet die kontinentale Wasserscheide zwischen dem Beringmeer im Nordwesten und dem Golf von Alaska im Süden. Die höchste Erhebung der Alaska Range und zugleich der höchste Berg ganz Nordamerikas – somit einer der »Seven Summits« – ist der Mount McKinley, der nach dem 25. US-Präsidenten William McKinley benannt wurde. Weit verbreitet ist jedoch auch die offizielle Bezeichnung in Alaska: Denali (»Der Große«). Diesen Namen trägt auch der bereits 1917 eingerichtete Nationalpark, auf dessen Terrain sich der mächtige Berg erhebt.

ÖSTLICHE SIERRA MADRE
Citlaltépetl 5.636 m

In der Sierra Madre Oriental, einem Gebirgszug im Nordosten Mexikos, liegt an der Grenze der beiden Bundesstaaten Veracruz und Puebla der höchste Berg Mexikos: der Vulkan Citlaltépetl (»Berg des Sterns«). Sein letzter Ausbruch ereignete sich im Jahr 1687. Nach langer Ruhe zeigten sich jüngst am Citlaltépetl wieder Fumarolen, die möglicherweise erste Anzeichen für eine neue Aktivitätsphase darstellen.

SIERRA NEVADA
Mount Whitney 4.418 m

Die Sierra Nevada ist ein Hochgebirge in den USA, das zum größten Teil in Kalifornien verläuft, ein kleinerer Teil liegt in Nevada. Der höchste Berg dieser Kette und zugleich höchster Berg der USA außerhalb Alaskas ist der Mount Whitney, der nach dem Geologen Josiah Whitney benannt wurde. Im Jahr 1873 gelang drei einheimischen Fischern die Erstbesteigung des Berges – inzwischen ist er aufgrund des niedrigen Schwierigkeitsgrades ein beliebtes Ziel von Bergsteigern.

ROCKY MOUNTAINS
Mount Elbert 4.399 m

Die Rocky Mountains, Teil der von Feuerland bis Alaska reichenden Kordilleren, sind ein ausgedehntes Faltengebirge im westlichen Nordamerika. Sie erstrecken sich von Mexiko durch die kontinentalen Vereinigten Staaten bis nach Kanada und Alaska. Der leicht zu besteigende und deshalb sehr populäre Mount Elbert im US-Bundesstaat Colorado ist der höchste Gipfel der Rocky Mountains und der zweithöchste Gipfel auf dem nordamerikanischen Festland.

CASCADE RANGE
Mount Rainier 4.395 m

Parallel zur Westküste Nordamerikas, von British Columbia bis Nord-Kalifornien, verläuft die Cascade Range (Kaskaden-Kette), die Teil des Pazifischen Feuerrings und somit vulkanischen Ursprungs ist. Der bekannteste und aktivste Vulkan des Gebirges ist der Mount St. Helens. Der höchste Kaskaden-Gipfel ist jedoch der Mount Rainier, ein Schichtvulkan bei Seattle im US-Bundesstaat Washington. Er überragt die anderen Berge in der Nähe um mindestens 2.500 Meter.

Der Mount McKinley oder Denali, der höchste Berg Nordamerikas, erhebt sich majestätisch über die anderen Gipfel der Alaska Range (links). Der Mount Rainier in der Cascade Range spiegelt sich im Licht eines grandiosen Sonnenaufgangs im Wasser des Tipsoo Lake (großes Bild).

SÜDLICHE SIERRA MADRE
Teotepec 3.703 m

Die Südliche Sierra Madre ist ein Gebirgszug im Süden Mexikos, der sich über 1 000 Kilometer vom Süden Michoacáns, gen Osten durch Guerrero bis zum Isthmus von Tehuantepec im Osten von Oaxaca erstreckt. Bekannt ist dieser Bereich der Sierra Madre vor allem für seine große Tier- und Pflanzenvielfalt und die außergewöhnlich hohe Anzahl endemischer Arten. Der höchste Gipfel der Bergkette ist der Cerro Teotepec im Zentrum des mexikanischen Bundesstaates Guerrero.

WESTLICHE SIERRA MADRE
Nevado de Colima 4.330 m

In der Sierra Madre Occidental im Westen Mexikos und äußersten Südwesten der USA erhebt sich der Colima, der aktivste Vulkan Mexikos: er ist seit 1576 mehr als 40-mal ausgebrochen. Der Colima besteht aus zwei Erhebungen: dem älteren, inaktiven Nevado de Colima und dem jüngeren, sehr aktiven und 3.860 Meter hohen Volcán de Colima. Er wird von den UN zu den 16 gefährlichsten Vulkanen der Welt gezählt.

SHISHALDIN
2.857 m

Der Shishaldin im Zentrum von Unimak Island gehört zu den aktivsten Vulkanen im Inselbogen der Aleuten. Seit dem Jahr 1775 ereigneten sich mindestens 27 Ausbrüche. Ein kleiner Gipfelkrater auf dem symmetrischen Kegel dieses Schichtvulkans produziert beständig eine kleine Dampfwolke und hin und wieder etwas Asche. Größere Ascheausstöße behindern zuweilen die Sicht der Flugzeugpiloten auf dieser verkehrsreichen Asien-Amerika-Flugroute.

Gebirge und Hochländer

COLORADO-PLATEAU, COLUMBIA-PLATEAU, GREAT BASIN

Ein System von zahlreichen Becken wird von den Nordamerikanischen Kordilleren im Westen der USA eingeschlossen. Man unterscheidet drei Großregionen: Columbia-Plateau, Großes Becken und Colorado-Plateau. Im Norden liegt das Columbia-Plateau, das von der Cascade Range im Westen und den Rocky Mountains im Osten begrenzt wird. Im Süden geht es in das Große Becken (engl. Great Basin) über, eine abflusslose, wüstenartige Hochebene von etwa der Größe Spaniens. Das Große Becken reicht von der Sierra Nevada und der Cascade Range im Westen bis zur Wasatch Range im Osten. Im Süden endet die Beckenlandschaft in der Mojave-Wüste. Weil das Columbia-Plateau und das Große Becken ineinander übergehen, werden sie oft auch als ein Großraum betrachtet. Östlich vom Großen Becken liegt das Colorado-Plateau, das von der Wasatch Range und den Rocky Mountains begrenzt wird.

Das Bild zeigt das Monument Valley mit den drei Tafelbergen (v. l.) West Mitten, East Mitten und Merrick auf dem Coloradoplateau. Die Ebene mit ihren typischen Tafelbergen aus unterschiedlich hartem Sand- und Kalkstein liegt auf einer Höhe von 1.900 Metern zwischen Arizona und Utah. Die Tafelberge (engl. Butte) sind bis zu 300 Metern hoch. Die rote Farbe stammt vom Eisenoxid im Gestein.

COLORADO-PLATEAU

Wüste mit spärlicher Vegetation und Tafelberge am Horizont

In den vier Bundesstaaten Arizona, Utah, Colorado und New Mexico liegt diese trockene Hochebene, die von 1.500 auf 3.300 Meter ansteigt. Der Colorado River durchschneidet das Plateau und bildet den 350 Kilometer langen, bis zu 1.800 Meter tiefen und 6 bis 29 Kilometer breiten Grand Canyon.

350   Gebirge und Hochländer

DIE HÖCHSTGELEGENEN HOCHLÄNDER NORDAMERIKAS

COLUMBIA-PLATEAU

Gleich einem Schnitt durch die Erdgeschichte: Gesteinsschichten am Columbia-Plateau

Die Hochebene erstreckt sich hauptsächlich in den Bundesstaaten Oregon und Idaho mit Ausläufern nach Washington. Sie entstand während des späten Miozäns und frühen Pliozäns durch Vulkanismus, der große Mengen dünnflüssiger Lava produzierte. Das Plateau wird vom Columbia River durchschnitten.

GREAT BASIN

Völlig flach: Der Große Salzsee in Utah, nach dem die Stadt Salt Lake City benannt ist

Dieses sehr trockene und wüstenartige Becken liegt zum größten Teil im Bundesstaat Nevada, an den Rändern greift es bis Kalifornien, Oregon, Idaho und Utah aus. Im Norden erreicht das Große Becken Höhen von 1.500 Metern, im Süden fällt es ab bis unter den Meeresspiegel – tiefster Punkt ist das Death Valley mit -86 Metern.

PUMAS

Der Puma (»Profelis concolor«) zählt zur Familie der Kleinkatzen und ist dennoch die größte Raubkatze Nordamerikas. Er wird bis zu 1,3 Meter lang, erreicht eine Schulterhöhe von 65 Zentimetern und hat ein Gewicht von 50 bis 60 Kilogramm. Auffallend ist sein über

Pumas sind gute Kletterer.

80 Zentimeter langer Schwanz, der eine schwarze Spitze hat. Interessant ist, dass der Puma nicht brüllen kann, sondern nur laut heult. Pumas leben als strikte Einzelgänger und besiedeln unterschiedliche Lebensräume: Halbwüste, Regenwald, Tiefland und Hochgebirge; sie sind von Kanada bis Südargentinien zu finden. Früher war der Puma in den USA weit verbreitet, heute wird die Population auf 50.000 Tiere geschätzt, die in dünn besiedelten Gebieten und Nationalparks zu finden sind. An der Ostküste ist er ausgerottet. In Freiheit werden Pumas bis zu 20 Jahre alt.

Typisch für den Puma, der auch Berglöwe, Kuguar oder Silberlöwe genannt wird, ist sein rotbraunes bis silbergraues Fell. Der Kopf wirkt für eine so große Raubkatze ungewöhnlich klein. Die Schnauze hat eine charakteristische weiße Zone, die mit einer schwarzen Linie abgesetzt ist, die von den Mundwinkeln bis zur rosa Nase reicht.

DIE GRÖSSTEN RAUBKATZEN NORDAMERIKAS

SÜDAMERIKA

ANDEN
Aconcagua 6.963 m

Der »steinerne Wächter« – so die Übertragung des Quechua-Wortes Ackon-Cauak, von dem sich der Name Aconcagua ableitet – ist mit seinen 6.963 Metern nicht nur der höchste Berg Argentiniens, sondern auch der höchste der Anden, des Doppelkontinents Amerika sowie der Südhalbkugel. Der Aconcagua inmitten des Parque Provincial Aconcagua ist Jahr für Jahr das Ziel mehrerer tausend Bergsteiger aus aller Welt, denn er gilt über die Nordroute als leicht zu besteigen. Erstmals gelang das in der Neuzeit dem Schweizer Matthias Zurbriggen am 18. Januar 1897. Doch steht zu vermuten, dass indianische Ureinwohner den Gipfel des für sie heiligen Berges viel früher bezwungen und als Kultstätte genutzt hatten, da man 1982 in 5.200 Meter Höhe die 500 Jahre alte Mumie eines rituell bestatteten, siebenjährigen Inka-Jungen fand.

Trockene Steppe in der Nähe der Stadt Mendoza, im Hintergrund der Aconcagua

DIE HÖCHSTEN GEBIRGE SÜDAMERIKAS

BERGLAND VON GUAYANA
Pico da Neblina   3.014 m

Der Pico da Neblina (»Nebelspitze«), der höchste Berg Brasiliens und gleichzeitig die höchste Erhebung Südamerikas außerhalb der Anden, gehört zu den Tepuis. Er liegt im Bergland von Guayana, das durch die mächtigen Tafelberge und eine endemische Tier- und Pflanzenwelt charakterisiert ist. Von einigen Tafelbergen stürzen die höchsten Wasserfälle der Welt, wie z. B. der Salto Angel, in den tropischen Regenwald hinab.

BRASILIANISCHES BERGLAND
Pico da Bandeira   2.892 m

Das Brasilianische Bergland im Osten des südamerikanischen Kontinents erstreckt sich parallel zur brasilianischen Atlantikküste. Der höchste Punkt dieser Großlandschaft ist der Pico da Bandeira, der dritthöchste Berg Brasiliens. Da er (im Gegensatz zum Pico da Neblina) in einem dicht besiedelten Gebiet liegt und leicht erreicht werden kann, ist der inzwischen bestbeschriebene Berg des Landes bei Bergsteigern sehr beliebt.

SIERRAS DE CÓRDOBA
Cerro Champaqui   2.880 m

Die Sierras de Córdoba sind ein Gebirge im Westen der zentralargentinischen Provinz Córdoba und eines der bedeutendsten Ferienzentren Argentiniens mit drei Millionen Besuchern im Jahr. Im Wesentlichen bestehen die Sierras de Córdoba aus drei Bergketten, die in Nord-Süd-Richtung verlaufen: der Sierra Chica, der Sierra Grande und der Sierra de los Comechingónes. Aus Letzterer erhebt sich der höchste Berg: der Cerro Champaquí.

Vom Aconcagua in den argentinischen Anden, dem höchsten Berg außerhalb Asiens, ziehen sich bis zu 10 km lange Gletscher herab.

Gebirge und Hochländer   355

ALTIPLANO

Der Altiplano ist eine abflusslose, etwa 170.000 km² große Hochebene im Hochandenland, die sich durch die Trennung der Ost- von den Westkordilleren gebildet hat. Im Norden des Altiplano liegt der **Titicaca-See**, mit 8.135 km² Südamerikas größter See und der größte Hochgebirgssee der Erde.
Das Plateau, mit einer durchschnittlichen Höhe von 3.600 Metern, wird von mehreren hohen Gipfeln wie etwa dem Vulkan Parinacota überragt. Das Klima des Altiplano ist kalt und semiarid bis arid – die Verdunstung übersteigt also den Niederschlag, wodurch die Region von einer niedrigen Luftfeuchtigkeit geprägt ist. Der größte Teil des Altiplano weist Kennzeichen der Puna auf, einer Hochgebirgsvegetationsform mit wechselfeuchtem Klima. Allgegenwärtig ist hier das spröde Ichugras.

Der 6.342 m hohe Vulkan Parinacota an der Grenze zwischen Bolivien und Chile mit dem höchstgelegenen See der Welt – dem Lago Chungará

DAS HÖCHSTGELEGENE HOCHLAND SÜDAMERIKAS

Schneereste in einem Tal der Atacama-Wüste in der Nähe von San Pietro in Chile, wo sich ein Teil des Altiplano erstreckt

Isla del Pescado im bolivianischen Salar de Uyuni, dem größten Salzsee der Erde, mit einer Gruppe Sukkulenten

Gebirge und Hochländer 357

LAMAS, GUANAKOS, ALPAKAS, VICUNJAS

Lama (»Lama glama«), Guanako (»Lama guanicoe«), Alpaka (»Lama pacos«) und Vikunja (»Vicugna vicugna«) bilden die Gruppe der Neuweltkamele. Sie sind leicht an ihrem fehlenden Höcker zu erkennen. Von diesen größten Tieren der Anden sind nur Guanako und Vikunja wildlebend, Lama und Alpaka sind domestizierte Formen des Guanakos und werden als Transport- und Fleischtier (Lama) oder Wolllieferant (Alpaka) gehalten. Das Guanako hat eine Länge von 1,20 bis 2,20 Metern, eine Schulterhöhe von 1,20 Metern und ein Gewicht von 100 bis 120 Kilogramm. Das Fell ist hellbraun, an der Unterseite weiß, am Kopf schwarz. Es kommt bis zu einer Höhe von 4.000 Metern vor. Das Vikunja ist kleiner und schlanker (Länge 1,60 Meter, Schulterhöhe 0,95 Meter, Gewicht bis zu 50 Kilogramm). Es hat ein feineres, sehr dichtes Fell, ist heller und hat keine schwarze Gesichtsfärbung, es lebt in Höhen von 3.700 bis 5.500 Metern. Das Lama ist ein wenig größer als das Guanako (bis zu 1,30 Meter Schulterhöhe, bis zu 150 Kilogramm schwer) und hat eine variable Fellfarbe (weiß, braun, schwarz oder gefleckt). Das Alpaka ist etwas kleiner als das Lama und wiegt nur bis zu 65 Kilogramm. Die Fellfarbe ist ebenfalls variabel.

DIE GRÖSSTEN TIERE DER ANDEN

Das Alpaka dient als Wolllieferant.

Das Lama bewährt sich als Lasttier.

Das kleinste der Neuweltkamele: Vikunja

Das Guanako lebt in Familiengruppen aus einem Hengst, mehreren Stuten und einer Anzahl Jungtieren in trockenen Berg- und Flachländern bis hinunter auf Meereshöhe. Sein Verbreitungsgebiet ist damit deutlich größer als das des Vikunjas, das die höheren Lagen bevorzugt. Allen Neuweltkamelen ist gemeinsam, dass sie spucken, wenn sie sich belästigt fühlen.

Gebirge und Hochländer 359

ANDENKONDORE

Der Andenkondor (»Vutur gryphus«) aus der Familie der Neuweltgeier ist die größte Geierart der Erde. Er hat eine Körperlänge von 110 Zentimetern und ein Gewicht von 12 bis 15 Kilogramm, und seine Flügelspannweite erreicht weit über drei Meter – eine der größten Spannweiten im Reich der Vögel, mit der er in Flughöhen von 7.000 Metern gelangt. Geiertypisch hat der Andenkondor einen kahlen Kopf und Hals, den eine weiche weiße Krause umsäumt. Auf dem Kopf trägt das Männchen einen fleischigen Scheitelkamm. Das Weibchen ist kammlos und kleiner als das Männchen. Das Gefieder ist schwarz, auf der Oberseite mit weißen Federn durchsetzt. Der Andenkondor gehört zu den bedrohten Tierarten. In freier Wildbahn wird er etwa 40 Jahre alt, in Gefangenschaft bis zu erstaunlichen 85 Jahren. Sein Verbreitungsgebiet reicht von Venezuela entlang der Anden bis nach Patagonien. Die Vögel halten sich vorzugsweise in gebirgigen Regionen auf, in denen sie oft die variierende Luftströmung für ihren Gleitflug ausnutzen. Häufig legen Andenkondore auch kurze Strecken zu Fuß zurück. Die meiste Zeit des Tages ruhen sie sich jedoch aus und pflegen gegenseitig ihr Gefieder, was der Bindung des Paars oder der Gruppe dient.

DIE GRÖSSTEN GEBIRGSVÖGEL DER ERDE

Der Andenkondor mit seiner überwältigenden Flügelspannweite ist in der Lage, über 7.000 m Flughöhe und somit die höchsten Gipfel der Anden zu erreichen. Dabei nutzt er die thermischen Aufwinde in den Gebirgslandschaften (großes Bild).

Gebirge und Hochländer

TEPUIS –
DIE HÖCHSTEN TAFELBERGE DER ERDE

Tepuis sind Tafelberge in Venezuela, Guyana und Brasilien, die bis zu 3.000 Meter hoch sind und überwiegend aus Sandstein bestehen. Ihre Plateaus können fast ausschließlich aus der Luft erreicht werden, da die Tepuis steile, fast senkrecht abfallende Seitenwände, Schluchten und Spalten haben. Die Oberflächen mancher Tepuis hat noch kein Mensch betreten.

Die Tafelberge sind Überreste eines riesigen Sandsteinplateaus, das sich einst zwischen Amazonasbecken und Orinoco sowie zwischen Atlantikküste und Rio Negro ausbreitete. Durch Erosion wurde diese Ebene im Lauf der Jahrmillionen abgetragen – übrig blieben die Tepuis genannten Inselberge. In der Gran Sabana im Südosten Venezuelas stehen heute 115 solcher Tafelberge, die sich bis zu 1.000 Meter über den Regenwald erheben. Auf den riesigen Plateaus der Berge wechseln sich dichte, undurchdringliche Wälder mit zerklüfteten Felsenlandschaften ab. Erosion und Verwitterung haben hier bizarre Felsformationen und Labyrinthe geschaffen (diesen Vorgang nennt man auch Tavernierung). Die Plateaus der Tepuis sind durch ihre Höhe vom Regenwald völlig isoliert, was zur Entstehung einer endemischen Flora und Fauna führte.

Der Tepui Roraima in Venezuela

Die tropische Vegetation rückt nahe an die Felsklüfte der Tepuis heran. Ein evolutionärer Austausch kann aber nur von den Tepuis herab erfolgen und nicht in die Gegenrichtung. Daher konnte sich auf manchen abgeschotteten Hochflächen eine endemische Flora und Fauna entwickeln.

362 Gebirge und Hochländer

Mächtigen erratischen Blöcken gleich erheben sich diese Tepuis als Denkmal der Erdgeschichte im Canaima-Nationalpark.

Blick zum Tepui Roraima in der Gran Sabana, auf dessen Hochfläche zahlreiche endemische Tier- und Pflanzenarten leben.

Vom Auyàn-Tepui in Venezuela stürzt der Salto Angel, mit 978 m der höchste frei fallende Wasserfall der Erde, in die Tiefe.

Gebirge und Hochländer 363

ANTARKTIS

Das höchste Gebirge auf dem antarktischen Kontinent ist das Ellsworth-Gebirge, das sich am westlichen Rand des Filcher-Ronne-Eisschelfs in der Westantarktis erstreckt. Hier liegt der höchste Berg der Antarktis und somit einer der »Seven Summits«: der Mount Vinson. Das Transantarktische Gebirge, das den gesamten Kontinent Antarktika durchquert, ist mit rund 3.500 Kilometer der fünftlängste Gebirgszug der Erde und gipfelt im Mount Kirkpatrick als höchster Erhebung.

Branscombe-Gletscher, Mount Vinson

ELLSWORTH-GEBIRGE – DAS HÖCHSTE GEBIRGE DER ANTARKTIS

Die Decke des Kontinentaleises wird hier vereinzelt von Bergen durchbrochen.

DIE HÖCHSTEN BERGE DER ANTARKTIS:

1. **Ellsworth-Gebirge**
   Mount Vinson — 4.892 m
2. **Sentinel Range**
   Mount Tyree — 4.852 m
3. **Sentinel Range**
   Mount Shinn — 4.666 m
4. **Queen Elizabeth Range**
   Mount Markham — 4.602 m
5. **Sentinel Range**
   Mount Epperly — 4.600 m
6. **Sentinel Range**
   Mount Gardner — 4.587 m
7. **Transantarktisches Gebirge**
   Mount Kirkpatrick — 4.518 m
8. **Whitmore-Gebirge**
   Mount Rutford — 4.477 m
9. **Sentinel Range**
   Mount Craddock — 4.368 m
10. **Transantarktisches Gebirge**
    Mount Bell — 4.305 m

Das Ellsworth-Gebirge befindet sich im westlichen Teil des Kontinents, südlich der Antarktischen Halbinsel zwischen Filchner-Ronne-Schelfeis und Bellinghausen-Meer. Der Sentinel Range bildet den nördlichen und höchsten Bereich des Massivs, in dem sich auch der höchste Berg der Antarktis, der Mount Vinson, befindet. Daran schließt sich der Minnesota-Gletscher und die Heritage Range an. Benannt ist das Gebirge nach dem amerikanischen Forscher Lincoln Ellsworth, der es 1935 als Erster entdeckt und überflogen hat.

DIE HÖCHSTEN GEBIRGE DER ANTARKTIS

TRANSANTARKTISCHES GEBIRGE – DAS LÄNGSTE GEBIRGE DER ANTARKTIS

Das Transantarktische Gebirge faltete sich vor etwa 65 Mio. Jahren auf.

Der stark vergletscherte Hochgebirgsgürtel erstreckt sich über den gesamten antarktischen Kontinent – über mehr als 3.000 Kilometer – von der Küste Victorialands nach Süden zum Weddell-Meer und besteht aus mehreren Bergketten. Höchster Punkt ist der Mount Kirkpatrick mit 4.518 Metern. Der überwiegende Teil des Gebirges ist von einem Eispanzer bedeckt, den nur die höchsten Gipfel durchbrechen. Eine Besonderheit sind die Trockentäler – völlig schnee- und eisfreie Landstriche, in denen kein Niederschlag fällt.

Der 1957 von der US-Luftwaffe entdeckte Mount Vinson (großes Bild) ist nach dem amerikanischen Senator Carl Vinson benannt, der die Erforschung der Antarktis unterstützte.

Gebirge und Hochländer 365

VULKANE

Ein Großteil der Erdkruste entstand aus geschmolzenem Gestein, das aus dem Erdinneren zur Oberfläche aufgestiegen, dann abgekühlt und zu vulkanischem Gestein erkaltet ist. Vulkanismus ist fast ausschließlich auf die Plattenränder begrenzt. Von den weltweit 500 bis 600 aktiven Vulkanen liegen 80 % an zusammenstoßenden und 15 % an auseinanderdriftenden Platten. So genannte »Hot-Spot-Vulkane« machen etwa 5 % aus. Diese Vulkane sitzen unbeweglich auf einer besonders heißen Zone des Erdmantels und brechen immer an derselben Stelle aus, während sich die Erdplatte über sie hinwegschiebt. Einige der berühmtesten Vulkane der Welt zählen zu diesem Typ, etwa diejenigen auf der 2.400 Kilometer langen Kette der Hawaii-Inseln, die alle als ortsfeste Hot Spots entstanden sind, über die sich die Pazifische Platte schob. Die feuerspeienden Schlote können nach der Art der Magmazufuhr unterteilt werden: So gibt es Spaltenvulkane wie den Ätna auf Sizilien, die immer wieder an unterschiedlichen Stellen (Spalten) ausbrechen, wobei sich die austretende Lava nur langsam talwärts bewegt. Völlig anders verhält es sich beim Zentralvulkan (z. B. der Vesuv bei Neapel). Bei diesen Vulkanen führt eine rohrartige Öffnung bis in die Magmakammer, die Lavamassen werden bei einem Ausbruch explosionsartig hochgeschleudert, und es können sich dabei Calderen (kesselförmige Vertiefungen) bilden. Vulkane werden auch nach ihrer Form unterschieden. So gibt es Schicht- oder Stratovulkane, die kegelförmig aussehen (z. B. der Fujisan in Japan), Schildvulkane (z. B. Mount Loa auf Hawaii), Decken- und Plateauvulkane, bei denen dünnflüssigere Lava durch Spalten an die Oberfläche dringt, Schlacken- und Aschenkegel, die deutlich kleiner sind und meist eine regelmäßige, konische Form aufweisen (z. B. der Stromboli in Italien), Maare, die durch eine Explosion ohne Lava entstehen und ein trichter- oder schüsselartiges Aussehen haben (z. B. in der Vulkaneifel), und Calderen, die kessel- oder beckenförmige Vertiefungen darstellen (z. B. Caldera de Taburiente auf La Palma).

DIE HÖCHSTEN VULKANE DER ERDE

① **Ojos del Salado**
Argentinien/Chile — 6.887 m
② **Cerro Bonete Chico**
Argentinien/Chile — 6.872 m
③ **Cerro Pissis**
Argentinien — 6.795 m
④ **Llullaillaco**
Argentinien/Chile — 6.739 m
⑤ **Tupungato**
Chile — 6.550 m
⑥ **Sajama**
Bolivien — 6.542 m
⑦ **Illimani**
Bolivien — 6.462 m
⑧ **Coropuna**
Peru — 6.425 m
⑨ **Parinacota**
Chile/Bolivien — 6.342 m
⑩ **Chimborazo**
Ecuador — 6.310 m
⑪ **Ampato**
Peru — 6.310 m
⑫ **Pomerape**
Chile/Bolivien — 6.288 m
⑬ **Guallatiri**
Chile — 6.071 m
⑭ **Acotango**
Chile — 6.052 m
⑮ **Acamarachi**
Chile — 6.046 m
⑯ **Hualca Hualca**
Peru — 6.025 m
⑰ **Cotopaxi**
Ecuador — 5.897 m
⑱ **Kibo (Kilimandscharo)**
Tansania — 5.895 m
⑲ **Ka-er-daxi (Kunlun Volcano)**
China — 5.810 m
⑳ **Pico de Orizaba**
Mexiko — 5.747 m

366 Vulkane

Der Vulkan Tungurahua in Ecuador, ein 5.016 m hoher Schichtvulkan (großes Bild), erlebte immer wieder Phasen starker Aktivität, beispielsweise in den Jahren 1916 bis 1925. Seit 1999 ist er erneut aktiv. Im August 2006 fand eine besonders starke Eruption statt, bei der der Vulkan Gase, Asche und Pyroklastika – vulkanisches Lockermaterial – auswarf. Die Aschesäule ragte damals zwölf Kilometer hoch in den Himmel.

OJOS DEL SALADO

Der Ojos del Salado in der Atacama-Wüste an der Grenze zwischen Argentinien und Chile ist der zweithöchste Berg Amerikas und der höchste Vulkan der Erde. Nach einigen Messungen im 20. Jahrhundert sollte er sogar höher als der Aconcagua und damit der höchste Berg Amerikas sein. Neuere, präzisere GPS-basierte Messungen bestätigten dies jedoch nicht. 1994 ergab eine Messung des Monte Pissis eine Höhe von 6.882 Metern – danach wäre der Ojos del Salado sogar nur noch der dritthöchste Berg Amerikas. Doch auch diese Messung stellte sich als falsch heraus. Inzwischen gilt es als sicher, dass der Ojos del Salado mit seinen 6.887 Metern rund 100 Meter höher als der Cerro Pissis ist. Da keine Aufzeichnungen über explosive Ausbrüche existieren, nimmt man an, dass der Ojos del Salado erloschen ist. Es wird jedoch immer wieder von Gasaktivitäten des Vulkans berichtet. So wurden in den Jahren 1937 und 1956 sowie am 14. November 1994 Aktivitäten aufgezeichnet, bei denen Wasser- und Schwefeldämpfe aus dem Krater austraten. 2007 erreichte ein Chilene mit einem umgebauten Geländewagen auf dem Ojos del Salado eine Höhe von 6.688 Metern – damit stellte er einen Weltrekord auf, denn noch nie zuvor war jemand mit einem Fahrzeug so hoch hinaufgelangt.

Der Ojos del Salado, höchster Vulkan der Erde und zweithöchster Berg Südamerikas, im Abendlicht

DER HÖCHSTE VULKAN DER ERDE

Blick über die Puna de Atacama vom Gipfel des Cerro Pissis aus, des jeweils dritthöchsten Bergs in Argentinien und Vulkans auf der Erde. Im Hintergrund erheben sich der Ojos del Salado und der Cerro Nacimiento (großes Bild).

Vulkane 369

SUPERVULKANE

Im Gegensatz zu klassischen Vulkanen bilden Supervulkane keine Bergkegel aus, wie dies beim Fujijama oder beim Ätna der Fall ist. Sie hinterlassen nach einem Ausbruch gewaltige Einsturztrichter, die entstehen, wenn die Erde über der entleerten Magmakammer einstürzt. Dicht unter der Oberfläche steigert sich der Druck in den Vulkansystemen so lange, bis er mit einer gewaltigen Eruption an die Oberfläche dringt. Diese Ausbrüche kündigen sich mit vermehrter seismischer Aktivität, Hebungen und Senkungen des Vulkanbodens und Rissbildung in der Umgebung an. Die Folgen der Eruptionen sind verheerend und wirken sich weltweit aus. Durch die Explosion wird das Material hoch in die Atmosphäre katapultiert und regenet im Umkreis mehrerer 100 Kilometer wieder ab. Die Sonne verdüstert sich und die Oberflächentemperatur der Erde sinkt – es kommt zu einem »vulkanischen Winter«, der über mehrere Jahrzehnte anhalten kann. Bisher sind der Wissenschaft nur wenige Ausbrüche von Supervulkanen bekannt. Gemessen wird ihre Stärke nach dem VEI, dem Vulkan-Explosions-Index. Eruptionen von Supervulkanen erreichen auf dem Index die Stärke acht.

LA-GARITA-CALDERA
USA, Colorado

Der stärkste nachweisbare Vulkanausbruch der Erdgeschichte fand vor rund 27 Millionen Jahren am Ort der heutigen La-Garita-Caldera im südwestlichen Colorado statt (oben: Tuffformationen). Dabei wurden rund 5.000 km³ vulkanische Asche und Gestein in die Atmosphäre geschleudert. Als Relikt blieb die geologisch sehr einheitlich aufgebaute Caldera erhalten, die 35 mal 75 Kilometer groß ist. Nach dem Hauptausbruch waren noch sieben weitere größere Eruptionen zu verzeichnen.

YELLOWSTONE
USA, Wyoming

Unter den Supervulkanen gilt der Yellowstone als der gefährlichste. In einem Zyklus von etwa 700.000 bis 900.000 Jahren kommt es zu gewaltigen Eruptionen. Der letzte Ausbruch setzte 1.000 km³ Asche und vulkanisches Material frei, das zu einem globalen vulkanischen Winter führte. Ursache für die Aktivität des Yellowstone-Vulkans ist ein Hot Spot, auf dem der Vulkan sitzt, der eine in 8.000 Metern Tiefe liegende Magmakammer nährt. Erdbeben und Geysire sind die äußeren und erfahrbaren Anzeichen erhöhter seismischer Aktivität. Steigt der Druck in der Magmakammer, so verändert sich die Struktur der Caldera. An ihren Rändern bilden sich Risse, Gase und Lava treten aus. In den vergangenen Jahrzehnten waren immer wieder Perioden »thermischer Unruhe« zu verzeichnen. Allerdings ließ die Aktivität mittlerweile wieder nach.

Schwefel- und Mineralablagerungen weist der Grand Prismatic Pool am Beckenrand auf (großes Bild). Dass man hier auf einem Pulverfass sitzt, ist im Yellowstone-Nationalpark vielerorts spürbar.

DIE GEFÄHRLICHSTEN VULKANE
DER ERDE

TOBA-SEE
Indonesien, Sumatra

Der Toba-See (oben) auf Sumatra, mit 1.146 km² der größte Vulkansee der Erde, ist das Relikt des stärksten Vulkanausbruchs der letzten 500.000 Jahre. Mit einem Nennwert von acht auf dem Vulkan-Explosivitäts-Index (VEI) verursachte die Eruption eine Abkühlung der Atmosphäre um bis zu 17 °C und sorgte so für die 1.000 kältesten Jahre der Würmeiszeit. Bei dem Ausbruch wurden schätzungsweise 2.800 km³ vulkanisches Material freigesetzt, das sich in einer Höhe von 50 Kilometern über die gesamte Erde verteilte und einen sogenannten »vulkanischen Winter« hervorrief. In der Mitte des Sees liegt die Insel Samosir.

TAUPOSEE
Neuseeland, Nordinsel

Vor circa 22.600 Jahren erschütterte eine gewaltige Vulkaneruption die Nordinsel Neuseelands. 1.170 km³ Asche und vulkanisches Gestein wurde in die Atmosphäre abgegeben und verteilte sich über große Teile der Welt. Der Taupo ist seither weitere 28 Mal ausgebrochen. Allerdings erreichte keine dieser Eruptionen diese Größenordnung. Mit einer Größe von 616 km² und einer Tiefe von 186 Metern ist der Tauposee (oben) der größte See in Neuseeland.

Vulkane 371

EUROPA

Vulkanismus findet sich vor allem an den Rändern Europas. Auf Island gibt es rund 30 aktive Vulkane, der höchste des Kontinents erhebt sich im Osten: der Elbrus im Kaukasus.

ELBRUS
Russland 5.642 m

Der Elbrus im Kaukasus, in der Mitte zwischen Kaspischem und Schwarzem Meer gelegen, ist der höchste Berg Russlands und zugleich Europas. Der Berg mit den zwei Gipfeln – der Westgipfel ist 5.642 Meter hoch, der Ostgipfel 5.621 Meter – ist ein zurzeit inaktiver, stark vergletscherter Schicht- oder Stratovulkan, der im Holozän in einer riesigen Caldera (spanisch für »Kessel«) entstanden ist. Auf dem Ostgipfel gibt es einen im Durchmesser 250 Meter großen Vulkankrater. Der letzte Ausbruch des Elbrus fand vor ungefähr 2.000 Jahren statt, seitdem ruht er. Allerdings gibt es einige, wenn auch schwache Anzeichen vulkanischer Aktivität wie etwa heiße Quellen. Bei einer erneuten Zunahme der Aktivitäten besteht die Gefahr, dass die massive Eiskappe schnell abtaut und das Schmelzwasser sowie Laharen (Schlammströme) die Umgebung unter sich begraben. An den Hängen des Elbrus erstrecken sich weitläufige Gletscher und Schneefelder, die nur teilweise im Frühjahr tauen.

KASBEK
Georgien 5.047 m

Der Kaukasus, die Landbrücke zwischen dem Schwarzen und dem Kaspischen Meer, erreicht im Zentralen Kaukasus zwischen den Bergen Elbrus und Kasbek seine größten Höhen. Insgesamt 15 Gipfel sind hier über 4.800 Meter hoch. Mit seinen 5.047 Metern ist der Kasbek in der Nähe der Georgischen Heerstraße der dritthöchste Berg in Georgien und der achthöchste Gipfel des Kaukasus. Der als erloschen geltende Schichtvulkan wurde bereits im Jahr 1868 erstmals bestiegen.

ARAGAZ
Armenien 4.095 m

Der Berg Aragaz, ein eigenständiger erloschener Schichtvulkan mit vier Gipfeln, die den Rand des Vulkankraters bilden, befindet sich in der Provinz Aragazotn, 40 Kilometer nordwestlich der armenischen Hauptstadt Eriwan, und ist die höchste Erhebung der Republik Armenien. Der von Gletschern überzogene Berg entstand im Pliozän oder Pleistozän. Aus den vielen Spalten an den Berghängen flossen einst nach Ausbrüchen des Aragaz gewaltige Lavaströme ins Tal.

KABARGIN OTH
Georgien 3.650 m

Die Vulkane der Kabargin-Oth-Gruppe sind ebenfalls Teil des Kaukasus-Gebirges, das sich zwischen Schwarzem und Kaspischem Meer auf etwa 1.100 Kilometern auf russischem, georgischem, armenischem, aserbaidschanischem und türkischem Boden erstreckt. Die Kabargin-Oth-Gruppe, die sich im Großen Kaukasus auf dem Terrain Georgiens ganz in der Nähe der Grenze zu Russland und südwestlich des Vulkans Kasbek erhebt, besteht aus einem Dutzend Schlackenkegeln und Lavadomen.

Wallfahrtskirche Tsminda Sameba und Vulkan Kasbek, Georgien | Höchster Punkt Armeniens: der Aragaz

372 Vulkane

Die schneebedeckten Hänge des Elbrus im Kaukasus (links) lassen nicht vermuten, dass es hier warme Quellen gibt.

GHEGAM-BERGKETTE
Armenien 3.597 m

Die Ghegam-Bergkette ist ein Vulkanfeld im westlichen Teil Zentral-Armeniens zwischen Eriwan und dem Sewan-See, dessen höchster Gipfel 3.597 Meter erreicht. Die im Erdzeitalter Holozän entstandenen Vulkane und ihre Lavaströme bedecken eine 65 mal 35 Kilometer große Fläche. Die Lava der mittleren und östlichen Vulkane floss einst in den Sewan-See. Die jüngsten Aktivitäten der Ghegam-Vulkane vor etwa 2.000 Jahren schufen zahlreiche weitere Aschekegel und Lavaströme. Heute gilt die Ghegam-Kette jedoch als erloschen.

DAR-ALAGES
Armenien 3.329 m

Im Süden Armeniens, südlich des Sewan-Sees, erhebt sich in den westlichen Ausläufern der Vardenis-Gebirgskette die Dar-Alages-Gruppe, auch Daly-Tapa-Gruppe genannt. Es handelt sich um eine Reihe von sechs Schlacken- und Lavakegeln aus den Erdzeitaltern Pleistozän bis Holozän. Vor langer Zeit, das letzte Mal vor etwa 3.000 bis 4.000 Jahren, sorgten Ausbrüche des Vaiyots-Sar-Lavadoms für gigantische Lavaströme, die den Fluss Arpah verstopften und bis zu zehn Kiometer gen Westen flossen.

ÄTNA
Italien 3.323 m

Der vor etwa 600.000 Jahren entstandene Ätna im Nordosten Siziliens ist der höchste aktive Vulkan Europas. Sein Zentralkegel ist 300 Meter hoch, daneben existieren vier Gipfelkrater sowie mehr als 300 Neben- oder Parasitärkrater. Nahezu jedes Jahr kommt es am Ätna zu größeren Eruptionen. Unter den aktiven Vulkanen der Welt steht er bezüglich der Zahl seiner historisch belegten Ausbrüche an erster Stelle. Der Lavaausstoß erfolgt meist nicht über die Gipfelkrater, sondern an den Flanken der Nebenkratern des Berges.

Großes Bild: schneebedeckter Gipfelbereich des Ätna auf Sizilien. Deutlich sind hier einige seiner insgesamt vier Gipfelkrater auszumachen.

Vulkane 373

ÄTNA

Taormina am Ionischen Meer. Im Hintergrund ist der rund 40 km entfernte Ätna zu erkennen (rechts).

DER AKTIVSTE VULKAN EUROPAS

Der Ätna auf der italienischen Halbinsel Sizilien, auf der Westseite der großen Störungszone namens Messina-Verwerfung, ist mit 3.323 Meter der höchste aktive Vulkan auf dem europäischen Kontinent. Er entstand vor ca. 600.000 Jahren an einer Stelle, wo eine Meeresbucht weit ins Landesinnere hinein-

Rauchsäule über dem Ätna

Ausbruch am Ätna 2002

reichte. Die gegenwärtige Höhe des Vulkans ist nicht exakt anzugeben, weil sie sich aufgrund von Schlackenkegeln und wegen der regelmäßigen Ausbrüche häufig ändert. Der Gebirgsstock des Ätna nimmt eine gewaltige Fläche (rund 1.250 km^2) ein, sein Umfang beträgt etwa 250 Kilometer.

Eine Rauchwolke zieht vom verschneiten Ätna nach Osten und veranschaulicht die ununterbrochene Aktivität des Vulkans. Im Nordwesten des Vulkans liegen die Monti Nebrodi, im Nordosten die Monti Peloritani. Im Kontrast zum fast vegetationslosen Vulkan steht die grüne, fruchtbare Ebene von Catania. Typisch für den Ätna sind die vielen Parasitärkrater an den Flanken des Hauptgipfels. Die Caldera östlich des Schneefeldes ist der Krater des Ätna-Vorgängers Trifoglietto. Verschiedene Lavaströme lassen sich als dunkelbraune Flächen im Westen und Norden lokalisieren.

Vulkane 375

ATLANTISCHER OZEAN

In der Region Makronesiens im Atlantik liegen die Kanarischen und Kapverdischen Inseln sowie die Azoren und das Madeira-Archipel. Alle diese Inseln sind durch vulkanische Aktivitäten entstanden.

TENERIFFA
Pico del Teide 3.718 m

Die Kanarischen Inseln, die politisch zu Spanien gehören und 100 bis 500 Kilometer westlich von Marokko im Atlantischen Ozean liegen, sind vulkanischen Ursprungs. Die größte dieser Inseln, Teneriffa mit einer Fläche von 2.034 km², entstand vor etwa sieben bis fünf Millionen Jahren, etwas jünger ist das Vulkanmassiv im Zentrum der Insel. Hier erstreckt sich die Las-Cañadas-Caldera, in der sich der Pico del Teide erhebt. Mit 3.718 Metern ist dieser Vulkan der höchste Berg Spaniens. Der letzte größere Ausbruch des Pico del Teide liegt schon 200.000 Jahre zurück. Spuren davon sind überall zu erkennen, wenn man über die Insel fährt: Ablagerungen der riesigen Aschewolken, Schlammlawinen sowie Bimssteine, die damals über die gesamte Insel katapultiert wurden. Die Insel ist geologisch nach wie vor sehr aktiv, doch die Eruptionen der letzten Jahrtausende waren kleiner und örtlich begrenzt. 1909 floss bisher zum letzten Mal Lava aus der Nordwestflanke des Bergs.

FOGO
Pico do Fogo 2.829 m

Fogo gehört zu den Kapverdischen Inseln »unter dem Wind«. Die Insel ist ein ebenmäßiger Vulkankegel mit einer riesigen Caldera, über der der Pico do Fogo thront, der höchste Berg und der einzige aktive Vulkan dieses Archipels, der zudem als höchster aktiver Vulkan im Atlantik gilt. Eine Eruption im Jahr 1680 war so mächtig, dass der Berg lange Zeit so hell leuchtete, dass ihn Seefahrer als Leuchtturm nutzten.

In der Caldera der Insel Fogo erhebt sich der Pico do Fogo.

JAN MAYEN
Beerenberg 2.277 m

Der Beerenberg auf der zu Norwegen gehörenden Insel Jan Mayen, in der Grönlandsee nordöstlich von Island gelegen, ist der nördlichste aktive Vulkan der Erde. Der Schichtvulkan liegt auf einer tektonischen Bruchzone, der Jan-Mayen-Transformstörung, die zwei Abschnitte des Mittelatlantischen Rückens miteinander verbindet. Der stark vergletscherte Beerenberg galt nach der Eruption des Jahres 1818 eigentlich als erloschen, bis er 1970 erneut ausbrach. Zuletzt war er in den Jahren 1984/85 aktiv und spuckte Lava aus.

LA PALMA
Roque de los Muchachos 2.426 m

La Palma, ca. zwei Millionen Jahre alt, ist eine der jüngsten Kanarischen Inseln. Die Caldera de Taburiente im Norden gilt als der größte Senkkrater der Welt (Durchmesser 9, Umfang 28, Höhenunterschied vom Kraterrand bis zur -sohle 2 Kilometer). Zu den Gipfeln am Kraterrand gehört der höchste Berg der Insel: Roque de los Muchachos (»Felsen der Jünglinge«).

Wolkenverhangener Roque de los Muchachos auf La Palma

SÃO TOMÉ DE PRÍNCIPE
Pico de São Tomé 2.024 m

São Tomé e Príncipe im Golf von Guinea, etwa 200 Kilometer vor der Küste Afrikas entfernt, ist nach den Seychellen der zweitkleinste Staat Afrikas und besteht aus einer Kette erloschener Vulkane. Die höchste Erhebung ist der Pico de São Tomé im Obo-Nationalpark auf der gleichnamigen Insel. São Tomé ist ein massiver Schildvulkan auf der Kamerunlinie, einer Riftzone, die sich von Kamerun aus südwestlich in den Atlantik erstreckt. Die Basis des Bergs befindet sich mehr als 3.000 Meter unter der Meeresoberfläche.

PICO
Ponta do Pico 2.351 m

Pico, mit 442 km² die zweitgrößte Insel der Azoren, ist nach dem Vulkan Ponta do Pico benannt, der mit 2.351 Metern die höchste Erhebung Portugals darstellt. Seinen letzten Ausbruch hatte er im Jahr 1718. Heute gilt er als ruhend, aber es gibt noch geologische Aktivitäten. Der Pico ist zwar eine Bedrohung für die Inselbewohner, doch sie bauen aus der Lava auch Häuser und Schutzmauern gegen den Seewind.

Der »Wolkenhut« des Pico deutet einen Wetterumschwung an.

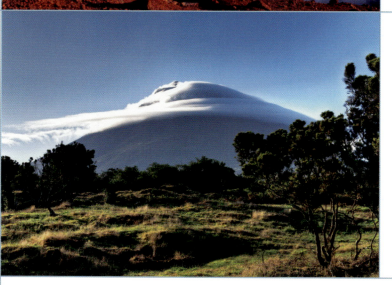

GRAN CANARIA
Pico de las Nieves 1.949 m

Von dem unterseeischen vulkanischen Gebirge, deren höchste Spitzen die Kanarischen Inseln bilden, ragen nur etwa 5 % aus dem Wasser. Einer dieser Gipfel ist die fast kreisrunde Insel Gran Canaria, mit einer Fläche von 1.560 km² nach Teneriffa und Fuerteventura die drittgrößte Insel dieses Archipels. Der höchste Berg Gran Canarias ist der seit Langem erloschene Vulkan Pico de las Nieves im Zentrum der Insel.

Der Pico de Las Nieves im dünn besiedelten Inselinneren Gran Canarias (rechts)

Spektakulär wirken die Roques de García, durch Erosion herausmodellierte Felsnadeln (links). Die imposante Kulisse dazu bildet der bis weit ins Frühjahr hinein von Schnee bedeckte Gipfel des Pico de Teide. In der Sprache der kanarischen Urbewohner Guanchen bedeutet Tenerife »Schneeberg« – ein Tribut an den die Insel dominierenden schlafenden Vulkan.

MADEIRA
Pico Ruivo   1.862 m

Die höchste Erhebung auf der etwa 1.000 km² großen portugiesischen Insel Madeira ist der Vulkan Pico Ruivo, der mit den wie er selbst erloschenen Vulkanen Pico do Arieiro, Pico das Torres und Pico Grande ein Hochgebirge bildet. Das zerklüftete Lavagestein dieser Vulkane präsentiert sich in interessanten Formationen. Die Insel ist nur die oberste Spitze eines Vulkansystems, das unter der Wasseroberfläche 4.000 Meter tief abfällt.

Sonnenuntergang am Pico do Arieiro mit Blick auf Pico Ruivo und Pico de Torres

EL HIERRO
Malpaso   1.501 m

Das knapp 270 km² große El Hierro ist die kleinste der großen Kanarischen Inseln und mit etwa 1,2 Millionen Jahren auch die jüngste. Der höchste Berg der Insel ist mit 1.501 Metern der Malpaso. Die Lavamassen im Süden und Westen der Insel stammen von Ausbrüchen bis ins erste Jahrtausend n. Chr. Der einzige dokumentierte Vulkanausbruch auf El Hierro war jedoch der des Lomo Negro im Jahr 1793.

Lavalandschaft auf der kaum erschlossenen Kanareninsel El Hierro

BASSE-TERRE
La Soufrière   1.467 m

Der aktive Stratovulkan La Soufrière (»Schwefelgrube«) auf Basse-Terre, einer der zwei Hauptinseln des französischen Übersee-Départements Guadeloupe, ist der höchste Berg der Kleinen Antillen in der Karibik. Vor dem letzten Ausbruch der Soufrière im Jahr 1977 wurde die gesamte Inselbevölkerung vorsichtshalber evakuiert, doch die Eruptionen verursachten keinerlei Schäden. Der letzte größere Magmaausstoß des Vulkans erfolgte, wie man anhand von Gesteinsuntersuchungen errechnen konnte, um 1440.

Vulkane   377

ISLAND

Island, mit einer Fläche von 103.000 km² die zweitgrößte Insel Europas und größte Vulkaninsel der Erde, liegt im nördlichen Atlantik südlich des Polarkreises. Die Insel ist vulkanischen Ursprungs, und etwa 30 der mehr als 140 Vulkane sind

Kerlingarfjöll im isländischen Hochland

heute noch aktiv, so etwa Hekla und Askja. Indikatoren des andauernden Vulkanismus sind Geysire und Solfataren (Bereiche, in denen Gase aus der Erde austreten), die besonders auf der Westhälfte anzutreffen sind. Wegen der geologischen Gegebenheiten und vulkanischen Aktivitäten gehört Island zu den für Geologen interessantesten Regionen der Erde.

DIE GRÖSSTEN VULKANE ISLANDS

❶	Hvannadalshnúkur	2.110 m
❷	Bárdarbunga	2.000 m
❸	Austur-Kverkfjöll	1.920 m
❹	Hofsjökull	1.782 m
❺	Esjufjöll	1.760 m
❻	Grimsvötn	1.725 m
❼	Eyjafjöll	1.666 m
❽	Herdubreid	1.682 m
❾	Askja	1.516 m
❿	Katla	1.512 m
⓫	Hekla	1.491 m

Der Hvannadalshnúkur erhebt sich im Vulkanmassiv Öræfajökull.

Der Hofsjökull im Westen des Isländischen Hochlands

378 Vulkane

DIE GRÖSSTE VULKANINSEL DER ERDE

SURTSEY – JÜNGSTE VULKANINSEL

Die 1,4 km² große Insel Surtsey (links) tauchte am 14. November 1963 rund 30 Kilometer vor Islands Küste nach einem untermeerischen Vulkanausbruch unerwartet aus dem Atlantik auf. Die von der Eruption verursachte Rauchwolke war über drei Kilometer hoch. Durch Wellen, Wind und Regen wird die Insel allmählich wieder abgetragen. Inzwischen hat sie bereits die Hälfte ihrer ursprünglichen Masse eingebüßt.

Die Bergkette Kverkfjöll ist vulkanischen Ursprungs.

Der Hekla gehört zu den drei aktivsten Vulkanen Islands.

Großes Bild: Die Landschaft rund um den 818 m hohen Vulkan Krafla ist eine der tektonisch labilsten Zonen Islands. Nach fast 2.000 Jahre Ruhe erstickte der Vulkan Anfang des 18. Jahrhunderts nach einer gewaltigen Explosion die Region unter einer dicken Lava- und Ascheschicht. 1975 erwachte er erneut zum Leben. Seine brodelnden und dampfenden Schwefelquellen sind das sichtbarste Zeichen für Islands Vulkanismus.

Vulkane 379

ASIEN

Viele Landschaften Asiens und auch die Gebirgs- und Inselwelt an der Pazifikküste sind durch Plattentektonik entstanden: Pazifische und Philippinen-Platte schieben sich unter die Eurasische Platte und sorgen für vermehrte vulkanische Aktivität.

KA-ER-DAXI (KUNLUN)
China   5.810 m

Die Kunlun-Vulkangruppe befindet sich im Nordwesten des tibetischen Hochlands innerhalb des 3.000 Kilometer langen und bis über 7.700 Meter emporragenden Kunlun-Shan-Gebirges. Im Westen befindet sich der 5.810 Meter hohe Ashi Shan, auch bekannt als Ka-er-daxi oder »Vulkan«, der jüngste und höchste Vulkan Asiens. Er besteht aus ungefähr siebzig gut erhaltenen pyroklastischen Kegeln (aus verschiedenen Gesteinen bestehende, vom Vulkan ausgeworfene Trümmer), die sich um den Aqqikkol- und den Wuluke-See gruppieren. Der Hauptschlot brach zum letzten Mal am 27. Mai 1951 aus. Die große Ansammlung vulkanischer Kegel in dieser Region erklärt sich durch die plattentektonische Aktivität, denn nur an solchen »Schwachstellen« der Erdkruste entstehen Vulkane. Im Gebiet des Kunlun-Shan-Gebirges trafen im späten Trias (vor etwa 200 Millionen Jahren) der Indische Subkontinent und die Eurasische Platte aufeinander.

DAMAVAND
Iran   5.670 m

Der Damavand (persisch für »Frostiger Berg«) ist ein ruhender Vulkankegel, an dessen höchstem Krater aber Dampfaustrittsstellen Schwefel absondern. Mit 5.670 Metern über dem Meeresspiegel ist dies der höchste Berg im Elbrus-Gebirge sowie die höchste Erhebung im Iran und im gesamten Nahen Osten. Er ist, neben dem Kilimandscharo, einer der höchsten frei stehenden Berge der Welt. Der Höhenunterschied ist mit 4.700 Meter vom Fuß des Damavand bis zum Gipfel deutlich größer als beim Mount Everest.

KLJUTSCHEWSKAJA SOPKA
Russland   4.750 m

Ganz im Osten Russlands erhebt sich der Vulkan Kljutschewskaja Sopka, mit 4.750 Metern der höchste Berg Kamtschatkas. Der Vulkan besteht aus einem Kegelstumpf mit einem zentralen Krater sowie etwa 70 Nebenkratern und -kegeln an den Hängen. Typisches Kennzeichen dieses Vulkans, der seit dem Jahr 1700 über 50-mal ausgebrochen ist, ist die beständige Rauchfahne über seinem Gipfel. Am Fuß des Bergs wurde eine Station eingerichtet, die die vulkanischen Aktivitäten auf der Halbinsel beobachtet.

ARARAT
Türkei   5.165 m

Die Hochebene Anatoliens nahe der Grenze zu Armenien und dem Iran wird vom mächtigen Berg Ararat, der höchsten Erhebung der Türkei, dominiert. Entgegen der Bedeutung seines kurdischen Namens, Çiyayê Agirî, »Feuriger Berg«, gilt der Ararat inzwischen als ruhender Vulkan – die letzte Eruption fand im Jahr 1840 statt. Erst seit 2001 darf man den heiligen Berg Ararat, an dem Noah mit seiner Arche gelandet sein soll, unter bestimmten Auflagen besteigen.

KAMEN
Russland   4.585 m

Zur Klyuchevskoy-Gruppe auf der russischen Halbinsel Kamtschatka gehören aktive und inaktive Vulkane. Zu den ruhenden, d. h. in den letzten 3.000 Jahren nicht ausgebrochenen Exemplaren gehört der Kamen, einer der landschaftlich schönsten und unzugänglichsten Vulkane Kamtschatkas. Der Klyuchevskoy-Naturpark wird häufig »Land von Feuer und Eis« genannt, denn neben den zum Teil aktiven Vulkanen findet man hier auch die größten Gletscher der Halbinsel, die insgesamt fast 270 km² einnehmen.

KUH-E SABALAN
Iran   4.811 m

Der Sabalan, ein ruhender Schichtvulkan im Nordwesten des Iran, ist nach dem Damavand der zweithöchste Vulkan des Landes. Am Gipfel befindet sich ein Kratersee, der fast das ganze Jahr zugefroren ist und nur manchmal Ende Juli oder Anfang August auftaut. Über 4.000 Meter Höhe haben sich auch Gletscher gebildet. Das Andesitgestein des Bergs ist zwischen 1,4 und 5,6 Millionen Jahre alt. Der letzte Ausbruch des Sabalan liegt weniger als 10.000 Jahre zurück, fand also im Erdzeitalter des Holozän statt.

SÜPHAN DAĞI
Türkei   4.058 m

Im Osten Anatoliens, am Nordufer des Vansees in der türkischen Provinz Van, an der Grenze zur Provinz Muş, erhebt sich der 4.058 Meter hohe Süphan Dağı, dessen Gipfelregion das ganze Jahr über mit Schnee bedeckt ist. Der als erloschen geltende Vulkan Süphan Dağı ist unter Alpinisten aus aller Welt wegen seines atemberaubenden Panoramablicks über die östlichen Berge des Taurusgebirges und den Fluss Euphrat bekannt. Im Umkreis von etwa 200 Kilometern wird der Süphan Dağı lediglich vom Ararat an der Grenze zu Armenien überragt.

Er ist dank der Bibel, in der die Arche-Noah-Episode im gleichnamigen Gebirge angesiedelt ist, einer der berühmtesten Berge weltweit – der Große Ararat. Die höchste Erhebung der Türkei (5165 Meter) ragt als ruhender Vulkan majestätisch aus dem Armenischen bzw. Ararat-Hochland empor.

Jurten vor dem Karakulsee in der chinesischen Provinz Xinjiang im äußersten Westen des Landes (links). Dahinter die Gipfel des Kunlun Shan

Kljutschewskaja Sopka, Kamtschatka   Damavand, Irans höchster Berg   Erciyes Daği, Türkei

KUH-E TAFTAN
Iran 4.050 m

Der Nordosten der Arabischen Platte ist eine großteils konvergente (zusammenstoßende) Plattengrenze. Dort entstanden dadurch, dass sich die Platten der ozeanischen Kruste untereinander schieben die heute nicht mehr aktiven Vulkane Bazman und Taftan. Letzterer, ein stark erodierter Schichtvulkan im Südosten des Iran, spuckte zuletzt im Jahr 1909 mehrere Tage lang große Rauchschwaden aus. 1993 wurde von einem Lavastrom am Taftan berichtet, doch dabei handelte es sich vermutlich eher um einen Strom geschmolzenen Schwefels.

USHKOVSKY
Russland 3.943 m

Im Zentrum der russischen Halbinsel Kamtschatka, am nordwestlichen Ende der Klyuchevskoy-Gruppe, befindet sich das Bergmassiv Ushkovsky (das früher Plosky genannt wurde). Es besteht aus mehreren Vulkanen, die wie an einer Kette aufgereiht sind. Der Schildvulkan Ushkovsky, der Namensgeber dieser Kette, ist zwar nicht so aktiv wie andere Vulkane in der Klyuchevskoy-Gruppe, doch vor Kurzem fanden Wissenschaftler neue Krater auf seinem Gipfel sowie Anzeichen für frische Ausbrüche von Nebenkratern.

ERCIYES DAĞI
Türkei 3.917 m

Der ruhende Vulkan Erciyes Daği in der Landschaft Kappadokien ist mit seinen 3.917 Metern Höhe der fünfthöchste Berg der Türkei. Außerdem ist der Berg das Wahrzeichen der Stadt Kayseri, die etwa 25 Kilometer entfernt liegt. Die skurrilen, weltweit einzigartigen »Mondlandschaften« bei der Stadt Göreme aus charakteristischen Tuffsteinformationen wie etwa die berühmten Felskegel (die von den Einheimischen romantisch »Feenkamine« genannt werden) sind hauptsächlich durch die Lavaströme nach Ausbrüchen des Erciyes Daği entstanden.

Vulkane 381

ASIEN

Tektonische Instabilität mit rund 70 aktiven Vulkanen prägt die indonesische Inselwelt. Und da die japanischen Inseln aus den Hochregionen unterseeischer Vulkanketten bestehen, gibt es hier neben einer Vielzahl erloschener Vukane noch einige aktive.

KERINCI
Indonesien 3.805 m

Die Vulkane auf der Insel Sumatra bilden einen der großen Vulkankomplexe Indonesiens. Der Gunung Kerinci ist darunter mit seinen 3.805 Metern der höchste Vulkan ganz Indonesiens. Er überragt die umliegenden Teefelder der Kayu-Aro-Hochebene um bis zu 3.000 Meter. Die vulkanische Tätigkeit des Kerinci äußert sich seit Jahrhunderten in einer stetigen, aber leichten Dauertätigkeit sowie in zeitweiligen, plötzlich auftretenden Ausbrüchen. Erhöhte vulkanische Aktivitäten des Kerinci mit Eruptionen und Beben sowie vermehrtem Ascheauswurf waren zuletzt – nach mehreren Jahren Pause – 1998 (mit mehreren Eruptionen und Ascheregen auf das Dorf Palempok), 1999 (mit Ascheregen auf die gesamte Umgebung, kontinuierlichem Tremor (niedrig frequentes Beben) und daraus resultierenden Veränderungen der Gipfeltopografie) zu verzeichnen. Letztmals brach der Vulkan im Jahr 2004 aus, und auch heute noch ist die Rauchsäule über dem Krater des Kerinci manchmal bis zu einem Kilometer hoch.

FUJI
Japan 3.776 m

Der Fuji, der höchste Berg Japans, wird wegen seiner Ebenmäßigkeit als Göttersitz verehrt. Er liegt in der Berührungszone von Eurasischer, Pazifischer und der Philippinen-Platte und gehört zu den Stratovulkanen des Pazifischen Feuerrings. Der Fuji gilt als aktiv, das Risiko eines Ausbruchs wird jedoch als gering eingestuft. Beim letzten Ausbruch im Jahr 1707 bildete sich auf halber Höhe ein zweiter Krater.

Der Fuji, höchster Berg Japans und Wahrzeichen des Landes (großes Bild).

RINJANI
Indonesien 3.726 m

Der aktive Schichtvulkan Rinjani auf der Insel Lombok ist der zweithöchste Vulkan Indonesiens. In der sechs mal 8,5 Kilometer großen ovalen Caldera des Rinjani liegen ein 230 Meter tiefer Kratersee und mehrere heiße Quellen. Bei Ausbrüchen in den Jahren 1994 bis 1996 entstand ein neuer kleiner Lavakegel im Zentrum der Caldera, dessen Lava bis in den See hineinfloss. Zuletzt brach der Rinjani im Mai 2009 aus, wobei Asche und Rauch bis zu acht Kilometer hoch aufstiegen.

KUH-E SAHAND
Iran 3.707 m

Der Kuh-e Sahand ist ein inaktiver Schichtvulkan im Nordwesten des Iran, südöstlich der Stadt Täbris. Im Winter ist das Bergmassiv von Schnee bedeckt, und im Frühjahr speist das Schmelzwasser die Bewässerungssysteme im Tal. Es ist nicht bekannt, wann der Sahand das letzte Mal ausgebrochen ist, jedoch ist der Vulkan bereits stark erodiert – einzelne Lavafelder wurden auf ein Alter von etwa eine Million Jahre geschätzt. Der Berg ist für seine artenreiche Pflanzen- und Tierwelt bekannt.

Beständig ist eine Fumarole (Dampfaustrittsstelle) über dem aktiven Vulkan Gunung Kerinci im Barisan-Gebirge auf Sumatra zu sehen (links).

Rinjani-Kratersee nach einem Regenguss

Der Semeru im Nationalpark Bromo Tengger Semeru, Java

TOLBACHIK
Russland 3.682 m

Auf der russischen Halbinsel Kamtschatka erhebt sich der Basaltvulkan Tolbachik, der eigentlich aus zwei Vulkanen besteht: dem Schildvulkan Plosky (flacher) Tolbachik und dem Stratovulkan Ostry (spitzer) Tolbachik. Die Gipfel-Caldera auf Plosky Tobalchik entstand vor etwa 6.500 Jahren, zeitgleich brach an der Südseite des Ostry Tolbachik ein großes Felsstück ab. Im Jahr 1975 schuf ein Ausbruch, der bezüglich der ausgestoßenen Lavamasse die größte Eruption auf Kamtschatka in historischer Zeit darstellte, mehrere neue Schlackenkegel.

SEMERU
Indonesien 3.675 m

Im Februar 2007 brach der Vulkan Semeru auf der indonesischen Insel Java bisher zum letzten Mal aus: Nach einer gewaltigen Eruption spie er über dem dicht besiedelten Osten Javas eine Aschensäule aus. Auf die Stadt Lumajang regneten Asche und Steine – doch es wurde niemand verletzt. Da es gleichzeitig stark regnete, wurde die Ascheschicht schnell weggewaschen. Die Bevölkerung ist an gelegentliche Ascheregen gewöhnt, denn der 3.675 Meter hohe Semeru gehört zu den aktivsten Vulkanen ganz Indonesiens.

ITSCHINSKAJA SOPKA
Russland 3.621 m

Der Itschinskaja Sopka, ein weiterer Schichtvulkan auf Kamtschatka, ist der höchste Berg der Sredinny-Kette im Zentrum der Halbinsel. Mit etwa 450 Kubikkilometern ist er auch einer der Berge mit dem größten Volumen auf der Halbinsel. Den Gipfel bedeckt eine Eiskappe, von der sich mehrere Gletscher gen Tal bewegen. An den Hängen unterhalb des Calderarandes finden sich mehrere Lavakuppeln. Der größte Ausbruch fand vor ca. 6.500 Jahren statt – mit bis zu 15 Kilometer langen Lavaströmen. Über der Caldera sieht man heute häufig Rauchsäulen.

Vulkane 383

KAMTSCHATKA

Die 1.200 Kilometer lange und bis zu 450 Kilometer breite russische Halbinsel Kamtschatka zwischen Beringsee und Ochotskischem Meer gehört zu den bedeutendsten Vulkanregionen dieser Erde. Die Halbinsel ist in erdgeschichtlichen Dimensionen gemessen noch recht jung:

Der Karymsky-Vulkan auf Kamtschatka speit Asche und Rauch.

Erst seit etwa zwei Millionen Jahren schiebt sich hier in breiter Front die Pazifische unter den Rand der Eurasischen Platte. Dabei wurde die Halbinsel hochgedrückt. Eine stark gegliederte Westkette durchzieht Kamtschatka in Längsrichtung und gipfelt im Vulkan Itschinskaja Sopka (3.621 Meter). Im mittleren Teil der Halbinsel verläuft parallel die Ostkette, die von 160 Vulkanen umrahmt wird. Der höchste der 29 aktiven Vulkane ist der Kljutschewskaja Sopka (4.750 Meter). Jedes Jahr brechen durchschnittlich sechs der Vulkane auf Kamtschatka aus. 1996 wurde die Vulkanregion Kamtschatkas von der UNESCO zum Weltnaturerbe erklärt.

DIE HÖCHSTEN VULKANE KAMTSCHATKAS

❶	Kljutschewskaja Sopka	4.750 m
❷	Kamen	4.585 m
❸	Ushkovsky	3.943 m
❹	Tolbachik	3.682 m
❺	Kronotsky	3.528 m
❻	Koryak	3.456 m
❼	Gamchen	2.576 m

Großes Bild: Auf Kamtschatka reihen sich die Vulkane. Vorne präsentiert sich hier der Bezymianny, der 1956 ausbrach und immer noch schwelt. In der Mitte befindet sich der Kamen und im Hintergrund der Kljutschewskaja Sopka, Asiens höchster Vulkan.

DIE GRÖSSTE VULKANKONZENTRATION DER ERDE

Tolbachik, 3.682 m

Kronotsky, 3.528 m

Koryak, 3.456 m

Gamchen, 2.576 m

Vulkane 385

AUSTRALIEN/OZEANIEN

NEUGUINEA

Mount Giluwe	4.368 m
Mount Hagen	3.778 m
Doma Peaks	3.568 m
Crater Mountain	3.233 m

Der Mount Giluwe mit seinem Doppelgipfel ist Papua-Neuguineas zweithöchster Berg (nach dem Mount Wilhelm, 4.509 Meter) und höchster Vulkan des Landes sowie ganz Australiens und Ozeaniens. 35 Kilometer nordöstlich davon ragt der zweithöchste Vulkan auf: der Mount Hagen. Beide in den oberen Regionen von Gletschern bedeckte Schichtvulkane sind im Lauf der Jahrtausende stark erodiert. Auch Neuguineas kleinere Vulkane, Doma Peaks und Crater Mountain, gelten als ruhend oder erloschen.

Bergszenerie in Papua-Neuguinea

NEUSEELAND

Mount Ruapehu	2.797 m
Mount Taranaki	2.518 m
Mount Ngauruhoe	2.291 m
Mount Tongariro	1.968 m

Der auf der Nordinsel Neuseelands aufragende Mount Taranaki oder Egmont ist ein ruhender Vulkan, der zuletzt 1775 ausbrach. Der schneebedeckte isolierte Vulkankegel steht auf einer fast kreisrunden Halbinsel mit einem Durchmesser von etwa 60 km², die durch seine Lavaablagerungen aufgebaut wurde. Drei weitere Vulkankrater dominieren das Zentrum der Nordinsel und bilden das Tongariro-Hochland: der zuletzt sehr aktive Mount Ruapehu, der höchste Berg der Nordinsel, der Mount Ngauruhoe, der zuletzt 1975 ausbrach, sowie der bereits erloschene Mount Tongariro. Die Gebirgsregion ist weitgehend vergletschert und durch steile Schluchten gegliedert. Bizarre Felsformationen kennzeichnen die Landschaft.

Mount Taranaki, Neuseeland

Schichtvulkan Mount Ngauruhoe

Australien ist ein gleichmäßig aufgebautes Land mit großen Weiten und geringen Höhenunterschieden. Die höchsten Berge und Vulkane Ozeaniens liegen auf den Inseln, vor allem auf Neuseeland und Papua-Neuguinea. Der höchste Vulkan

Vulkane auf Neuseelands Nordinsel

Ozeaniens erhebt sich auf Papua-Neuguinea: der 4.368 Meter hohe Mount Giluwe, gefolgt vom Mount Hagen mit 3.778 Metern. Zu Papua-Neuguinea gehören mehrere Inseln, die ebenfalls beeindruckende – teils ruhende, teils aktive – Vulkane aufweisen. Und auch die Nordinsel Neuseelands ist von Vulkanen geprägt.

BOUGAINVILLE

Balbi	2.715 m
Takuan	2.210 m
Tore	2.200 m
Loloru	1.887 m
Bagana	1.730 m

Vulkane prägen die zu Papua-Neuguinea gehörende Insel Bougainville. Der höchste ist der Mount Balbi mit fünf Kratern. Er gilt als aktiv, ist aber in historischer Zeit nicht ausgebrochen. Der aktivste Vulkan der Insel und einer der aktivsten der Welt ist der Bagana.

NEUBRITANNIEN

Ulawun	2.334 m
Bamus	2.248 m

Auf Neubritannien, das ebenfalls zu Papua-Neuguinea gehört, rumort der Vulkan Ulawun, der seit einem Ausbruch im Jahr 2000 permanent überwacht wird, um die Anwohner vor größeren Ausbrüchen warnen zu können. Der Ulawun und der Bamus sind die höchsten Gipfel der Bismarck-Gruppe in der Subduktionszone Neubritanniens.

HEARD ISLAND

Big Ben (Mawson Peak)   2.745 m

Der Osten der unbewohnten Insel Heard wird vom schneebedeckten Schichtvulkan Big Ben dominiert, dessen höchsten Punkt der Mawson Peak bildet. Der Big Ben mit seinem 70 m tiefen Krater ist einer von gerade mal zwei aktiven Vulkanen Australiens – der andere ist der Mount Ruapehu auf Neuseeland. Der letzte Ausbruch des Big Ben fand 2008 statt.

Vulkan Bagana auf Bougainville

Küstensilhouette von Neubritannien

Großes Bild: Wenn der Vulkan Ruapehu auf Neuseeland wie zuletzt 1995/96 ausbricht, entleert er den Kratersee unterhalb des Gipfels über seine Westflanke in Schlamm- und Geröllawinen. 1953 riss solch eine Lawine eine Eisenbahnbrücke weg, ein Zugunglück forderte 151 Opfer.

Vulkane 387

PAZIFISCHER FEUERRING

Ein 32.500 Kilometer langer Feuergürtel (»Ring of Fire«) aus vulkanischen Inselreihen und Vulkanketten säumt den Pazifischen Ozean: Er reicht von der Antarktischen Halbinsel über Feuerland bis zu den Vulkanreihen der süd- und mittelamerikanischen Kordilleren. Der von den Vulkanen Alaskas ausgehende Inselbogen der Aleuten markiert den nördlichen Rand der Pazifischen Platte. Dieser Inselbogen wird mit der sibirischen Halbinsel Kamtschatka und den Kurilen fortgeführt. Hier schiebt sich die Pazifische unter die Eurasische Platte. Die Reihe setzt sich fort mit einem Inselbogen, der von Japan bis Taiwan reicht und südlich in den Marianen ausläuft. Er markiert den Rand der Pazifischen Platte an der Grenze zur kleinen Philippinen-Platte, die ihrerseits an drei weitere Platten stößt und so an ihren Rändern die besonders aktiven Vulkanreihen Indonesiens und der Philip-

Cerro Chimborazo, Ecuador

pinen bedingt. Den Abschluss bilden die Vulkanketten entlang der Indisch-Australischen Platte, die sich über Melanesien und Fidschi bis hinunter nach Neuseeland und zu einigen subantarktischen Inseln ziehen.

Großes Bild: Vulkan Mount Mayon und Reisfelder auf Luzon, Philippinen

KAMTSCHATKA

Aktiver Karymski-Vulkan

Die Halbinsel Kamtschatka im äußersten Osten Russlands ist das aktivste Vulkangebiet der Erde: Von den 180 Vulkanen auf Kamtschatka sind 29 noch aktiv. Die höchste Erhebung auf der Halbinsel ist der Vulkan Kljuchevskaya Sopka mit 4.750 Meter.

KURILEN

Vulkan auf den Kurilen

Die Kurilen zwischen Kamtschatka und Japan bestehen aus über 30 Inseln mit mehr als 100 Vulkanen, von denen 39 aktiv sind. Im Juni 2009 brach der Sarychev auf der Kurilen-Insel Matua zuletzt aus – die Ascheschwaden reichten 1.000 Kilometer weit in den Pazifik.

JAPAN

Sakurajima-Vulkan auf der Insel Kyuchu

Auf Japans Inseln gibt es 240 Vulkane, von denen 40 noch aktiv sind. Der 3.776 Meter hohe Fuji auf der Hauptinsel Honshu ist der höchste Berg des Landes und gilt als aktiv, auch wenn er seit Beginn des 18. Jahrhunderts nicht mehr ausgebrochen ist.

PHILIPPINEN

Der Mayon spuckt Lava.

Die Philippinen sind aus dem Meer ragende Vulkangipfel, deren höchster der Mount Apo (2.954 Meter) auf Mindanao ist. 1991 brach der Pinatubo auf Luzon aus – dies war einer der größten Ausbrüche des 20. Jahrhunderts.

MELANESIEN

Mount Tuvurvur auf Neubritannien

Die melanesischen Inseln im Südpazifik, nordöstlich von Australien gelegen, sind vulkanischen Ursprungs. Von den vielen Vulkanen gelten der Mount Yasur und der Manaro, der 2005 zum bisher letzten Mal ausbrach, als die gefährlichsten.

NEUSEELAND POLYNESIEN

Aktiver Vulkan Ruapehu, Neuseeland

Auch die Inseln Polynesiens sind durch Vulkanismus entstanden und befinden sich auf vulkanischen Erhebungen im etwa 4.000 Meter tiefen Pazifischen Ozean. Der höchste Vulkan des Archipels ist der Ruapehu auf Neuseelands Nordinsel.

DAS GRÖSSTE VULKANSYSTEM DER ERDE

ALËUTEN ALASKA

Mount Shishaldin, Alëuten

Ausbruch des Veniaminof, Alaska

Die Inselkette der Alëuten zwischen Nordamerika und Asien weist rund 80 teils noch tätige Vulkane auf, etwa den Mount Cleveland auf Chuginadak Island. Aktive Vulkane finden sich auch auf dem Festland von Alaska, von der Halbinsel bis zu den Wrangell Mountains, darunter der Mount Katmai mit der stärksten Eruption in der Region 1912.

CASCADE RANGE

Mount Adams, Washington

Crater Lake National Park

Die Cascade Range (Kaskadenkette) verläuft parallel zur Westküste Nordamerikas von British Columbia über die US-Bundesstaaten Washington und Oregon bis in den Norden Kaliforniens. Der höchste Kaskaden-Gipfel ist der Mount Rainier (4.395 Meter) bei Seattle. Bekanntester, weil aktivster Vulkan des Gebirges ist jedoch der Mount St. Helens (2.549 Meter), der bei einem spektakulären Ausbruch im Jahr 1980 seinen Gipfel verlor.

MITTELAMERIKA

Ausbruch des Arenal, Costa Rica

Vulkan Poas, Costa Rica

In Costa Rica stehen teilweise recht aktive Vulkane wie an einer Schnur aufgereiht: Turrialba, Irazu (mit 3.432 Meter der höchste Vulkan des Landes), Barva, Poas und Arenal. Letzterer brach 1968 nach längerer Ruhezeit wieder aus und tötete etwa 80 Menschen. Seitdem ist der Arenal dauertätig. Die mittelamerikanische Vulkankette setzt sich gen Norden weiter fort.

NÖRDLICHE ANDEN

Schneebedeckter Cotopaxi, Ecuador

In Ecuador sind rund 30 Vulkane aktiv, u. a. einer der höchsten aktiven Vulkane der Erde, Cotopaxi (5.897 Meter). Gefährlich für die Hauptstadt Quito ist der Pichincha, und der Tungurahua forderte 2006 viele Todesopfer.

MITTLERE UND SÜDLICHE ANDEN

Rauchsäule über dem Sabancaya, Peru

In Argentinien erhebt sich der höchste Vulkan der Welt: der Ojos del Salado (6.887 Meter). Auch in Peru findet man zahlreiche aktive Vulkane, so den Ubinas (5.672 Meter), der im Jahr 2006 erstmals nach 1956 wieder ausbrach.

HAWAII-ARCHIPEL

Die hawaiianischen Inseln sind alle vulkanischen Ursprungs, und die Schildvulkane Hawaiis sind sogar die größten Vulkane der Welt, wenn man die Abschnitte unter der Meeresoberfläche mitrechnet, da ihre Basis in bis zu 5.400 Meter Tiefe gründet. Der jüngste Vulkan, Loihi, befindet sich unterhalb der Wasseroberfläche: Sein Gipfel liegt in 969 Meter Tiefe. Wenn er so oft ausbricht wie etwa der Mount Loa, erreicht er in einigen zehntausend Jahren den Meeresspiegel.

MAUNA KEA
Big Island 4.205 m

Gipfel des Mauna Kea

Misst man den Mauna Kea von seiner Basis aus, ergibt sich eine absolute Höhe von weit über 9.000 Metern – damit ist er der höchste Berg der Erde. Im Gegensatz zu seinem Nachbarn Mauna Loa ist der Mauna Kea momentan nicht aktiv und gilt als schlafend.

Der Kilauea spuckt flüssige Lava ins Meer (großes Bild). Pele, die Vulkangöttin, sei dann wieder wütend, heißt es im Volksglauben. Teils fließt die glühende Lava durch Lavatunnels ab.

DIE HÖCHSTEN VULKANINSELN DER ERDE

MAUNA LOA
Big Island   4.170 m

Der Schichtvulkan Mauna Loa, die zweithöchste Erhebung im Hawaii-Archipel, entstand auf einem Hot Spot und brach im Jahr 1984 zum letzten Mal aus. Zurzeit spuckt er zwar keine Lava mehr aus, gilt aber nach wie vor als aktiver Vulkan.

Der Mauna Loa auf Hawaii, einer der größten aktiven Vulkane der Erde

HALEAKALA
Maui Island   3.055 m

Der Haleakala, der über zwei Drittel der Fläche Mauis einnimmt, ist der einzige Vulkan des Archipels außerhalb Big Islands, der in den letzten 600 Jahren aktiv war. Sein Krater ist mit einem Umfang von 34 Kilometern einer der größten der Welt.

Der Haleakala (»Haus der Sonne«) brach 1790 zum letzten Mal aus.

HUALALAI
Big Island   3.055 m

Der Hualalai gilt als ruhender Vulkan, nachdem er Ende des 18. und Anfang des 19. Jh. zuletzt mehrmals ausgebrochen war. Auf einem der damals entstandenen Lavaströme baute man in der Neuzeit den Keahole-Kona-Flughafen.

Einer von fünf Vulkanen auf Hawaii: der Schildvulkan Hualalai

Vulkane 391

AFRIKA

Eine tektonisch noch immer aktive Großlandschaft des afrikanischen Kontinents ist der Ostafrikanische Graben, dessen Bruchzonen von mehreren Vulkanen begleitet werden.

KIBO (KILIMANDSCHARO)
Tansania 5.895 m

Der Berg Kibo (»Der Helle« auf Suaheli) in Tansania ist mit seinen 5.895 Metern über dem Meeresspiegel der höchste Berg und somit auch der höchste Vulkan Afrikas. Er gehört zu den Seven Summits der Erde, den höchsten Bergen der sieben Kontinente. Der höchste Punkt des Kibo, Uhuru (»Freiheit«) genannt, erhebt sich über die anderen Gipfel des Kilimandscharo-Massivs, des höchsten Gebirgszugs des Kontinents, der am Rand des Eastern Rift des Ostafrikanischen Grabens verläuft. Der Kibo, der ungefähr 340 Kilometer südlich des Äquators liegt, ist der höchste von drei Vulkanen im Kilimandscharo-Hochgebirge. Mit dem Mawensi (5.148 Meter), etwa zehn Kilometer weiter westlich gelegen, ist er durch einen im Durchschnitt 4.300 Meter hohen Sattel verbunden, noch weiter westlich – etwa 15 Kilometer vom Kibo entfernt – befindet sich der Shira (3.962 Meter). Alle drei Kilimandscharo-Vulkane werden schon seit langer Zeit als ruhend eingestuft, haben aber fumarolische Aktivitäten.

BATIAN (MOUNT KENIA)
Kenia 5.199 m

Der ruhende Vulkan Batian, der sich etwa 140 Kilometer nordöstlich der kenianischen Hauptstadt Nairobi im Zentrum des Landes und etwa 15 Kilometer südlich des Äquators befindet, ist mit 5.199 Meter Höhe der zweithöchste Berg des afrikanischen Kontinents sowie die höchste Erhebung des Mount-Kenia-Massivs. Im Jahr 1997 reihte die UNESCO auch diesen Gebirgszug in ihre Liste des Weltnaturerbes ein.

Mount Kenia, davor ein Giant Groundsel (»Senecio johnstonii«)

KARISIMBI
Ruanda 4.507 m

Die höchste Erhebung des ostafrikanischen Staates Ruanda ist der Karisimbi, einer der insgesamt acht schlafenden Vulkane der Virunga-Kette. Auch diese Hochgebirgskette ist Teil des Ostafrikanischen Grabenbruchs. Der Name des Bergs kommt von »isimbi«, »kleine weiße Muschel«, und spielt wohl auf die Schneekappe an, die der Vulkan manchmal trägt. Zwischen dem Karisimbi und dem benachbarten Berg Visoke befindet sich das Karisoke-Forschungszentrum, in dem Dian Fossey Berggorillas beobachtete, die nur noch in dieser Region vorkommen.

MAWENSI (KILIMANDSCHARO)
Tansania 5.148 m

Nach dem Kibo die zweithöchste Erhebung im tansanianischen Kilimandscharo-Gebirgsmassiv ist der Berg Mawensi (»Der Dunkle«), der etwa 340 Kilometer südlich des Äquators liegt. Der stark verwitterte Gipfelbereich dieses erloschenen Vulkans ist nicht vergletschert, sondern von Frostschuttgestein und jäh aufragenden Felswänden gekennzeichnet.

Der Mawensi gehört seit 1987 zum UNESCO-Weltnaturerbe.

MOUNT ELGON
Uganda 4.321 m

Der erloschene Vulkan Mount Elgon mit einem gewaltigen Krater (zwölf Kilometer Durchmesser) erhebt sich an der Grenze von Uganda und Kenia. Der Elgon ist – nach Kilimandscharo, Mount Kenia und Ruwenzori-Gebirge – das vierthöchste Bergmassiv in Ostafrika und der älteste Vulkan des Großen Afrikanischen Grabenbruchs: Er entstand bereits im Miozän (vor 23 bis 5,3 Millionen Jahren). Seit etwa drei Millionen Jahren ist der Mount Elgon nicht mehr ausgebrochen. Moränen und Kraterseen weisen darauf hin, dass der Berg früher vergletschert war.

MOUNT MERU
Tansania 4.562 m

Im Norden Tansanias erhebt sich der Vulkan Meru, der zweithöchste Berg des Landes. Er befindet sich im Arusha-Nationalpark, 65 Kilometer südwestlich vom Kilimandscharo-Massiv. Ursprünglich war der Meru wesentlich höher, hat seinen Gipfel jedoch bei einem Ausbruch in vorhistorischer Zeit verloren. Bei Eruptionen um 1880 entstand im großen Krater ein kleinerer, Ashcone genannt. Seit 1910 ruht der Meru.

Der Mount Meru mit den Momela Lakes im Vordergrund

MUHAVURA
Ruanda 4.127 m

Der Muhavura ist ein erloschener Stratovulkan am östlichen Ende der Virunga-Kette, an der Grenze zwischen Ruanda und Uganda. Auf seinem Gipfel befindet sich ein kleiner, nur 40 Meter breiter Kratersee. Mit dem benachbarten Gahinga, einem ebenfalls schlafenden Vulkan, ist der Muhavura durch einen Sattel verbunden. Wann der Muhavura zuletzt ausgebrochen ist, ist unbekannt, doch es gibt ausgedehnte Lavafelder.

Der Vulkan Muhavura erhebt sich in grüner Landschaft (rechts).

Der Kibo ist der höchste Berg des Kilimandscharo-Massivs. Seine Gipfelregion ist noch vergletschert, allerdings schrumpft die Eiskappe zusehends.

MOUNT CAMEROUN
Kamerun   4.095 m

Der Mount Cameroun (Kamerun-Berg), auch Fako genannt, ist der höchste Berg Westafrikas. Der aktive Vulkan im Südwesten Kameruns liegt auf einem »Hot Spot«, einer Stelle im Erdmantel, an der heißes Gestein aus dem Erdinneren nach oben steigt und dabei teilweise schmilzt. Das Magma tritt bei Vulkanausbrüchen als Lava aus. Der Kamerunberg und die anderen aktiven Vulkane Kameruns liegen auf der Spur eines solchen Hot Spot im Atlantik.

Die Gipfelregion des Kamerun-Bergs: kleine Felsspitzen mit Aschenfeldern

VISOKE
Dem. Rep. Kongo / Ruanda   3.711 m

Der symmetrisch geformte Vulkan Visoke ist der nordöstlichste einer Reihe aus Schichtvulkanen am südlichen Ende der Virunga-Kette, an der Grenze der Demokratischen Republik Kongo und Ruanda. Auf dem Gipfel des Visoke befindet sich ein 450 Meter breiter Kratersee. Bei einem Ausbruch im Jahr 1957, dem letzten bisher, entstanden an der Nordflanke des Visoke, etwa elf Kilometer vom Gipfel entfernt, zwei kleine Kegel.

Die Vulkane Visoke und Karasimbe sind durch einen Sattel verbunden.

MOUNT SABINYO
Ruanda / Dem. Rep. Kongo / Uganda
3.634 m

Der Mount Sabinyo im Dreiländereck zwischen den afrikanischen Staaten Ruanda, Uganda und der Demokratischen Republik Kongo ist ein seit langer Zeit erloschener Schichtvulkan am östlichen Ende der Virunga-Vulkankette, die im Zentralafrikanischen Graben liegt. In den Wäldern an den Hängen des Sabinyo – im ruandischen Vulkan-Nationalpark, im ugandischen Mgahinga-Gorilla-Nationalpark und im kongolesischen Virunga-Nationalpark – lebt eine Gruppe der vom Aussterben bedrohten Berggorillas.

KILIMANDSCHARO

Der vulkanische Gebirgsstock Kilimandscharo (Suaheli für »Berg der bösen Geister«) gilt als der höchste Berg des Kontinents Afrika. Er ist aus den drei

Kibo, der höchste Berg des Massivs

Vulkanen Shira (4.962 Meter), Mawensi (5.148 Meter) und Kibo zusammengewachsen. Letzterer erreicht in seinem Gipfel Uhuru Peak eine Höhe von 5.895 Metern und besitzt als einziger Berg einen Krater mit einem Durchmesser von zwei Kilometern, in dessen Tiefen vulkanische Aktivität zu verzeichnen ist. Von seiner Firnkappe reichen steile Hängegletscher bis auf Höhen von etwa 4.300 Meter hinab. Der Kilimandscharo wurde im Jahr 1971 zum Nationalpark erklärt.

Gipfel des Kilimandscharo aus der Vogelperspektive

Caldera auf dem schneebedeckten Kilimandscharo

DER GEWALTIGSTE VULKAN AFRIKAS

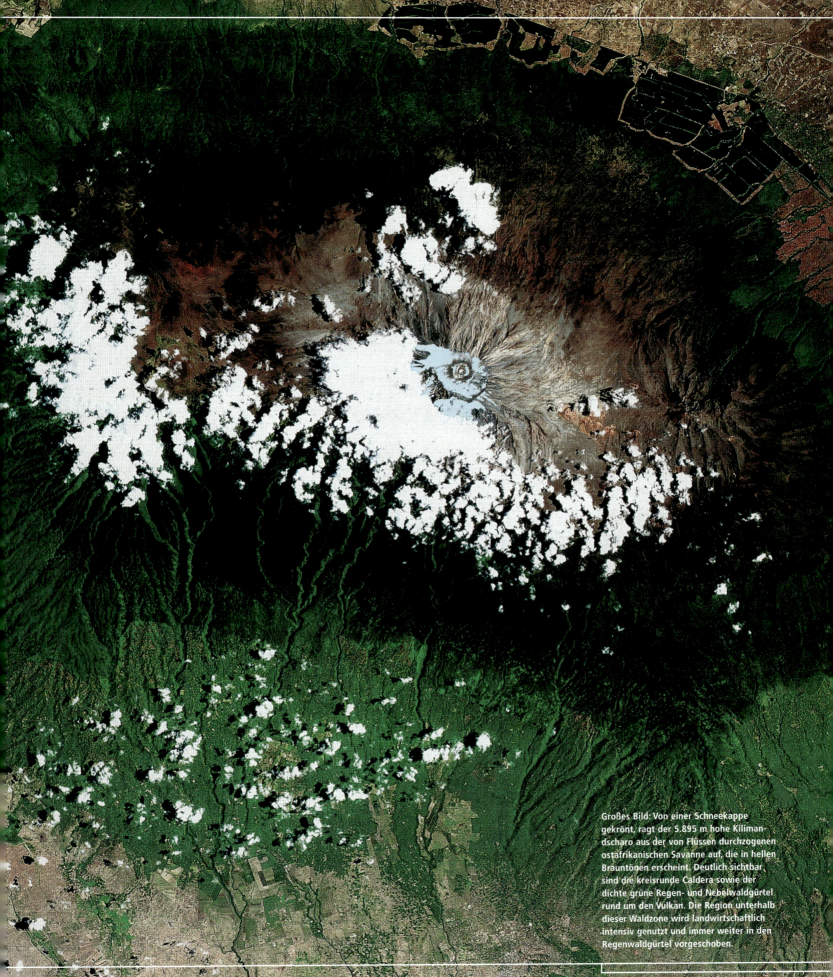

Großes Bild: Von einer Schneekappe gekrönt, ragt der 5.895 m hohe Kilimandscharo aus der von Flüssen durchzogenen ostafrikanischen Savanne auf, die in hellen Brauntönen erscheint. Deutlich sichtbar sind die kreisrunde Caldera sowie der dichte grüne Regen- und Nebelwaldgürtel rund um den Vulkan. Die Region unterhalb dieser Waldzone wird landwirtschaftlich intensiv genutzt und immer weiter in den Regenwaldgürtel vorgeschoben.

NYIRAGONGO

NYIRAGONGO
Dem. Rep. Kongo   3.470 m

Der Nyiragongo, einer der acht Virunga-Vulkane, ist einer der berühmtesten Vulkane Afrikas. Er befindet sich nahe der Stadt Goma im Osten der Demokratischen Republik Kongo. Am 17. Januar 2002 begann eine gewaltige Eruption. Die Lava des Nyiragongo wälzt sich nicht wie andere Lava träge zu Tal, sondern ist flüssig wie Wasser – deshalb gibt es häufig kein Entrinnen. Da die Lava die Großstadt Goma erreichte, mussten 500.000 Menschen evakuiert werden. Zurzeit ist im etwa einen Kilometer breiten Krater ein Lavasee zu sehen. Der Lavasee des Nyiragongo, der größte der Erde, befindet sich etwa 600 m unterhalb des Kraterrands.

Der Nyirangongo bricht häufig aus.

Kratersee auf dem Nyiragongo

Lavasee des Nyiragongo

Großes Bild: Der Lavastrom vom 17. Januar 2002 zerstörte mehrere Dörfer und floss weiter durch die Stadt Goma in den Kivusee. 147 Menschen kamen ums Leben, etwa 170.000 wurden obdachlos.

DER AKTIVSTE VULKAN AFRIKAS

VIRUNGA-VULKANE

Die acht Virunga-Vulkane erheben sich im Grenzgebiet von Ruanda, Uganda und der Demokratischen Republik Kongo zwischen dem Eduard- und dem Kivusee. Auf dem Gebiet des Kongo liegen der Nyiragongo und der Nyamuragira (3.063 Meter). Die Zentralgruppe bilden Karisimbi (4.507 Meter), Mikeno (4.437 Meter) und Visoke (3.711 Meter), weiter im Osten liegen Sabinyo (3.634 Meter), Gahinga (3.474 Meter) und der Muhavura (4.127 Meter). In den tropischen Bergregenwäldern, die die Virunga-Vulkane bedecken, sind die seltenen Berggorillas zu Hause, die in drei Nationalparks geschützt werden.

Ausbruch des Vulkans Kimanura

Das eingefärbte Satellitenbild zeigt die Virunga-Vulkane in Ostafrika.

Vulkane 397

INDISCHER OZEAN

LA RÉUNION

Piton des Neiges   3.069 m
Piton de la Fournaise   2.632 m

La Réunion ist ein französisches Übersee-Departement im Indischen Ozean. Der Piton des Neiges (»Schneeberg«) ist die höchste Erhebung dieser Insel, die vor etwa zwei Millionen Jahren durch einen »Hot Spot« entstand. In einer Flanke des Vulkans befindet sich ein etwa 250 Meter tiefes Loch, das als Trou de Fer (»Höllenschlucht«) bezeichnet wird. Riesige Magmahöhlen im Inneren des Vulkans brachen irgendwann zusammen und formen heute ausgedehnte Calderen, die wegen ihrer runden Form »Cirques« genannt werden. Im Gegensatz zum Piton des Neiges, der vor etwa 12.000

Schichtvulkan Piton des Neiges

Schildvulkan Piton de la Fournaise

Jahren erloschen ist, ist der deutlich jüngere Piton de la Fournaise (»Glutofen«; circa 380.0000 Jahre) noch sehr aktiv. Bei einem gewaltigen Ausbruch brach 2007 sein Hauptkrater ein.

MADAGASKAR

Ankaizina   2.878 m
Ankarata   2.644 m
Itasy   1.800 m

Auch die Insel Madagaskar vor der Ostküste Mosambiks entstand über einem »Hot Spot« im Erdinneren. Die höchsten Erhebungen dieser Insel sind die Vulkane Ankaizina, Ankarata und Itasy. Der schlafende Ankaizina im Norden Madagaskars präsentiert sich mit Schlackenkegel, Lavaströmen und mehreren Kraterseen. Ausbrüche des heute ruhenden Ankaratra

Fruchtbare Felder, dahinter der Itasy

im Zentrum der Insel schufen ausgedehnte Lavaströme und Basaltkegel, die das weite Ankaratra-Plateau (2.300–2.700 Meter) bedecken. Dies ist die aktivste Region der Insel, und regelmäßig kommt es hier circa 20 Meter unter der Erdoberfläche zu Beben. Ebenfalls im Zentrum Madagaskars liegt der Itasy mit Lavakegeln und -strömen. Am Rand des Lake Itasy sind geothermale Aktivitäten zu beobachten: heiße Quellen, Geysire und Solfatare.

DIE HÖCHSTEN VULKANE IM INDISCHEN OZEAN

KOMOREN

Karthala	2.361 m
La Grille	1.087 m

Grande Comore, die größte Insel der Komoren, einer Inselgruppe östlich von Mosambik, wird im Süden vom Vulkan Karthala dominiert, im Norden vom erheblich niedrigeren Vulkan La Grille. Der Karthala weist den weltweit größten Krater eines aktiven Vulkans mit Ellipsenmaßen von vier und drei Kilometern auf. Seit 1857 ist er rund 20-mal ausgebrochen, allein von 2005 bis 2007 jährlich.

Der Vulkan Karthala auf Grande Comore

Großes Bild: Ausbruch des Piton de la Fournaise auf Réunion, der zu den aktivsten Vulkanen der Welt zählt. Der Schildvulkan brach seit dem 17. Jahrhundert über 160-mal aus.

Vulkane 399

NORD- UND MITTELAMERIKA

Der Westen Nordamerikas, der zum pazifischen Feuerring gehört, wird immer wieder von Naturgewalten im Erdinneren erschüttert. Der Ausbruch des Mount St. Helens 1980 belegte dies eindrucksvoll.

MOUNT BONA
USA/Alaska   5.005 m

Der Schichtvulkan Mount Bona ist Teil der Elias-Kette im Osten Alaskas. Diese Bergkette, der höchste Abschnitt der nordamerikanischen Coast Mountains, erstreckt sich über etwa 400 Kilometer vom Südosten Alaskas über das kanadische Territorium Yukon bis in den äußersten Nordwesten von British Columbia. Sie bildet die Wasserscheide zwischen dem Yukon River und dem Pazifischen Ozean. Die Gletscher der Elias-Kette sind mit insgesamt 380 Kilometer Länge nach den Eiskappen an Nord- und Südpol das weitläufigste Eisfeld der Erde. Der 5.005 Meter hohe Mount Bona ist die fünfthöchste Erhebung der Vereinigten Staaten von Amerika, und nach den drei höchsten mexikanischen Vulkanen (Pico de Orizaba, Popocatépetl und Iztaccíhuatl) ist er auch der höchste Vulkan Nordamerikas. Nahezu das gesamte Bergmassiv des Mount Bona ist – ähnlich wie beim Nachbarberg Mount Churchill, mit dem er durch einen Sattel verbunden ist – sehr stark verglet-

MOUNT BLACKBURN
USA/Alaska   4.996 m

Der Mount Blackburn ist mit seinen 4.996 Metern die höchste Erhebung der Wrangell Mountains in Alaska, der sechsthöchste Gipfel der Vereinigten Staaten und zweithöchster Vulkan in den USA. Der stark erodierte Schichtvulkan wird fast vollständig von Eisfeldern bedeckt, die z. B. die Gletscher Nabesna und Kuskulana speisen. Benannt ist der Berg nach dem US-Senator Joseph Blackburn aus Kentucky.

Blick über den Nabesnagletscher auf das mächtige Bergmassiv

MOUNT SANFORD
USA/Alaska   4.949 m

Ebenfalls in den Wrangell Mountains liegt der Schichtvulkan Mount Sanford, der zweithöchste Gipfel dieser Bergkette. Der Mount Sanford kann sich eines der steilsten Hänge Nordamerikas rühmen: Nach Süden hin hat er auf einer Strecke von 1,6 Kilometer ein Gefälle von 2.400 Meter. Der letzte Ausbruch des Vulkans liegt etwa 320.000 Jahre zurück.

Mount Sanford in den Wrangell Mountains

MOUNT CHURCHILL
USA/Alaska   4.766 m

Der Mount Churchill ist am bekanntesten als Quelle des White River Ash, einem etwa 540.000 km² großen Aschefeld, das bei zwei der größten Vulkanausbrüche Nordamerikas innerhalb der letzten 2.000 Jahre entstand. Die Ablagerungen im nördlichen Teil stammen von einer Eruption vor circa 1.900 Jahren, die im östlichen Teil entstanden vor etwa 1.250 Jahren. Starker Wind verteilte die Asche über dieses riesige Gebiet. Die Ascheschicht ist teilweise über 60 Zentimeter dick.

schert. Der 64 Kilometer lange Klutlan-Gletscher etwa reicht sogar bis ins kanadische Territorium Yukon, und der Russell-Gletscher im Norden des Bergmassivs ist ähnlich gewaltig. Seinen Namen erhielt der Vulkan im Jahr 1897, als ihn Luigi Amadeo von Savoyen bei seiner Erstbesteigung des Mount Saint Elias entdeckte und ihn nach seinem Schiff »Bona« taufte.

Wie die gesamte Elias-Kette ist der Schichtvulkan Mount Bona stark vergletschert – die Eisfelder ziehen sich kilometerweit in die Täler.

MOUNT RAINIER
USA/Washington   4.395 m

Der Mount Rainier ist die höchste Erhebung der Kaskaden-Kette. Rund um den Schichtvulkan südöstlich von Seattle im US-Bundesstaat Washington erstreckt sich der gleichnamige Nationalpark. Oberhalb etwa 1.800 Metern bedecken Gletscher die Hänge des Mount Rainier. Die Ränder der Krater jedoch bleiben durch die Hitze des aktiven Vulkans ständig eisfrei. Die letzte erwiesene Eruption des Mount Rainier fand zwischen 1820 und 1854 statt, Augenzeugen berichteten jedoch von mehreren Ausbrüchen im späten 19. Jahrhundert.

MOUNT SHASTA
USA/Kalifornien   4.317 m

Auch der Mount Shasta im Norden Kaliforniens gehört zur Kaskaden-Kette. Er ist noch immer vulkanisch aktiv, der letzte Ausbruch fand jedoch bereits 1786 statt. Die Gipfelregion des Mount Shasta ist von Gletschern bedeckt – einer davon, der Whitney Glacier, ist das größte Eisfeld Kaliforniens. 1998 stellte der Bergsteiger Robert Webb an diesem Berg einen Weltrekord auf: Innerhalb von 24 Stunden bestieg er ihn tatsächlich sechsmal und stieg dabei insgesamt etwa 11.500 Meter hoch.

MOUNT WRANGELL
USA/Alaska   4.317 m

Der Mount Wrangell in der nach ihm benannten Gebirgskette liegt im Südosten Alaskas, nahe der Grenze zum kanadischen Yukon. Der Wrangell ist der einzige Vulkan im Wrangell-Vulkangürtel mit historisch belegten Ausbrüchen, bei denen hauptsächlich kleinere Rauch- und Aschenmengen ausgestoßen wurden. Der Berg strahlt seit den 1950er Jahren vermehrt geothermische Hitze aus, was auf eine zukünftige Eruption hindeutet.

Der Mount Wrangell ist vom Glenn Highway aus gut zu erkennen (links).

MOUNT ADAMS
USA/Washington   3.743 m

Der Mount Adams, ein Schichtvulkan im Kaskadengebirge, ist nach dem Mount Rainier der zweithöchste Gipfel im pazifischen Nordwesten der USA. Der Vulkanismus in diesem Gebiet begann vor rund 940.000 Jahren, bisher ist der Mount Adams über 20-mal ausgebrochen, zuletzt vor rund 1.000 Jahren. An den Bergflanken befinden sich sechs Lavaströme, deren größter vor 4.000 bis 7.000 Jahren entstand und eine Länge von 10 Kilometer erreichte. Der Mount Adams bedeckt eine Fläche von insgesamt 650 km^2 und hat ein Volumen von 350 km^3.

MOUNT HOOD
USA/Oregon   3.425 m

70 Kilometer östlich von Portland in Oregon thront der Mount Hood, der höchste Berg des Bundesstaates und vierthöchster Gipfel der Kaskadenkette. Er gilt zwar als potenziell aktiver Vulkan, allerdings wurden seit 1820 keine größeren Eruptionen aufgezeichnet. Der letzte kleine Ausbruch ereignete sich 1965. Eine Gefahr sind die Gletscher, die bei einem Ausbruch zu Laharen führen könnten.

Der Mount Hood spiegelt sich bei Sonnenaufgang im Trillium Lake (links).

MOUNT SPURR
USA/Alaska   3.474 m

Der Schichtvulkan Mount Spurr in den Tordrillo Mountains, die zur Alaska-Kette gehören, entstand in der 3.000 Meter hohen Caldera eines älteren Vulkans. Neben seinem Hauptgipfel hat der Mount Spurr einen zweiten Eruptionsschlot, Crater Peak genannt. Der Hauptkrater ist seit mehr als 10.000 Jahren nicht mehr aktiv, doch dieser Nebenschlot brach zuletzt in den Jahren 1953 und 1992 aus. Der Ascheregen erreichte damals sogar das 130 Kilometer entfernte Anchorage. Die Flanken des Bergs sind von andesitischen Lavaströmen bedeckt.

Vulkane   401

NORD- UND MITTELAMERIKA

In der Cordillera Volcánica liegen die höchsten Berge Mexikos. Von der anhaltenden tektonischen Bewegung in dieser Region zeugen zahlreiche Erdbeben und spürbar aktiver Vulkanismus.

POPOCATÉPETL
Mexiko 5.462 m

Der Popocatépetl (»Stark rauchender Berg«), der zweithöchste Berg Mexikos, ist einer der Zwillingsvulkane im Zentrum des Landes, sein Bruder ist der Iztaccíhuatl. Nachdem er etwa 50 Jahre lang geruht hatte, brach der Popocatépetl im Dezember 1994 wieder aus. Bis 2000 hatte sich über dem Krater eine fünf Kilometer hohe Wolke gebildet. Im Dezember 2007 schoss der Vulkan eine riesige Asche- und Rauchwolke in den Himmel. Der prognostizierte große Ausbruch blieb jedoch aus.

IZTACCÍHUATL
Mexiko 5.286 m

Der dritthöchste Berg Mexikos ist der Vulkan Iztaccíhuatl (»Weiße Frau«), circa 70 Kilometer von Mexiko-Stadt entfernt und bei klaren Verhältnissen von der Stadt aus zu sehen. Seine drei Gipfel assoziieren die Mexikaner mit Kopf, Brust und Füßen einer schlafenden Frau und nennen den Berg deshalb auch Mujer dormida. Im Gegensatz zum Popocatépetl daneben ist der Iztaccíhuatl erloschen und hat seine typische Vulkangestalt bereits durch Erosion verloren.

NEVADO DE TOLUCA
Mexiko 4.690 m

Nevado de Toluca ist ein Schichtvulkan in Zentralmexiko nahe der Stadt Toluca. Der Vulkan hat eine 1,5 Kilometer breite Caldera am Gipfel, die gen Westen hin offen ist, und zwei Kraterseen auf circa 4.200 Meter Höhe. Die letzte große Eruption des Nevado de Toluca vor circa 10.500 Jahren überschüttete das Gebiet des heutigen Mexiko-Stadt, etwa 80 Kilometer entfernt, mit Sand und Steinen. Heute würde ein ähnlich schwerer Ausbruch dieses Vulkans 30 Millionen Menschenleben bedrohen.

PICO DE ORIZABA
Mexiko 5.636 m

Der Pico de Orizaba oder auch Citlaltépetl (»Berg des Sterns« in der Náhuatl-Sprache) ist der höchste Berg und Vulkan Mexikos. Der Stratovulkan befindet sich in der Cordillera Volcánica an der Grenze zwischen den mexikanischen Bundesstaaten Veracruz und Puebla. Der Pico de Orizaba ist einer von den drei einzigen Vulkanen Mexikos, deren Gipfel ständig von Schnee und Eis bedeckt sind (die anderen sind Popocatépetl und Iztaccíhuatl). Obwohl er 110 Kilometer weit im Landesinneren liegt, ist er vom Golf von Mexiko aus zu erkennen. Ein schwerer Ausbruch des Pico de Orizaba ereignete sich im Jahr 1566, die letzte Eruption fand 1846 statt. Nachdem der Vulkan seither ruht, traten in jüngster Zeit wieder vermehrt Fumarolen über dem Krater auf, die möglicherweise auf eine neue Aktivitätsphase hinweisen könnten. Davon bedroht wäre etwa die Stadt Orizaba ganz in der Nähe, die bereits 1973 von einem Erdbeben schwer beschädigt wurde.

Der Popocatépetl, einer der Zwillingsvulkane in Zentralmexiko

Nevado de Toluca und einer der beiden Kraterseen

Der Krater des höchsten Bergs von Mexiko, des Pico de Orizaba oder Citlaltépetl, hat einen Durchmesser von etwa 400 m. Der Nordwesthang ist ab einer Höhe von 4.400 m vergletschert (links).

LA MALINCHE
Mexiko   4.462 m

Der bereits seit langer Zeit inaktive Vulkan La Malinche, der auch Malintzin oder Matlacuéyetl genannt wird, erhebt sich im Parque Nacional Malintzin, der sich auf einer Fläche von insgesamt mehr als 45.000 Hektar über den Südosten des mexikanischen Bundesstaates Tlaxcala, der sich in Zentralmexiko, fast vollständig vom Staat Puebla umgeben, befindet. Seinen Namen erhielt der Vulkan in Anlehnung an die historische Person Malinche, die die Dolmetscherin und Geliebte des spanischen Eroberers Hernán Cortés war.

COLIMA
Mexiko   4.330 m

Der Colima an der Grenze zwischen den Bundesstaaten Colima und Jalisco besteht eigentlich aus zwei Bergen: dem älteren, inaktiven Nevado de Colima und dem jüngeren Volcán de Colima, der als Mexikos aktivster Vulkan gilt. Seit 1576 wurden mehr als 40 Ausbrüche verzeichnet. Die schwerste Eruption ereignete sich 1913, doch auch 1991 und 2005 fanden Ausbrüche mit gigantischen Aschenausstößen statt. Die UN zählt den Colima zu den weltweit gefährlichsten Vulkanen.

COFRE DE PEROTE
Mexiko   4.282 m

Der erloschene Schildvulkan Cofre de Perote, ursprünglich Nauhcampatépetl (»Platz der vier Berge«) genannt, befindet sich im Gebirgszug der Sierra Madre Oriental, genauer: an der Grenze zwischen dem Hochland des mexikanischen Bundesstaates Puebla und der Küstenregion von Veracruz. Der Cofre de Perote in Form eines Schildbuckels unterscheidet sich im Aussehen enorm vom Schichtvulkan Pico de Orizaba gleich südlich davon. Die Spitze des Cofre de Perote – im Grunde sind es zwei Bergspitzen – sind mit Antennen überbaut.

Der jüngere und aktivere Teil des Colima: Volcán de Colima

Großes Bild: Von den Hängen des Popocatépetl fällt der Blick auf den Nachbarvulkan Iztaccíhuatl. Auf einem dazwischenliegenden Hügel erhebt sich eines der zahlreichen Klöster, die in der Region von den spanischen Conquistadoren errichtet wurden.

Vulkane   403

CASCADE RANGE

Die Cascade Range (Kaskadenkette) zieht sich über eine Länge von 1.100 Kilometer vom kanadischen British Columbia im Norden über die US-Bundesstaaten Washington und Oregon bis nach Kalifornien im Süden. Die zahlreichen über 3.000 Meter hohen Gipfel sind erloschene Vulkane,

Mount St. Helens, Washington

die zum Teil vergletschert sind. Noch heute ist hier vulkanische Tätigkeit zu beobachten. Die höchsten Erhebungen sind der Mount Rainier, der Mount Shasta und der Mount Adams.

DIE HÖCHSTEN VULKANE DER CASCADE RANGE

①	Mount Rainier	4.395 m
②	Mount Shasta	4.317 m
③	Mount Adams	3.743 m
④	Mount Hood	3.425 m
⑤	Mount Baker	3.285 m
⑥	Glacier Peak	3.213 m
⑦	Mount Jefferson	3.199 m
⑧	Lassen Peak	3.189 m
⑨	Mount St. Helens	2.549 m

Mount Rainier: nicht ganz erloschener vergletscherter Vulkan

Mount Adams, Schichtvulkan im Kaskadengebirge

404 Vulkane

DAS GRÖSSTE VULKANGEBIRGE NORDAMERIKAS

Potenziell aktiver Vulkan: Mount Hood mit dem Trillium Lake

Lassen Peak, weltgrößter Lavadomvulkan am Manzanita Lake

Der schneebedeckte Gipfel des Mount Shasta erhebt sich über die umgebende Wolkendecke im Norden Kaliforniens (großes Bild). Der aktive Stratovulkan ist der zweithöchste Berg der Cascade Range.

Vulkane 405

SÜDAMERIKA

Noch sind die tektonischen Veränderungen in den Anden nicht abgeschlossen. Vulkanausbrüche und Erdbeben zeugen auch heute von den Bewegungen der Kontinentalplatten.

CERRO PISSIS
Argentinien   6.795 m

Der Cerro oder Monte Pissis in Argentinien, in den Provinzen La Rioja und Catamarca, ist der dritthöchste Berg auf dem amerikanischen Kontinent und nach dem Ojos del Salado der zweithöchste Vulkan der Erde. 1994 ergab eine GPS-unterstützte Messung eine Höhe von 6882 Metern – damit hätte er den bis dahin höchsten Vulkan, den Ojos del Salado, übertroffen. Doch Nachmessungen konnten diesen Wert nicht bestätigen. Der Cerro Pissis ist ein erloschener Vulkan, der sich über die Hochebene Puna de Atacama erhebt. Sein Massiv hat ganze fünf Hauptgipfel. Vermutlich ist der Pissis der am stärksten vergletscherte Berg in der Puna de Atacama, zu den größten Eisfeldern gehört der Pissis-Gletscher an seiner östlichen Flanke. An den Hängen, die ständig starkem Wind ausgesetzt sind, findet man viele interessante Formationen. Im gesamten Bereich des Cerro Pissis gibt es jedoch nur sehr spärliche Flora und Fauna – nur ein paar Grasbüschel und Grillen in den unteren Regionen.

CERRO BONETE CHICO
Argentinien/Chile   6.759 m

Der Cerro Bonete Chico, der »Kleine Bonete«, liegt in der Sierra del Veladero in der Hochkordillere der Anden, an der Grenze zwischen Argentinien und Chile. Er ist der vierthöchste Berg Südamerikas. Der Cerro Bonete Grande, der »Große Bonete«, der am Südhang des Cerro Pissis liegt, ist tatsächlich 800 Meter niedriger als der »Kleine«, wirkt aber als Ganzes wie ein Konus oder Spitzhut, während der Cerro Bonete Chico auf dem Gipfel einen kleinen Konus aufweist.

LLULLAILLACO
Argentinien/Chile   6.739 m

Nach Ojos del Salado und Cerro Pissis ist der Llullaillaco an der argentinisch-chilenischen Grenze der dritthöchste Vulkan der Erde. Die archäologischen Funde auf seinem Gipfel gelten als die höchstgelegenen der Welt. Der Gipfel ist fast immer schneebedeckt, jedoch ist er der höchste nicht vergletscherte Berggipfel der Erde. Der heute inaktive Vulkan brach zuletzt im Jahr 1877 aus – damit hält er einen weiteren Rekord als höchster in historischer Zeit aktiver Vulkan.

TUPUNGATO
Argentinien/Chile   6.550 m

Der Tupungato, ein Stratovulkan an der Grenze von Argentinien und Chile, befindet sich etwa 50 Kilometer südlich des Aconcagua. Obwohl der Tupungato mit seinen 6.550 Metern eine der höchsten Erhebungen in den Anden darstellt, wird er nur selten bestiegen, eben weil der Aconcagua, der höchste Berg der Anden und ganz Südamerikas, so nahe ist. 1947 stürzte am Tupungato ein Flugzeug ab und blieb ganze 50 Jahre verschollen. Erst im Jahr 2000 entdeckten Bergsteiger Wrackteile.

SAJAMA
Bolivien   6.542 m

Der Vulkan Sajama im gleichnamigen Nationalpark an der Grenze zwischen Bolivien und Chile ist der höchste Berg Boliviens. Er erhebt sich auf der Altiplano-Hochebene auf einem Plateau in circa 4.200 Metern Höhe, wodurch er niedriger scheint, als er in Wirklichkeit ist. Seit mindestens 25.000 Jahren ist der Vulkan mit der symmetrischen Gestalt bereits erloschen, und da der Gipfel eine Eiskappe trägt, ist kein Krater erkennbar.

Mit weißer Schneekappe ragt im Altiplano der Navado Sajama auf (großes Bild).

Der Cerro Pissis im Nordwesten Argentiniens ist die höchste Erhebung eines Vulkanmassivs, das aus fünf Hauptgipfeln besteht (links).

ILLIMANI
Bolivien 6.462 m

Zweithöchster Berg Boliviens und höchster Gipfel der Cordillera Real ist der Illimani, der vier Gipfel über 6.000 Meter aufweist. Der höchste davon, der Pico del Indio oder Pico Sur, ist 6.462 Meter hoch. Einer Legende nach hat der Berg Mururata versucht, den Illimani an Größe zu übertrumpfen, der ihm daraufhin das schneebedeckte Haupt abschlug. Seither liegt dieser abgetrennte Kopf 200 Kilometer weiter westlich in Gestalt des Sajama.

Altiplano in Bolivien mit schneebedeckten Gipfeln (links)

COROPUNA
Peru 6.425 m

Mit seinen 6.425 Metern ist der Coropuna Perus höchster Vulkan und dritthöchster Berg. Der stark vergletscherte Berg gehört zur Cordillera Volcánica im Süden des Landes und steht rund 110 Kilometer von der Pazifikküste entfernt. Der Schichtvulkan entstand vor einer bis drei Million Jahre und war noch im Holozän aktiv. In historischer Zeit sind jedoch keine Aktivitäten des Coropuna erwiesen, der somit als schlafender Vulkan eingestuft wird. Die einzige Aktivität äußert sich in einigen wenigen Thermalquellen in der Umgebung des Vulkans.

Vulkane 407

SÜDAMERIKA

In den Anden befinden sich zahlreiche Vulkane, darunter auch einer der höchsten aktiven Vulkane der Welt: der chilenische Guallatiri.

PARINACOTA
Chile/Bolivien   6.342 m

Der Parinacota an der Grenze zwischen Chile und Bolivien befindet sich im Nationalpark Lauca in der Westkordillere der zentralen Anden, im Bereich der Atacama-Wüste. Zusammen mit dem Pomerate, der sich etwas weiter nordöstlich erhebt, bildet er den Payachata-Komplex. Der Parinacota ist ein überaus beliebtes Ziel von Bergsteigern und Kletterern – nicht nur aufgrund seiner Höhe von 6.342 Meter, sondern auch wegen der atemberaubend schönen Landschaft, die man nicht nur von ganz oben erblickt. Anders als die meisten Vulkane Nordchiles mit ihren Aufstiegen über Schuttwege ist der vergletscherte Parinacota mit Pickel und Steigeisen zu erklimmen. Auf dem Gipfel selbst hat man dann Ausblick bis hin zur bolivianischen Königskordillere. Der Krater des Parinacota hat einen Durchmesser von rund 700 Metern und eine Tiefe von 240 Metern. Zwar deuten Fumarolen über dem Krater auf vulkanische Aktivitäten hin. Der letzte Ausbruch ist allerdings schon 500 bis 600 Jahre her.

CHIMBORAZO
Ecuador   6.310 m

Der nicht mehr aktive Schildvulkan Chimborazo in der Westkordillere der Anden ist Ecuadors höchste Erhebung. Vor der Vermessung der Himalaya-Berge im Jahr 1856 galt der Chimborazo sogar als höchster Berg der Erde. Später stellte man fest, dass einige Andengipfel höher sind als der Chimborazo. Der letzte Ausbruch des Vulkans ereignete sich etwa 500 bis 600 nach Christus. Der Vulkan besitzt viele vereiste Krater und 16 Gletscher.

Der Chimborazo, von Pulingue San Pablo in Ecuador aus gesehen (rechts)

AMPATO
Peru   6.288 m

In den Anden im Süden Perus erhebt sich etwa 100 Kilometer nordwestlich von Arequipa der Ampato. Er ist Teil einer 20 Kilometer langen Kette aus drei großen Stratovulkanen: dem erloschenen Nevado Hualca Hualca (6.025 Meter) im Norden, dem aktiven Sabancaya (5.976 Meter) in der Mitte und dem ruhenden Ampato am südlichen Ende. Der Fund eines mumifizierten Mädchens am Gipfel im Jahr 1995 lieferte den Archäologen und Anthropologen Beweise dafür, dass die Inka vor rund 500 Jahren den Göttern hier Menschenopfer darbrachten, um sich Wasser und somit gute Ernten zu sichern.

POMERAPE
Chile/Bolivien   6.282m

An der chilenisch-bolivianischen Grenze, im Lauca-Nationalpark im Gebiet der Atacama-Wüste, steht der konische, im Pleistozän entstandene Vulkan Pomerape, der mit dem Parinacota den Payachata(Zwillings-)-Komplex bildet. Die beiden Berge sind leicht zu erreichen und zudem relativ einfach zu besteigen – und damit entsprechend beliebte Ziele von Bergsportlern. In der Nähe des Vulkans liegt auf 4.520 Meter Höhe der Lago Chungará – einer der höchstgelegenen Seen der Welt. Im umliegenden Lauca-Nationalpark finden sich Flamingos, Vicunjas, Alpacas und Andenkondore.

Vom Lago Chungara hat man einen großartigen Blick auf den vergletscherten Gipfel des Vulkans Parinacota hoch über der Atacama-Wüste (links).

Großes Bild: Lamas grasen im chilenischen Nationalpark Lauca am Lago Chungará. Der vordere Vulkan ist der Parinacota, der hintere der Pomerape.

GUALLATIRI
Chile   6.071 m

Der Guallatiri im Norden Chiles, der im Lauca-Nationalpark unweit der bolivianischen Grenze thront, gehört zu den aktivsten Vulkanen in den Anden und mit seinen 6.071 Metern zugleich zu den höchsten aktiven Vulkanen der Erde. Der letzte große Ausbruch dieses symmetrisch geformten Stratovulkans, der immer eine Eis- und Schneemütze trägt, fand im Jahr 1960 statt. Weitläufige Abschnitte der Berghänge im Norden und Westen sind von alten und jüngeren Lavamassen bedeckt. Der aktive Schlot des Guallatiri befindet sich an der südlichen Bergflanke.

ACOTANGO
Chile   6.052 m

Der Cerro Acotango ist ein Stratovulkan an der Grenze Chiles zu Bolivien. Zusammen mit den beiden Vulkanen Humarata und Capurata bildet er die Vulkangruppe Quimsachata (»Drei Brüder«). Der stark erodierte Acotango, der höchste Berg in dieser Dreiergruppe, wird als aktiv eingeschätzt, seine größte Aktivität liegt aber wohl 10.000 Jahre zurück. Man vermutet, dass der Acotango im Holozän entstand. Der Gletscher an der Südflanke des Vulkans wäre bei einem Ausbruch eine Gefahr, da das Schmelzwasser zu Überflutungen und Schlammlawinen führen kann.

ACAMARACHI
Chile   6.046 m

Der Stratovulkan Acamarachi, der auch Cerro Pili genannt wird, erhebt sich auf der Hochebene Puna de Atacama im Norden Chiles. Sein Krater enthält einen See mit einem Durchmesser von circa 10 Metern – dies ist hinter dem See im Krater des Ojos del Salado der zweithöchste Kratersee der Welt und somit zugleich der zweithöchste See Südamerikas. Die Neigung der Flanken beträgt an manchen Stellen 45 Grad, an der Nordseite des Acamarachi befindet sich ein Lavadom. Der Vulkan war eine heilige Stätte der Inka, was man aus Metall- und Stofffunden schloss.

HUALCA HUALCA
Peru   6.025 m

Der Hualca Hualca ist zwar nicht der höchste der Ampato-Gruppe in den südperuanischen Alpen – der Ampato ist höher –, aber er ist der voluminöseste dieser drei Vulkane. Die gesamte Vulkangruppe befindet sich im Cañón del Colca, einem der tiefsten Täler der Welt. Der Hualca Hualca hat ein großes, unebenes Gipfelplateau, worauf sich wiederum zahlreiche Spitzen befinden, darunter ein imposanter Felsenturm. Dort oben findet man auch noch einen Altar und Reste von Opfern, die die Cabana-Indianer auf dem für sie heiligen Berg den Göttern dargebracht haben.

Vulkane 409

ANDEN

Die Abbildung zeigt einen Ausschnitt der Westkordillere in den zentralen Anden im Grenzgebiet zwischen Chile und Bolivien. Fast alle Stratovulkane sind schneebedeckt und zeichnen den Nord-Süd-Verlauf der Kordillere nach. Die grellweißen Flächen sind Salzseen (Salare), Indikator für die große Trockenheit der Region. Der größte Salzsee ist der Salar de Ascotán in der linken Bildhälfte. Im rechten oberen Bildteil fallen die 5.000 bis 6.000 m hohen Bergzüge zum Altiplano hin ab. Gran Pampa Pelada heißt diese fast unbesiedelte Steppenlandschaft.

DAS VULKANREICHSTE GEBIRGE DER ERDE

Ein Salzsee, Salar genannt, in der Atacama-Wüste. Dahinter erstreckt sich eine Reihe schneebedeckter Vulkane.

ANTARKTIS

Im Osten des Transantarktischen Gebirges, eines vor 450 Millionen Jahren entstandenen Verwerfungsgürtels am Rand der Antarktisplatte, finden sich Vulkane und Gebiete mit seismi-

Rauchwolke über dem Mount Erebus

scher Aktivität, die vom Ellsworth-Land bis weit hinaus zum Scotia-Bogen reichen. Seine größte Höhe erreicht der schroffe Gebirgszug entlang des Rossmeeres mit dem Kirkpatrick (4.528 Meter) und dem Markham (4.350 Meter). Hier fällt er steil zur Küste ab. Wo sich das Transantarktische Gebirge zum Victorialand hin fortsetzt, liegt auf einer Insel im Ross-Schelfeis mit dem 3.794 Meter hohen Mount Erebus der höchste noch aktive Vulkan des kalten Kontinents.

DIE HÖCHSTEN VULKANE DER ANTARKTIS

❶	Mount Erebus	3.794 m
❷	Mount Frakes	3.654 m
❸	Toney Volcano	3.595 m
❹	Mount Berlin	3.478 m
❺	Mount Takahe	3.460 m
❻	Siple Volcano	3.396 m
❼	Royal Society Volcano	3.000 m
❽	Andrus Volcano	2.978 m
❾	Mount Melbourne	2.732 m
❿	Mount Morning	2.723 m

Rauch steigt aus einem Eisturm über der »Sauna Cave« in 3.550 Meter Höhe auf dem Mount Erebus. Die Hitze des Magmas im Vulkaninneren schmilzt Schnee und Eis unterhalb der Eistürme und lässt Tunnel und Höhlen entstehen. Da die Lufttemperatur meist unter −30 °C liegt, gefriert der Wasserdampf zu Eistürmen (großes Bild).

412 Vulkane

DIE HÖCHSTEN VULKANE DER ANTARKTIS

Der Mount Erebus, der südlichste aktive Vulkan der Erde, wirft einen langen Schatten auf das Rossmeer.

VULKANERUPTIONEN

Die griechische Ägäisinsel Santorin war um 1630 v. Chr. Schauplatz eines verheerenden Vulkanausbruchs. Nach neuesten Berechnungen hatte der Ausbruch auf der Vulkanexplosivitäts-indexskala, die von null bis acht reicht, vermutlich die Stärke sieben. Dieser Wert ist nur einmal in 1.000 Jahren zu erwarten.

DIE GEWALTIGSTEN VULKANAUSBRÜCHE DER GESCHICHTE

DIE GRÖSSTEN VULKANSAUSBRÜCHE VOR CHRISTUS:

1. **La Garita Caldera** vor ca. 27 Mio. J.
   USA, Colorado
2. **Bruneau-Jarbidge** vor ca. 11 Mio. J.
   USA, Idaho
3. **Yellowstone** vor ca. 2,2 Mio. J.
   USA, Wyoming
4. **Yellowstone** vor ca. 1,2 Mio. J.
   USA, Wyoming
5. **Valle Grande** vor ca. 1,1 Mio.J.
   USA, New Mexico
6. **Long Valley Caldera** vor 760.000 J.
   USA, Kalifornien
7. **Yellowstone** vor 640.000 J.
   USA, Wyoming
8. **Aso Kysh** vor 300.000–80.000 J.
   Japan, Kyushu
9. **Tobasee** vor 75.000 J.
   Indonesien, Sumatra
10. **Phlegräische Felder** vor 35.000 J.
    Italien, Kampanien
11. **Tauposee** vor 26.500–22.500 J.
    Neuseeland, Nordinsel
12. **Aira Kysh** vor 22.000 J.
    Japan, Kyushu
13. **Kurilensee** um 5700
    Russland, Kamtschatka
14. **Mount Mazama** um 4900
    USA, Oregon
15. **Kikai** um 4300
    Japan, Ryukyu-Inseln
16. **Santorin** um 1630
    Griechenland, Kykladen

DIE GRÖSSTEN VULKANSAUSBRÜCHE NACH CHRISTUS:

1. **Ambrym** 50
   Vanuatu
2. **Vesuv** 79
   Italien, Kampanien
3. **Tauposee** 181
   Neuseeland, Nordinsel
4. **Eldgjá** 936
   Island
5. **Baitoushan/Paektusan** 1050
   China/Korea
6. **Ätna** 1169
   Italien, Sizilien
7. **Kuwae** 1453
   Vanuatu
8. **Vesuv** 1631
   Italien, Kampanien
9. **Ätna** 1669
   Italien, Sizilien
10. **Lanzarote** 1730–1736
    Atlantik, Kanarische Inseln
11. **Laki/Lakagígar** 1783–1784
    Island
12. **Tambora** 1815
    Indonesien, Sumbawa
13. **Krakatau** 1883
    Indonesien
14. **Santa Maria** 1902
    Guatemala
15. **Mount St. Helens** 1980
    USA, Oregon
16. **Montserrat** 2005
    Karibik

An den Plattenrändern, wo die tektonischen Kräfte die Platten am stärksten verformen, sind deren Auswirkungen besonders intensiv zu spüren. Vulkane lassen Inseln explodieren oder ersticken weite Landschaften un-

Crater Lake, ein Kratersee des Vulkans Mount Mazama in Oregon

ter Lava, Feuer, Asche und Rauch. Enorme Eruptionen vor mehreren 100.000 Jahren haben ausgedehnte Landschaften aus vulkanischen Gesteinen gebildet, deren Größe man nur auf Satellitenbildern erkennt. Teils sind die derzeit bekannten Vulkane aktiv, teils – zumindest vorübergehend – erloschen. Die meisten und auch aktivsten liegen unterhalb der Meeresoberfläche und tragen nicht einmal einen Namen. Es sind Spalten und Schlote im Mittelozeanischen Rücken, aus denen unentwegt Gase und Lava strömen.

Vulkane 415

VULKANERUPTIONEN

Schon immer haben sich Menschen auch in der Nähe von Vulkanen angesiedelt. Die Einwohner der Städte und Dörfer bei Vulkanen sind sich der Bedrohung zwar bewusst – aber sie hoffen natürlich, dass der Vulkan vor ihrer Tür nicht ausbrechen wird. Die Ruhe ist jedoch oft trügerisch. Denn auch Vulkane, die schon mehrere 1.000 Jahre lang nicht ausgebrochen sind, können irgendwann explodieren. Auf der Erde gibt es etwa 550 aktive Vulkane. Die bekanntesten unter ihnen sind der Vesuv und der Ätna in Italien, der Pinatubo auf den Philippinen und der Mount St. Helens in den USA. Ihre Ausbrüche in den letzten 100 Jahren vernichteten Landschaften und Leben.

DIE GRÖSSTEN VULKANSAUSBRÜCHE DER NEUZEIT:

① **Santa Maria** 1902
Guatemala
② **Mt. Pelée** 1902
Martinique
③ **Novarupta** 1912
Alaska-Halbinsel
Stärkster Vulkanausbruch des 20. Jh.
④ **Kelud** 1919
Indonesien, Java
⑤ **Gunung Agung** 1963
Indonesien, Bali
⑥ **Surtsey** 1963
Island
⑦ **Eldfell** 1973
Island
⑧ **Nyiragongo** 1977
Zaire
⑨ **Mount St. Helens** 1980
USA, Oregon
⑩ **Nevado del Ruiz** 1985
Kolumbien
⑪ **Pinatubo** 1991
Philippinen
⑫ **Cerro Hudson** 1991
Chile
⑬ **Montserrat** 1997/2005
Karibik
⑭ **Tungurahua** 2000–2006
Ecuador

Vesuv 1944

Bali 1963

Mount St. Helens 1980

Pinatubo 1991

Montserrat 2005

DIE GEWALTIGSTEN VULKANAUSBRÜCHE DER NEUZEIT

Großes Bild: Im Juni 1991 explodierte der Vulkan Pinatubo auf der Philippinen-Insel Luzon. Nach einer Ruhepause von 600 Jahren spuckte er wieder Asche und Gase. Die Auswirkungen dieser Wolken aufs Klima waren auf der gesamten Erde zu spüren. Der Ausbruch forderte rund 1.000 Todesopfer.

TÄLER UND CANYONS

Täler sind für gewöhnlich lang gezogene Hohlräume in der Landschaft, die durch die Erosionstätigkeit von Flüssen und die Verwitterung des Gesteins bzw. auch durch Spaltenbildung an Verwerfungslinien entstanden sind. Man unterscheidet zwischen Engtälern mit V- oder

Eine der längsten Schluchten Europas: die 18 km lange Samaria-Schlucht auf der griechischen Insel Kreta

U-förmigem Querschnitt und schmalem Talboden, Durchbruchstälern, die sich durch ein Gebirge schneiden, sowie Trockentälern, die nur nach starkem Regen Wasser führen. Schluchten und Canyons gehören in der Regel zu den Engtälern. Mit Canyons werden dabei enge, tief eingeschnittene Täler in fast waagerechten lagernden Gesteinsschichten mit abgestuften Talhängen bezeichnet.

Großes Bild: Ein Boot durchquert das grüne Wasser des Lake Powell im Glen Canyon in Arizona, USA – eingerahmt von eindrucksvollen rot-weiß gebänderten Felsenformationen.

DIE TIEFSTEN TÄLER UND CANYONS DER ERDE

❶	**Kali Gandaki** Nepal	5.600 m
❷	**Yarlung Zangbo** China/Tibet	5.382 m
❸	**Hutiao-Schlucht** China	3.900 m
❹	**Colca Cañón** Peru	3.269 m
❺	**Hells Canyon** USA	2.438 m
❻	**Great Gorge** USA	2.400 m
❼	**Barranca del Cobre** Mexiko	1.870 m
❽	**Grand Canyon** USA	1.600 m
❾	**Tara-Schlucht** Montenegro	1.300 m
❿	**Jangtse-Schluchten** China	1.200 m
⓫	**Yosemite Valley** USA	1.200 m
⓬	**Vikos-Schlucht** Griechenland	1.000 m
⓭	**Marble Canyon** USA	1.000 m
⓮	**Blyde River Canyon** Südafrika	800 m
⓯	**Zion Canyon** USA	800 m
⓰	**Grand Canyon du Verdon** Frankreich	700 m
⓱	**Dead Horse Point** USA	600 m
⓲	**Black Canyon** USA	555 m

Täler und Canyons 419

KALI-GANDAKI-TAL / YARLUNG ZANGBO
DIE TIEFSTEN TÄLER DER ERDE

Die tiefsten Täler findet man dort, wo sich auch die höchsten Berge der Erde in den Himmel erheben: in Nepal und Tibet.

KALI GANDAKI
Nepal ca. 5.600 m

Die Schlucht des Flusses Kali Gandaki im nepalesischen Himalaya-Gebirge gilt als tiefste Schlucht der Welt. Sie verläuft zwischen den Achttausendern Dhaulagiri im Westen und Annapurna im Osten. In dem Abschnitt zwischen den beiden Bergen befindet sich der Fluss auf einer Höhe von 1.300 und 2.600 Metern über dem Meeresspiegel – ganze 5.500 bis 6.800 Meter unterhalb der Gipfel. Die Schlucht erstreckt sich von Kagbeni in Richtung Süden, ihre tiefste Stelle erreicht sie bei Lete, danach wird sie wieder breiter und verläuft so weiter bis Beni. Seit Jahrhunderten wird die Schlucht als Handelsroute benutzt, und heute ist sie ein Teil einer beliebten Trekking-Strecke, die wiederum ein Abschnitt des Annapurna-Rundwegs ist. Der Fluss Kali Gandaki ist älter als das Himalaya-Massiv selbst. Als die Berge vor Jahrmillionen durch tektonische Aktivitäten angehoben wurden, bahnte sich der bereits hier verlaufende Fluss seinen Weg durch die Landschaft zwischen den Bergen.

YARLUNG ZANGBO
China/Tibet ca. 5.382 m

Der Fluss Yarlung Zangbo entspringt am Berg Kailash und fließt etwa 1.700 Kilometer in Richtung Osten. Er entwässert zunächst ein Gebiet im Norden des Himalaya-Gebirges,

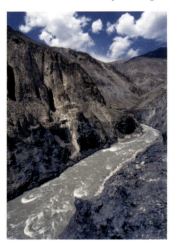

Der Oberlauf des Brahmaputra

ehe er in der Nähe von Pe in Tibet diese enge Schlucht erreicht. Die etwa 240 Kilometer lange Yarlung-Zangbo-Schlucht verläuft in einer Kurve um das 7.755 Meter hohe Namcha-Barwa-Massiv durch den östlichen Himalaya. Der Fluss hat in der Schlucht ein rasantes Gefälle: Während er am Anfang auf etwa 3.000 Metern Höhe verläuft, liegt das Ende der Schlucht auf nur noch 300 Meter über dem Meeresspiegel. Nach der Schlucht erreicht er Arunachal Pradesch in Indien, wo er schließlich zum Brahmaputra wird. Im April 1994 ließ eine chinesische Nachrichtenagentur verlauten, dass die Yarlung-Zangbo-Schlucht, die erst kurz zuvor erforscht worden war, das tiefste Flusstal der Erde sei, noch vor der Kali-Gandaki-Schlucht in Nepal. Tatsache ist auf jeden Fall, dass sie eine der spektakulärsten, aber auch eine der unzugänglichsten Schluchten der Erde ist, deren einzigartige Flora und Fauna noch wenig erforscht ist.

Wanderer in der Yarlung-Zangbo-Schlucht vor dem Berg Gyala Pheri

Der Fluss Kali Gandaki hat sich zwischen den Bergen Dhaulagiri (8.167 Meter) und Annapurna I (8.091 Meter) hindurch eine Schneise geschaffen.

Täler und Canyons 421

HUTIAO-SCHLUCHT

HUTIAO-SCHLUCHT
China　　　　　　　　3.900 m

Die über 15 Kilometer lange Hutiao-Schlucht (»Tigersprung-Schlucht«) des Flusses Jangtse im Südwesten Chinas ist an ihrer engsten Stelle 30 Meter breit. Der Name leitet sich von einer Legende ab, nach der ein Tiger auf der Flucht vor Jägern darübergesprungen sein soll. In der Schlucht zwischen dem Jade Dragon Snow Mountain (5.596 Meter) und dem Haba Xueshan (5.396 Meter) stürzt der Fluss, gesäumt von 2.000 Meter hohen Klippen, über viele Stromschnellen hinab – bei einem Gefälle von 170 Metern auf 15 Kilometer. 1980 versuchten vier Kanuten, die Hutiao-Schlucht zu durchqueren, sie wurden aber nie mehr gesehen. 1986 glückte zwar ein Versuch, dennoch gilt die Schlucht als nicht befahrbar.

Wildwasser in der Hutiao-Schlucht

Kraftvoll bahnt sich der Jangtsekiang in der chinesischen Provinz Yunnan seinen Weg zwischen schroffen, bis zu 2.000 m hohen Bergen hindurch. So entstand die Hutiao-Schlucht, die zu den längsten, tiefsten und engsten Schluchten der Erde zählt (großes Bild).

Täler und Canyons 423

COLORADO RIVER CANYONS – DAS GRÖSSTE SCHLUCHTENSYSTEM DER ERDE

Das flächenmäßig größte Schluchtensystem befindet sich auf dem Colorado-Plateau im Südwesten der USA. Hauspächlich der Colorado, aber auch andere Flüsse haben durch die aushöhlende Kraft ihrer Strömung ein risieges Canyonsystem geschaffen.

BLACK CANYON OF THE GUNNISON
555 m

Über die gewaltige Fläche von rund 112.000 km² verteilt sich das Tafelland des Colorado-Plateaus auf die US-Bundesstaaten Arizona, Utah, Colorado und New Mexico. Durch die zahlreichen Plateaus haben sich die Gebirgsflüsse imposante Täler geschaffen. Das einzigartige Landschaftsbild des Black Canyon of the Gunnison wurde allmählich von der Gewalt des Gunnison River, einem Zufluss des Colorado, sowie dem Abscheuern des harten Gneisgesteins geschaffen. Der Canyon ist so schmal, dass nur wenig Sonnenlicht den Talboden erreicht. Die Felsenwände erscheinen deshalb besonders dunkel, woher der Name des Canyons herrührt. Am Chasm Overlook ist die Schlucht 555 Meter tief, und die Ränder liegen hier nur 345 Meter auseinander. Das Gefälle des Gunnison beträgt in der Schlucht 18 Meter pro Kilometer, in einem besonders steilen Abschnitt sogar gewaltige 50 Meter pro Kilometer – hier schießt das Wasser geradezu durch den Canyon.

CANYONLANDS DEAD HORSE POINT
600 m

Colorado und Green River haben in das Canyonlands-Plateau in Utah tiefe Schluchten gegraben. 1964 wurde dieses reizvolle Gebiet zum Nationalpark erhoben. Er gliedert

sich in vier Teile mit jeweils besonderen Felsformationen: Die »Island in the Sky« liegt im Norden, »The Needles« im Südosten, »The Maze« im Westen, und der kleine »Horseshoe Canyon« ist im Westen.

Der Green River schlängelt sich durch das zerfurchte Plateau.

GLEN CANYON LAKE POWELL
170 m

Der Lake Powell, der durch die Aufstauung des Colorado River an der Glen-Canyon-Staumauer entstand, ist nach dem Lake Mead in Nevada der zweitgrößte Stausee in den Vereinigten Staaten. Er liegt im Grenzgebiet von Utah und Arizona. Mitte der 1960er-Jahre wurde der Colorado an der Ostseite des Grand Canyon und bis 1980 zum Lake Powell hin aufgestaut. Mit rund 33 Milliarden Kubikmetern Wasser überflutet der See heute insgesamt 96 Canyons. Seine Küstenlinie misst 3.153 Kilometer und ist damit länger als die ganze Westküste der USA! In einem Seitencanyon befindet sich auch die mit 82 Metern Spannweite und 88 Metern Höhe größte natürliche Steinbrücke der Welt, die Rainbow Bridge.

Letzte Sonnenstrahlen über einer Biegung des Glen Canyon

Kein anderer Canyon in Nordamerika bietet eine so beeindruckende Kombination aus schmalen Öffnungen, schroffen Felswänden und schwindelerregend tiefen Schluchten wie der Black Canyon of the Gunnison in Colorado.

MARBLE CANYON
HORSESHOE BEND
1.000 m

Der Marble Canyon markiert im Norden Arizonas den Anfang des Grand Canyon. Hier, wo der Colorado sich mit dem Little Colorado River vereint, sollte einst der größte Staudamm des Flusses entstehen, doch aufgrund massiver Proteste wurde der Plan 1968 aufgegeben. Ganz in der Nähe, sechs Kilometer südlich der Stadt Page, vom Glen Canyon flussabwärts, beschreibt der Colorado eine spektakuläre hufeisenförmige Schleife – die Horseshoe Bend.

Der Colorado im Marble Canyon (oben) und Blick von den Sandsteinklippen am Horseshoe Bend (links)

GRAND CANYON
1.600 m

Der berühmteste Canyon des Colorado River ist der Grand Canyon im Norden Arizonas. Im Laufe von Jahrmillionen hat sich der Fluss hier ein Durchbruchstal durch das Colorado-Plateau geschaffen, dessen Schichten im unteren Bereich aus Granit und darüber aus rotem Sedimentgestein aufgebaut sind. Nach oben hin verbreitert sich die Schlucht treppenförmig, entsprechend dem unterschiedlichen Widerstand der jüngeren, aus Sand- und Kalkstein bestehenden Schichten. Mit über 350 Kilometern Länge, einer Tiefe von 1.600 Metern und einer Breite von sechs bis 30 Kilometern ist der Grand Canyon nicht nur eine optische Attraktion, sondern ermöglicht auch einen guten Einblick in die Erdgeschichte. Während die Hügelzonen ein offener Trockenwald bedeckt, ist das Plateau mit Steppenvetetagion überzogen.

Ausblick in die Schluchten des Grand Canyon vom South Rim aus

Täler und Canyons 425

GRAND CANYON DU VERDON

Die größte Schlucht der Alpen liegt ganz im Südwesten des Gebirges, in der französischen Provence, wo man sich dem Meer schon viel näher wähnt als den Gipfeln: Rund 25 Kilometer lang und bis zu 700 Meter tief ist der Grand Canyon du Verdon.

Verdon-Schlucht in der Provence

Mit ihren steilen Felsabstürzen und dem türkisfarbenen Wasser ist die Verdon-Schlucht eine der berühmtesten Naturattraktionen Europas. Die Kalkplateaus, durch die sich der Verdon seinen Weg gebahnt hat, wurden vor 200 bis 80 Millionen Jahren von Meeresablagerungen gebildet.

Westlich von Castellane fließt das kleine Flüsschen Verdon zwischen himmelhohen Felswänden, die an manchen Stellen am Boden der Schlucht keine sechs Meter auseinander stehen.

DER GEWALTIGSTE CANYON EUROPAS

Täler und Canyons

DIE DREI SCHLUCHTEN DES JANGTSEKIANG

Boote in der Xiling-Schlucht

Wuxia-Schlucht bei Sonnenuntergang

Biegung des Jangtsekiang in der 44 km langen Wuxia-Schlucht, die an der Grenze der Provinzen Sichuan und Hubei in Zentralchina liegt.

Im Sichuan-Becken vereinigt sich der Jangtse mit mehreren anderen Flüssen. Er wird entsprechend breiter und reißender und durchfließt dort, wo er aus dem Daba-Gebirge herausbricht, die berühmten drei Schluchten: Qutang-, Wuxia- und Xiling-Schlucht. Diese drei Flusstäler sind insgesamt 204 Kilometer lang, haben ein Gefälle von 120 Metern und sind von steilen, 500 bis 1.000 Meter hohen Felswänden gesäumt. Die kürzeste und schmalste der drei Schluchten ist die landschaftlich besonders reizvolle Qutang-Schlucht. An der 44 Kilometer langen Wuxia-Schlucht (»Hexenschlucht«) erheben sich die »Zwölf Schwestern«: der Legende nach die zu Stein erstarrte Göttin Jao Ji und ihre elf Schwestern, die zuvor böse Flussdrachen besiegt hatten und fortan als Felsen die Schiffe flussabwärts geleiten. Die längste der Drei Schluchten stellt die Xiling-Schlucht mit 66 Kilometern dar. An ihrer engsten Stelle ist sie nur 80 Meter breit. Hier befindet sich eine der größten Talsperren der Erde: der Drei-Schluchten-Staudamm.

DAS GRÖSSTE SCHLUCHTENSYSTEM ASIENS

Die Qutang-Schlucht ist mit 8 km die kürzeste und die engste der drei Schluchten des Jangtse-Flusses. Sie gilt – auch wegen der steil aufragenden, besonders hohen Felsen zu beiden Seiten – zugleich als die schönste (großes Bild).

Täler und Canyons

KINGS CANYON
PURNULULU CANYONS

DIE GRÖSSTEN CANYONS AUSTRALIENS

KINGS CANYON
Australien

Der Kings Canyon liegt im Watarraka-Nationalpark im Northern Territory. Seine bis zu 300 Meter hohen Felswände aus rotem, gelbem und weißem Sandstein sehen zum Teil aus, als hätte man sie mit dem Messer abgeschnitten. Andernorts sorgte die Erosion für abgerundete Formationen. Auf dem Plateau befindet sich die »Lost City« aus Sandsteinkuppeln, die verfallenen Häusern ähneln.

Auf dem Grund des Canyons befindet sich ein Wasserloch, das als »Garten Eden« bezeichnet wird, da in dessen Umkreis seltene, subtropische Pflanzen gedeihen.

PURNULULU CANYONS
Australien

Das Terrain des Purnululu-Nationalparks erhebt sich mit über 200 Metern Höhe über die umliegenden Ebenen. Das gesamte Gebiet wird von tiefen Canyons durchzogen, die teilweise sehr steil abfallen. Zu den spektakulärsten Schluchten zählen u. a. die Echidna Chasm, die Cathedral Gorge sowie die Piccaninny Gorge.

Die bienenkorbartigen Felsformationen der Bungle Bungle Range am Piccaninny Creek (großes Bild) in Western Australia waren vor den 1980er-Jahren nur einigen Einheimischen und Wissenschaftlern bekannt. Seit 1987 ist das Gebiet Nationalpark.

Täler und Canyons 431

BLYDE RIVER CANYON
FISH RIVER CANYON

Der Blyde River Canyon ist Teil der Schichtstufe zwischen dem südafrikanischen Tiefland, dem Lowveld, und dem rund 1.000 m höher gelegenen Highveld. Der Übergang ist hier besonders dramatisch: Die Klippen der Drakensberge wachsen nahezu senkrecht aus der Ebene empor.

DIE GRÖSSTEN CANYONS AFRIKAS

BLYDE RIVER CANYON

Einige Hundert Kilometer östlich von Johannesburg erheben sich die Drakensberge, ein Gebirgszug, der von Lesotho bis in die Provinz Limpopo reicht. Im nördlichen Abschnitt dieser Bergkette erstreckt sich der Blyde River Canyon. Die riesige, breite Schlucht aus rotem Sandstein beginnt an den Bourke's Luck Potholes. Sie ist etwa 26 Kilometer lang und bis zu 800 Meter tief. Ihre Flanken fallen beinahe senkrecht zum Fluss Blyde hin ab. Unten im Talboden fließt der Blyde an mächtigen, einzeln stehenden Felsen vorbei. Die spektakulärsten darunter sind die drei »Rondavels« (»Rundhütten«). Dabei handelt es sich um fast kreisrunde Felsriesen mit spitzen Abdachungen, denen die Hütten der einheimischen Bevölkerung ähneln.

Grüne Vegetation und roter Sandstein: der Blyde River Canyon im Nordteil der südafrikanischen Drakensberge

FISH RIVER CANYON

Der nur periodisch Wasser führende Fish River ist mit 650 Kilometern der längste Fluss und eine von acht Wasserregionen Namibias. Er entspringt im Naukluft-Gebirge und mündet südwestlich von Ai-Ais in den Oranje. Am Unterlauf des Flusses befindet sich auf einer Distanz von etwa 150 Kilometern und einer Tiefe von bis zu 550 Metern der Fish River Canyon. Er ist nach dem dem Grand Canyon der zweitgrößte der Welt und entstand vermutlich vor rund 500 Millionen Jahren während regenreicher Epochen. Die Schlucht wurde jedoch nicht allein durch Wassererosion geformt, Bewegungen in der Erdkruste bewirkten ein Einbrechen der Talsohle.

Felsausspülungen im Fish River Canyon

Täler und Canyons 433

GRAND CANYON
BARRANCA DEL COBRE

GRAND CANYON
USA   1.600 m

Im Jahr 1540 erblickte der Spanier López de Cárdenas als erster Europäer das grandiose Panorama des Grand Canyon, doch bis zu einer exakten Kartografierung dauerte es noch bis

Die 30 Meter hohen Havasu Falls in einer Seitenschlucht des Grand Canyon

zur Mitte des 19. Jahrhunderts. Die Entstehungsgeschichte des Grand Canyon ist noch immer nicht genau erforscht. Vermutlich begann der Fluss sich vor sechs Millionen Jahren seinen Weg durch das Felsplateau zu suchen. Im Lauf der Zeit entstand so diese einzigartige Schlucht, über die der Naturforscher John Muir sagte, sie sei »die großartigste von Gottes irdischen Stätten«. Wind und Wetter trugen das Ihre dazu bei, den Felswänden ihre bizarren Formen zu geben. Die leicht erkennbare Abfolge der unterschiedlichen Gesteinsschichten in den Felswänden dokumentiert die verschiedenen Perioden der Erdzeitalter. Hier gefundene Fossilien geben wichtige Informationen über das Leben der Urzeit.

Wie ein silbernes Band schlängelt sich der Colorado River durch die berühmteste Schlucht der Welt. Die durch Klippen, Vorsprünge und Plattformen mehrfach gestuften Steilwände sind durch Nebentäler gegliedert. Je nach Standort und Sonnenstand wechseln die Farben der Gesteinsschichten

DIE GEWALTIGSTEN CANYONS NORD- UND MITTELAMERIKAS

BARRANCA DEL COBRE
Mexiko 1.870 m

Die Barranca del Cobre (»Kupferschlucht«) ist eine Gebirgsformation in der Sierra Madre Occidental im mexikanischen Bundesstaat Chihuahua. Das Schluchtensystem, das der Rio Urique und seine Nebenflüsse gegraben haben, ist etwa 30.000 km² groß und 50 Kilometer lang. Es gehört zu den größten und zugleich zerklüftetsten Schluchtengebieten Nordamerikas. Seine einzelnen Täler sind bis zu 1.500 Meter breit und fallen teilweise senkrecht bis in 1.870 Meter Tiefe ab. Die sechs tiefsten Canyons in der Barranca del Cobre sind:

Urique Canyon	1.870 m
Sinforosa Canyon	1.799 m
Batopilas Canyon	1.799 m
Copper Canyon	1.759 m
Tararecua Canyon	1.425 m
Oteros Canyon	983 m

Senkrecht abfallende kupferfarbene Felswände prägen das imposante Schluchtensystem.

CAÑÓN DEL COLCA

CAÑÓN DEL COLCA
Peru   **3.269 m**

Der Cañón del Colca bei Chivay im südlichen Peru präsentiert eine geradezu umwerfende Landschaft. Der Fluss Colca hat sich hier bis zu 3.269 Meter tief eingegraben – doppelt so tief wie der Colorado im Grand Canyon. Teile der Colca-Schlucht

Majestätisch: der Cañón del Colca

sind bewohnbar, und die hier heimischen Bauern bewirtschaften noch immer die von den Inkas angelegten Terrassen. Der Canyon wurde nach den Colcas, den Getreidelagern der Inkas in den Felswänden des Canyon, benannt.

Zwischen den Orten Cabanaconde und Chivay befindet sich das Cruz del Condor. Hier nutzen Andenkondore mit ihrer Flügelspannweite von zwei bis drei Metern die Morgenthermik und kreisen elegant an den Schluchtwänden entlang. An dieser Stelle liegt der Rand des Cañón del Colca ca. 1.200 Meter über dem Talboden.

DER TIEFSTE CANYON SÜDAMERIKAS

Großes Bild: Kakteen wachsen auf einem Berghang an der Colca-Schlucht. Auch das Hochlandgras »Ichu«, das von Vicuñas, Lamas und Alpakas gefressen wird, gedeiht hier.

HÖHLEN

Als Höhlen werden in der Wissenschaft der Speläologie ausschließlich natürlich entstandene unterirdische Hohlräume mit einer Länge von mindestens fünf Metern bezeichnet. Dabei werden primäre Höhlen – die zeitgleich mit dem sie umgebenden Ge-

Die Honeycomb Hill Cave, Neuseeland

stein entstanden sind – und sekundäre Höhlen – die später durch Verwitterung oder Tektonik geschaffen wurden – unterschieden. Zu den schönsten Höhlen gehören die Tropfsteinhöhlen mit ihren teils bizarren Formationen aus Stalagmiten und Stalaktiten. Die Bilder auf diesen Seiten zeigen einige der spektakulärsten Höhlenräume.

DIE GRÖSSTEN HÖHLEN DER ERDE

❶ **Mammoth Cave**
Kentucky, USA 590 km
❷ **Jewel Cave**
South Dakota, USA 233 km
❸ **Optymisticeskaja**
Ukraine 230 km
❹ **Wind Cave**
South Dakota, USA 211 km
❺ **Carlsbad Caverns**
New Mexico, USA 203 km
❻ **Hölloch**
Schweiz 194 km
❼ **Fisher Ridge Cave System**
Kentucky, USA 180 km
❽ **Sistema Ox Bel Ha**
Mexiko 177 km
❾ **Gua Air Jernih**
Malaysia 175 km
❿ **Sistema Sac Actun**
Mexiko 159 km

DIE LÄNGSTEN HÖHLEN EUROPAS

Höhlen von Postojna, Slowenien

❶ **Optymisticeskaja**
Ukraine 230 km
❷ **Hölloch**
Schweiz 194 km
❸ **Sieben-Hengste-Hohgant**
Schweiz 154 km
❹ **Schönberg-Höhlensystem**
Österreich 128 km
❺ **Ozernaja-Höhlen**
Ukraine 123 km
❻ **Ojo-Guarena-Höhlensystem**
Spanien 110 km

DIE LÄNGSTEN HÖHLEN ASIENS

Die Hang-Sung-Sot-Grotte in Vietnam

❶ **Gua Air Jernih**
(Gunung-Mulu-Nationalpark)
Malaysia 175 km
❷ **Shuanghe Dongqun**
China 119 km
❸ **Teng Long Dong**
China 59 km
❹ **Bol'shaja Oreshnaja**
Russland 58 km
❺ **Kap-Kutan/Promezhutochnaja**
Turkmenistan 57 km

DIE LÄNGSTEN HÖHLEN AUSTRALIENS/OZEANIENS

Waitomo Cave, Neuseeland

❶ **Bullita Cave System**
(Burke's Back Yard)
Australien 105 km
❷ **Mamo Kananda**
Papua-Neuguinea 54 km
❸ **Bulmer Caverns**
Neuseeland 52 km
❹ **Atea Kananda**
Papua-Neuguinea 34 km
❺ **Exhale air- Tomo Thyme**
Neuseeland 32 km
❻ **Old Homestead Cave**
Australien 28 km

DIE LÄNGSTEN HÖHLEN NORD- UND MITTELAMERIKAS

Lehman Caves, Nevada

DIE LÄNGSTEN HÖHLEN AFRIKAS

Höhlensystem der Cango Caves, Südafrika

1. **Sof Omar Caves**
   Äthiopien — 15 km
2. **Cango Caves**
   Südafrika — 4 km
3. **Arnhem-Höhle**
   Namibia — 4 km

1. **Mammoth Cave**
   Kentucky, USA — 590 km
2. **Jewel Cave**
   South Dakota, USA — 233 km
3. **Wind Cave**
   South Dakota, USA — 211 km
4. **Carlsbad Caverns**
   New Mexico, USA — 203 km
5. **Fisher Ridge Cave System**
   Kentucky, USA — 180 km
6. **Sistema Ox Bel Ha**
   Mexiko — 177 km
7. **Sistema Sac Actun**
   Mexiko — 159 km

DIE LÄNGSTEN HÖHLEN SÜDAMERIKAS

Caverna do Diabo

1. **Toca da Boa Vista**
   Brasilien — 102 km
2. **Toca da Barriguda**
   Brasilien — 30 km

Die Schilfrohrflötenhöhle (»Ludi Yan«) liegt nordwestlich der Stadt Guilin in der südlichen chinesischen Provinz Guangxi. Mit ihren bizarr geformten Stalagmiten und Stalaktiten gehört sie zu den eindrucksvollsten Höhlen der Welt. Die Grotte »Kristallpalast des Drachenkönigs« ist so gewaltig, dass sie nahezu tausend Menschen aufnehmen kann.

Höhlen 439

MAMMOTH CAVE

Die im Mittel 115,50 Meter tiefe und insgesamt über 590 Kilometer lange Mammoth Cave (Mammut-Höhle) ist das größte und am weitesten verzweigte Höhlensystem der Welt. Die Gänge führen den Besucher in eine Welt bizarrer Kalksteinformationen, die ein steter Tropfen in

Tropfstein (»Speläothem«) im »Drapery Room« der Mammoth Cave

Jahrmillionen aus dem porösen Gestein gewaschen hat. Die riesigen Säle mit ihren eindrucksvollen Stalagmiten, Stalaktiten und den auskristallisierten Gipsdecken entstanden vor über 300 Millionen Jahren, im Erdzeitalter des Karbons. Durch eine durchlässige Sandsteinschicht sickerte Wasser in die darunter liegende Kalksteinschicht. In chemischen Prozessen entstanden Hohlräume, die durch das Absinken des Grundwasserspiegels austrockneten. In der Folge ließ das herabtropfende mineralhaltige Wasser die säulenförmigen Kalkspatgebilde entstehen. Die Höhlen beheimaten so außergewöhnliche Tiere wie den Höhlenblindfisch, die Höhlengrille und die Kentucky-Höhlenkrabbe. Für einige bedrohte Fledermausarten sind die Höhlen ein wichtiges Refugium. Seinen Namen bekam das Höhlensystem aufgrund der gewaltigen Größe seiner einzelnen Säle und Räume, nicht vom prähistorischen Mammut.

DIE LÄNGSTE HÖHLE DER ERDE

Im Scheinwerferlicht der Höhlenforscher wird die ganze Vielfalt der unterirdischen Landschaft der Mammut-Höhle sichtbar.

CARLSBAD CAVERNS (LECHUGUILLA CAVE)

Im US-Bundesstaat New Mexico liegt der Carlsbad Caverns National Park, der weltweit für seine Tropfsteinhöhlen mit besonders spektakulären und schönen Formationen bekannt

Stalaktiten am blauen »Himmel«

Forscher in der Yo-Acres-Höhle

ist. In diesem Höhlensystem befindet sich auch einer der größten unterirdischen Räume der Welt: der Big Room mit einer Fläche von ca. 52.000 Quadratmetern. In der Selenite Chandelier Chamber der Carlsbad-Höhlen kann man weißdurchsichtige »Kristalllüster« aus Selenit bestaunen, und die Bat Cave ist Unterschlupf von extrem vielen Fledermäusen, die hier tagsüber dicht gedrängt von der Decke hängen.

DIE FASZINIERENDSTE HÖHLE NORDAMERIKAS

Ein Höhlenforscher bewundert in den Carlsbad Caverns die durchsichtigen »Lüster« aus Selenit, einer besonders reinen Gipsart, im Deutschen auch Marienglas genannt.

Höhlen 443

EISFELDER UND GLETSCHER

Während der letzten Eiszeit, der Würm- oder Weichsel-Eiszeit, waren weite Teile Nordeuropas vom fennoskandischen Eisfeld überzogen, über den Alpen lag eine gewaltige Eiskappe. Aber seit 10.000 Jahren ziehen sich die Eisfelder oder Eisschilde zurück. Im Gegensatz zu Glet-

San-Rafael-Gletscher, Patagonien

schern, deren Fließrichtung von der umliegenden Tektonik bestimmt wird, überformen Eisfelder das darunterliegende Relief. Unter den beiden mächtigsten Eisdecken liegen die größte Insel der Welt (Grönland) und sogar ein ganzer Kontinent (Antarktis). Man unterscheidet die Eisfelder in Eisschilde, wenn sie mächtiger sind als 50.000 km², und die kleineren Eiskappen.

DIE LÄNGSTEN GLETSCHER DER ERDE

❶	**Lambertgletscher** Antarktis	400 km
❷	**Beringgletscher** Alaska	190 km
❸	**Beardmoregletscher** Antarktis	160 km
❹	**Lilliegletscher** Antarktis	160 km
❺	**Byrdgletscher** Antarktis	140 km
❻	**Nimrodgletscher** Antarktis	135 km
❼	**Hubbardgletscher** Alaska/Kanada	122 km
❽	**Nabesnagletscher** Alaska	120 km
❾	**Vatnajökull** Island	100 km

DIE GRÖSSTEN EISFELDER DER ERDE

❶	**Antarktischer Eisschild**	ca. 12 Mio. km²
❷	**Grönländischer Eisschild**	ca. 1,7 Mio km²
❸	**Kluane Icefield**	18.000 km²
❹	**Südpatagonisches Eisfeld**	16.800 km²
❺	**Devon Ice Cap**	12.000 km²
❻	**Barnes Ice Cap**	6.000 km²
❼	**Penny Ice Cape**	4.400 km²
❽	**Nordpatagonisches Eisfeld**	4.400 km²

Großes Bild: Luftaufnahme des mit einer Fläche von 8.300 km² größten isländischen Gletschers Vatnajökull. Mit bis zu 1.000 m Dicke ist er vom Volumen auch der größte Gletscher Europas.

Eisfelder und Gletscher 445

ANTARKTISCHER EISSCHILD

Der Antarktische Eisschild ist mit seinen ca. 12 Millionen km² Fläche und 26 Millionen km³ Volumen das größte zusammenhängende Eisfeld der Erde. Würde diese gewaltige Menge Eis schmelzen, stiegen die Meeresspiegel weltweit um über 61 Meter an. Insgesamt enthält diese Eismasse etwa 90 % des Süßwassers auf der Erdoberfläche. Den Antarktischen Eisschild umgeben wiederum riesige Schelfeisflächen – im Meer schwimmende Eisplatten, die jedoch über Gletscher mit dem Festland verbunden sind – von denen die größten das Ross-, das Filchner-Ronne- und Amery-Schelfeis sind.

Gletscherspalte in der Antarktis

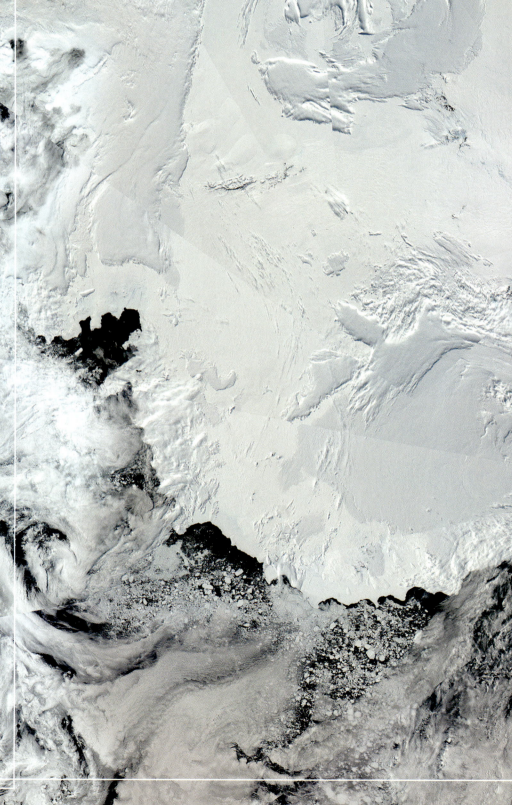

Großes Bild: Satellitenaufnahme der Antarktis. Fast der ganze Kontinent – 98 % der Fläche – ist von Eis bedeckt. Die dunklere Region im Süden ist das Ross-Schelfeis.

DAS GRÖSSTE EISFELD DER ERDE

Eisfelder und Gletscher   447

ROSS-SCHELFEIS
FILCHNER-RONNE-SCHELFEIS

Das Ross- und das Filchner-Ronne-Schelfeis in der Antarktis sind die gewaltigsten auf dem Meer schwimmenden Eisplatten der Erde. An ihrer Verbindungsstelle mit dem Antarktischen Eisschild, dessen Gletscher die Schelfeisflächen speisen, haben

Eisformationen im Ross-Schelfeis

sie eine Stärke von etwa 800 bis 1.500 Metern. An ihrer Abbruchkante zum Ross- bzw. Weddellmeer hin sind die Schelfeisplatten – bedingt vor allem durch das Abschmelzen ihrer Unterseite – nur noch ca. 100 bis 200 Meter dick.

Aus einem Helikopter entstand diese Aufnahme von der Abbruchkante des Ross-Schelfeises, die zwischen 20 und 50 m über dem Rossmeer aufragt.

ROSS-SCHELFEIS
Antarktis   487.000 km²

Das nach dem Engländer James Clark Ross, der die Eisplatte 1841 entdeckte, benannte Ross-Schelfeis nimmt etwa die Hälfte des Rossmeeres ein. Es ist die größte Schelfeisfläche der Antarktis und damit auch der Erde. Zum Meer hin fällt das Ross-Schelfeis an seiner Abbruchkante, der sogenannten Ross-Barriere, auf einer Länge von 600 bis 800 Kilometern abrupt ab. Hier ragt die Eisplatte noch 20 bis 50 Meter aus dem Wasser – der größte Teil, nämlich rund 90 % des Eises, befindet sich unter dem Meeresspiegel.

FILCHNER-RONNE-SCHELFEIS
Antarktis   449.000 km²

In einer großen Bucht im Weddellmeer schwimmt die zweitgrößte permanente Eisplatte am Antarktischen Eisschild. Benannt wurde sie nach dem deutschen Geografen Wilhelm Filchner und später auch nach Edith Ronne, der Ehefrau eines norwegischen Polarforschers. Ab 1982 befand sich auf dem Filchner-Ronne-Schelfeis eine deutsche Forschungsstation, doch im Oktober 1998 brach ein 150 mal 50 Kilometer großer Abschnitt (A-38) mitsamt der Station ab, die glücklicherweise geborgen werden konnte.

DIE GRÖSSTEN EISPLATTEN DER ERDE

DER GRÖSSTE EISBERG DER ERDE

B-15 ist der Name eines gewaltigen Eisberges, der im März 2000 vom Ross-Schelfeis abbrach und in Richtung offenes Meer trieb. Anfangs war er mit ca. 11.000 km² der größte Eisberg der Erde. Er blockierte den McMurdo-Sund, der daraufhin stärker vereiste. 2003 zerbrach B-15 bei einem heftigen Sturm. Das Bruchstück B-15A kollidierte 2005 mit der Drygalski-Eiszunge. Da auf diesem Eisberg Sonden zur Positionsbestimmung angebracht wurden, kann man noch immer die Bewegungen einzelner Bruchstücke des B-15A verfolgen, die jetzt in der Region treiben.

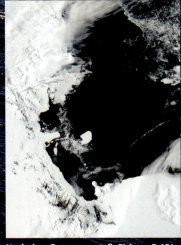

Nach dem Zusammenstoß: Eisberg B-15J – das zweite große Bruchstück des B-15.

Die 14 bis 24 km breite Drygalski-Eiszunge erstreckt sich an der antarktischen Scott-küste etwa 70 Kilometer weit ins Rossmeer hinein.

Eisfelder und Gletscher 449

GRÖNLÄNDISCHER EISSCHILD

Die mit 2.166.086 km² größte Insel der Erde ist zu etwa fünf Sechsteln von Eis, dem 1,71 Millionen km² großen Grönländischen Eisschild, bedeckt. Von Norden nach Süden ist es etwa 2.400 Kilometer lang, an der breitesten Stelle misst es etwa 1.100 Kilometer. Im Durchschnitt ist diese Eisdecke über zwei Kilometer dick. Das Inlandeis steigt auf Höhen von bis zu 3.400 Meter an und hat ein Volumen von 2,5 Millionen km³. Lediglich die aus dem Eis ragenden Berggipfel unterbrechen das eintönige weiße Landschaftsbild. Mächtige Gletscher schieben sich durch die Randgebirge bis zum Meer vor, wo sie oft steil abbrechen und Eisberge kalben. Besonders beeindruckend sind der rund 100 Kilometer breite Humboldt-Gletscher und das 300 Kilometer breite steile Kliff an der Melville-Bucht.

Schroffe, zum Teil vergletscherte Gebirge überragen auf dieser Satellitenaufnahme von Ostgrönland mit Packeis gefüllte Meeresarme.

DAS ZWEITGRÖSSTE EISFELD DER ERDE

Eisfelder und Gletscher 451

LAMBERTGLETSCHER

DER GRÖSSTE GLETSCHER DER ERDE

Der Lambertgletscher bildet den Hauptzustrom des Amery-Schelfeises an der Küste von Ingrid-Christensen-Land. Das Inlandeis gleitet durch Trogtäler in verschiedenen Gletscherströmen über den ostantarktischen Kontinentrand. Mit einer Geschwindigkeit von rund 2,50 Metern pro Tag schiebt sich das Eis in Richtung Schelfeistafel. Das flach einfallende Sonnenlicht offenbart selbst kleinste Rinnen und Spalten. Manche Strukturen gehen auf starke Windverwehungen zurück. Einzelne Felsen, die von den Wissenschaftlern »Nunataker« (ein Begriff aus der Sprache der Inuit) genannt werden, ragen aus dem Eis heraus und steuern die Fließrichtung des Eises.

Großes Bild: Einer Eiswüste gleicht dieser Ausschnitt aus dem Gebiet des Lambertgletschers im Osten des antarktischen Kontinents.

DER GRÖSSTE UND LÄNGSTE GLETSCHER DER ERDE

DIE LÄNGSTEN GLETSCHER DER ANTARKTIS

Beardmoregletscher in den Queen Maud Mountains, drittlängster Gletscher der Erde

❶ Lambertgletscher	400 km	❺ Nimrodgletscher	135 km
❷ Beardmoregletscher	160 km	❻ Shackletongletscher	100 km
❸ Lilliegletscher	160 km	❼ Leverettgletscher	80 km
❹ Byrdgletscher	140 km	❽ Minnesotagletscher	65 km

EUROPA

AUSTFONNA
Spitzbergen 8.492 km²

Mehr als 2.600 km² von Norwegens Festlandterrain sind von ausgedehnten Eisfeldern bedeckt, die Inselgruppe Svalbard (Spitzbergen) gar zu 60 %. Der Austfonnagletscher (zu deutsch »Ostferner« oder Ost-Gletscher) auf der Insel Nordostland, die zu Spitzbergen und somit zu Norwegen gehört, ist das flächenmäßig größte Eisfeld Europas und – nach der Antarktis und Grönland – die drittgrößte Eiskappe der Welt. Der Austfonna hat eine 200 Kilometer lange Gletscherfront, die nur an wenigen Stellen von zum Vorschein kommenden Felsen unterbrochen wird. Sein Eis ist etwa 230 bis 560 Meter dick und an der höchsten Stelle 783 Meter hoch. Der Glacier bildet mit dem Vegafonna eine zusammenhängende Eisfläche, dieser hat jedoch eine eigene Kuppe und ist vom eigentlichen Austfonna durch eine lang gezogene, mit Eis angefüllte Vertiefung getrennt. Der Vestfonnagletscher (»Westferner«) hingegen erstreckt sich ein paar Kilometer nordöstlich des Austfonna. Er ist mit 2.445 km² der drittgrößte Gletscher Norwegens.

Eiswand des Austfonnagletschers

VATNAJÖKULL
Island 8.300 km²

Der größte Gletscher Islands ist der Vatnajökull (»Wassergletscher«) im Südosten der Insel. Mit 3.000 km³ Volumen übertrifft er den Austfonna, der nur 1.900 km³ bieten kann, und ist somit der voluminöseste Gletscher Europas. Mit rund 8.300 km² ist er flächenmäßig jedoch nur der zweitgrößte Gletscher des Kontinents. Seine Eisschicht ist bis zu 1.000 Meter dick, sein höchster Punkt ist der Öræfajökull. Seit einigen Jahren verliert der Vatnajökull jedoch an Größe. Mögliche Ursachen sind die globale Klimaerwärmung sowie die tätigen Vulkane unterhalb dieser massiven Eisschicht. Vulkanausbrüche können auch Gletscherläufe (Schmelzwasserfluten) hervorrufen.

Schneebedeckte Berge rund um den isländischen Vatnajökullgletscher

DIE GRÖSSTEN GLETSCHER EUROPAS

Am südlichen Rand des Gletschers Vatnajökull auf Island liegt der Jökulsárlónsee (»Gletscherflusslagune«), der größte Gletschersee und zugleich tiefste See des Landes (großes Bild).

GROSSER ALETSCH-GLETSCHER – DER GRÖSSTE GLETSCHER DER ALPEN

Mehr als 23 Kilometer lang ist der Aletschgletscher in den Berner Alpen, seine Fläche beträgt rund 117 km². Er entspringt in der Jungfrau-Region am Konkordiaplatz, einer fast ebenen, bis zu 900 Meter dicken Eisfläche, wo sich vier Tributärgletscher – Großer Aletschfirn, Jungfraufirn, Ewigschneefeld, Grüneggfirn – zum Großen Aletschgletscher vereinen. Vom mit der Jungfraubahn erreichbaren Jungfraujoch bietet sich ein großartiger Blick auf den oberen Teil des Eismeers. Im Süden endet der riesige Eisfluss in der Massaschlucht.

DIE GRÖSSTEN GLETSCHER KONTINENTALEUROPAS

❶ **Jostedalsbreen** Norwegen	487 km²	❺ **Großer Aletschgletscher** Schweiz 117 km²
❷ **Vestre Svartisen** Norwegen	221 km²	❻ **Blåmannsisen** Norwegen 87 km²
❸ **Folgefonna** Norwegen	214 km²	❼ **Hardangerjøkul** Norwegen 73 km²
❹ **Østre Svartisen** Norwegen	148 km²	

Eisfelder und Gletscher

ASIEN

Der Hispar- und der Biafogletscher im Karakorumgebirge bilden zusammen das längste Gletschersystem des asiatischen Kontinents. Der Biafo im Norden Pakistans ist etwa 63 Kilometer lang – damit ist er nach dem Fedtschenko- und dem Siachengletscher das drittlängste Eisfeld außerhalb der Polarregionen. Mit dem 49 Kilometer langen Hispargletscher ist er über den Hispar-La-Pass, der 5.128 Meter über dem Meeresspiegel liegt, verbunden. Der 754 km² große Baltorogletscher, ebenfalls in Nordpakistan gelegen, hat zahlreiche Seitenglaciers. Der Siachengletscher wiederum ist mit seinen 70 Kilometern der längste Eisstrom Indiens. Er befindet sich im südöstlichen Teil des Karakorumgebirges.

DIE LÄNGSTEN GLETSCHER ASIENS

1. **Fedtschenkogletscher**
   Tadschikistan — 77 km
2. **Siachengletscher**
   Indien — 70 km
3. **Biafogletscher**
   Pakistan — 63 km
4. **Baltorogletscher**
   Pakistan — 57 km
5. **Baturagletscher**
   Pakistan — 57 km
6. **Hispargletscher**
   Pakistan — 49 km

Großes Bild: Bergsteiger in der grandiosen Bergkulisse des Baltorogletschers im Norden Pakistans

Baltorogletscher im Norden Pakistans

Fedtschenkogletscher im Pamir

Siachengletscher im Karakorumgebirge

DIE LÄNGSTEN GLETSCHER ASIENS

»DER DRITTE POL« – DIE GLETSCHER DES KARAKORUM

Im zentralasiatischen Karakorumgebirgszug, der sich nördlich der Hauptkette des Himalaya erstreckt, erheben sich vier Achttausender, darunter der nach dem Mount Everest zweithöchste Berg der Erde: der K2 (8.611 Meter). Außerdem präsentiert der Karakorum auch einige der größten und längsten Eisströme der Erde außerhalb der Polargebiete. Mehr als ein Drittel der Gebirgsfläche sind von Gletschern bedeckt. Zu nennen sind hier insbesondere der Biafo-, der Baltoro- und der Hispargletscher auf pakistanischem Staatsgebiet sowie der Siachengletscher auf indischem Terrain.

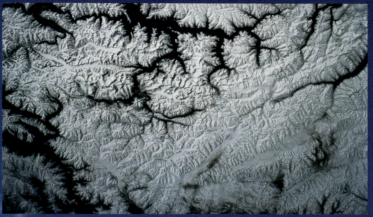

Von Schnee und Eis bedeckte Gipfel im Karakorum und Pamir

OZEANIEN

FRANZ-JOSEF-GLETSCHER
Neuseeland 9,6 km²

Der Franz-Josef-Gletscher auf Neuseelands Südinsel ist nach Kaiser Franz Josef I. von Österreich benannt. Gespeist wird der Eisstrom aus den Neusee-

Franz-Josef-Gletscher, Neuseeland

ländischen Alpen, sein Schmelzwasser wiederum ergießt sich in den Fluss Waiho, der in die Tasmanische See mündet. Einst war er allerdings so groß, dass er direkt ins Meer kalbte. Im Unterschied zu anderen Gletschern der Welt wächst der Franz-Josef-Gletscher zur Zeit wieder – etwa 80 Meter im Jahr.

Der Franz-Josef-Gletscher mündet in der üppig grünen Waldlandschaft des Westland-Nationalparks auf Neuseelands Südinsel (großes Bild).

458 Eisfelder und Gletscher

DIE LÄNGSTEN GLETSCHER OZEANIENS

TASMAN-GLETSCHER
Neuseeland   23 km

Eisbedeckte Felsformationen

Gipfel des Foxgletschers

Foxgletscher bei Sonnenuntergang

Er ist der größte einer Gruppe von mehreren Gletschern in den Neuseeländischen Alpen. Anders als Franz-Josef- und Foxgletscher ist beim Tasmangletscher ein massiver Rückzug des Eises zu beobachten. In den letzten 30 Jahren schrumpfte der drei Kilometer breite Gletscher von 27 auf inzwischen nur noch 23 Kilometer Länge.

FOXGLETSCHER
Neuseeland   13 km

Der steil abfallende Abflussgletscher wächst heute – wie auch sein Nachbar auf Neuseelands Südinsel, der Franz-Josef-Gletscher – nach mehr als 100 Jahren des massiven Rückzugs wieder. Und zwar seit dem Jahr 1985 mit einer Geschwindigkeit von bis zu 40 Zentimetern am Tag – seine Größe lässt sich entsprechend nur ungefähr anzugeben. Der Abfluss des Foxgletschers, der wie der Franz-Josef-Gletscher aus den Neuseeländischen Alpen genährt wird, erfolgt über den Fox River, der sein Wasser schließlich in die Tasmanische See ergießt. Der Glacier, in dessen Nähe die Ortschaft Fox Glacier Village liegt, ist gut erschlossen und gehört zum Westland-Nationalpark.

HOOKERGLETSCHER
Neuseeland   11 km

Felsspitzen des Hookergletschers

Der Hookergletscher befindet sich wie der Tasmangletscher an den Hängen des Mount Cook auf Neuseelands Südinsel. Er ist die Quelle des Flusses Hooker, der in den Tasman River fließt und schließlich in den Lake Pukaki mündet. Der Hookergletscher gilt als der am leichtesten zugängliche Gletscher Neuseelands.

AFRIKA

Der vulkanische Gebirgsstock Kilimandscharo (Suaheli für »Berg der bösen Geister«) in Tansania ist der höchste Berg Afrikas. Er ist aus den drei Vulkanen Schira (3.962 Meter), Mawensi (5.148 Meter) und Kibo (5.895 Meter) zusammengewachsen. Von der Firnkappe

Stufengletscher am Kilimandscharo

des Kibo reichen steile Hängegletscher bis auf Höhen von etwa 4.300 Meter hinab. Doch die jahrtausendealten Gletscher werden wohl aufgrund der globalen Erwärmung bis zum Jahr 2020 geschmolzen sein. Das sagen jedenfalls amerikanische Geologen voraus, die die Gletscher des Kilimandscharo untersucht und errechnet haben, dass sie pro Jahr um mindestens 0,50 Meter schrumpfen werden.

Noch ist die Gipfelregion des Kilimandscharo mit ihrer kreisrunden Caldera von Schnee und Eis bedeckt. Doch die Gletscher ziehen sich allmählich zurück (großes Bild).

460 Eisfelder und Gletscher

DER GRÖSSTE GLETSCHER AFRIKAS

Stufenförmige Abschnitte des Rebmanngletschers

Kerstengletscher am Krater des Kilimandscharo

Eisfelder und Gletscher

EISFELDER UND GLETSCHER IN KANADA UND ALASKA

Einige der größten Eisfelder und Gletscher Nordamerikas erstrecken sich an der Westküste des Halbkontinents von der Kenai-Halbinsel Alaskas (Harding Icefield) entlang der Grenze des »Panhandle« (Kluane und Juneau Icefield) bis zu den Coast Mountains im kanadischen British Columbia (Homathko Icefield). In Alaska sind allein 5 % der Landfläche von Eis bedeckt. Hier und im nördlichen Westkanada speisen die Eisfelder auch zahlreiche Gletscher, wie etwa Columbia-, Exit- oder Hubbardgletscher. Ebenso finden sich im Kanadisch-Arktischen Archipel, der dem amerikanischen Festland im Norden vorgelagert ist, ausgedehnte Eisfelder. Während der südliche Teil der Inseln von meist vegetationslosen Ebenen oder leicht gewellten Plateaulandschaften geprägt ist, die selten über 400 Meter Meereshöhe liegen, sind die nördlichen Regionen von Gebirgen bestimmt. Die Innuitians sind ein durch zahlreiche Gletscher gekennzeichnetes Hochgebirge, das auf Ellesmere Island im Mount Challenger eine Höhe von 3.048 Meter erreicht und auf Baffin Island bis auf 2.600 Meter ansteigt. Auf Baffin Island befinden sich die Penny und die Barnes Ice Cap. Das größte Eisfeld der Region ist die Devon Ice Cap auf Devon Island.

DIE GRÖSSTEN EISFELDER UND GLETSCHER NORDAMERIKAS

Blick vom Harding Icefield auf den Exitgletscher, im Hintergrund die Kenai Mountains

Columbiagletscher im Chugach Icefield

Flugzeug über dem Juneau Icefield

Kaskawulshgletscher im Kluane Icefield

LeContegletscher im Stikine Icefield

DIE GRÖSSTEN EISFELDER DES KANADISCHEN FESTLANDS UND ALASKAS

① **Kluane Icefield**
Kanada — 18.000 km²
② **Stikine Icefield**
Kanada — 7.510 km²
③ **Juneau Icefield**
Alaska — 3.900 km²
④ **Ha-Iltzuk Icefield**
Kanada — 3.610 km²
⑤ **Homathko Icefield**
Kanada — 2.000 km²
⑥ **Harding Icefield**
Alaska — 1.770 km²

DIE GRÖSSTEN EISFELDER DES KANADISCH-ARKTISCHEN ARCHIPELS

① **Devon Ice Cap**
Devon Island — 12.000 km²
② **Barnes Ice Cap**
Baffin Island — 6.000 km²
③ **Penny Ice Cap**
Baffin Island — 4.400 km²

Großes Bild: Imposante Gletscher bahnen sich auf dem kanadischen Baffin Island ihren Weg von den Überresten eines uralten Eisfelds hinab zum Scott Inlet.

Eisfelder und Gletscher 463

NORDAMERIKA

BERINGGLETSCHER – DER LÄNGSTE GLETSCHER NORDAMERIKAS
Alaska 5.200 km²

Der Beringgletscher ist mit 5.200 km² der größte und mit 190 Kilometern auch der längste Gletscher Nordamerikas. Er verläuft von den St. Elias Mountains bis zum Vitus Lake, zehn Kilometer vom Golf von Alaska entfernt. Die Eisschicht dieses Gletschers ist teilweise über 800 Meter dick. Aufgrund der Klimaerwärmung ist der Beringgletscher seit 1900 jedoch um zwölf Kilometer geschrumpft. Dies hat einen interessanten Nebeneffekt: Da die Eismassen leichter werden, dadurch weniger Druck auf die Erdkruste ausüben und somit den Grenzbereich zwischen der Pazifik- und der Nordamerikanischen Platte weniger gut stabilisieren, verstärken sich die vulkanischen Aktivitäten in dieser Region.

Der Beringgletscher im Süden Alaskas ist der größte in Nordamerika. Er mündet zusammen mit dem Bagley Icefield im Vitus Lake südlich des Wrangell St. Elias National Park.

DIE LÄNGSTEN GLETSCHER NORDAMERIKAS

Hubbardgletscher an der Disenchantment Bay, dahinter die St. Elias Mountains

Takugletscher in den Boundary Ranges

Ruthgletscher im Denali-Nationalpark

Kahiltnagletscher am Mount McKinley

Nabesnagletscher am Mount Blackburn

DIE LÄNGSTEN GLETSCHER NORDAMERIKAS

① **Beringgletscher**
Alaska — 190 km

② **Hubbardgletscher**
Alaska/Kanada — 122 km

③ **Nabesnagletscher**
Alaska — 120 km

④ **Takugletscher**
Alaska — 92 km

⑤ **Sewardgletscher**
Alaska — 80 km

⑥ **Klutlangletscher**
Alaska/Kanada — 64 km

⑦ **Ruthgletscher**
Alaska — 64 km

Eisfelder und Gletscher 465

MALASPINAGLETSCHER

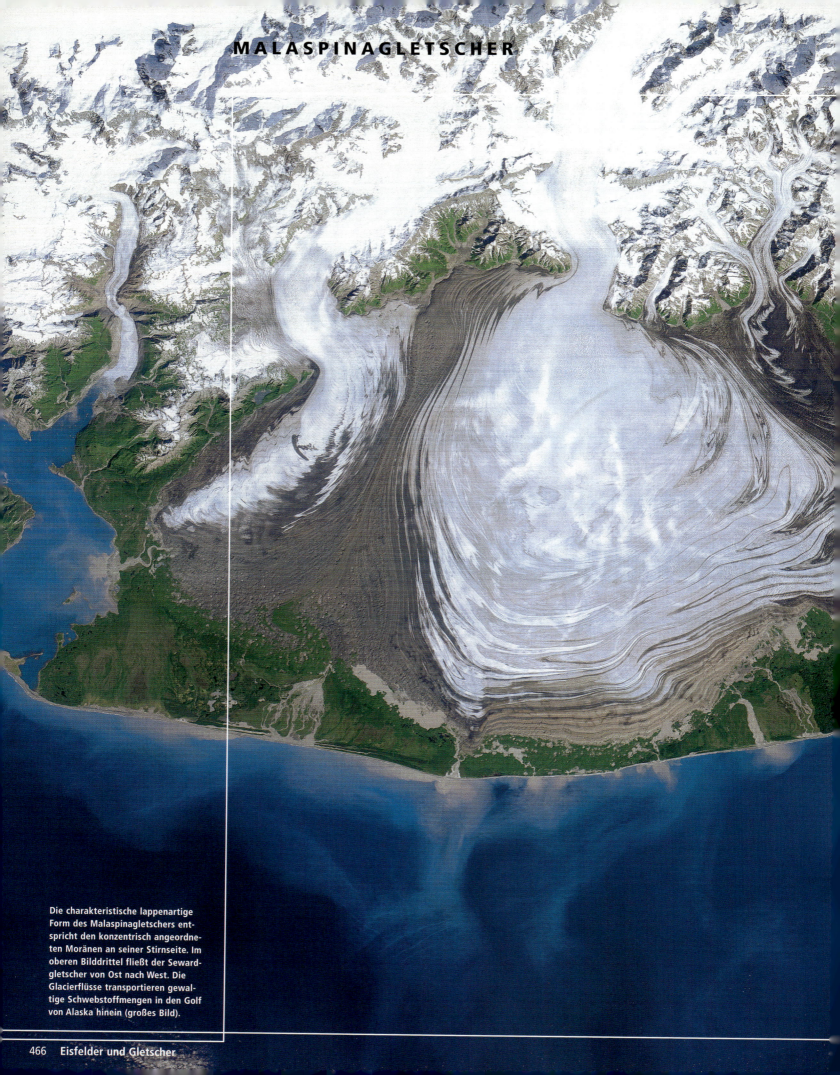

Die charakteristische lappenartige Form des Malaspinagletschers entspricht den konzentrisch angeordneten Moränen an seiner Stirnseite. Im oberen Bilddrittel fließt der Sewardgletscher von Ost nach West. Die Glacierflüsse transportieren gewaltige Schwebstoffmengen in den Golf von Alaska hinein (großes Bild).

DER GRÖSSTE VORLANDGLETSCHER DER ERDE

Der 45 Kilometer lange, 65 Kilometer breite und bis zu 600 Meter dicke Malaspinagletscher liegt in den St. Elias Mountains an Alaskas südlicher Pazifikküste. Er endet an der Yakutat Bay im Golf von Alaska, erreicht aber an keiner Stelle das Wasser. Mit einer Fläche von 3.900 km² ist er der größte Vorlandgletscher der Erde. Als Vorland- oder Piedmontgletscher bezeichnet man einen Gletscher, der sich aus den Tälern einer Bergkette heraus in eine vorgelagerte Ebene schiebt und sich dort ring- oder fächerförmig ausbreitet. Der Malaspinagletscher wird aus mehreren Eisströmen gebildet, die sich am Fuße der St. Elias Mountains zu einer großen Eismasse verbinden. Der größte einzelne Gletscher dieses Systems ist der 80 Kilometer lange Sewardgletscher. Eine Besonderheit des Malaspinagletschers sind die Eis-Stauseen, die sich oberhalb der Talgletscher befinden. Am Rand des Glaciers liegen der Oily Lake und der Malaspina Lake. Zwischen 1980 und 2000 büßte die Eisschicht des Gletschersystems etwa 20 Meter an Dicke ein – aufgrund seiner gewaltigen Ausdehnung verursachte dies eine Anhebung des Meeresspiegels um einen halben Zentimeter. Das gesamte Gebiet des Malaspinagletschers liegt im Wrangell-St.-Elias-Nationalpark.

Gewaltige Mengen an Eis und Sediment transportiert der Malaspinagletscher.

Eisfelder und Gletscher

CAMPO DE HIELO PATAGÓNICO SUR (SÜDPATAGONISCHES EISFELD)

Der Campo de Hielo Patagónico Sur, das Südpatagonische Eisfeld, liegt in den Anden auf dem Terrain von Chile und Argentinien. Das gewaltige Gletschergebiet ist etwa 350 Kilometer lang und hat eine Fläche von rund 16.800 km² (14.200 km² auf chilenischem, 2.600 km² auf argentinischem Territorium). Es ist das größte Süßwasserreservoir Südamerikas und gehört zu den größten weltweit. Das Eisfeld speist zahlreiche ausgedehnte Inlandgletscher, die jedoch immer weiter schrumpfen. Die größten sind der Pio-XI- und der Viedmagletscher.
Am berühmtesten ist jedoch der 30 Kilometer lange Perito-Moreno-Gletscher, dessen fünf Kilometer breite Gletscherzunge spektakulär in den Lago Argentino kalbt. Als einer der wenigen heute noch kontinuierlich wachsenden Gletscher schiebt er seine Zunge langsam auf eine Halbinsel zu, bis er alle drei bis vier Jahre einen Seitenarm des Argentino-Sees abschnürt. Der Wasserspiegel steigt dann auf bis zu 30 Meter an, und hält die Eismauer dem enormen Druck nicht mehr stand, folgt ein eindrucksvolles Naturschauspiel: Die aufgestauten Wassermassen sprengen einen Teil der Gletscherfront und bahnen sich ihren Weg in den restlichen Teil des Sees.

DIE GRÖSSTEN GLETSCHER DES SÜDPATAGONISCHEN EISFELDES

① Pio-XI-Gletscher — 1.265 km²
② Viedmagletscher — 987 km²
③ Upsalagletscher — 902 km²
④ Perito-Moreno-Gletscher — 258 km²

Gletscherzungen kalben in die fjordartigen Arme des Lago O'Higgins.

Immer noch eine Herausforderung für Abenteurer: eine Expedition durch das Südpatagonische Eisfeld. Hier hat jemand auf dem Viedmagletscher seine Spuren hinterlassen (großes Bild).

Frontansicht des Perito-Moreno-Gletschers im argentinischen Nationalpark Los Glaciares

DAS GRÖSSTE EISFELD SÜDAMERIKAS

Eisfelder und Gletscher

FLÜSSE

Flüsse prägen unsere Landschaften, sie haben in Jahrmillionen tiefe Täler in die Gebirge geschnitten, bewässern Ebenen und verwandeln karge Wüstengegenden in fruchtbare Oasen. Indem sich Flüsse zu Strömen vereinen, die in die Meere ent-

Die Qutang-Schlucht des Jangtsekiang in der Drei-Schluten-Region in China

wässern, sind sie wesentlicher Bestandteil des globalen Wasserkreislaufs.

Die längsten Flüsse sind nicht unbedingt die wasserreichsten. Der Nil als Fremdlingsfluss verliert auf seinem Weg bis zur Mündung durch Verdunstung so viel Wasser, dass er sich nur noch mit etwa 2.800 Kubikmeter pro Sekunde ins Mittelmeer ergießt – wesentlich kürzere Flüsse bringen es oft auf ein Mehrfaches dieses Eintrags. Doch das verblasst gegenüber den wasserreichsten Flüssen der Welt, zumal dem mit großem Abstand wasserreichsten Fluss überhaupt, dem Amazonas.

DIE LÄNGSTEN FLÜSSE DER ERDE
mit Hauptquellflüssen

① Nil mit Kagera-Nil
   Afrika   6.671 km
② Amazonas (Ucayali/Apurímac)
   Südamerika   6.448 km
③ Jangtsekiang mit Tongtian He
   Asien   6.380 km
④ Mississippi/Missouri mit Red Rock River
   Nordamerika   6.051 km
⑤ Jennisej/Angara mit Selenga und Ider
   Asien   5.940 km
⑥ Ob/Irtysch
   Asien   5.410 km
⑦ Amur/Argun und Herlen He
   Asien   5.052 km
⑧ Gelber Fluss
   Asien   4.845 km
⑨ Kongo/Luvia mit Luapula und Chambeshi
   Afrika   4.835 km
⑩ Mekong
   Asien   4.350 km
⑪ Lena
   Asien   4.400 km
⑫ Mackenzie mit Peace/Finlay
   Nordamerika   3.998 km

DIE WASSERREICHSTEN FLÜSSE DER ERDE
Abfluss (Jahresdurchschnitt)

① Amazonas mit Ucayali/Apurímac
   Südamerika   180.000 m^3/s
② Kongo
   Afrika   39.160 m^3/s
③ Jangtsekiang mit Tongtian He
   Asien   31.900 m^3/s
④ Rio Madeira mit Rio Mamoré/Rio Grande
   Südamerika   31.200 m^3/s
⑤ Orinoco
   Südamerika   29.000 m^3/s
⑥ Rio Negro
   Südamerika   26.700 m^3/s
⑦ Brahmaputra
   Asien   25.000 m^3/s
⑧ Jenissej
   Asien   19.600 m^3/s
⑨ Paraná mit Grande
   Südamerika   19.500 m^3/s
⑩ Japurá
   Südamerika   17.960 m^3/s
⑪ Lena
   Asien   17.100 m^3/s
⑫ Rio Tocantins
   Südamerika   16.300 m^3/s

Im chinesischen Chongqing fließt der Jialing in den Jangtsekiang, die Wolkenkratzer der Millionenstadt erheben sich auf der wie ein Komma geformten Halbinsel. Da der gewaltige Stausee des Drei-Schluchten-Damms bis an die Stadt heranreicht, ist es seit 2006 auch größeren Schiffen möglich, den Hafen von Chongqing anzulaufen. Die regierungsunmittelbare Stadt liegt östlich der zentralen Provinz Sichuan am Rand des fruchtbaren Roten Beckens.

NIL – DER LÄNGSTE FLUSS DER ERDE

Der Nil ist Lebensader und Mythos. Seine Quelle wurde erst Ende des 19. Jh. entdeckt. Er gilt als Fremdlingsfluss, weil er sein Wasser aus den regenreichen Regionen des Oberlaufs bezieht und bis zu seiner Mündung nahezu kein weiteres Wasser aufnimmt.

Über drei Millionen km² umfasst das Einzugsgebiet des mit 6.671 Kilometern längsten Flusses unseres Planeten – etwa 10 % des afrikanischen Kontinents. Quellfluss ist der Weiße Nil, der sich aus dem Kagera-Nil speist. Dessen beiden Quellflüsse entspringen in Burundi und Ruanda; der längere von beiden beginnt in Burundi am Luvironza, dem mit 2.700 Metern höchsten Berg des kleinen afrikanischen Landes, und gilt daher als eigentlicher Quellfluss. Der Kagera fließt an der Grenze zwischen Tansania und Uganda in den Victoriasee, in den viele andere Flüsse münden und der deshalb für den gesamten Nil als Wasserspeicher dient. Als Albertnil ergießt er seine Wassermassen über die Murchison-Wasserfälle und fließt weiter nördlich durch Uganda und den Sudan. Bei Khartum mündet der Blaue Nil und etwas weiter nördlich der Atbara in den Weißen Nil, beide kommen aus dem äthiopischen Hochland. Ohne weitere Zuflüsse windet sich der Strom durch die Nubische Wüste und schließlich nach Ägypten, wo er sich in einem breiten Delta nördlich von Kairo ins Mittelmeer ergießt.

Der Nil bei Assuan, im Hintergrund ist das Ende der 1950er-Jahre errichtete Aga-Khan-Mausoleum zu sehen. Die Uferbereiche bilden eine Oase, unmittelbar dahinter beginnt die karge Wüste (unten). Eine traditionelle Feluke bei der Elephantine-Insel, die zu Assuan gehört (links).

Flüsse 473

AMAZONAS – DER WASSERREICHSTE FLUSS DER ERDE

Der Amazonas führt so viel Wasser, dass Ozeanschiffe von der Atlantikmündung etwa 1.500 Kilometer weit bis nach Manaus mitten in Brasilien gelangen können. Kleinere Schiffe, zwischen 3.000 und 9.000 Tonnen, erreichen sogar den 3.600 Kilometer entfernten Hafen von Iquitos in Peru.

Der Amazonas ist mit großem Abstand der wasserreichste Fluss der Erde: Durchschnittlich 180.000 Kubikmeter ergießt er pro Sekunde an seiner Mündung in den Atlantik. An dieser Abflussmenge sind die zehn längsten Nebenflüsse mit 150.000 Kubikmetern beteiligt. Da sich der Amazonas in der Nähe des Äquators befindet, durchläuft die Sonne zweimal den Zenit zwischen den Wendekreisen. Deshalb gibt es im tropischen Amazonasbecken zwei unterschiedliche Regen- und Trockenzeiten. In den nördlichen Regionen regnet es verstärkt zwischen April und August, im Süden von Oktober bis April. Der Amazonas erhält somit in rhythmischen Abständen Wassernachschub. Weite Bereiche der umliegenden Wälder der Tiefebene werden dann überschwemmt. Die größten Zuflüsse liegen jedoch im Süden, wenn es dort regnet, schwillt der Strom besonders mächtig an und erreicht im Februar/März einen um bis zu 17 Meter erhöhten Pegelstand. Bei Macapá mündet der Amazonas in einem 330 Kilometer breiten Delta in den Atlantik; er liefert etwa ein Fünftel des weltweit den Meeren zufließenden Süßwassers.

Während der Regenzeit zwischen Oktober und Juni werden große Flächen um den Amazonas überschwemmt (links). 70 km stromaufwärts von Manaus befindet sich das Anvilhanas-Archipel des Rio Negro, das größte Südwasserarchipel der Erde (großes Bild). Der von tropischem Regenwald umgebene Sandoval-See liegt im Amazonas-Tiefland in Peru (unten links).

Flüsse 475

AMAZONAS – DAS GRÖSSTE FLUSSSYSTEM DER ERDE

Der Rio Negro ist mit 2.253 Kilometern Länge einer der größten Nebenflüsse des Amazonas. Der Name »Schwarzer Fluss« beruht auf dem hohen Gehalt an Abbauprodukten aus der unvollständigen Zersetzung von pflanzlichem Material, die der Regen aus den sandigen Wald-

Abgegrenzt: Weiß- und Schwarzwasser

böden der »Terra firme« – der Bereiche, die ganzjährig nicht überflutet werden – in den Fluss spült. Das Schwarzwasser ist sehr sauber und arm an Nährstoffen. Die Überschwemmungswälder des Weißwassers werden als »Várzea« bezeichnet, dagegen nennt man die des Schwarzwassers »Igapó«. Die Nährstoffarmut des Schwarzwassers hat im Übrigen Vorteile: Es gibt keine Mückenlarven und deshalb auch keine Malaria.

DIE LÄNGSTEN NEBENFLÜSSE DES AMAZONAS
mit Ursprungsland

① Juruá
  Peru   3.283 km
② Rio Madeira/Mamoré, Grande
  Bolivien   3.239 km
③ Purús
  Peru   3.210 km
④ Japurá
  Kolumbien   2.816 km
⑤ Ucayali mit Apurímac
  Peru   2.670 km

Reich an Windungen: der Juruá

⑥ Rio Tocantins
  Brasilien   2.640 km
⑦ Tapajós mit Teles Pires
  Brasilien   2.291 km
⑧ Rio Negro
  Kolumbien   2.253 km
⑨ Xingú
  Brasilien   1.980 km
⑩ Marañón
  Peru   1.905 km

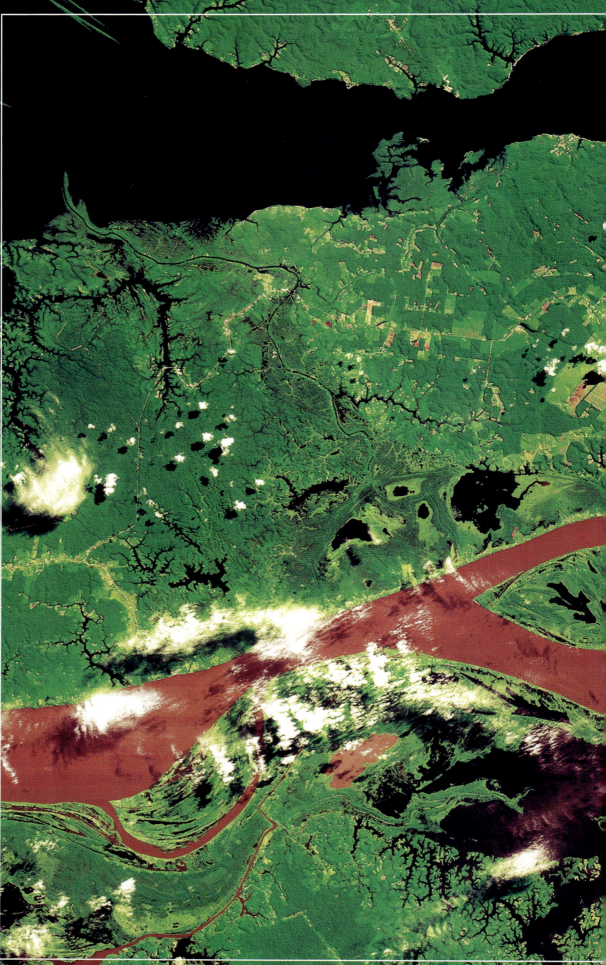

476 Flüsse

Ab der peruanisch-brasilianischen Grenze heißt der Amazonas Rio Solimões. Bei der Vereinigung des dunklen Schwarzwasserflusses Rio Negro und des braunen Weißwasserflusses Rio Solimões bei Manaus bekommt der Fluss in Brasilien wieder den Namen Amazonas. Das Satellitenbild zeigt: Der Rio Negro mischt sich nicht sogleich mit dem Rio Solimões. Das klare, dunkle Wasser des Rio Negro lässt sich noch viele Kilometer weit vom milchigbraunen Wasser des Rio Solimões unterscheiden.

EUROPA

In der Liste der längsten Flüsse der Erde nimmt die Wolga den 25. Platz ein. Die meisten Länder verbindet die Donau, gefolgt vom Rhein. Allein sechs der zehn längsten Flüsse Europas fließen im europäischen Teil Russlands.

WOLGA 3.534 km

Etwa 300 Kilometer nordwestlich von Moskau in den Waldai-Höhen entspringt der längste europäische Fluss, die Wolga. Mit über 8.000 Kubikmetern pro Sekunde ist sie zugleich der wasserreichste Fluss des Kontinents. Zunächst fließt die Wolga östlich und ab Rybinsk bis Kasan in südöstliche Richtung. Weiter geht es leicht südwestlich bis Wolgograd, um dann nach einem südöstlichen Schwenk durch die Steppenlandschaft der Kaspischen Senke südlich von Astrachan ins Kaspische Meer zu münden. Zwischen Quelle und Mündung beträgt der Höhenunterschied 256 Meter. Der größte Nebenfluss ist die Kama, deren Quelle westlich von Perm in den Kama-Höhen liegt. An Kama und Wolga wurden bereits in den 1930er-Jahren Staudämme errichtet, inzwischen sind es zwölf große Anlagen. Die größte, der Kuibyschewer Stausee westlich von Samara, wurde 1955 bis 1957 aufgestaut. Er ist mit 6.450 km² der größte Stausee Europas und zugleich der drittgrößte in der Welt.

DONAU 2.888 km

Die Donau entspringt im Schwarzwald, fließt östlich durch sechs Länder – für weitere vier bildet sie den Grenzfluss – und mündet in der Ukraine, südlich von Odessa, ins Schwarze Meer. Als Quellfluss gilt heute die Breg, die nördlich von Furtwangen in 1.078 Metern Höhe entspringt. Die Donau ist ab Kehlheim schiffbar. Der Main-Donau-Kanal ermöglicht den Schiffsverkehr von der Nordsee bis zum Schwarzen Meer.

Der Donaudurchbruch im Naturpark Obere Donau in Baden-Württemberg

DON 1.870 km

Etwa 150 Kilometer südlich von Moskau entspringt der Don, fließt zunächst in südliche, später in südöstliche Richtung. Westlich von Wolgograd durchquert er den Zimljansker Stausee nach Westen und mündet bei Rostow in das Asowsche Meer, ein Nebenmeer des Schwarzen Meeres. An den Ufern des Don lebten traditionell die Donkosaken, eine Untergruppe der Kosaken. Im 15. Jahrhundert hatten sie sich als Wehrbauern gegen die Tataren zusammengeschlossen. 1917 kämpften sie gegen die Bolschewisten, weshalb 1919 viele von ihnen erschossen oder deportiert wurden.

URAL 2.428 km

Das Uralgebirge und der gleichnamige Fluss gelten als die Grenze zwischen Europa und Asien – das Westufer zählt zu Europa, das Ostufer zu Asien. Die Quelle des Ural befindet sich im südlichen Uralgebirge, etwa 150 Kilometer nördlich von Magnitogorsk. Er fließt in südliche Richtung bis Orsk, zweigt dann fast rechtwinklig nach Westen ab, um schließlich bei Uralsk wieder südlich weiter durch die Kasachische Steppe hindurch bei Atyrau in das Kaspische Meer zu münden.

PETSCHORA 1.809 km

Die Quelle der Petschora befindet sich im nördlichen Uralgebirge. Von dort fließt sie erst nach Westen, dann in nördliche Richtung, wo sie die Stadt Petschora erreicht. Weiter nördlich mündet die von Nordosten kommende Ussa in den Fluss, der nun in einem Bogen 300 Kilometer weiter westwärts und dann nach Norden strömt, wo er in die Barents-See mündet. Die Petschora ist fast das ganze Jahr über vereist.

Mitten im UNESCO-Naturerbe, den Urwäldern von Komi, fließt die Petschora.

DNJEPR 2.285 km

Der Dnjepr entspringt nordöstlich von Smolensk, fließt südwestlich an Smolensk vorbei durch Weißrussland, weiter südlich in die Ukraine bis Kiew und Dnipropetrowsk, um schließlich in einem Bogen östlich von Odessa ins Schwarze Meer zu münden. Im ukrainischen Teil weist der Dnjepr eine Kaskade riesiger Stauseen auf, deren Wasserkraftwerke die dicht besiedelten Industriegebiete mit Strom versorgen.

Der Dnjepr bei Kiew, im Vordergrund die Kirche des Kiewer Höhlenklosters

DNISTER 1.352 km

Die Quelle des Dnister liegt in etwa 1.000 Metern Höhe in den ukrainischen Waldkarpaten, nach dem Dnjepr ist er der zweitlängste Fluss der Ukraine. Der Dnister fließt durch die Ukraine und Moldawien und mündet schließlich südlich von Odessa ins Schwarze Meer. Der Name kommt aus dem Altiranischen und bedeutet soviel wie »der nahe Fluss«. Von Januar bis März ist der Dnister meist zugefroren. Im Oberlauf ist er ein schnell fließender Bergfluss, während der mittlere und untere Dnister wegen des geringen Gefälles immer langsamer fließt.

Die Klosteranlage befindet sich am Oberlauf der Wolga bei Rybinsk (links). In Rybinsk überspannt auch diese Eisenbahnbrücke die Wolga, kurz vor dem Rybinsker Stausee (rechts). Die Wolga ist über den Stausee durch ein Kanalsystem mit der Ostsee bei St. Petersburg und mit dem Weißen Meer verbunden.

RHEIN
1.320 km

Der am weitesten von der Mündung entfernte Quellfluss des Rheins ist der Rein da Medel in den Schweizer Kantonen Tessin und Graubünden. Die Aare, Mosel und der Main gehören zu den großen Nebenflüssen. Der Rhein ist eine der verkehrsreichsten Wasserstraßen der Welt. Zugleich ist er der größte Zufluss zur Nordsee. Er durchfließt die Schweiz, Österreich, Deutschland und die Niederlande. Grenzfluss ist er zu Frankreich und Liechtenstein.

Der Rhein bei Köln – links der Kölner Dom, rechts die Hohenzollernbrücke.

ELBE MIT MOLDAU
1.252 km

Die Quelle der Elbe liegt in Tschechien im Riesengebirge in 1.386 Metern Höhe. Die Länge ergibt sich, wenn man die Moldau, die 30 Kilometer nördlich von Prag in die Elbe fließt, als Quellfluss betrachtet. Die Elbe durchfließt Tschechien und Deutschland und ist die einzige Wasserstraße, die Böhmen mit der Nordsee verbindet. Sie durchströmt viele reizvolle Landschaften, vom Elbsandsteingebirge bis zum Wattenmeer.

Die Brühlsche Terrasse, der »Balkon Europas«, in Dresden an der Elbe

WEICHSEL
1.047 km

In 1.100 Metern Höhe in den Schlesischen Beskiden entspringen die Quellbäche der Weichsel, die nach einigen Kilometern in den Stausee Zbiornik Czernianski münden. In östlicher Richtung fließt sie durch die alte Königsstadt Krakau und nördlich weiter durch Warschau, um schließlich ihr Wasser bei Danzig in die Ostsee zu ergießen. Dort gibt es zwei Durchbrüche, der ältere, westliche in der Nähe von Danzig und ein jüngerer weiter östlich.

Die Weichsel in der UNESCO-Welterbestadt Krakau mir dem Schloss Wawel

Flüsse 479

ASIEN

In Asien, dem größten Kontinent der Erde, befinden sich auch einige der gewaltigsten Flüsse. Im asiatischen Teil Russlands entwässern die meisten Ströme ins nördliche Polarmeer, während die Flüsse Süd- und Ostasiens südlich oder östlich in die Ozeane münden.

JANGTSEKIANG
6.380 km

Für die Chinesen heißt der drittlängste Fluss der Welt offiziell einfach »Chang Jiang«, der »lange Strom«. Sein Quellgebiet liegt in 5.405 Metern Höhe im dünnbesiedelten nördlichen Hochland von Tibet. Das Quellgebiet ist mehrere Hundert km² groß, als Quellfluss wird der Tuotuo He angesehen. Im Oberlauf heißt der Strom noch Tongtian He, »Fluss, der den Himmel durchquert«. Erst fließt er in südöstlicher Richtung, doch bei Shigu stoßen die Wassermassen frontal auf ein Kalksteinmassiv. In einer scharfen Kurve wird der Fluss darauf nach Nordosten abgelenkt. Ohne diese »Große Biegung von Shigu« hätte sich der Jangtsekiang – wie der benachbarte Mekong – im Süden ergossen. Nach einigen Haken fließt der Strom schließlich nach Osten. Der Ober- und Mittellauf ist reich an tiefen Schluchten – die bekanntesten sind die Drei Schluchten zwischen Chongqing und Yichang mit dem umstrittenen Damm. Nördlich von Shanghai mündet der Jangtsekiang ins Ostchinesische Meer.

JENISSEJ
5.940 km

Von Süd nach Nord fließt der Jenissej durch Sibirien und mündet in die Kara-See des Polarmeers. Die Gesamtlänge ergibt sich, wenn die Angara mit der Selenga, in die als Quellfluss die Ider mündet, und die Mündungsbucht eingerechnet werden. Die Quelle des Flusssystems befindet sich im Changhai-Gebirge südwestlich des Baikalsees. Im Herbst bilden sich erste Eisschollen; bis zum Mai ist er völlig zugefroren.

Der Jenissej bei Dudinka, Nordsibirien, 350 km südlich der Jenissej-Bucht

OB UND IRTYSCH
5.410 km

Die Irtysch, wörtlich »Weißer Fluss«, entspringt im Mongolischen Altai in der Dsungarei im Norden der chinesischen Provinz Xinjiang. Er fließt durch Kasachstan, erreicht südöstlich von Omsk Russland und mündet bei Chanty-Mansijsk in den Ob. Der Ob fließt weiter nördlich durch Westsibirien und entwässert über einen 800 Kilometer langen und 70 Kilometer breiten Ästuar in die Kara-See.

Die Irtysch bei Chanty-Mansijsk, hier vereinigt sie sich mit dem Ob.

AMUR MIT ARGUN UND HERLEN HE
5.052 km

Der Herlen He (auch Kerulen genannt) entspringt in der Mongolei nördlich von Ulan-Bator und fließt dann nach China in den Steppensee Hulun Nur. In regenreichen Jahren läuft dieser See über und entwässert nach Norden in den chinesisch-russischen Grenzfluss Argun, der weiter östlich bei Chabarowsk auf russischem Gebiet in den Amur mündet. Dieser fließt weiter nach Norden und entwässert bei Nikolajevsk am Amur gegenüber der Insel Sachalin in den Tatarensund.

480 Flüsse

Boote am Ufer des Jangtsekiang bei der 44 km langen Wu-Schlucht. Die »Hexenschlucht« (»Wu« bedeutet Hexe) ist die mittlere der Drei Schluchten, sie gilt als die schönste (ganz links). Eine Pagode über dem Jangtsekiang (links) steht für den Buddhismus, neben dem Taoismus und dem Konfuzianismus eine der drei Quellen der traditionellen chinesischen Weltanschauung.

GELBER FLUSS
4.845 km

Nach dem Jangtsekiang ist der Gelbe Fluss (Huang He) der zweitlängste Fluss Chinas. Auch er entspringt im Hochland von Tibet, in den Bayan-Har-Bergen der Provinz Qinghai. Er fließt durch neun chinesische Provinzen und mündet südlich von Peking in den Golf von Bohai des Gelben Meers. Seinen Namen verdankt er dem vielen Löss, den er mitführt, der der Landwirtschaft nützt, aber auch durch Erosion und Sedimentation Probleme bereitet.

In der gebirgigen Provinz Qinghai liegt die Quelle des Huang He (links).

MEKONG
4.500 km

Der Mekong entspringt im Hochland von Tibet – die genauen Quellen sind umstritten. Er fließt nach Süden, ist Grenzfluss zwischen Laos und Myanmar sowie zwischen Laos und Thailand. Weiter fließt der Mekong durch die Hauptstadt von Laos, Vientiane (Viangchan). Anschließend quert er Kambodscha unweit der Hauptstadt Pnomh Penh. Über die Grenze fließt er nach Vietnam und ergießt sich in einem breiten Delta ins Südchinesische Meer.

Der Mekong bei Luang Prabang, der alten Königsstadt im Norden von Laos (oben)

LENA
4.400 km

Die Lena ist ein Fluss in Russland im Grenzbereich von Mittel- zu Ostsibirien. Die Quelle befindet sich im Baikalgebirge fünf Kilometer westlich des Baikalsees. Die Lena richtet sich erst nach Westen, dann in einem Bogen nördlich nach Ust-Kut – ab hier ist sie auch schiffbar. Weiter geht es östlich, bis sie Jakutsk, die Hauptstadt der russischen Teilrepublik Sacha, erreicht. Von da aus fließt sie weiter nach Norden, bis sie ihr Wasser über ein weit gefächertes Mündungsdelta in die Laptewsee, ein Randmeer des Nordpolarmeers, ergießt. Von Oktober bis Juni ist die Lena gefroren.

EUPHRAT UND MURAT
3.380 km

Der Murat, der Quellfluss des Euphrat, entspringt in der Nähe des Ararat, des höchsten Bergs der Türkei (5.165 m), im Bergland Ostanatoliens. Er fließt westlich und vereint sich in Malatya, der Hauptstadt der gleichnamigen anatolischen Provinz, mit dem Euphrat. Der Euphrat fließt anschließend durch Syrien und den Irak, wo er sich mit seinem Zwillingsfluss, dem Tigris, in Mesopotamien zum Schatt al-Arab – dem Grenzfluss zwischen Irak und Iran – vereint und in den persischen Golf ergießt. Mesopotamien gilt historisch als die »Wiege der Zivilisation«.

DIE LÄNGSTEN FLÜSSE DES INDISCHEN SUBKONTINENTS

INDUS
3.180 km

Der Indus ist der längste Fluss des indischen Subkontinents. Seine Quelle – ein Zusammenfluss mehrerer Gletscherbäche – befindet sich auf 5.300 Metern Höhe im Transhimalaya im Kreis

Fußgängerbrücke über den Indus

Gar im zu China gehörenden Autonomen Gebiet Tibet. Er fließt weiter nach Nordwesten am Südrand der Bergkette des Karakorum entlang, um dann in einem Knick nach Südwesten aus dem Hochgebirge heraus Pakistan zu erreichen. Ungefähr 50 Kilometer nordwestlich von Islamabad fließt der Indus durch den Tarbela-Stausee, strömt dann südwestlich weiter – unterbrochen von zahlreichen Staudämmen und Kanälen, die der landwirtschaftlichen Bewäs-

Ein Jäger mit Reihertarnung am Indus

serung dienen – durch ganz Pakistan, bis er sich südwestlich von Hyderabad in einem Delta etwa auf der Höhe des nördlichen Wendekreises ins Arabische Meer entwässert.

Die Luftaufnahme zeigt den Indus im Bereich des Karakorum – der Gebirgskette, die nördlich an die Hauptkette des Himalaya anschließt. Der zweithöchste Berg der Welt – der K2 (8.611 m) – ist Teil dieser Kette. Das Karakorum befindet sich in der zwischen Indien, Pakistan und China umstrittenen Kaschmir-Region.

Der Brahmaputra in Tibet

Varanasi am Ganges, Boot mit Pilgern

Bei Dahka herrscht reger Schiffsverkehr.

Gangesnebenfluss: die Yamuna bei Agra

Fischer auf dem Brahmaputra in Assam

GANGES
2.511 km

Der Ganges entsteht als Zusammenfluss zweier Quellflüsse im indischen Garhwal im südwestlichen Himalaya. Er ist der heilige Fluss der Hindus. Zunächst fließt er südöstlich durch das Ganges-Tiefland. In Bangladesch vereinigt er sich mit dem Brahmaputra und entwässert über das Gangesdelta in den Golf von Bengalen.

BRAHMAPUTRA
2.896 km

In etwa 6.000 Metern Höhe entspringt der Brahmaputra aus einem Gletscher auf der Nordseite des Himalaya, in der Nähe des heiligen Bergs Kailash. Innerhalb Tibets fließt er 1.500 Kilometer nach Osten, bricht in den Dihang-Schluchten nach Süden durch und mündet mit dem Ganges vereint in den Golf von Bengalen.

Flüsse 483

AUSTRALIEN / OZEANIEN

Zum Fünften Kontinent werden die vorgelagerten Inseln Tasmanien und Papua-Neuguinea sowie die Inseln Ozeaniens gerechnet. Das eigentliche Australien ist in seinem Hinterland sehr trocken, es gibt deshalb nur wenige Flüsse, die dauerhaft Wasser führen.

DARLING MIT MURRAY
3.370 km

Die Darling ist mit 2.739 Kilometern der längste Fluss Australiens. Er mündet in New South Wales bei Wentworth in den 2.589 Kilometer langen Murray, sodass von der Darling-Quelle bis zur Mündung in den Indischen Ozean ein Flusssystem von 3.370 Kilometern entsteht. Beide Flüsse entspringen in den Westhängen des Great Dividing Range, einem Gebirgszug an der australischen Westküste: der Murray südlich von Canberra in den Snowy Mountains, der Darling weiter nördlich auf der Höhe von Brisbane. Der Darling fließt träge durch das trockene Grasland nach Westen und Süden. Immer wieder trocknet er aus, sodass nur noch eine Folge von Tümpeln übrig bleibt. Bei Hochwasser überschwemmt der Fluss allerdings sofort weite Gebiete. Der Murray fließt in westliche Richtung. Er ist auf fast 2.000 Kilometern schiffbar, beliebt sind Fahrten in Hausbooten. Vier Stauseen, darunter Lake Hume, haben zur Folge, dass nur noch wenig Wasser das Meer erreicht, die Mündung droht zu versanden.

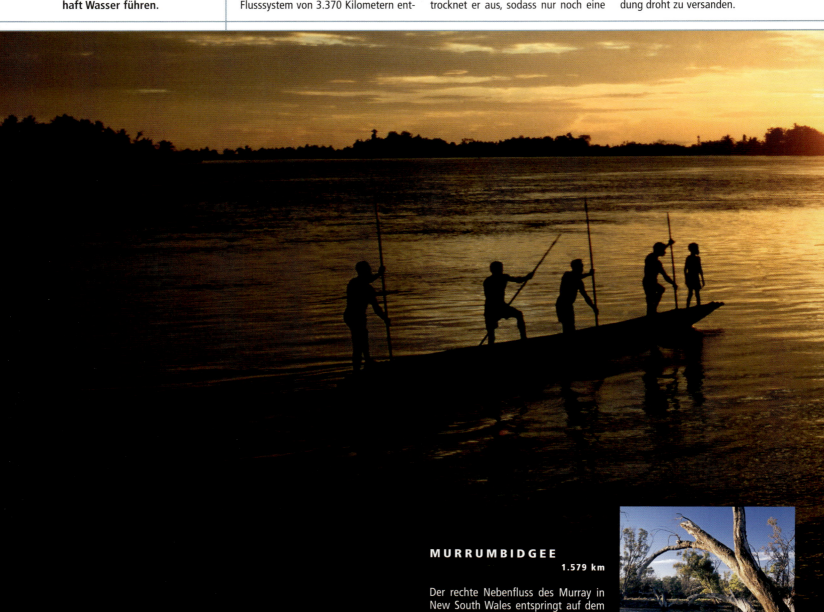

MURRUMBIDGEE
1.579 km

Der rechte Nebenfluss des Murray in New South Wales entspringt auf dem Nordosthang der Snowy Mountains in der Nähe des Mount Kosciuszko, des mit 2.228 Metern höchsten Bergs auf dem australischen Festland. Murrumbidgee bedeutet in der Sprache der Aborigines »großer Fluss«. Vom Quellgebiet aus fließt der Fluss erst ein kurzes Stück nördlich, dann nach Westen durch Weideland und mündet schließlich nördlich von Swan Hill in den Murray. Die australische Hauptstadt Canberra liegt am Murrumbidgee.

Toter Baum im Murrumbidgee bei Hay

Der langsam fließende Murray mit seinen baumbestandenen Ufern ist der längste Fluss auf dem australischen Festland (links). Der Sepik – hier bei Sonnenuntergang – ist der zweitlängste Fluss auf Neuguinea; er gehört zu den großen Flusssystemen unserer Erde (großes Bild).

SEPIK
1.126 km

Der Sepik ist der zweitlängste Fluss der Insel Neuguinea, er befindet sich in dem unabhängigen Inselstaat Papua-Neuguinea, dem östlichen Teil von Neuguinea. Der Fluss entspringt im Victor-Emanuel-Gebirge in 2.170 Metern Höhe, fließt erst nach Nordwesten, verlässt dann in einem großen Bogen nordöstlich das Gebirge und mündet in die Bismarcksee. Das Einzugsgebiet ist sehr groß und von Sümpfen und tropischen Regenwäldern geprägt; nur ganz wenige Menschen leben dort.

Auf dem Sepik in Papua-Neuguinea

COOPER CREEK
1.420 km

Der Cooper Creek entspringt in Australien südlich des Orts Killarney Park und westlich der Berge der Carnarvon Range, einer Berggruppe, die der Great Dividing Range im Westen vorgelagert ist. Im ersten Teilabschnitt wird er Barcoo River genannt. Er fließt zunächst nordwestlich, dann bei Blackall nach Südwesten, wo er sich mit dem Thomson Creek vereint. Nun Cooper Creek genannt, fließt er weiter durch die Wüste und mündet in den Nördlichen Lake Eyre, einen Salzsee. Nur zeitweilig führt der Fluss Wasser.

Cooper Creek: Seerosen und Eukalypten

MAMBERAMO MIT TARITATU UND SOBGER
1.175 km

In der zu Indonesien gehörenden Provinz Papua von Neuguinea, der nach Grönland zweitgrößten Insel der Erde, entspringt der Sobger. Dessen beiden Quellflüsse liegen im Sterren-Gebirge westlich des Antares-Gebirges. Nach etwa 130 Kilometern fließt der Sobger nordwestlich in den Taritatu/Idenburg, durchströmt ausgedehnte Mangrovensümpfe und fließt schließlich als Mamberamo scharf nördlich weiter, erst durch ein tiefes Tal, dann über ein großes Mündungsdelta in den Pazifik.

FLY
1.120 km

Nach dem Sepik, der im Norden entwässert, ist der Fly der drittgrößte Fluss der Insel Neuguinea. Er entspringt auf der Südseite der Victor-Emanuel-Kette, die zum Maoke-Gebirge gehört, und fließt nach Süden. Ein kleiner Abschnitt bildet die Westgrenze zu West-Papua, dem indonesischen Teil der Insel. Weiter in südöstlicher Richtung fließt der Fly durch ausgedehntes Sumpfland und mündet schließlich in einem 56 Kilometer breiten Ästuar in den Papua-Golf. Im Golf gibt es viele bewohnte Inseln mit sehr fruchtbaren Böden.

Flüsse 485

SALZWASSERKROKODILE

DIE GRÖSSTEN KROKODILE DER ERDE

Das Leisten- (wegen der Doppelreihe leistenartig angeordneter Höcker auf der Oberseite seiner Schnauze) oder Salzwasserkrokodil (»Crocodylus porosus«) ist nicht nur das größte heute lebende Reptil, sondern auch die – neben dem in Afrika beheimateten Nilkrokodil – aggressivste und am meisten gefürchtete Panzerechse der Erde. Das Reptil verträgt Süß-

Die Tiere ernähren sich vor allem ...

... von Fischen und Säugetieren.

und Salzwasser, hält sich aber hauptsächlich in den Brackwasserzonen der Flussmündungen auf. Während der Regenzeit dringen die Tiere bis weit ins Landesinnere vor – Vorsicht ist also nicht nur an den Küsten, sondern auch an Flüssen und Tümpeln geboten. Die urzeitlichen Reptilien erreichen regelmäßig Längen von fünf, sogar bis zu sieben Meter und sind wahre Hungerkünstler: Vom körpereigenen Fett zehrend, können sie den Stoffwechsel so stark senken, dass das Herz nur noch dreimal in der Minute schlägt. So kommen die in Australien auch »saltie« genannten Tiere monatelang ohne Futter aus, sind dann aber immer noch kräftig genug, explosionsartig anzugreifen. Das Süßwasserkrokodil (»Crocodylus johnsoni«), auch »freshie« genannt, ist im tropischen Norden, vor allem im McKinley River im Northern Territory, beheimatet. Mit seiner langen Schnauze kann es bis zu drei Meter lang werden; die Tiere gelten aber als sehr scheu, und Angriffe auf Menschen sind bislang nicht bekannt.

Das Salzwasserkrokodil erkennt man an den beiden erhabenen Höckern schräg hinter den Augen (großes Bild).

Flüsse 487

AFRIKA

Die Länge der Flüsse, die in Afrika nach dem Nil die nächsten Ränge belegen, ist nicht immer unstrittig. Das liegt nicht zuletzt an den extrem unterschiedlichen Wassermengen in Regen- oder Trockenzeiten. Oft variieren deshalb die Angaben erheblich.

KONGO UND LUVUA
mit Luapula und Chambeshi
4.835 km

Der zweitlängste Fluss Afrikas ist nach dem Amazonas der wasserreichste Fluss der Erde. Sein Einzugsgebiet ist mit 3,7 Millionen Quadratkilometern sogar größer als das des Nils. Zum Stromsystem des Kongo gehört eine Vielzahl von Flüssen: Der Chambeshi als Quellfluss des Luapula ist der am weitesten von der Mündung entfernte Quellfluss dieses Systems. Er entspringt im Norden Sambias in der Nähe der Grenze zu Tansania westlich des Malawisees, fließt weiter südwestlich durch die Bangweulu-Sümpfe, die dann durch den Luapula entwässert werden. Der Luapula fließt von Süden nach Norden als Grenzfluss zwischen Sambia und der Demokratischen Republik Kongo in den Mwerusee, dessen Ausfluss im Norden der Luvua bildet. Der Luvua ergießt sich als rechter Nebenfluss bei der Stadt Ankoro in den Kongo. In einem gewaltigen Bogen fließt der Strom westwärts durch das weite Kongobecken. An der Stelle, wo sich der Kongo süd-

NIGER
4.184 km

Der drittlängste Fluss des Schwarzen Kontinents entspringt in Guinea nahe der Grenze zu Sierra Leone. Er fließt in einem Bogen ostwärts durch Mali, passiert die Stadt Timbuktu, wendet sich weiter östlich scharf nach Südosten, fließt durch Niger, streift die Grenze zu Benin und entwässert schließlich in Nigeria nach Verlassen des Kainji-Reservoirs über eine weites Delta in den Golf von Guinea.

Der Niger durchfließt auch die Wüste: Sanddünen bei Gao in Mali.

SAMBESI
2.574 km

Der Sambesi ist der größte afrikanische Strom, der nach Osten entwässert. Er entspringt im Nordwesten Sambias in 1.500 Metern Höhe, fließt durch Angola und Sambia, ist Grenzfluss zu Simbabwe und mündet in Mosambik über ein 880 Quadratkilometer großes Delta in den Indischen Ozean. Die Victoriafälle des Sambesi zwischen Simbabwe und Sambia sind UNESCO-Welterbe.

Die von David Livingstone entdeckten Victoriafälle bei Sonnenuntergang

ORANJE
2.160 km

Der Oranje, wie der Orange River auf Afrikaans heißt, ist der größte Fluss im Süden Afrikas. Er fließt durch Lesotho und Südafrika und bildet an seinem Unterlauf den Grenzfluss zu Namibia. Seine Quelle liegt im Hochland von Lesotho, von dort fließt er westwärts durch Südafrika und mündet bei Oranjemund in den Atlantik. Der Oranje bildet die Grenze des Richtersvelds, seit 2007 UNESCO-Weltkulturerbe.

Das Oranjewasser stürzt 56 m in die felsige Tiefe: die Augrabiesfälle.

488 Flüsse

westwärts wendet, bildet er die Grenze zwischen der Demokratischen Republik Kongo und der Republik Kongo – die beiden Hauptstädte Brazzaville und Kinshasa liegen an einer seeartigen Ausstülpung, dem Pool Malebo, einander gegenüber. An der Grenze zu Angola erreicht der Fluss Matadi und entwässert 135 Kilometer weiter westlich in den Atlantik.

In der Nähe der Mündung windet sich der Kongo durch Mangrovensümpfe, wie auf dem Luftbild zu sehen ist (links außen). Für den Warentransport auf dem Kongo kommen große Pirogen zum Einsatz (links).

OKAVANGO
1.800 km

Im Südwesten Afrikas auf dem Hochland von Bié in Angola entspringt der Okavango, der am Oberlauf noch Cubango genannt wird. Er fließt südlich durch das Hochland und ist für etwa 400 Kilometer der Grenzfluss zwischen Namibia und Angola. Hinter Andara erreicht er den Nordwesten von Botsuana. Dort versickert das Wasser dann im sumpfigen Okavango-Delta, dem 15.000 km² großen Binnendelta im Nordosten der Kalahari-Wüste.

Mäander des Okavango im sumpfigen Okavango-Binnendelta in Botsuana

JUBA
1.658 km

Die Quellflüsse des Juba befinden sich im Äthiopischen Bergland; sie vereinen sich an der Grenze zu Somalia bei Doolow zum Juba, der dann südwärts Somalia durchfließt und bei Kismaayo in den Indischen Ozean mündet. Das Juba-Becken ist in erster Linie eine Savanne, die der Fluss zu einem fruchtbaren Ackerland verwandelt hat. Die Tier- und Pflanzenwelt ist sehr vielfältig, es gibt Giraffen, Geparden, Löwen, Leoparden, Büffel und viele andere Wildtiere. Immer wieder kommt es aufgrund schwerer Regenfälle zu verheerenden Überschwemmungen des Juba.

LIMPOPO
1.750 km

Der Limpopo ist der nordöstliche Grenzfluss Südafrikas zu Botsuana und Simbabwe. Er ist nach dem Sambesi der zweitlängste Fluss Afrikas, der in den Indischen Ozean entwässert. Seine Quelle liegt nördlich von Johannesburg im Witwatersrand-Gebirge in etwa 1.800 Metern Höhe, wo er noch Crocodile heißt. In einem Bogen fließt er dann südöstlich durch Mosambik und ergießt sich nördlich von Mabuto in den Indischen Ozean. Sein größter Nebenfluss ist der Olifants River, der durch den Kruger-Nationalpark fließt.

VOLTA
mit Schwarzem Volta **1.600 km**

In Westafrika fließt der Volta, der sich aus drei in Burkina Faso (ehemals Obervolta) entspringenden Quellflüssen speist, dem Schwarzen (Mouhoun), Roten (Nazinoun) und Weißen (Nakambé) Volta. Nach dem Zusammenfluss wird der Strom bei Salaga in Ghana durch den Akosombo-Damm zum Voltasee aufgestaut, dem nach dem Victoriasee zweitgrößten Stausee der Welt. Der Volta fließt sodann nach Südosten weiter und ergießt sich zwischen den Lagunen von Ada und Keta in den Golf von Guinea.

CHARI
mit Ouham **1.740 km**

Der Chari (oder auch Schari) ist der Hauptzufluss des abflusslosen Tschad-Sees, der am Südrand der Sahara im Grenzbereich der Länder Tschad, Kamerun, Nigeria und Niger liegt. 90 % des Wassers erhält der See über den Chari, weshalb der Wasserstand von den wechselnden Niederschlagsverhältnissen im Quellgebiet des Flusses abhängt. Sein Hauptquellfluss Ouham entspringt in der Zentralafrikanischen Republik, durchquert anschließend den Tschad und mündet bei Sarh in den Chari, der dann weiter nordwestlich in den See fließt.

SENEGAL
mit Bafing **1.430 km**

Der Quellfluss Bafing des Senegal entspringt in Mali im Bergland von Fouta Djallon, nahe der Grenze zu Guinea. Der Bafing fließt nordwärts, wird bei Manantali aufgestaut und bildet dann durch den Zusammenfluss mit dem Bakoyé den Senegal. Der Senegal fließt als Grenzfluss zwischen Mauretanien und dem Land Senegal weiter westlich und entwässert schließlich bei der UNESCO-Welterbestadt Saint-Louis in den Atlantik. Im Mündungsgebiet befindet sich ein Nationalpark, in dem viele europäische Weißstörche ihr Winterquartier beziehen.

FLUSSPFERDE

Nach dem Elefanten ist das Nil- oder Flusspferd das schwerste Landsäugetier der Erde. Obwohl es »Pferd« im Namen trägt, gehört es nicht zu den Unpaarhufern. Unter den Paarhufern, zu denen Kühe, Ziegen, Schweine, Gazellen und viele andere Säugetiere zählen, bil-

Tagesdosis: bis zu 60 kg Grünfutter.

det es eine eigene Unterordnung. Flusspferde kommen nur noch in Afrika südlich der Sahara vor. Genetische Untersuchungen haben gezeigt, dass die nächsten Verwandten die Wale sind. Großflusspferde sind Pflanzenfresser, sie wiegen bis zu vier Tonnen und können vom Kopf bis zum Rumpf fünf Meter erreichen. Tagsüber ruhen sie meist im Wasser, in der Nacht gehen sie auf Nahrungssuche. Sozial zeigen sie unterschiedliches Verhalten: Manche leben einzelgängerisch, es gibt aber auch Gruppen von bis zu 150 Tieren – vermutlich in Gegenden, wo das Nahrungsangebot für alle ausreichend ist.

Flusspferde verbringen die Tage meist im Wasser, sie haben eine empfindliche Haut, die immer feucht bleiben muss. Im Hippo Pool im Serengeti-Nationalpark im Norden Tansanias kann es während der Trockenzeit deshalb manchmal etwas enger zugehen.

DIE GEWALTIGSTEN TIERE
IN FLÜSSEN UND SEEN

NORD- UND MITTELAMERIKA

Der Teilkontinent Nordamerika grenzt an drei Weltmeere. Die Ströme Kanadas und der USA entwässern im Norden in das Nordpolarmeer, im Westen in den Pazifik und im Osten in den Atlantik mit den jeweiligen Randmeeren.

MISSISSIPPI RIVER
(mit Missouri River und Red Rock River)
6.051 km

Das Flusssystem, das den Mississippi einschließt, nimmt seinen Anfang im Mittleren Westen der USA, in den Rocky Mountains. Im Bundesstaat Montana entspringt der Red Rock River westlich vom Yellowstone Park, an der Grenze zu Idaho. Er ist der längere der beiden Quellflüsse des Jefferson River, der wiederum den längsten der drei Quellflüsse darstellt, die bei Three Forks zum Missouri zusammenfließen. Der Missouri zieht anschließend durch gebirgige Canyons weiter nach Norden, verlässt östlich von Great Falls die Bergregion und strömt dann südöstlich, bis er bei St. Louis an der Grenze zu Illinois in den Mississippi mündet. Die Quelle des Mississippi liegt westlich des Oberen Sees in Minnesota. Er fließt nach Süden und bildet über weite Strecken den Grenzfluss zwischen benachbarten US-Bundesstaaten. Nach der Vereinigung mit dem Missouri fließt er weiter südlich und ergießt sich bei New Orleans in einem breiten Delta in den Golf von Mexiko.

MACKENZIE RIVER
(mit Peace River und Finlay River)
4.241 km

Die Quelle des Finlay River liegt im Westen Kanadas östlich der kontinentalen Wasserscheide in den Rocky Mountains. Er fließt südöstlich in den Williston Lake, den der Peace River entwässert. Weiter östlich vereint sich der Peace River mit dem Athabaska, fließt dann nordwestwärts durch den Great Slave Lake, um schließlich als Mackenzie in die Beaufort-See zu münden.

Das Mündungsdelta des Mackenzie River im Norden Kanadas

RIO GRANDE
3.034 km

In etwa 3.000 Metern Höhe entspringt der Rio Grande als Vereinigung einiger kleinerer Quellflüsse am Fuß des Canby Mountain im amerikanischen Bundesstaat Colorado. Von dort fließt er nach Süden durch das San Luis Valley, dann durch New Mexico über Albuquerque nach El Paso, Texas. Weiter südlich verlässt er in einem nordöstlichen Bogen das Gebirge und strömt südöstlich in den Golf von Mexiko. Der Rio Grande bildet ab El Paso die Grenze zu Mexiko.

Gebirgstal mit Rio Grande im Big-Bend-Nationalpark, Texas (rechts)

YUKON
(mit Teslin River und Nisutlin River)
3.185 km

Die Goldgräber haben den Fluss berühmt gemacht. Der Quellfluss Nisutlin entspringt in den kanadischen Pelly Mountains, fließt südlich in den Teslin Lake und dann in den Teslin River, der nordwestlich bei Hootalinqua in den Yukon mündet. Der Yukon fließt westlich weiter durch den US-Bundesstaat Alaska und entwässert in das Beringmeer.

Blick auf Dawson City, der Hauptstadt des Goldrauschs, und den Yukon

NELSON RIVER
(mit Saskatchewan River)
2.671 km

Die Quellen der beiden Arme des Saskatchewan Rivers, des »Vorflusses« des Nelson Rivers, liegen in den Rocky Mountains, der North Saskatchewan in etwa 1.800 Metern Höhe, der South Saskatchewan im Süden der kanadischen Provinz Alberta. Beide Arme vereinen sich östlich von Prince Albert zu einem Strom und fließen in den Lake Winnepeg. Der Nelson River bildet den Abfluss des Sees und mündet, nachdem er »nur« 664 Kilometer in nordöstlicher Richtung zurückgelegt hat, in die Hudson Bay.

ST.-LORENZ-STROM
(mit North River)
3.058 km

Wenn man die Kaskade der großen Seen einrechnet, ist der am weitesten vom Atlantik entfernte Fluss der North River, ein Quellfluss des St. Louis Rivers, der bei Duluth in den Lake Superior mündet. Der eigentliche St.-Lorenz-Strom beginnt als Ausfluss des Ontario-Sees und entwässert bei Québec in den Atlantik. Der Oberlauf verläuft an der Grenze zwischen den USA und Kanada.

Blick auf den St.-Lorenz-Strom bei St. Irenée nördlich von Québec

COLORADO RIVER
2.333 km

Die Quellen des Colorado Rivers liegen im Rocky-Mountains-Nationalpark im US-Bundesstaat Colorado. Er fließt nach Südwesten erst durch Colorado, dann durch Utah und Arizona, und biegt auf der Höhe von Las Vegas nach Süden ab. Der Colorado entwässert in der Nähe von Mexikali in Mexiko in den Golf von Kalifornien. Berühmt ist der Fluss durch die einzigartigen Canyons, darunter der Grand Canyon, die er durch Erosion in die Felsen geschnitten hat.

Colorado River bei den Vermillon Cliffs, die zum Teil über 900 m hoch sind (rechts)

Der Mississippi vor der Skyline von St. Louis im US-Bundesstaat Missouri mit dem Gateway Arch, dem 192 m hohen, 1968 eingeweihten Wahrzeichen der Stadt. Bei St. Louis fließt der Missouri in den Mississippi (links).

COLUMBIA RIVER
(mit Snake River)   2.240 km

Der Columbia River speist sich aus dem Columbia Lake, der in 820 Metern Höhe in der kanadischen Provinz British Columbia liegt. Nach Süden fließt er in den US-Bundesstaat Washington und biegt vor den Blauen Bergen nach Westen ab. Etwa auf dieser Höhe mündet der Snake River, der im Yellowstone-Nationalpark entspringt, als linker Nebenfluss in den Columbia River. Westlich von Portland, Oregon, mündet er in den Pazifik.

Aussicht auf den Columbia River vom Crown Point aus (Bild in der Mitte)

CHURCHILL RIVER
     1.609 km

Die Quelle des Churchill River befindet sich im kanadischen Alberta im Bereich des Beaver Lake. Benannt ist er nach John Churchill, dem Governor der Hudson Bay Company von 1685 bis 1691. Der Churchill River durchquert eine Kette von Seen in Saskatchewan und Manitoba und mündet bei der Stadt Churchill in die Hudson Bay. Wichtige Nebenflüsse sind der Beaver River und der Reindeer River, der sich aus dem Wollaston und Reindeer Lake speist. Die Nistowiak Falls des Churchill sind die größten Wasserfälle Saskatchewans.

COLORADO RIVER (TEXAS)
     1.438 km

Dieser Fluss ist namensgleich mit dem Grand-Canyon-Fluss, liegt aber im amerikanischen Bundesstaat Texas, wo sich sowohl seine Quelle als auch seine Mündung befinden. Er entspringt südlich von Lubbock auf dem Llano Estacado, einem trockenen Tafelland im Nordwesten von Texas. In südöstlicher Richtung fließt er weiter durch einige Canyons und erreicht schließlich Austin. Hinter Austin verlässt er das bergige Gebiet, durchquert das flache küstennahe Schwemmland und mündet über die Matagorda-Bucht südlich von Houston in den Golf von Mexiko.

Flüsse

SÜDAMERIKA

Das Einzugsgebiet des Amazonas ist mit sieben Millionen km² fast so groß wie Australien, deshalb haben bereits viele seiner Nebenflüsse Rekordlängen. Die Aufstellung hier berücksichtigt Flüsse, die unabhängig von dem Großsystem Amazonas in die Meere entwässern.

AMAZONAS
(mit Ucayali und Apurimac)   6.448 km

Die drei Quellflüsse Marañón, Huallaga und Ucayali des Amazonas entspringen in den peruanischen Anden. Der Marañón ist dabei der nördlichste und wasserreichste, der Ucayali ist jedoch länger. Als der am weitesten von der Mündung entfernte Quellfluss gilt der Río Apurímac, der in 5.597 Metern Höhe im Bergmassiv Nevado Mismi in Peru nur etwa 200 Kilometer Luftlinie vom Pazifik entfernt entspringt. Der Apurimac fließt bei der peruanischen Stadt Atalaya in den Ucayali, den sich dann weiter nördlich bei Nauta in den Amazonas ergießt. In Brasilien heißt der Fluss zunächst Río Solimões, erst hinter Manaus, nach der

PARANÁ
(mit Grande)   3.998 km

Der längste Quellfluss des Paraná, der Río Grande, entspringt im brasilianischen Bundesstaat Minas Gerais in der Serra da Mantiqueira. Durch viele Stauseen fließt er westwärts und vereinigt sich mit dem Paranaíba zum Paraná. Südlich in Argentinien bildet er die Grenze zu Paraguay, fließt durch das La-Plata-Tiefland und mündet nördlich von Buenos Aires in den Atlantik.

Der Paraná-Nebenfluss Iguaçu mit den Wasserfällen bei Foz do Iguaçu.

SÃO FRANCISCO
3.199 km

Im Osten Brasiliens in der Serra da Canastra entspringt der São Francisco. Er fließt nordwestlich durch mehrere brasilianische Bundesstaaten und mündet 200 Kilometer südlich von Recife in den Atlantik. Zwei große Stauseen durchquert er auf seinem Weg zum Meer: den Três-Marias-Stausee und – weiter nördlich – den Sobradinho-Stausee, einen der weltgrößten Stauseen. Zwischen Paulo Afonso und der Stadt Penedo durchquert der Fluss eine malerische Felsenschlucht.

RIO TOCANTINS
2.640 km

Die Quellflüsse des Río Tocantins, Rio Paranã und Rio das Almas, entspringen im brasilianischen Bundesstaat Goiás westlich der Hauptstadt Brasilia. Er fließt in nördlicher Richtung und bildet die Landesgrenze von Tocantins und Maranhão. Als größter Nebenfluss mündet der Río Araguaia bei S. João do Araguaia in den Río Tocantins. Kurz dahinter wird der Strom zum Tucurui-Stausee aufgestaut, den der Río Tocantins verlässt. Bei Belem entwässert der Fluss in einem großen Mündungstrichter in den Atlantik.

Einmündung des Río Negro, trägt er wieder den Namen Amazonas. In den mit Abstand wasserreichsten Fluss der Erde münden etwa 10.000 weitere Flüsse, von den 1.100 größeren sind allein 13 länger als 1.000 Kilometer. 3.100 Kilometer fließt der meist mehrere Kilometer breite Strom durch Brasilien und ergießt sich dann bei Macapá in den Atlantischen Ozean.

Die Fauna und Flora des Gebiets ist überreich: Allein 3.500 verschiedene Fischarten sind bekannt, darunter der Amazonasdelfin, der inzwischen als bedroht gilt. Gefährdet ist dieses Gebiet durch die fortschreitende Rodung der Wälder. Auch in den Fluss selbst gelangen immer mehr Giftstoffe, darunter das hochgiftige Quecksilber aus der Goldproduktion.

Wolken über dem Anavilhanas – Archipel des Río Negro, einem der größten Nebenflüsse des Amazonas. Das riesige, aus zahlreichen Inseln bestehende Archipel befindet sich kurz vor dem Zusammenfluss des Schwarzwasserflusses mit dem Amazonas nördlich von Manaus (links).

ORINOCO 2.140 km

Die Quelle des Orinoco befindet sich in der Sierra Parima in Venezuela, ganz an der Grenze zu Brasilien. In einem weiten Bogen fließt er westwärts um das Bergland von Guayana herum, bildet den Grenzfluss zu Kolumbien und strömt östlich durch das ausgedehnte Orinoco-Tiefland über ein breites Delta in den Atlantik. Durch den Casiquiare, eine natürliche Gabelung des Flusses im Oberlauf, ist er mit dem Negro in Brasilien verbunden.

Der Orinoco fließt meist gemächlich, für Kanufahrer ideal (rechts).

PARNAÍBA 1.716 km

Zwischen den brasilianischen Bundesstaaten Maranhão und Piauí bildet der Río Parnaíba den Grenzfluss. Nach dem Río São Francisco ist der Parnaiba der zweitlängste Fluss im Norden des südamerikanischen Landes. Im Oberlauf weist er einige Wasserfälle auf, ist aber ansonsten schiffbar. Seine Quelle liegt in der Serra das Mangabeiras, einer Bergkette, die sich die beiden Bundesstaaten teilen. Er formt in der Nähe des Küstenorts Parnaíba ein Delta von 2.700 km². In fünf Arme aufgeteilt, mündet der Río Parnaiba in den Atlantischen Ozean.

URUGUAY 1.790 km

Zusammen mit dem Paraná bildet der Uruguay den Mündungstrichter des Río de la Plata. Der Uruguay entspringt im südbrasilianischen Bergland Serra Geral westlich von Tubarão. Er fließt weiter südlich, bildet den Grenzfluss zwischen Brasilien und Argentinien und später zwischen Uruguay und Argentinien. Wegen vieler Stromschnellen ist er nur eingeschränkt schiffbar. Imposant sind die Saltos del Moconá, zwei Kilometer lange Wasserfälle, von denen – einmalig in der Welt – das Wasser parallel zum Flusslauf herabstürzt.

Flüsse 495

AMAZONAS-DELTA – DAS GRÖSSTE FLUSSDELTA DER ERDE

Der Amazonas ist nicht nur der wasserreichste Fluss, sondern er hat auch das größte Delta vorzuweisen. Die genauen Ausmaße lassen sich nur schwer bestimmen, aber der Rang ist unstrittig. Das Mündungsdelta hat eine Breite von 330 Kilometern, wenn man die Flussinsel Marajó, die allein schon etwa so groß ist wie Dänemark, mitrechnet, und den südlich in den Atlantik mündenden Pará berücksichtigt. Obwohl der Amazonas viel Sediment mit sich führt, hat sich das Delta nicht wie bei anderen Flüssen tief ins Meer hinausgeschoben. Das liegt vermutlich an den Gezeitenwellen, den periodisch wiederkehrenden, bis zu vier Meter hohen Flutwellen. Sie werden bei Neu- oder Vollmond im Februar und März mit einsetzender Flut von einigen der Amazonas-Zuflüsse vom Meer her mehrere Kilometer flussaufwärts bewegt. Diese Wellen sind von den Anwohnern wegen ihrer Zerstörungskraft gefürchtet, ziehen aber Surfer aus aller Welt an.

Das sedimentreiche Wasser ergießt sich bis weit in den Atlantik hinein, ohne sich mit ihm zu mischen.

DELTAS – DIE GRÖSSTEN FLUSSMÜNDUNGEN DER ERDE

Unter einem Delta ist eine Landformation zu verstehen, die an der Mündung eines Flusses durch die allmähliche Ablagerung von Sediment entstehen kann. Typischerweise sind

Das Delta der Lena im Sommer

es langsam fließende Ströme, die Deltas bilden; außerdem sind die Gezeiten bei den Meeren, in die diese Flüsse entwässern, in der Regel schwach ausgeprägt. Bei einem Delta fächert der Fluss an seiner Mündung ins Meer oder in einen See auf, wodurch das aufgeschüttete Land in seiner Form an ein auf der Spitze stehendes Dreieck erinnert – am deutlichsten ist dies am Nil zu erkennen. Die Form gleicht dem kopfstehenden griechischen Buchstaben, und so hat der griechische Historiker Herodot (5. Jh. v. Chr.) für die Nilmündung den Begriff »Delta« eingeführt. Wo ein Delta beginnt und wo es aufhört, ist nicht immer genau auszumachen – Trockenzeiten oder Hochwasser können hier kurzfristig dramatische Änderungen herbeiführen. Die Liste auf dieser Seite folgt weitgehend neuesten Satellitenmessungen, die Angaben zu den Flächen sind gerundete Werte, die die Größenordung wiedergeben.

DIE GRÖSSTEN FLUSSDELTAS

1. Amazonas-Delta — 121.000 km²
2. Gangesdelta — 106.000 km²
3. Yukon-Kuskokwim-Delta — 70.000 km²
4. Lena-Delta — 45.000 km²
5. Mekong-Delta — 39.000 km²
6. Huang-He-Delta — 36.000 km²
7. Irrawaddy-Delta — 30.000 km²
8. Mississippi-Delta — 29.000 km²
9. Wolgadelta — 27.000 km²
10. Orinoco-Delta — 22.500 km²
11. Song-Hong-Delta — 22.000 km²
12. Niger-Delta — 19.000 km²

Der Mississippi, ein sogenannter Dammfluss, der sich seinen eigenen Uferdamm aufschüttet, hat ein imposantes Delta im Golf von Mexiko geschaffen, das er jährlich um 100 m ins Meer hinaus schiebt. 17.500 m³/s Wasser fließen in den Golf, achtmal so viel, wie der Rhein in die Nordsee ergießt. Mit abnehmender Fließgeschwindigkeit lagert der Fluss immer größere Mengen seiner Sedimente im Delta ab. Eindrucksvoll sind die Sedimentschleier, die weit ins offene Meer hinausreichen. Die mit Dämmen geschützten Ufer des Hauptarms werden landwirtschaftlich genutzt, die dunkelgrünen Flächen sind Sumpflandschaft.

Flüsse 497

WASSERFÄLLE

An geologischen Bruchstellen oder entsprechend geformten Untergründen stürzt das Wasser eines Fließgewässers oft viele Dutzend oder gar Hundert Meter in die Tiefe. Das kann in einer Stufe erfolgen – der seltenere Fall – oder aber kaskadenartig über mehrere Etappen. Wenn sich durch Gefälle oder Verengung der Wasserabfluss beschleunigt und reißend wird, spricht man von Stromschnellen. Ist der Abfluss des aufgewirbelten Wassers durch Felsriegel gegliedert, so handelt es sich um einen Katarakt. Stromschnellen und Wasserfälle zählen mit zu den imposantesten Naturschauspielen unserer Erde.

DIE GEWALTIGSTEN STROMSCHNELLEN UND WASSERFÄLLE

❶	**Chutes Inga** Dem. Rep. Kongo	42.500 m³/s
❷	**Chutes de Livingstone** Dem. Rep. Kongo	35.000 m³/s
❸	**Boyoma Falls** Dem. Rep. Kongo	17.000 m³/s
❹	**Chutes de Khone** Laos	11.600 m³/s
❺	**Salto Pará** Venezuela	3.500 m³/s
❻	**Cachoeira de Paulo Afonso** Brasilien	2.800 m³/s
❼	**Niagara Falls** USA	2.500 m³/s
❽	**Saltos do Iguaçu** Argentinien/ Brasilien	1.750 m³/s
❾	**Saltos dos Patos e Maribondo** Brasilien	1.500 m³/s
❿	**Victoria Falls** Simbabwe/ Sambia	1.100 m³/s
⓫	**Virginia Falls** Kanada	1.000 m³/s
⓬	**Churchill Falls** Kanada	990 m³/s

DIE HÖCHSTEN WASSERFÄLLE

❶	**Salto Angel** Venezuela	979 m
❷	**Tugela Falls** Südafrika	948 m
❸	**Cataratas las tres Hermanas** Peru	914 m
❹	**Olo'upena Falls** USA	900 m
❺	**Catarata Yumbilla** Peru	896 m
❻	**Vinnufossen** Norwegen	860 m
❼	**Baläifossen** Norwegen	850 m
❽	**Pu'uka'oku Falls** USA	850 m
❾	**James Bruce Falls** Kanada	840 m
❿	**Browne Falls** Neuseeland	836 m
⓫	**Strupenfossen** Norwegen	820 m
⓬	**Ramnefjellsfossen** Norwegen	818 m

Die Wasserfälle von Iguaçu im Länderdreieck Brasilien-Argentinien-Paraguay gehören zu den größten und eindrucksvollsten der Erde. Sowohl auf der argentinischen als auch auf der brasilianischen Seite wurde das Gebiet als Nationalpark ausgewiesen. Seit Mitte der 1980er-Jahre stehen diese Parks und der Wasserfall auf der Liste des UNESCO-Naturerbes.

Wasserfälle

KONGO

CHUTES INGA

Rund 40 Kilometer nördlich von Matadi, der wichtigsten Hafenstadt der Demokratischen Republik Kongo, wird der Kongo ein reißender Fluss. Auf einer Strecke von 15 Kilometern überwindet er ein Gefälle von 96 Metern. In jeder Sekunde fließen dabei im Durchschnitt 42.500 Kubikmeter Wasser der Küste zu, im Maximum können es sogar mehr als 70.000 Kubikmeter sein. Damit sind die Chutes Inga die größten Wasserfälle der Erde. Zwei riesige Kraftwerke nutzen diese Wassermassen zur Energiegewinnung – ein gigantisches drittes ist geplant. Die Kraftwerke gelten jedoch als »Weiße Elefanten«, unrentable Prestigeprojekte des 1997 verstorbenen Diktators Mobuto Sese Seko.

Die Stromschnellen der Chutes Inga sind schon manchem zum Verhängnis geworden. Das Bild wurde von einem Hubschrauber aus aufgenommen, mit dem man 1985 nach möglichen Überlebenden einer französischen Expedition suchte.

DIE GEWALTIGSTEN STROMSCHNELLEN DER ERDE

CHUTES DE LIVINGSTONE

Die Chutes de Livingstone sind nach dem schottischen Missionar und Afrikaforscher David Livingstone (1813– 1873) benannt. Sie befinden sich etwa 35 Kilometer nördlich der Chutes Inga und gelten als die zweitgrößten Wasserfälle der Erde mit einem durchschnittlichen Durchfluss von 35.000 Kubikmetern in der Sekunde. Südwestlich der Städte Brazzaville (Republik Kongo) und Kinshasa (Demokratische Republik Kongo) stürzt der Kongo in mehreren Kaskaden zu Tal. Der Fluss durchbricht hier die sogenannte Niederguinea-Schwelle, eine der fünf großen Erhebungen des afrikanischen Kontinents. »Schwellen« – oder auch »Rücken« – bilden weit ausgedehnte Landschaften, die sich oft auch zu Gebirgen aufgefaltet haben. An ihren Rändern grenzen sie häufig an Flussniederungen – so auch beim Kongo, der hier auf 350 Kilometern bis zum Delta in einer Serie von Stromschnellen einen Höhenunterschied von insgesamt 274 Metern überwindet.

BOYOMA-FÄLLE

Über die sieben Katarakte der Boyoma-Fälle, weltweit die drittgrößten Wasserfälle, fließen in jeder Sekunde etwa 17.000 Kubikmeter Wasser. Die Katarakte befinden sich in einer Biegung des Lualubas, des größten Quellflusses des Kongo. Sie erstrecken sich auf einer Breite von etwa 1,4 und einer Länge von 15 Kilometern zwischen den Städten Ubundu und Kinsangani (Demokratische Republik Kongo). Die Fallhöhe beträgt etwa 60 Meter. Die Boyoma-Fälle bilden die Grenze zwischen dem reißenden Oberlauf des Kongo und dem schiffbaren mittleren Flussabschnitt durch das Kongobecken, der oberhalb der Chutes de Livingstone endet.

SALTO ANGEL

Der Salto Angel im Urwald von Venezuela

Im zweitgrößten Nationalpark Venezuelas, dem Canaima-Nationalpark im Südosten des Landes, nahe den Grenzen zu Guyana und zu Brasilien, befindet sich der mit 979 Metern höchste frei fallende Wasserfall der Erde – der Salto Angel. Benannt ist er nach dem amerikanischen Buschpiloten und Goldsucher Jimmie Angel (1899 – 1956), der ihn 1933 entdeckte – genauer gesagt: wiederentdeckte. Bereits 1910 hatte ein Venezolaner den Wasserfall gesichtet, erst Angel machte ihn jedoch bekannt. Die größte Einzelstufe des gewaltigen Naturschauspiels misst 805 Meter, eine zweite Stufe von etwa 200 Metern schließt sich daran an. Das Wasser stürzt von einem Vorsprung des Auyan-Tepui, einem 700 km² großen Tafelberg, in die Tiefe und bildet dort den Zufluss zum Rio Carrao. Gespeist wird der Salto Angel durch die Regenfälle auf dem Plateau, die dort oft als heftige Gewitter niedergehen.

DER HÖCHSTE WASSERFALL DER ERDE

Die große Höhe und starke Aufwinde bewirken, dass sich in der Trockenzeit, bei weniger Wasserführung, ein Großteil des Wassers des Salto Angel in kleinste Tröpfchen auflöst.

Wasserfälle 503

DIE WASSERREICHSTEN UND HÖCHSTEN WASSERFÄLLE EUROPAS

Im Vergleich zu den Giganten in anderen Erdteilen nehmen sich die europäischen Wasserfälle meist eher bescheiden aus. Als größter gilt der Rheinfall, der in der Weltrangliste immerhin den 23. Platz belegt.

RHEINFALL
Schweiz 370 m³/s

Knapp 23 Meter stürzt sich das Wasser der Rheins rund vier Kilometer westlich von Schaffhausen über felsigen Grund in die Tiefe. Durchschnittlich 370 Kubikmeter ergießen sich in der Sekunde über eine Breite von etwa 150 Meter, der Rheinfall gilt deshalb als größter Wasserfall Europas. In den regenreichen Sommermonaten erreicht die Wassermenge sogar Durchschnittswerte um 700 Kubikmeter pro Sekunde. Seit der Würmeiszeit fließt der Rhein in seinem heutigen Bett aus hartem Malmkalk. Der Rheinfall entstand vor rund 14.000 bis 17.000 Jahren im Übergangsbereich vom harten Kalkstein zur Schotterrinne, die auf die ältere Risseiszeit vor 200.000 Jahren zurückgeht. Die Rheinfallfelsen sind die Überreste der ursprünglich wesentlich steileren Kalksteinflanke – den großen Felsen können Besucher besteigen. Dass die Abflussrinne über die Jahrtausende nicht stärker abgetragen wurde, liegt vermutlich daran, dass der Rhein oberhalb des Bodensees nur wenig erodierendes Material wie Kies

Der Dettifoss-Wasserfall, Island

Der Hafragilsfoss, wenige Kilometer nördlich des Dettifoss

Mit großer Wucht stürzt das Wasser über den Selfoss im Norden Islands in die Tiefe.

DETTIFOSS
Island 200 m³/s

Im Nordosten Islands im Süden des Jökulsárgljúfur-Nationalparks stürzt das graubraune Wasser des Gletscherflusses Jökulsá á Fjöllum am Dettifoss über eine Breite von rund 100 Metern rund 45 Meter in die Tiefe. Etwa 30 Kilometer weiter nördlich mündet der Fluss dann in die Norwegische See. Mit einem Durchfluss von durchschnittlich 200 Kubikmetern in der Sekunde ist er wegen der doppelten Fallhöhe energiereicher als der Rheinfall. Die Wassermenge schwankt jahreszeitlich allerdings erheblich.

HAFRAGILSFOSS
Island 200 m³/s

Nur etwa zwei Kilometer nördlich des Dettifoss überwindet der Jökulsá á Fjöllum eine weitere, etwa 91 Meter breite und 27 Meter tiefe Stufe, den Hafragilsfoss. Der Hafragilsfoss liegt an der südöstlichen Grenze des Jökulsárgljúfur-Nationalparks. Nach dem Dettifoss ist er der zweithöchste Wasserfall im Flussverlauf. Ein anspruchsvoller Rundweg – an einigen Stellen sind es nur durch Seile gesicherte schmale, steil abfallende Felsbänder – führt durch die Klamm am Hafragilsfoss vorbei. Im Winter sind die Straßen im Park nahezu unpassierbar.

SELFOSS
Island 200 m³/s

Wenige Hundert Meter südlich des Dettifoss befindet sich der Selfoss. Hier verengt sich der Jökulsá á Fjöllum, dessen Name »Gletscherfluss aus den Bergen« bedeutet. Auf einer Breite von 183 Metern stürzt das graugrüne Wasser etwa 11 Meter in die Tiefe, ehe es kurz darauf den Dettifoss und dann den Hafragilsfoss erreicht. Der Jökulsá á Fjöllum ist mit 206 Kilometern der zweitlängste Fluss der Insel. Er entspringt am Vatnahökull, dem größten Gletscher Islands, der sich als bis zu 1.000 Meter dicke Eiskappe über den Südosten der Vulkaninsel legt.

STORFORSEN
Schweden 186 m³/s

Storforsen bezeichnet eine gewaltige Stromschnelle in der nordschwedischen Provinz Noorbottens, etwa 38 Kilometer nordwestlich von Älvsbyn. Das Wasser fällt hier auf einer Länge von etwa fünf Kilometern um etwa 80 Meter, der steilste Abfall von etwa 60 Metern erfolgt auf den letzten zwei Kilometern. Im Juni führt der kleine Nebenfluss des Piteälven das meiste Wasser. Dann können bis zu 870 Kubikmeter pro Sekunde fließen. Das Areal um die Stromschnellen ist heute ein Naturreservat. Über Wege und Holzstege ist es Besuchern zugänglich.

und Schotter – sogenanntes Geschiebe – mit sich führt. Die Wasserkraft des Rheins wurde schon in früheren Zeiten von Mühlen genutzt. Ein kleines Kraftwerk bei Neuhausen liefert heute 4,4 Megawatt an Strom, beeinträchtigt die Abflussmenge aber nur unwesentlich. Der Rheinfall ist ein Touristenmagnet. Von beiden Seiten aus ist er über gut ausgebaute Wege erreichbar.

So sieht das Rheinfallbecken mit seinen Kaskaden und den typischen Felsen von der Neuhausener Seite aus. Im Hintergrund auf der Züricher Seite thront Schloss Laufen hoch über dem Wasserfall (links).

Die Grande Cascade de Gavarnie im französischen Teil der Pyrenäen fällt in drei Stufen in den Talgrund des Gebirgskessels Cirque de Gavarnie.

Die Wasserfälle von Giessbach, Schweiz

Die Krimmler Wasserfälle in Österreich

DIE HÖCHSTEN WASSERFÄLLE NORWEGENS

In Norwegen befinden sich die meisten und höchsten Wasserfälle Europas. Die nachfolgende Liste basiert auf der World Waterfall Database. Die genannten Namen- und Höhenangaben sind allerdings durch andere Quellen in vielen Fällen nicht belegt.

Der Ramnefjellsfossen in Norwegen.

❶ Vinnufossen	860 m	❽ Kjeragfossen	715 m
❷ Baläifossen	850 m	❾ Dantefossen	700 m
❸ Strupenfossen	820 m	❿ Brufossen	698 m
❹ Ramnefjellsfossen	818 m	⓫ Spirefossen	690 m
❺ Mongefossen	773 m	⓬ Krunefossen	660 m
❻ Kjelfossen	755 m	⓭ Mardalsfossen	657 m
❼ Ølmäafossen	720 m	⓮ Tyssestrengene	646 m

DIE HÖCHSTEN WASSERFÄLLE EUROPAS
(außerhalb Norwegens)

❶ Slapov Levo Savice Slowenien	600 m	❽ Geltenfall Schweiz	400 m
❷ Cascade du Gietro Schweiz	564 m	❾ Cascade du Moulin Marquis Frankreich	400 m
❸ Engstligenfälle Schweiz	500 m	❿ Giessbachfall Schweiz	391 m
❹ Walcherfall Österreich	500 m	⓫ Krimmler Wasserfälle Österreich	380 m
❺ Rothbachfall Deutschland	469 m	⓬ La Cascade d'Arpenaz Frankreich	365 m
❻ Grande Cascade de Gavarnie Frankreich	422 m	⓭ Cascata del Serio Italien	315 m
❼ Duendenfall Schweiz	400 m	⓮ Faulenbachfall Schweiz	305 m

Wasserfälle 505

DIE WASSERREICHSTEN UND HÖCHSTEN WASSERFÄLLE ASIENS

Asien verfügt über gigantische Flusssysteme, die häufig auch gewaltige Wasserfälle und Stromschnellen aufweisen. Mit großem Abstand führen hier die Chutes de Khone des Mekong die Liste der Wasserfälle an.

CHUTES DE KHONE
Laos/Mekong   11.600 m³/s

Die Chutes de Khone sind ein System von Stromschnellen des Mekong in der laotischen Provinz Champasak an der Grenze zu Kambodscha. Die Chutes bilden einen kaskadenartigen Wasserfall südlich des Binnendeltas Si Phan Don, was übersetzt die »4.000 Inseln« bedeutet. Die Chutes sind fast elf Kilometer breit, und das Wasser stürzt auf einer Strecke von etwa zehn Kilometern über 21 Meter in die Tiefe. Die Chutes de Khone sind die breitesten Wasserfälle der Erde, die größten Wasserfälle Asiens und die viertgrößten der Erde. Die durchschnittliche Abflussmenge von 11.600 Kubikmetern in der Sekunde kann sich in der Regenzeit bis auf fast 50.000 Kubikmeter steigern. Wegen der Chutes de Khone ist der Mekong nicht bis nach China schiffbar, im 19. Jahrhundert hatten französische Kolonisten vergeblich versucht, mit Schiffen durchzukommen. Erst eine Eisenbahnlinie, die die stärksten Stromschnellen umgeht, ermöglichte den Transport von Schiffen auf die andere Seite der Chutes.

HUKOU FALLS
China/Huang He   1.000 m³/s

Die Hukou Falls, auch Hukou Pubu genannt, befinden sich im Mittellauf des Gelben Flusses (Huang He) zwischen den Provinzen Shaanx und Shanxi. Der Wasserfall ist je nach Jahreszeit 30 bis 50 Meter breit, die Fallhöhe beträgt 30 Meter. Bei Flut können bis zu 8.000 Kubikmeter pro Sekunde herunterstürzen. Der Wasserfall ist Namensgeber des Huang-He-Hukou-Wasserfall-Nationalparks.

Das Huang-He-Wasser ist gelb verfärbt durch den mitgeführten Löss (rechts).

CAUVERY FALLS
Indien/Cauvery River   940 m³/s

Die Cauvery Falls, die auch Shivanasamudra Wasserfälle genannt werden, sind die Wasserfälle des Cauvery-Flusses im Süden von Indien. Der Fluss gilt den Hindus als heilig. Östlich von Mysore teilt sich der Fluss um die Insel Shivanasamudra, zu deren beiden Seiten das Wasser über die Cauvery Falls 90 Meter in die Tiefe stürzt. Die Wasserfälle sind rund 850 Meter breit; der höchste jemals gemessene Durchfluss betrug 19.000 Kubikmeter pro Sekunde.

Die Cauvery Falls mit ihren Inseln bei Tamil Nadu (großes Bild oben)

Die gewaltigen Stromschnellen der Chutes de Khone in Laos, vom Flugzeug aus gesehen (ganz linkes Bild); »Khong Phapheng« heißt eine der Hauptkaskaden: »Getöse des Mekong« (linkes Bild).

DIE HÖCHSTEN WASSERFÄLLE ASIENS

Der höchste Wasserfall Asiens befindet sich in Japan, es ist der Hannoki-no-taki in der Nähe der Stadt Tateyama. Allerdings führt der etwa 500 Meter hohe Wasserfall nur in der Zeit der Schneeschmelze zwischen April und Juli Wasser. Mit dem Shomyo-daki, der etwa 350 Meter hoch ist und ganzjährig Wasser führt, bildet er einen Zwillingswasserfall. Indien kann eine Reihe von hohen Wasserfällen aufweisen. Die Kunchikal Falls bei Agumbe gelten als die zweithöchsten Asiens. Weitere stattliche Fallhöhen weisen die Wasserfälle im Süden von Thailand auf, die ihr Wasser aus den Nakhon-Si-Thammarat-Bergen beziehen. Die Allwagwag Falls auf den Philippinen befinden sich auf der Insel Mindanao bei Davoa. Aus dem Berg Huangshan in China bezieht der Baizhang-Pu-Wasserfall sein Wasser.

❶	**Hannoki-no-taki** Japan	500 m
❷	**Kunchikal Falls** Indien	455 m
❸	**Barehipani Falls** Indien	399 m
❹	**Karom, Nam Tok** Thailand	396 m
❺	**Shomyo-daki** Japan	350 m
❻	**Allwagwag Falls** Philippinen	338 m
❼	**Langshiang Falls** Indien	337 m

Shomyo-daki und sein Nachbar Hannoki-no-taki (im Bild rechts) in Japan

Wasserfälle 507

DIE WASSERREICHSTEN UND HÖCHSTEN WASSERFÄLLE AUSTRALIENS/OZEANIENS

Australien ist zwar 29-mal größer als Neuseeland, doch in der Liste der höchsten Wasserfälle in dieser Weltregion dominiert ganz klar der kleine Inselstaat. Allein 16 Wasserfälle haben Fallhöhen von 300 Meter und mehr. Neuseeland bietet geografisch ideale Voraussetzungen: Der Inselstaat ist gebirgig, von zahlreichen Flüssen und Bächen durchzogen und verfügt über eine steile Fjordküste im Südwesten. Klimatisch liegt er zum größten Teil in der gemäßigten, regenreichen Zone. Dagegen sind weite Areale im Inneren von Australien Wüste, viele Flüsse führen hier nur zeitweilig überhaupt Wasser. Lediglich die Küsten im Süden und Südwesten zählen zur klimatisch gemäßigten Zone. Erst an 13. Stelle taucht ein Wasserfall auf einer der vielen Inseln Ozeaniens auf: Diesen Rang besetzt der Vaipo, ein Wasserfall mit 350 Metern Fallhöhe auf Nuku Hiva. Sie ist die größte Insel der Marquesas-Inselgruppe, die zu Französisch-Polynesien gehören.

DIE HÖCHSTEN WASSERFÄLLE

① **Browne Falls**
Neuseeland 836 m
② **Lake Chamberlain Falls**
Neuseeland 700 m
③ **Lake Unknown Falls**
Neuseeland 680 m
④ **Hidden Falls**
Neuseeland 660 m
⑤ **Bluff Falls**
Neuseeland 600 m
⑥ **Wishbone Falls**
Neuseeland 600 m
⑦ **Sutherland Falls**
Neuseeland 580 m
⑧ **Douglas Falls**
Neuseeland 540 m
⑨ **Wollomombi Falls**
Australien 424 m
⑩ **Tin Mine Falls**
Australien 421 m
⑪ **Gerard Falls**
Neuseeland 420 m
⑫ **Hirere Falls**
Neuseeland 420 m
⑬ **Vaipo (Ahuii Falls)**
Französisch Polynesien 350 m

Die Sutherland Falls befinden sich auf der Südinsel Neuseelands im Fiordland National Park (großes Bild).

BROWNE FALLS
836 m hoch

Über die Felskaskaden Fiordlands im Südwesten der Südinsel von Neuseeland ergießt sich das Wasser der Browne Falls in den Doubtful Sound der Tasmanischen See.

508 Wasserfälle

BLUFF FALLS 600 m hoch **WOLLOMOMBI FALLS** 424 m hoch **VAIPO FALLS** 350 m hoch **WALLAMAN FALLS** 268 m hoch

Auch die Bluff Falls befinden sich im Fiordland National Park. Dieser größte Park Neuseelands liegt im Südwesten und wird seit 1990 als UNESCO-Weltnaturerbe geführt.

Der höchste Wasserfall Australiens führt nur zeitweise Wasser. Er liegt in New South Wales im Oxley Wild Rivers National Park, etwa 450 km nördlich von Sydney.

Auf der Vulkaninsel Nuku Hiva in Französisch-Polynesien kann man rund 15 Kilometer südwestlich der Stadt Taiohae die Vaipo Falls, auch Ahuii Falls genannt, entdecken.

Der höchste einstufige Wasserfall Australiens bietet ein imposantes Schauspiel in den Feuchttropen von Queensland, die seit 1988 UNESCO-Weltnaturerbe sind.

Wasserfälle 509

DIE WASSERREICHSTEN UND HÖCHSTEN WASSERFÄLLE AFRIKAS

In der Rangliste der höchsten Wasserfälle der Welt belegen die Tugela Falls in Südafrika nach dem Salto Angel in Venezuela mit 948 Metern Fallhöhe den zweiten Rang. Das Wasser fällt dabei in fünf Stufen nach unten. Die Tugela Falls befinden sich in den nördlichen Dra-

Die ersten Stufen der Tugela Falls

kensbergen (zu Deutsch »Drachenberge«), einem Gebirge, das parallel zur Südostküste Südafrikas verläuft und Erhebungen von zum Teil über 3.000 Meter Höhe aufweist. Das Areal gehört zum Royal-Natal-Nationalpark. Gespeist wird der Wasserfall vom Tugela-Fluss – »Tugela« bedeutet »plötzlich« in der Sprache der Zulu –, der nur wenige Kilometer entfernt in den Mont-Aux-Sources-Bergen entspringt.

DIE HÖCHSTEN WASSERFÄLLE

① **Tugela Falls**
Südafrika — 948 m
② **Mutarazi Falls**
Südafrika — 762 m
③ **Cascades de Trou de Fer**
Réunion — 725 m
④ **Cascade Blanche**
Réunion — 640 m
⑤ **Ndedema Falls**
Südafrika — 460 m
⑥ **Vivienne Falls**
Kenia — 460 m
⑦ **Gura Falls**
Kenia — 305 m
⑧ **Cascade de Fleurs Jaunes**
Réunion — 300 m
⑨ **Rianbavy**
Madagaskar — 250 m
⑩ **Chutes de Kambadaga**
Guinea — 249 m
⑪ **Pungwe Falls**
Simbabwe — 243 m
⑫ **Elands River Falls**
Südafrika — 228 m

DIE WASSERREICHSTEN WASSERFÄLLE

① **Chutes Inga**
Dem. Rep. Kongo — 42.500 m³/s
② **Chutes de Livingstone**
Dem. Rep. Kongo — 35.000 m³/s
③ **Boyoma Falls**
Dem. Rep. Kongo — 17.000 m³/s
④ **Victoria Falls**
Simbabwe/Sambia — 1.100 m³/s
⑤ **Kongou Falls**
Gabun — 900 m³/s
⑥ **Epupa Falls**
Namibia — 500 m³/s
⑦ **Augrabies Falls**
Südafrika — 310 m³/s
⑧ **Murchison Falls**
Uganda — 300 m³/s
⑨ **Ruacana Falls**
Namibia/Angola — 280 m³/s

411 m stürzt das Wasser über die höchste einzelne Stufe der fünfstufigen Tugela Falls den steilen Fels hinunter.

KONGOU FALLS
Gabun   900 m³/s

Einer der Höhepunkte des Ivindo-Nationalparks sind die Kongou Falls mit einer Breitenausdehnung von über drei Kilometern. Rund 56 Meter tief stürzt das Wasser über mehrere Teilkatarakte hinunter, die durch Inseln mit tropischen Wäldern unterbrochen werden.

EPUPA FALLS
Namibia   500 m³/s

Der Kunene-Fluss speist den Wasserfall an der Grenze zwischen Namibia und Angola. Der 500 Meter breite Fluss hat ein Gefälle von 60 Metern auf 1,5 Kilometer, die höchste einzelne Stufe misst etwa 20 Meter. Der Fluss und der Wasserfall führen ganzjährig Wasser.

AUGRABIES FALLS
Südafrika   310 m³/s

Der Augrabies-Falls-Nationalpark ist nach seiner Hauptattraktion, dem Wasserfall benannt. Dieser ist etwa 60 Meter hoch. Die tief in die Felsen geschnittene Schlucht belegt eindrucksvoll, wie selbst Granit der erodierenden Kraft des Wassers nicht standhalten kann.

RUACANA FALLS
Namibia/Angola   280 m³/s

Etwa 135 Kilometer stromaufwärts von den Epupa Falls stößt man weiter im Norden von Namibia an der Grenze zu Angola bei Ruacana auf die Ruacana Falls. Die Wasserfälle sind 120 Meter hoch und etwa 700 Meter breit, wenn sie viel Wasser führen.

VICTORIA FALLS – DIE GEWALTIGSTEN WASSERFÄLLE AFRIKAS

Die spektakulären Victoria Falls liegen im Bereich mehrerer zum Teil grenzüberschreitender Schutzgebiete. Sie sind für Besucher gut erschlossen. Bei Hochwasser ist das Donnern des herabstürzenden Wassers kilometerweit zu hören.

Die Victoria Falls befinden sich im Grenzbereich zwischen Simbabwe und Sambia bei den Grenzstädten Victoria Falls und Livingstone. Seit 1989 werden sie in der Liste des UNESCO-Weltnaturerbes geführt. Auf 1.708 Metern Breite stürzt das Wasser des Sambesi über eine Felswand etwa 110 Meter in die Tiefe und bildet so den weltweit größten geschlossenen »Wasservorhang«. Die Wassermenge unterliegt starken Schwankungen. In Trockenperioden sind es nur 170 Kubikmeter pro Sekunde, während bei Hochwasser bis zu 10.000 Kubikmeter herunterdonnern. Als Durchschnitt ergibt sich ein Abfluss von etwa 1.100 Kubikmeter pro Sekunde und damit der zehnte Platz in der Liste der größten Wasserfälle der Erde. Vermutlich war der schottische Missionar und Afrikaforscher David Livingstone (1813–1873) der erste Europäer, der die Wasserfälle zu Gesicht bekam. Zu Ehren der damaligen englischen Königin taufte er sie »Victoria Falls«. Das ist heute auch der offizielle Name in Simbabwe. In Sambia wird noch der vorkoloniale Name Mosi-oa-Tunya verwendet, was übersetzt so viel wie »donnernder Rauch« bedeutet.

Das dramatische Farbenspiel bei Sonnenuntergang über den Victoria Falls, von Simbabwe aus gesehen (Bilder unten). Im Luftbild ist gut zu erkennen, wie das Wasser als 1.708 m breiter geschlossener Wasservorhang herabstürzt; im feinen Sprühnebel bildet sich oftmals ein Regenbogen (Bilder links)

Wasserfälle

DIE WASSERREICHSTEN UND HÖCHSTEN WASSERFÄLLE NORD- UND MITTELAMERIKAS

Die Wasserfälle Nordamerikas sind wasserreicher und höher als die der mittelamerikanischen Staaten. Die höchsten Wasserfälle gibt es jedoch auf der Vulkaninsel Hawaii, dem 50. Staat der USA, der geologisch eigentlich nicht zum nordamerikanischen Kontinent gehört.

VIRGINIA FALLS
Kanada 1.000 m³/s

In den Mackenzie Mountains der Northwest Territories, etwa 500 Kilometer westlich von Yellowknife, befindet sich der 1972 gegründete, bis heute schwer zugängliche Nahanni National Park, der sechs Jahre später auch von der UNESCO in das Weltnaturerbe aufgenommen wurde. An der Südspitze des Parks stößt man auf die Virginia Falls. Dort stürzt sich der wilde South Nahanni River auf einer Breite von 250 Metern etwa 96 Meter in die Tiefe. Benannt ist der Wasserfall nach der Tochter des Entdeckers Fenley Hunter, der 1928 den Auftrag hatte, den South Nahanni geologisch zu erkunden. Hunter war Mitglied der Royal Geographical Society of London und Mitglied des New Yorker Explorers Club. Er war ein Experte auf dem Gebiet der Kartografie und sehr versiert im Gebrauch des Sextanten für Vermessungen vor Ort. Die Virginia Falls entdeckte und vermaß er am 21. August 1928, dem Geburtstag seiner Tochter. Als er die Karten und Skizzen den kanadischen Behörden (»Geologi-

Ein Kanadareiher hält an den Churchill Falls in Kanada nach Beute Ausschau.

CHURCHILL FALLS
Kanada 990 m³/s

Im McLean Canyon in Neufundland (der früher Bowdoin Canyon hieß) befinden sich die Churchill Falls, die auch unter den Namen Grand Falls oder Hamilton Falls bekannt sind. Seitdem ein Großteil des Wassers für ein Wasserkraftwerk abgeleitet wird, wirken sie heute meist nicht mehr ganz so »grand«, es sei denn bei Hochwasser. Das Wasser des Hamilton River fällt in zwei Stufen insgesamt etwa 92 Meter, über die größere Stufe allein sind es bereits 75 Meter. Der Wasserfall ist im Durchschnitt etwa 46 Meter breit.

WILLAMETTE FALLS
USA 874 m³/s

Der Willamette River ist ein Nebenfluss des Columbia Rivers. Bei Oregon City im amerikanischen Bundesstaat Oregon, südlich von Portland, ergießt sich das Wasser des Flusses über einen hufeisenförmigen, etwa 460 Meter breiten Felssturz zwölf Meter in die Tiefe. Die Willamette Falls gelten als die größten Wasserfälle im amerikanischen Nordwesten. Heute halten allerdings Schleusenanlagen einen Großteil des Wassers zurück, sodass der Abfluss besonders im Spätsommer deutlich eingeschränkt ist. Die Ufer sind von Industrieanlagen gesäumt. Die eingeborenen Indianer glaubten einst, dass die Götter den Wasserfall hier platziert hätten, um die Indianer den ganzen Winter mit Nahrung zu versorgen: Hier gab es reichlich Lachs. Denn nur bei bestimmten Wasserständen konnten die Fische die Wasserfälle überwinden.

Die Willamette Falls bei Oregon City

GREAT FALLS
USA 323 m³/s

Der Potomac River fließt an der amerikanischen Ostküste. Er entspringt im Peston County in West Virginia und mündet etwa 60 Kilometer südlich von Washington D.C. im Bundesstaat Maryland in die Chesapeake Bay. Die Great Falls befinden sich etwa 22 Kilometer stromaufwärts von Washington D.C. In mehreren Stufen überwindet das Wasser auf einer Breite von etwa 46 Metern eine Höhe von 24 Metern. Der Potomac wird in diesem Gebiet für Kajakfahrten und Wildwasserrafting genutzt. Der Great Falls Park befindet sich am südlichen Ufer in Virginia.

cal Survey of Canada«) übergab, bat er darum, dass der Wasserfall den Namen seiner Tochter tragen möge. Wegen seiner zahlreichen Verdienste gewährte man ihm diesen Wunsch. Besondere Verdienste um das Areal hat sich auch der ehemalige Premierminster von Kanada, Pierre Trudeau (1919–2000), erworben, auf dessen Betreiben hin der Nationalpark gegründet wurde.

Die Virginia Falls im Nordwesten Kanadas sind mit 96 m etwa doppelt so hoch wie die Niagara-Fälle; der Fels in der Mitte wird Mason's Rock genannt, nach Bill Mason, einem kanadischen Naturforscher, Umweltaktivisten, Filmemacher und Autor (links).

Yosemite Falls vom Tal aus gesehen

Die Yosemite Falls sind eine der Hauptattraktionen des gleichnamigen Nationalparks in der Sierra Nevada, Kalifornien

YOSEMITE FALLS
USA 739 m

Die Yosemite Falls im Yosemite-Nationalpark in den Sierra-Nevada-Bergen, Kalifornien, sind die höchsten gemessenen Wasserfälle der USA (zwei Wasserfälle im North-Cascades-Nationalpark in Washington State könnten höher sein, doch die Messungen sind nicht offiziell bestätigt). In drei Stufen stürzt das Wasser herab, die erste und höchste Stufe misst 436 Meter. Die indianischen Eingeborenen des Yosemite-Tals nannten den Wasserfall »Cholock«: Sie glaubten, dass im Fallkolk, dem Wasserbecken am Fuße des Wasserfalls, die Geister von Hexen wohnten.

Basaseachic Falls (312 m), die höchsten, permanent wasserführenden Fälle Mexikos

DIE HÖCHSTEN WASSERFÄLLE NORDAMERIKAS

❶ **Olo'upena Falls**
Hawaii 900 m
❷ **Pu'uka'oku Falls**
Hawaii 850 m
❸ **James Bruce Falls**
Kanada 840 m
❹ **Waihilau Falls**
Hawaii 792 m
❺ **Yosemite Falls**
USA 739 m
❻ **Mana'wai'nui Falls**
Hawaii 719 m
❼ **Avalanche Basin Falls**
USA 707 m

Wasserfälle 515

NIAGARA FALLS – DIE GEWALTIGSTEN WASSERFÄLLE NORDAMERIKAS

Die gewaltigen Niagara Falls lassen sich von der amerikanischen und der kanadischen Seite aus erkunden. In wasserdichtes Ölzeug gehüllt, gelangt man im »Cave of the Winds« (»Windhöhle«) sogar direkt hinter die Wasserfälle.

Sie zählen zu den bekanntesten Wasserfällen weltweit, die Niagara Falls, die zu einem Drittel im amerikanischen Bundesstaat New York und zu zwei Dritteln in der kanadischen Provinz Ontario liegen. Etwa 2.500 Kubikmeter Wasser fließen hier pro Sekunde über die steilen Felswände, die Niagara Falls belegen damit den siebten Rang in der Liste der weltweit größten Wasserfälle.

Der Niagara-Fluss, der den Ontariosee mit dem Eriesee verbindet, stürzt dabei auf der 792 Meter breiten kanadischen Seite (dem »Horseshoe«, deutsch »Hufeisen«) 52 Meter in die Tiefe; im amerikanischen Abschnitt, der 363 Meter misst, sind es dagegen wegen eines Felssturzes nur noch 21 Meter. Dazwischen liegt Goat Island (»Ziegeninsel«), eine unbewohnte Insel, die zu New York State gehört. Die Niagara Falls sind touristisch umfassend erschlossen. Frisch verheiratete Paare verbrachten hier früher häufig ihre Flitterwochen. Außerhalb der Saison und nachts fließt jedoch nur noch wenig Wasser; bis zu 90 % der Wassermenge werden über Stauwehre abgezweigt und in mehreren Kraftwerken zur Stromgewinnung genutzt.

In der Abenddämmerung werden die Niagara Falls effektvoll beleuchtet, im Vordergrund der kanadische Abschnitt (links). Von sogenannten »Maid of the Mist«-Booten aus lässt sich die kanadische Seite erkunden; man erkennt deutlich, wie die Fälle hier zu ihrem Namen »Horseshoe« (»Hufeisen«) gekommen sind (großes Bild).

Wasserfälle 517

DIE WASSERREICHSTEN UND HÖCHSTEN WASSERFÄLLE SÜDAMERIKAS

SALTO PARÁ
Venezuela　　　　　3.500 m³/s

Was die Wassermenge angeht, so gilt der Salto Pará als der mächtigste Wasserfall Südamerikas. Mitten im Regenwald stürzt das Wasser des Caura-Flusses – ein großer Nebenfluss

Mitten im Dschungel: der Salto Pará

des Orinoco – etwa auf halber Strecke bis zur Mündung in den Orinoco 60 Meter in die Tiefe. Der Wasserfall hat die Form eines Halbmondes und erstreckt sich trichterförmig über sieben Kilometer bis zu einer großen Sandbank.

CACHOEIRA DE PAULO AFONSO
Brasilien　　　　　2.800 m³/s

In zwei Stufen fällt das Wasser des Rio São Francisco über die Cachoeira de Paulo Afonso etwa 84 Meter in die Tiefe; die größte Stufe misst dabei 59 Meter. Der Wasserfall ist mit etwa 18 Metern Breite recht schmal, führt dafür aber sehr viel Wasser. Die Wasserfälle befinden sich im brasilianischen Bundesstaat Bahia, dort, wo der Rio São Francisco das Küstengebirge durchbricht.

DIE WASSERREICHSTEN WASSERFÄLLE

① **Salto Pará**
  Venezuela　　　　3.500 m³/s
② **Cachoeira de Paulo Afonso**
  Brasilien　　　　2.800 m³/s
③ **Saltos do Iguaçu**
  Brasilien/Argentinien　1.750 m³/s
④ **Saltos dos Patos e Maribondo**
  Brasilien　　　　1.500 m³/s
⑤ **Kaieteur Falls**
  Guyana　　　　　660 m³/s
⑥ **Cascada da San Rafael**
  Ecuador　　　　　400 m³/s
⑦ **Salto Hacha/Salta Sapo**
  Venezuela　　　　k. A.

KAIETEUR FALLS
Guyana　　　　　660 m³/s

Die Kaieteur Falls befinden sich im gleichnamigen Nationalpark in Zentralguyana. Das Wasser stürzt auf einer Breite von etwa 113 Metern 251 Meter in die Tiefe, der Wasserfall ist damit rund fünfmal

Ohne Stufe 251 m tief: Kaieteur Falls

so hoch wie die Niagara-Fälle. Bezogen auf den Wasserabfluss pro Zeit belegen die Kaieteur-Fälle weltweit den 19. Rang. Das Wasser liefert der Potaro, ein Nebenfluss des Essequibo, des größten Flusses von Guyana.

DIE HÖCHSTEN WASSERFÄLLE

Wasser aus dem »hängenden Gletscher« – die Casacde de Ventisquero Colgante in Chile

① **Salto Angel**
  Venezuela　　　　979 m
② **Cataratas las tres Hermanas**
  Peru　　　　　　914 m
③ **Catarata Yumbilla**
  Peru　　　　　　896 m
④ **Catarata Gocta**
  Peru　　　　　　771 m
⑤ **Salto Kukenaam**
  Venezuela　　　　674 m

SALTO HACHA/ SALTO SAPO
Venezuela　　　　　k. A.

Der Canaima-Nationalpark wird nicht nur wegen des Salto Angel, des höchsten Wasserfalls der Erde, besucht. Mindestens ebenso beliebt sind der Salto Hacha und der

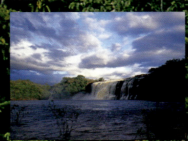

Die Lagune vor dem Salto Hacha

kleinere Salto Sapo im Nordwesten des Parks. Man erreicht die beiden Fälle am besten mit Booten über die Lagune, deren Wasser wegen gelöster Gerbsäuren auffällig rot gefärbt ist. Der kleinere Salto Sapo hat eine Besonderheit: Besucher können zwischen rutschigen Felswänden unter dem Wasserfall durchlaufen – und werden dabei natürlich nass. In der Trockenperiode ist der Salto Sapo allerdings nur ein Rinnsal.

⑥ **Salto Yutajá**
  Venezuela　　　　671 m
⑦ **Salto Roraima**
  Venezuela　　　　610 m
⑧ **Salto del Iguapo**
  Venezuela　　　　600 m
⑨ **Cataratas la Chinata**
  Peru　　　　　　580 m
⑩ **Cachoeira do Pilao**
  Brasilien　　　　524 m

CASCADA DE SAN RAFAEL
Ecuador — 400 m³/s

Die Cascada de San Rafael – auch Cascada del Coca genannt – ist ein mehrstufiger, gewaltiger Wasserfall in der Provinz Napo von Ecuador. Geografisch liegt sie an der Ostseite der Anden im Naturreservat Cayambe-Coca, etwa 40 Kilometer südlich des Äquators. Der Rio Coca, ein Zufluss des Rio Napo (und damit letztlich des Amazonas), liefert das kristallklare Wasser, das dann über die engen Kaskaden etwa 131 Meter in die Tiefe stürzt. Wenige Kilometer nordwestlich befindet sich der Reventador (3.562 m), ein aktiver Vulkan.

Die Cascada de San Rafael, einer der eindrucksvollsten Wasserfälle Südamerikas, wirbelt eine dichte Gischtwolke auf.

SALTOS DO IGUAÇU – DIE GEWALTIGSTEN WASSERFÄLLE SÜDAMERIKAS

Sie sind zwar nur die drittgrößten Wasserfälle des südamerikanischen Kontinents, aber sicherlich die schönsten – das hat auch die UNESCO veranlasst, sie als schutzwürdig auf die Naturerbeliste zu setzen.

Im Dreiländereck Brasilien, Argentinien und Paraguay stürzt der Fluss Iguaçu (in Argentinien heißt er Iguazú) über eine Breite von 2.700 Metern durchschnittlich 62 Meter in die Tiefe. Der Wasserfall ist kein geschlossener Vorhang wie bei den afrikanischen Victoria Falls, es lassen sich auf der gesamten Breite über 270 einzelne Wasserfälle unterscheiden. Der größte einzelne Wasserfall ist der »Garganta do Diabo« (Spanisch »Garganta del Diablo«), der »Teufelsschlund«, eine 150 Meter breite und 82 Meter hohe u-förmige Schlucht, über die eine Wasserwand von etwa 400 Metern herabstürzt. Der »Teufelsschlund« befindet sich direkt an der Grenze zwischen Brasilien und Argentinien. Mit 1.750 Kubikmetern pro Sekunde nehmen die Saltos do Iguaçu weltweit den achten Rang ein auf der Liste der größten Wasserfälle. Zwei Drittel der Wasserfälle liegen auf argentinischem, ein Drittel auf brasilianischem Territorium. Das umgebende Areal ist in beiden Ländern als Nationalpark ausgewiesen und wird seit 1984/86 als UNESCO-Naturerbe geführt. Besucher können von den benachbarten Grenzstädten,

Foz do Iguaçu in Brasilien und Puerto Iguazú in Argentinien, die Fälle erreichen. Auch von der Stadt Ciudad del Este in Paraguay aus gibt es Verbindungen. Auf brasilianischer Seite führt ein Fußweg über eine Erweiterung bis zum »Teufelsschlund«. Von Argentinien aus werden Besucher mit einer Schmalspurbahn zu den verschiedenen Wegen transportiert.

An den Iguaçu-Fällen bricht sich im Sprühnebel der aufspritzenden Wassertropfen das Sonnenlicht in allen Regenbogenfarben (großes Bild). Bis knapp an die Kante des Wasserfalls gibt es im Iguaçu zahlreiche kleine Inseln (links).

Die Iguaçu-Fälle, von der brasilianischen Seite aus gesehen – im Dunst hinten: der »Teufelsschlund«

Wasserfälle 521

SEEN

Als See wird ein größeres Stillgewässer bezeichnet, das vollständig von Land umgeben ist. Ob der See Zu- und Abflüsse hat, spielt dabei keine Rolle. In Abgrenzung vom Binnenmeer – zum Beispiel dem Mittelmeer – verfügt ein See in der Regel nicht über eine direkte Verbin-

Der Vänern in Südschweden ist der drittgrößte See Europas.

dung mit den Weltmeeren. Die meisten Seen enthalten Süßwasser, es gibt allerdings auch Salzwasserseen – der größte See der Erde, das Kaspische Meer, ist ein Salzwassersee. Um als See geführt zu werden – im Unterschied zu einem Weiher oder einem Teich –, muss ein Gewässer auch eine gewisse Größe aufweisen. Als Mindestmaß wird dabei meist ein Hektar angesetzt.

DIE GRÖSSTEN SEEN DER ERDE

① **Kaspisches Meer**
Russland, Kasachstan, Aserbaidschan, Iran, Turkmenistan — 371.000 km²
② **Oberer See**
USA, Kanada — 82.414 km²
③ **Victoriasee**
Tansania, Kenia, Uganda — 68.870 km²
④ **Huronsee**
USA, Kanada — 59.596 km²
⑤ **Michigansee**
USA — 58.016 km²
⑥ **Tanganjikasee**
Dem. Rep. Kongo, Tansania, Sambia, Burundi — 32.893 km²
⑦ **Großer Bärensee**
Kanada — 31.328 km²
⑧ **Baikalsee**
Russland — 31.492 km²
⑨ **Malawisee**
Malawi, Tansania, Mosambik — 30.044 km²
⑩ **Großer Sklavensee**
Kanada — 28.568 km²
⑪ **Eriesee**
USA, Kanada — 25.745 km²
⑫ **Winnipegsee**
Kanada — 24.341 km²

DIE TIEFSTEN SEEN DER ERDE

① **Baikalsee**
Russland — 1.637 m
② **Tanganjikasee**
Dem. Rep. Kongo, Tansania, Sambia, Burundi — 1.470 m
③ **Kaspisches Meer**
Russland, Kasachstan, Aserbaidschan, Iran, Turkmenistan — 995 m
④ **Malawisee**
Malawi, Tansania, Mosambik — 706 m
⑤ **Wostoksee**
Antarktis — 670 m
⑥ **Issyk-Kul**
Kirgisistan — 668 m
⑦ **Großer Sklavensee**
Kanada — 614 m
⑧ **Crater Lake**
USA — 594 m
⑨ **Lago General Carrera**
Chile, Argentinien — 590 m
⑩ **Hornindalsvatnet**
Norwegen — 514 m
⑪ **Lake Tahoe**
USA — 501 m
⑫ **Lago Argentino**
Argentinien — 500 m

DIE WASSERREICHSTEN SEEN DER ERDE

① **Kaspisches Meer**
Russland, Kasachstan, Aserbaidschan, Iran, Turkmenistan — 78.200 km³
② **Baikalsee**
Russland — 23.000 km³
③ **Tanganjikasee**
Dem. Rep. Kongo, Tansania, Sambia, Burundi — 18.900 km³
④ **Oberer See**
USA, Kanada — 12.100 km³
⑤ **Malawisee**
Malawi, Tansania, Mosambik — 8.400 km³
⑥ **Wostoksee**
Antarktis — 5.400 km³
⑦ **Michigansee**
USA — 4.918 km³
⑧ **Huronsee**
USA, Kanada — 3.540 km³
⑨ **Victoriasee**
Tansania, Kenia, Uganda — 2.750 km³
⑩ **Großer Bärensee**
Kanada — 2.236 km³
⑪ **Großer Sklavensee**
Kanada — 2.090 km³
⑫ **Issyk-Kul**
Kirgisistan — 1.738 km³

Der Obere See, durch den die Grenze zwischen den USA und Kanada verläuft, ist der zweitgrößte See und – da das Kaspische Meer ein Salzwassersee ist – zugleich der größte Süßwassersee der Erde. Auf der amerikanischen Seite in Minnesota, etwa 34 km nordöstlich von Two Harbors, befindet sich der historische Split-Rock-Leuchtturm. Errichtet wurde er 1910, nachdem es bei heftigen Stürmen in der Gegend zu schweren Schiffbrüchen gekommen war (großes Bild).

KASPISCHES MEER – DER GRÖSSTE SEE DER ERDE

Vor vielen Millionen Jahren war das Kaspische Meer tatsächlich Teil eines riesigen Ozeans. Als sich vor etwa 5,5 Millionen Jahren die Alpen, Pyrenäen und Karpaten auffalteten, wurde auch das gewaltige Becken vom Meer getrennt – und zählt limnologisch nun zu den Seen.

Das Kaspische Meer nimmt eine Fläche von fast 371.000 km² ein. Die Größenangaben weichen in den Quellen zum Teil voneinander ab, aber es ist unstrittig das mit Abstand größte Binnengewässer der Erde. Der etwa 1.200 Kilometer lange und bis zu 435 Kilometer breite abflussfreie See liegt im Südwesten Asiens. Fünf Staaten säumen seine Küsten: im Süden Iran, im Osten Turkmenistan, im Norden und Nordosten Kasachstan, im Westen Aserbaidschan und Russland. Er fasst 78.200 km³ Wasser, das entspricht 40 % der weltweit in Seen vorhandenen Wassermenge. Von Nord nach Süd lässt sich das Kaspische Meer in drei Zonen einteilen. Im Norden ist der See nur etwa sechs Meter tief. Die mittlere Zone, die auf der Höhe der Halbinsel Chechen beginnt, weist Tiefen von 190 Metern auf. Ungewöhnlich tief ist die dritte Zone südlich von Baku: bis zu 995 Meter. Das Wasser ist salzhaltig, im Mittel etwa 1 % (Meerwasser: 3,5 %). Größter Zufluss ist die Wolga. Wirtschaftlich wichtig sind der Fischfang, besonders der Stör – aus ihm wird Kaviar gewonnen – und die Förderung von Erdöl und -gas.

Der Nordteil kann im Winter vereisen.

Die Größe des Kaspischen Meers unterlag immer wieder erheblichen Schwankungen. Anfang der 1930er-Jahre soll die Seefläche sogar 420.000 km² betragen haben. Zur Bewässerung von Nutzflächen wurde bis in die 1970er-Jahre hinein mehr Wasser entnommen, als die größten Zuflüsse Wolga, Ural und Kura zuführten. Seit Ende der 1970er-Jahre steigt der Wasserspiegel wieder, jedoch nicht aufgrund menschlicher Einwirkung, sondern wegen verstärkter geologischer Aktivität auf dem Boden des Kaspischen Meers.

Blick aus dem Weltall auf den Nordteil des Kaspischen Meers: Die Wolga bildet hier ein breites Delta.

Unter dem Kaspischen Meer befinden sich große Erdöl- und Erdgaslagerstätten. Deren Ausbeutung belastet die Umwelt und führt auch immer wieder zu Konflikten zwischen den Anrainerstaaten. Im Bild zu sehen: eine Ölbohrinsel in der Nähe von Baku (links).

BAIKALSEE – DER TIEFSTE UND WASSERREICHSTE SEE DER ERDE

Der Baikalsee ist der See mit der größten Wassertiefe, unter den Süßwasserseen hat er das größte Wasservolumen. Zugleich gilt er mit einem Alter von über 25 Millionen Jahren als ältester See der Welt.

Der Baikalsee, 673 Kilometer lang und maximal 82 Kilometer breit, liegt im südlichen Sibirien nahe der Stadt Irkutsk. Seit 1996 wird die Baikalregion auf der UNESCO-Liste des Weltnaturerbes geführt. Der See, der sich auf 455 Meter über NN befindet, hat eine Ausdehnung von 31.492 km^2. An seiner tiefsten Stelle wurden 1.637 Meter gemessen, die größte Tiefe aller Seen der Erde. Der Baikalsee enthält etwa 23.000 km^3 Wasser. Der einzige Abfluss, die Angara, vereint sich mit dem Jenissej, der in die Karasee des Nordpolarmeers mündet. Das Gebiet um den See ist geologisch sehr aktiv, es kommt häufig zu Erdbeben. Am Ufer entspringen aus Erdspalten mineralische Quellen, um die herum sich Kurorte etabliert haben. »Reicher See« bedeutet der Name Baikalsee in der burjatischen Sprache. Und in der Tat ist die Pflanzen- und Tierwelt im und um den See außerordentlich vielfältig. Allein im See selbst sind mehr als 1.200 verschiedene Tierarten nachzuweisen. Der größte Teil der artenreichen Fauna ist endemisch, so etwa die Baikalrobbe und der Golomjanka, ein lebend gebärender Fisch.

Die Peschanaja-Bucht (»Sandbucht«, links) bei Bolschoi und die Aya-Bucht (rechts) des Baikalsees. Die Svyatoy-Nos-Halbinsel (»Heilige-Nase-Halbinsel«, großes Bild) ist die einzige Halbinsel des Baikalsees; sie ist 53 km lang und 20 km breit. Etwa 80 Bären sollen auf ihr leben.

Von den mehr als 1.800 Pflanzen- und Tierarten, die es um den und im Baikalsee gibt, sind etwa 1.500 endemisch, kommen also nur hier vor. Dazu gehört die Baikalrobbe – eine Robbenart, die ausschließlich im Süßwasser lebt. Die Robben sind meist Einzelgänger und ernähren sich überwiegend von Fisch. Sie werden bis zu 1,20 Meter groß und 72 Kilogramm schwer und gehören damit zu den kleineren Robbenarten. Etwa 60.000 Baikalrobben soll es in dem Gebiet geben, die Tiere dürfen nur eingeschränkt gejagt werden.

GREAT LAKES

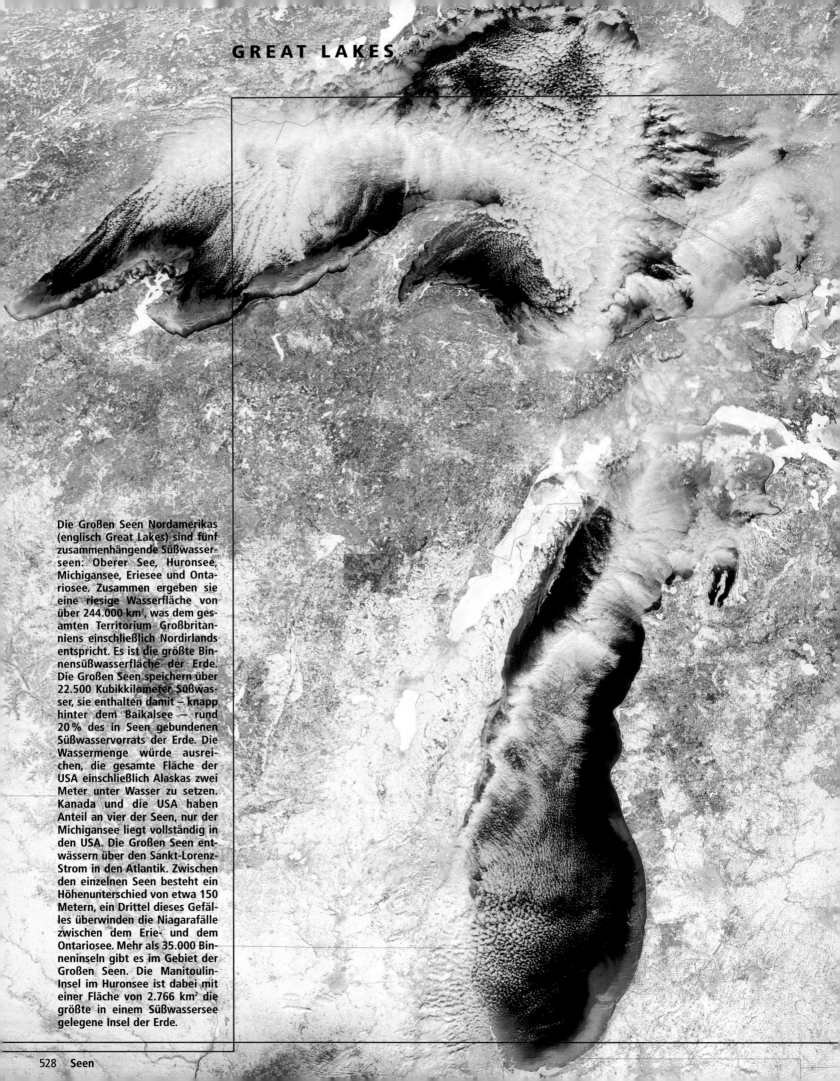

Die Großen Seen Nordamerikas (englisch Great Lakes) sind fünf zusammenhängende Süßwasserseen: Oberer See, Huronsee, Michigansee, Eriesee und Ontariosee. Zusammen ergeben sie eine riesige Wasserfläche von über 244.000 km², was dem gesamten Territorium Großbritanniens einschließlich Nordirlands entspricht. Es ist die größte Binnensüßwasserfläche der Erde. Die Großen Seen speichern über 22.500 Kubikkilometer Süßwasser, sie enthalten damit – knapp hinter dem Baikalsee – rund 20 % des in Seen gebundenen Süßwasservorrats der Erde. Die Wassermenge würde ausreichen, die gesamte Fläche der USA einschließlich Alaskas zwei Meter unter Wasser zu setzen. Kanada und die USA haben Anteil an vier der Seen, nur der Michigansee liegt vollständig in den USA. Die Großen Seen entwässern über den Sankt-Lorenz-Strom in den Atlantik. Zwischen den einzelnen Seen besteht ein Höhenunterschied von etwa 150 Metern, ein Drittel dieses Gefälles überwinden die Niagarafälle zwischen dem Erie- und dem Ontariosee. Mehr als 35.000 Binneninseln gibt es im Gebiet der Großen Seen. Die Manitoulin-Insel im Huronsee ist dabei mit einer Fläche von 2.766 km² die größte in einem Süßwassersee gelegene Insel der Erde.

DIE GRÖSSTE BINNENSÜSSWASSERFLÄCHE DER ERDE

Angler im Killarney Provincial Park an der Georgian Bay im Norden des Huronsees (oben); der historische Split-Rock-Leuchtturm von 1910 am Oberen See (unten)

Von oben: Skyline von Chicago, Illinois, am Michigansee; die Autostadt Detroit, Michigan, am Detroit River zwischen Huron- und Eriesee; Toronto, Kanada, am Ontariosee

Das Bild zeigt die Großen Seen unter Wolken und Schnee im Winter. Oben sind die Umrisse des Oberen See zu erkennen, darunter – im Uhrzeigersinn – der Huronsee mit der Georgian Bay, rechts der Ontariosee, daneben unten in der Bildmitte der Eriesee und links davon der Michigansee. Bis auf den Oberen See, der selten ganz zufriert, sind die anderen vier Seen meist von Dezember bis April vereist und damit nicht schiffbar.

Seen 529

EUROPA

Die größten Binnenseen Europas befinden sich im Norden des Kontinents. Geologisch sind sie allesamt Überbleibsel der letzten Eiszeit, die in diesen Breiten ihre tiefsten Spuren hinterlassen hat.

LADOGASEE
Russland 17.703 km²

Der Ladogasee, der größte See Europas, liegt in Nordwestrussland ca. 50 Kilometer östlich von St. Petersburg; mit einer Länge von 220 Kilometern und einer maximalen Breite von 120 Kilometern erstreckt er sich bis nahe an die Grenze zu Finnland und entwässert über die Newa in den Finnischen Meerbusen der Ostsee. Durchschnittlich ist der Ladogasee 52 Meter tief, die Maximaltiefe beträgt 225 Meter. Er liegt etwa vier Meter über NN und speichert knapp 840 Kubikkilometer Wasser. Mehr als 500 Inseln befinden sich im Ladogasee. Geologisch ist er als Ergebnis der letzten Eiszeit, der Weichseleiszeit, mit etwa 12.000 bis 15.000 Jahren noch verhältnismäßig jung. Der See hat sehr reiche Fischbestände, darunter auch einige endemische Arten. Einige Arten wie der Süßwasserstör sind inzwischen selten geworden. Eine Süßwasserrobbe, eine Unterart der Ringelrobbe, ist hier ebenfalls heimisch. In den letzten Jahren war die Wasserqualität durch zunehmende Eutrophierung beeinträchtigt.

ONEGASEE
Russland 9.616 km²

Der Onegasee liegt etwa 160 Kilometer östlich des Ladogasees in Nordwestrussland. Er ist 248 Kilometer lang, bis zu 92 Kilometer breit und maximal 127 Meter tief. Das Wasser des zweitgrößten Sees Europas fließt über die Svir in den Ladogasee. Unter den zahlreichen Inseln ragt die kleine Insel Kischi mit ihren Holzkirchen aus dem 18. Jahrhundert heraus, die seit 1990 als UNESCO-Welterbe geführt werden.

Die Insel Kischi im Onegasee mit einer typischen Holzkirche im Hintergrund

PEIPUSSEE
Estland/Russland 3.555 km²

Durch den Peipussee verläuft die Grenze zwischen Estland und Russland. Etwa 143 Kilometer erstreckt sich der See in Nord-Süd-Richtung und erreicht eine maximale Breite von 50 Kilometer. 1.570 km² liegen auf estnischem, der Rest auf russischem Territorium. Der See ist recht flach, als maximale Tiefe wurden knapp 15 Meter gemessen, im Durchschnitt sind es etwa acht Meter. Mit der Narva hat er nur einen Abfluss in die Ostsee.

Das estnische Ufer des Peipussees in der Nähe der Stadt Mustvee (rechts)

VÄNERN
Schweden 5.648 km²

Im Südwesten Schwedens befindet sich der Vänern, ein See, der in der Rangliste der europäischen Seen den dritten Platz belegt. Mit einer mittleren Tiefe von 27 Metern (das Maximum sind 106 Meter) fasst er über 150 Kubikkilometer Wasser. Etwa 22.000 Inseln hat man im See gezählt. Um die Inselgruppe Djurö mitten im Vänern wurde 1991 der Djurö-Nationalpark gegründet.

Eine der vielen kleinen Inseln im Vänern, Schwedens größtem See

VÄTTERN
Schweden 1.912 km²

Vättern, der zweitgrößte See Schwedens, entwässert über den Motala-Fluss in die Ostsee. Im Norden ist der See im Durchschnitt nur 25 Meter tief, er erreicht aber im Süden Tiefen von über 110 Metern (mittlere Tiefe: 39 Meter). Von Nord nach Süd hat der lang gestreckte See eine Ausdehnung von etwa 140 Kilometern und – etwa auf der Höhe der Stadt Motala – eine maximale Breite von etwa 30 Kilometer. Das Wasser hat eine exzellente Qualität und wird von den Gemeinden im Umkreis als Trinkwasser genutzt.

SAIMAA
Finnland 4.370 km²

Der im Südosten von Finnland gelegene Saimaasee entwässert nach Osten über den Vuoksa-Fluss in den russischen Ladogasee. Der See besteht aus eine Vielzahl von Teilseen mit einer gesamten Küstenlänge von fast 15.000 Kilometern. Der Saimaa ist im Mittel nur sieben Meter tief (Maximum 85 Meter). Eine Ringelrobbenart, die Saimaa-Ringelrobbe, lebt hier, ist aber akut vom Aussterben bedroht.

Ein Ruderboot bei Loikansaari unweit von Savonlinna, Saimaa-Region

WEISSER SEE
Russland 1.290 km²

Der Weiße See (russisch »ozero Beloe«) im Verwaltungsbezirk Wologda ist der neuntgrößte See Europas. Der See liegt etwa 110 Kilometer südöstlich des Ladogasees im Nordwesten von Russland. Er ist 46 Kilometer lang, 33 Kilometer breit und maximal 20 Meter tief (durchschnittlich 5,5 Meter). Er dient als Reservoir für den Wolga-Ostsee-Kanal, indem er über die Sheksna, einen Nebenfluss der Wolga, in den Rybinsker Stausee entwässert.

Der Weiße See, am Ufer sind typische russische Holzhütten zu sehen (rechts)

Vor einem heftigen Gewitter über dem Ladogasee hatte sich diese Wolkenformation gebildet – eine trügerische Ruhe vor dem Sturm, das diffuse Abendlicht verstärkt diesen Eindruck (links).

PÄIJÄNNE
Finnland 1.081 km²

Der Päijänne ist der zweitgrößte See Finnlands und mit 120 Kilometern auch der längste. Im Durchschnitt ist er etwa 16 Meter tief, und mit maximalen 95 Metern ist er der tiefste See Finnlands. Er fasst 18 Kubikkilometer Wasser. Der See entwässert über den Fluss Kymi in den Finnischen Meerbusen. Der Päijänne ist durch ein unterirdisches Äquadukt mit der Hauptstadt Helsinki und ihrem Umland verbunden, die so mit Wasser versorgt wird. Der See wird von vielen Ferienhäusern gesäumt und ist bei den Finnen als Naherholungsgebiet sehr beliebt.

INARIJÄRVI
Finnland 1.040 km²

Etwa 1.100 Kilometer nördlich von Helsinki liegt mitten im finnischen Teil Lapplands der Inaraijärvi, auf Deutsch auch Inarisee genannt. Da sich der See bereits nördlich des Polarkreises befindet, ist er oft bis in den Juni hinein vereist. Seine maximale Tiefe beträgt 92 Meter. Über 3.300 Inseln befinden sich auf dem von Kiefernwäldern umgebenen See. Über den Paatsjoki entwässert der Inarijärvi ins Eismeer.

Von zahllosen bewaldeten Inseln übersät: der Inarijärvi im Norden Finnlands (links)

TOPOZERO
Russland 986 km²

In der russischen Teilrepublik Karelien im Nordwesten Russlands liegt der See Topozero, knapp 90 Kilometer südlich des nördlichen Polarkreises. Er misst in der Länge 75 Kilometer, in der Breite sind es 30 Kilometer, die maximale Tiefe beträgt 50 Meter. Etwa 100 Inseln befinden sich im Topozero. Genutzt wird der See als Fischfangrevier und für den Holztransport. Der See entwässert nach Norden in den See Pjaozero; ihm entspringt der Fluss Kovda, der südlich von Murmansk über die Halbinsel Kola in den Kandalakšskaja-Golf des Weißen Meers mündet.

ASIEN

Viele der großen Seen Asiens sind Endseen. Sie haben wenige Zuflüsse und liegen in sehr trockenen Gebieten. Endseen haben keinen Abfluss, nur Verdunstung reguliert die Wassermenge. Aufgrund menschlicher Eingriffe drohen manche der Seen zu verlanden.

ARALSEE
Kasachstan, Usbekistan 17.160–27.000 km²

Nach dem Kaspischen Meer und dem Baikalsee ist der Aralsee heute der drittgrößte See Asiens. Vor wenigen Jahrzehnten war er noch der viertgrößte See der Erde. Inzwischen ist er auf ein Zehntel seines ursprünglichen Volumens geschrumpft: von 708 auf 75 Kubikkilometer. Die intensive Landwirtschaft (Baumwolle und Reis) hat dazu geführt, dass den beiden Zuflüssen Amudarja und Syrdaja gewaltige Wassermengen entnommen wurden, die Schneeschmelze und Niederschläge nicht mehr ausgleichen konnten. Weite Areale verlandeten, der Salzgehalt stieg von 14 auf über 100 Gramm pro Liter, zu viel für Fische. Einstige Uferstädte befinden sich weit vom See entfernt. Ein Damm konnte den kleineren nördlichen See entlasten; er unterbindet den Abfluss von Wasser in nicht mehr benutzte Kanäle. In der Folge ist der Wasserspiegel gestiegen und der Salzgehalt auf 10 Gramm pro Liter gesunken. Im Süden schrumpft der See aber weiterhin.

BALCHASCHSEE
Kasachstan 18.428 km²

Wie der Aralsee ist der Balchaschsee von der Austrocknung bedroht. Der in der kasachischen Steppe gelegene See besitzt zwei Hauptzuflüsse, die Ili und Karatal, und keinen Abfluss. Er ist 620 Kilometer lang, bis zu 26 Meter tief (im Durchschnitt 5,8 Meter) und bis zu 70 Kilometer breit. Etwa in der Mitte ist der See verengt. Östlich davon ist er stark salzhaltig – über sieben Prozent –, der Westteil ist nur leicht salzhaltig. Zwischen Salz- und Süßwasser findet kaum ein Austausch statt.

ISSYK-KUL
Kirgisistan 6.236 km²

Der größte See in Kirgisistan liegt auf einer Höhe von 1.609 Metern über NN und gilt – nach dem Titicacasee in Südamerika – als zweitgrößter Gebirgssee der Erde. Der 182 Kilometer lange, 60 Kilometer breite und bis zu 688 Meter tiefe Salzwassersee (Salzgehalt 6 g/kg) befindet sich im Tianshan-Gebirge. Trotz Temperaturen von bis zu -20 °C friert der See nie zu. 118 Flüsse und Ströme entwässern in den Issyk-Kul, darunter auch heiße Quellen. Der See hat keinen Abfluss.

Die prachtvolle Kulisse der Tianshan-Berge rahmen den Issyk-Kul ein, den größten See der zentralasiatischen Republik Kirgistan.

URMIASEE
Iran 5.470 km²

Der größte Binnensee des Iran ist ein Salzsee – mit 30 % erreicht er fast die Werte des Toten Meers. Der Urmiasee liegt etwa 60 Kilometer westlich von Täbris im Nordwesten des Iran auf einer Höhe von 1.280 Metern über NN. Er ist 140 Kilometer lang, bis zu 55 Kilometer breit und im Durchschnitt sieben Meter tief. Dem extremen Salzgehalt sind nur wenige Tiere und Pflanzen angepasst.

Flussmündung des Zarrine Rud in den Urmia-Salzsee im Nordwesten Irans

TAIMYRSEE
Russland 4.560 km²

Der Taimyrsee befindet sich auf der nordsibirischen Tamyr-Halbinsel am Südrand des Byrranga-Gebirges (»gory Byrranga«). Der See hat eine unregelmäßige Form, seine längste Ausdehnung in Ost-West-Richtung beträgt etwa 250 Kilometer; durchschnittlich erreicht er eine Tiefe von 2,8 Metern (maximale Tiefe: 26 Meter). Hauptzufluss ist der Taimyr, der den See durchquert und in die Karasee des Nordpolarmeers mündet. Der See liegt etwa 800 Kilometer nördlich des nördlichen Polarkreises. Zwischen September und Juni ist er in der Regel von Eis bedeckt.

Noch vor 30 Jahren war der gesamte durch Salzablagerungen milchig-weiße Bereich vom Wasser des Aralsees bedeckt. Auf der Insel, die sich im Zentrum abzeichnet und die einst viel kleiner war, haben die sowjetischen Militärs früher Versuche mit biologischen Kampfstoffen durchgeführt (links).

KOKO-NOR (QINGHAI HU)
China 4.538 km²

Auf mongolisch heißt der Salzsee, einer der größten der Erde, Koko-nor, auf chinesisch Qinghai Hu (beides bedeutet »grünes, blaues Meer«). Nach dem See ist die Provinz Qinghai benannt. Der See, liegt auf 3.195 Metern Höhe und ist im Winter zugefroren. Trotz seines Salzgehalts hat er reiche Fischbestände. Sein größter Zufluss ist der Buh He. Einst sollen 108 Flüsse in den See entwässert haben, doch die meisten sind ausgetrocknet. Für tibetische Buddhisten ist der See heilig, bisweilen wird er von Pilgern umrundet – eine Wanderschaft, die bis zu 23 Tage dauert.

CHANKASEE
Russland, China 4.380 km²

Im östlichen Sibirien an der Grenze zwischen Russland und China liegt der Chankasee. Auf russischem Gebiet befinden sich etwa drei Viertel, auf chinesischem ein Viertel des Sees, der im Durchschnitt eine Tiefe von 4,5 Metern erreicht (als Maximum 10,6 Meter). Das Areal um den See, der 68 Meter über NN liegt, ist ein Feuchtgebiet von internationaler Bedeutung und steht in beiden Ländern unter Naturschutz. Der See gehört zum System des Ussuri, des Grenzflusses zwischen Russland und China, der seinerseits einen Teil des Flusssystems des Amur bildet.

VANSEE
Türkei 3.740 km²

Der Vansee, auf türkisch Van Gölü, ist der größte See der Türkei. Er befindet sich in Ostanatolien in den Provinzen Bitlis und Van etwa 150 Kilometer südöstlich von Ankara. Der See hat eine maximale Ausdehnung von 120 Kilometern, ist 80 Kilometer breit und erreicht eine Tiefe von über 450 Metern. Er liegt 1.640 Meter über NN. Seine 576 Kubikkilometer Wasser sind stark alkalisch, da der ehemalige Abfluss durch den Nemrut-Vulkan am Westufer versperrt wurde. Der Vansee ist ein Endsee, er verliert sein Wasser nur durch Verdunstung.

POYANG HU
China 3.585 km²

Der größte Süßwassersee Chinas, der Poyang Hu, befindet sich in der Provinz Jiangxi im Südosten Chinas. Seine maximale Ausdehnung beträgt 170 Kilometer, die maximale Breite 17 Kilometer. Mit einer durchschnittlichen Tiefe von 8,5 Metern (Maximum: 25 Meter) ist der See recht flach und fasst etwa 25 Kubikkilometer Wasser. Seine Ausdehnung unterliegt starken Schwankungen: In Regenperioden kann er sich auf bis zu 4.400 km² ausdehnen, während er in Trockenzeiten auf 1.000 schrumpft. Der See ist ein wichtiges Brutgebiet für Kraniche.

AFRIKA

Die größten Seen des »Schwarzen Kontinents« befinden sich südlich des Äquators im Bereich des Ostafrikanischen Grabens. Hohe Gebirge säumen diesen Grabenbruch, weshalb einige der Seen zu den tiefsten der Erde gehören.

VICTORIASEE
Tansania, Uganda, Kenia   68.870 km²

Der Victoriasee belegt in der Rangfolge der größten Seen der Erde den dritten Platz, unter den Süßwasserseen ist er nach dem Oberen See auf dem zweiten Rang. Der See liegt auf 1.134 Metern Höhe über NN auf der ostafrikanischen Hochebene. Er hat eine maximale Länge von 335 Kilometer und eine Breite von 250 Kilometer. Der Victoriasee fasst 2.750 Kubikkilometer Wasser und ist damit auf dem neunten Platz der weltweit wasserreichsten Seen. Die mittlere Tiefe beträgt 40 Meter, maximal werden über 80 Meter erreicht. Im Westen wird er vom Kagera-Nil gespeist, im Norden entwässert ihn der Victoria-Nil. Der größte Teil des Sees liegt auf dem Gebiet von Tansania, der zweitgrößte befindet sich in Uganda. Im See gibt es sehr viele Fische, besonders Buntbarsche. Die dichte Besiedelung um den See hat jedoch ihre Schattenseiten: Massive Umweltverschmutzung, teilweise Eutrophierung und damit Sauerstoffmangel bedrohen die Pflanzen- und Tierwelt und in der Folge auch den Menschen.

TANGANJIKASEE
Tansania, Sambia, Burundi, Dem. Rep. Kongo   32.893 km²

Der zentralafrikanische Tanganjikasee belegt den sechsten Rang unter der größten und mit 1.470 Metern den zweiten unter den tiefsten Seen der Erde (im Mittel: 570 Meter). Mit 18.900 Kubikkilometern stellt er das größte Süßwasserreservoir Afrikas dar. Der See ist 673 Kilometer lang und 72 Kilometer breit; er befindet sich auf einer Höhe von 782 Metern über dem Meeresspiegel.

Kinder am Strand, ein Boot am tansanischen Ufer des Tanganjikasees

ALBERTSEE
Uganda, Dem. Rep. Kongo   5.347 km²

Der Name geht zurück auf den britischen Afrikaforscher Samuel White Baker, der den See 1864 zu Ehren des damaligen Prinzgemahls von Königin Victoria Albertsee taufte. Im Kongo heißt er nach dem ehemaligen Diktator Mobuto Sese Seko. Der See hat eine Länge von 160 Kilometern, und er ist 30 Kilometer breit. Er ist maximal 48 Meter tief (im Mittel: 25 Meter) und fasst etwa 132 Kubikkilometer Wasser. Zwei große Zuflüsse speisen den See: der Viktoria-Nil von Nordosten und der Semliki vom südlich gelegenen Semlikisee. Sein Abfluss ist der Albert-Nil.

MALAWISEE
Tansania, Malawi, Mosambik   30.044 km²

Der Malawisee in Ostafrika ist mit 560 Kilometern Länge und durchschnittlich 50 (maximal 80) Kilometern Breite der neuntgrößte See der Erde: Er erreicht eine maximale Tiefe von 706 Metern und belegt damit den vierten Rang unter den tiefsten Seen der Erde. Der Malawisee liegt 474 Meter über NN. Er gilt als der fischartenreichste See der Erde.

Ein Affenbrotbaum auf Likoma, einer Binneninsel des Malawisees

MWERUSEE
Dem. Rep. Kongo, Sambia   5.120 km²

Etwa 150 Kilometer westlich des Tanganjikasees befindet sich der Mwerusee – »Mweru« bedeutet »See« in vielen Bantusprachen, er wird deshalb oft auch nur »Mweru« genannt. Der See liegt auf 931 Meter über NN. Er hat eine maximale Länge von 131 Kilometer und eine Breite von 56 Kilometer. Im Durchschnitt ist er nur 7,5 Meter tief (Maximum im Nordosten: 27 Meter) und fasst knapp über 38 Kubikkilometer Wasser. Hauptzufluss ist der Luapula, der wichtigste Abfluss ist der Luvua, ein Nebenfluss des Kongo.

TURKANASEE
Kenia, Äthiopien   6.405 km²

Der größte See Kenias (ein kleiner Teil im Norden gehört zu Äthiopien) hat eine Länge von 305 Kilometern und eine Breite von 32 Kilometern. Der See ist durchschnittlich 30 Meter tief (maximal 73 Meter) und fasst ein Volumen von 204 Kubikkilometer. Der Turkanasee hat zwar einen Zufluss, den Omo, aber keinen Abfluss, weshalb er immer mehr versalzt. Die Fauna in und um den See ist extrem artenreich. Es gibt drei Nationalparks um den Turkanasee, die seit 1997 auf der Liste des UNESCO-Weltnaturerbes stehen.

TANASEE
Äthiopien   3.000 km²

Im Hochland von Abessinien befindet sich auf 1.830 Metern Höhe über NN der höchstgelegene See Afrikas. Der 84 Kilometer lange und bis zu 66 Kilometer breite Tanasee ist im Mittel nur acht Meter tief (Maximum 14 Meter). In den Regenmonaten schwankt der Wasserspiegel um bis zu 1,6 Meter, weite Bereiche der Ufers stehen dann unter Wasser. Der See hat mehrere Zuflüsse, darunter den Rib und den Gumara; der Blaue Nil ist sein Hauptabfluss.

Ruhepause auf einem Papyrusboot – auch »tankwas« genannt – am Tanasee

Rinder löschen ihren Durst im Winum Gulf des Victoriasees auf der kenianischen Seite; dahinter ein traditionelles Segelboot der Luo, einem der am Victoriasee lebenden Völker (links). Felsformation bei Mwanza, Tansania, dem bedeutendsten Hafen des Victoriasees.

KIVUSEE
Dem. Rep. Kongo, Ruanda   2.650 km²

Der Grenzsee zwischen den beiden afrikanischen Ländern liegt auf 1.462 Metern über NN. Er ist 89 Kilometer lang und 48 Kilometer breit. Da er mit maximal 450 Metern und durchschnittlich 240 Metern sehr tief ist, fasst er etwa 500 Kubikkilometer Wasser. Zufluss ist der Kalundura, Abfluss der Rusizi. Eine Anomalie des Sees beruht auf vulkanischen heißen Quellen auf dem Seegrund: Wassertemperatur und Salzgehalt nehmen mit der Tiefe zu.

Einige kleinere Inseln im Kivusee, hier im östlichen Teil, der zu Ruanda gehört

EDWARDSEE
Uganda, Dem. Rep. Kongo   2.325 km²

Der in Ostafrika auf 912 Meter über NN gelegene See befindet sich zum größten Teil im Kongo; nur der Nordostteil gehört zu Uganda. Benannt wurde er 1876 nach Albert Edward, dem damaligen Prince of Wales. Der See ist 77 Kilometer lang und 40 Kilometer breit; die mittlere Tiefe beträgt 17 Meter (Maximum: 117 Meter). Zu den Zuflüssen gehören der Rutshuru und der Rwindi, der wichtigste Abfluss ist der Semliki.

Kaffernbüffel im Queen-Elizabeth-Nationalpark am Edwardsee

MANZALASEE
Ägypten   1.710 km²

Im Nordosten des Nildeltas bei Port Said befindet sich der Manzalasee. Östlich verläuft der Suez-Kanal, im Norden trennt eine etwa 300 Meter breite Sandbank den 47 Kilometer langen und 30 Kilometer breiten See vom Mittelmeer. Er erreicht nur eine Tiefe von 1,3 Metern. Der Salzgehalt variiert stark, je nach Wasserstand. Der Grund besteht aus weichem Lehm. Der See ist ökologisch zwar sehr belastet, doch ist er ein wichtiger Lieferant von Fisch.

Ein Junge spielt im flachen Wasser mit dem Modell eines Fischerboots.

NORD- UND MITTELAMERIKA

Im Norden des amerikanischen Kontinents befinden sich die meisten der großen Seen. Das hängt mit den Eiszeiten zusammen, einige der tiefen Einmuldungen beruhen jedoch auf noch älteren tektonischen Verwerfungen aus dem Tertiär.

OBERER SEE
Kanada, USA — 82.414 km²

Der größte der fünf nordamerikanischen Großen Seen ist nach dem Kaspischen Meer der zweitgrößte See der Erde und zugleich der flächenmäßig größte Süßwassersee. Er liegt auf einer Seehöhe von 184 Metern, hat eine Länge von 563 Kilometer und eine Breite von 257 Kilometer. Er fasst 12.100 Kubikkilometer Wasser und ist im Mittel 149 Meter tief (Maximum: 405 Meter). Der zwischen Kanada und den USA gelegene See grenzt im Norden an die kandische Provinz Ontario und im Süden an die US-Bundesstaaten Michigan und Wisconsin. Er verfügt auf einer Küstenlänge von fast 4.400 Kilometern über mehr als 200 Zuflüsse. Sein Abfluss erfolgt über den St. Mary's River in den Huronsee. Zwischen den beiden Seen wird die Höhendifferenz von acht Metern durch Schleusen überwunden. Am Oberen See gibt es fast keine Industrie. Außerdem ist er der Erste in der Kette der Großen Seen, bekommt also kein Schmutzwasser der anderen Seen ab. Deshalb ist er sehr sauber und ein beliebtes Touristenziel.

HURONSEE
Kanada, USA — 59.596 km²

Der Huronsee ist der zweite in der Kette der Großen Seen und weltweit der drittgrößte Süßwassersee. Er hat eine maximale Länge von 332 und eine Breite von bis zu 245 Kilometer. Im Mittel ist er 59 Meter tief (Maximum 230 Meter). Er fasst 3.540 km³ Wasser. Der Abfluss erfolgt über den Erie-See und die Niagara-Fälle. Im See befindet sich die Manitoulin-Insel, die größte Binneninsel der Welt.

Gewitterwolken über der Nordspitze der Bruce-Halbinsel im Huronsee

GROSSER SKLAVENSEE
Kanada — 28.568 km²

Der Name des mit 614 Metern tiefsten Sees Nordamerikas leitet sich nicht von »Slave« wie Sklave ab, sondern von »Slavey«, dem Namen eines Indianervolks. Der besonders fischreiche See im Nordwesten Kanadas liegt 156 über NN; er ist 480 Kilometer lang und 109 Kilometer breit. Er fasst ein Volumen von 2.900 Kubikkilometern. Seine Zuflüsse sind der Slave und der Hay River; über den Mackenzie River entwässert der See in den Arktischen Ozean.

Der Große Sklavensee ist im Winter zugefroren; im Hintergrund: ein Camp (rechts).

MICHIGANSEE
USA — 57.016 km²

Als einziger der Großen Seen liegt der Michigansee vollständig in den USA. Er ist 494 Kilometer lang und bis zu 190 Kilometer breit. Er fasst 4.918 Kubikkilometer Wasser und hat eine maximale Tiefe von 281 Metern (im Mittel: 85 Meter). Im Süden wird er von großen Industriestädten gesäumt. Vier amerikanische Bundesstaaten teilen sich das über 2.600 Kilometer lange Ufer.

Abendliche Skyline von Chicago, der größten Stadt am Michigansee

ERIESEE
Kanada, USA — 25.745 km²

Der viertgrößte der Großen Seen nimmt den 11. Rang unter den größten Seen der Erde ein. Er ist der südlichste und flachste der Großen Seen. Im Mittel ist er lediglich 19 Meter tief, das Maximum sind 64 Meter. Der Eriesee fasst deshalb auch nur 480 Kubikkilometer Wasser. Er ist 388 Kilometer lang und bis zu 92 Kilometer breit und aufgrund seiner geringen Tiefe der wärmste der Großen Seen. Hauptzufluss ist der Detroit River; der Niagara River bildet den wichtigsten Abfluss. Benannt ist der See nach dem Stamm der Erie-Indianer.

GROSSER BÄRENSEE
Kanada — 31.328 km²

In den Nordwest-Territorien Kanadas auf der Höhe des Nördlichen Polarkreises befindet sich der Große Bärensee als der größte ganz auf kanadischem Gebiet liegende See. Seine Uferlinie ist über 2.700 Kilometer lang. Der See fasst 2.236 Kubikkilometer Wasser und erreicht eine maximale Tiefe von 446 Metern (im Durchschnitt: 72 Meter). Von Ende November bis in den Juli hinein ist der See von Eis bedeckt.

Borealer Nadelwald am Ufer spiegelt sich im Großen Bärensee.

WINNIPEGSEE
Kanada — 24.341 km²

Der Winnipegsee in der kanadischen Provinz Manitoba ist der drittgrößte vollständig in Kanada liegende See. Er befindet sich etwa 55 Kilometer nördlich der Stadt Winnipeg. Von Nord nach Süd ist er 416 Kilometer lang und bis zu 100 Kilometer breit. Er hat viele Zuflüsse, darunter den Winnipeg und den Saskatechewan River, und wird über den Nelson River entwässert. Die durchschnittliche Tiefe beträgt 12 Meter; im Maximum sind es 36 Meter.

Rechts: Ufer von Hecla Island, eine von mehreren Inseln im Winnipegsee

Herbstlich eingefärbte Vegetation am Ufer der Grand Island, einer der kleinen Hafenstadt Munising vorgelagerten Insel im Oberen See. Die Insel gehört zum US-Bundesstaat Michigan und ist als nationales Erholungsgebiet ausgewiesen.

ONTARIOSEE
Kanada, USA   19.477 km²

Der kleinste der Großen Seen grenzt im Norden an die kanadische Provinz Ontario und im Süden an den US-Bundesstaat New York. Der Name »Ontario« bedeutet in der Sprache der kanadischen Ureinwohner »großer See«. 311 Kilometer ist der Ontariosee lang und bis zu 85 Kilometer breit. Er ist im Durchschnitt 86 Meter tief (das Maximum sind 244 Meter). Sein Volumen beträgt 1.640 Kubikkilometer. Hauptzufluss ist der Niagara River, der wichtigste Abfluss ist der St. Lawrence River. Aufgrund der großen Tiefe friert der See im Winter nur selten zu.

NICARAGUASEE
Nicaragua   8.264 km²

Der größte See Mittelamerikas hat eine Länge von 148 Kilometern, eine Breite von 55 Kilometern, und er ist maximal 45 Meter tief (im Mittel 13 Meter). Der wichtigste Abfluss ist der Río San Juan, der in das Karibische Meer mündet. Mehr als 400 Inseln hat der See, darunter Ometepe, eine Insel mit zwei Vulkanen, von denen einer, der Concepción, immer wieder aktiv ist. Im See leben sogar Haie und Rochen.

Die Vulkane Concepción und Madera auf der Insel Ometepe im Nicaraguasee

ATHABASCASEE
Kanada   7.920 km²

Der im Nordwesten von Saskatchewan gelegene See ist 283 Kilometer lang und bis zu 50 Kilometer breit. Der auf 281 Metern über NN gelegene See erreicht an seiner tiefsten Stelle 243 Meter. »Athabasca« bedeutet in der Sprache der Indianer »Wo es Schilf gibt«. Etwa 204 Kubikkilometer Wasser fasst der See. Der Hauptzufluss ist der Athabasca River; über den Slave River entwässert der See in den Arktischen Ozean. Im Bereich des Nordufers stieß man auf Gold- und Uranvorkommen, die bis Anfang der 1980er-Jahre gefördert wurden.

Seen   537

SÜDAMERIKA

Einige der südamerikanischen Seen liegen auf großen Höhen in den weiten Hochtälern der Anden. Manche der Seen haben fast mythischen Rang wie der Titicacasee. Andere sind abflusslose Salzseen.

MARACAIBOSEE
Venezuela 13.300 km²

Der Maracaibosee hat zwar einen schmalen Zugang, eine acht Kilometer breite Meerenge zum Karibischen Meer hin, wird aber allgemein als See klassifiziert. Auch die Geologie stützt diese Einordnung: Einst war der See noch deutlicher vom Meer getrennt, er zählt sogar zu den ältesten Seen der Erde. Den Zugang zum Meer überspannt eine der längsten Brücken der Welt, die 8,7 Kilometer lange, 1962 eröffnete General-Rafael-Urdaneta-Brücke. Die fast 87 Meter hohe Schrägseilbrücke ist benannt nach einem der Helden der venezolanischen Unabhängigkeitsbewegung. Im Norden, im Bereich der Mündung ins Meer, ist das Wasser meist brackig, doch ansonsten ist Süßwasser im See vorherrschend. Der Maracaibosee hat von Nord nach Süd eine Länge von 160 Kilometern und in West-Ost-Richtung eine Breite von etwa 120 Kilometern. Als maximale Tiefe wurden 50 Meter gemessen. Die Flüsse Chama, Santa Ana und Catatumbo münden in den See, der seinerseits in die Karibische

TITICACASEE
Peru, Bolivien 8.135 km²

Auf einer Hochebene der Kordilleren, 3.810 Metern über Meereshöhe, befindet sich einer der höchstgelegenen Seen der Erde, der Titicacasee. 194 Kilometer ist der See lang und etwa 65 Kilometer breit. An seiner tiefsten Stelle wurden 281 Meter gemessen (im Mittel 107 Meter). Durch den See verläuft die Grenze zwischen Peru und Bolivien. Sein Wasser bezieht er über fünf Hauptzuflüsse, nur etwa 10 % fließen jedoch über den einzigen Abfluss, den Rio Desguadero, ab – der Rest verdunstet oder wird von den starken Winden davongetragen.

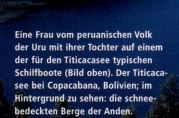

Eine Frau vom peruanischen Volk der Uru mit ihrer Tochter auf einem der für den Titicacasee typischen Schilfboote (Bild oben). Der Titicacasee bei Copacabana, Bolivien; im Hintergrund zu sehen: die schneebedeckten Berge der Anden.

MAR CHIQUITA
Argentinien 5.770 km²

Der drittgrößte See Südamerikas ist der abflusslose Salzsee im Nordosten der argentinischen Provinz Córdoba, die Laguna Mar Chiquita. Drei Zuflüsse speisen den See, der Río Dulce, Río Suquía und der Río Xanaes. Da der See keinen Abfluss hat und mit durchschnittlich 10 bis 16 Metern recht flach ist, variiert seine Ausdehnung in Abhängigkeit von den Niederschlägen ständig. Der Salzgehalt kann bei Niedrigwasser bis zu 25 % betragen (Totes Meer: 33 %), bei hohem Wasserstand vier Prozent.

POOPÓSEE
Bolivien 2.530 km²

Die Quellen sind sich uneins über die wirkliche Größe des Salzsees, in den der aus dem Titicacasee entspringende Río Desaguadero mündet. Die Angaben schwanken zwischen 1.000 und 2.800 km². Der auf 3.686 Meter über NN gelegene See ist etwa 90 Kilometer lang und 32 Kilometer breit und im Durchschnitt nur drei Meter tief – was die großen Schwankungen in der Ausdehnung erklärt. Das schlammige Wasser des Sees bietet Lebensraum für Flamingos, ist aber zunehmend durch die Abwässer der Silber- und Zinnbergwerke in der Umgebung belastet.

538 Seen

See entwässert. Das Maracaibo-Becken ist reich an Erdöl, die größten Vorkommen befinden sich im Bereich des Ostufers des Sees, die Förderung begann bereits zu Beginn des 20. Jahrhunderts. Der See ist hierfür ein wichtiger Transportweg, zumal er teilweise auch für Hochseeschiffe befahrbar ist. Allerdings sind die Umweltbelastungen im Bereich der Förderanlagen sehr hoch.

Unter dem Maracaibo-Becken befinden sich große Erdölvorkommen, die von Venezuela – das Mitglied der OPEC ist – ausgebeutet werden. Im Bild ist eine Bohrinsel zu sehen.

LAGO BUENOS AIRES
Argentinien, Chile 1.850 km²

Die Grenze zwischen Argentinien und Chile teilt den 217 Meter über NN gelegenen See in zwei nahezu gleichgroße Hälften. In Chile heißt er Lago General Carrera. Im chilenischen Teil befindet sich seine mit 586 Metern tiefste Stelle. Der See hat mehrere Zuflüsse. Der Abfluss erfolgt über den Fluss Baker in den Golfo de Peñas des pazifischen Ozeans. Gelegentlich entwässert er zusätzlich über den Fénix Chico und Deseado in den Atlantik.

Der Lago Buenos Aires, von der argentinischen Seite aus gesehen (links)

LAGO ARGENTINO
Argentinien 1.490 km²

Der größte ganz auf argentinischem Territorium gelegene Süßwassersee befindet sich im Los-Glaciares-Nationalpark in einer Gletscherlandschaft. Mehrere Flüsse speisen ihn mit dem Schmelzwasser der Gletscher, darunter der Upsala-Gletscher, der größte Gletscher Südamerikas. Der Abfluss erfolgt über den Fluss Santa Cruz in den Atlantik. Als maximale Tiefe wurden 500 Meter gemessen (im Mittel 150 Meter). Der See ist besonders fischreich.

Herbst am Lago Argentino, die Blätter der Buche sind bereits verfärbt.

SALZSEEN UND SALZPFANNEN

Salzseen sind meist abflusslose Stillgewässer in sehr trockenen und heißen Gebieten. Ihr Salzgehalt ist oft deutlich höher als der Salzgehalt des Meerwassers – bis zu 35 Prozent. Diesen Extremen sind nur wenige Lebensformen angepasst, darunter bestimmte Cyanobakterien

Am Salar de Uyuni, Südwestbolivien

und Salzkrebse. Durch Verdunstung erhöht sich der Gehalt an Mineralien und Salzen ständig, wenn der Wasserzufluss dies nicht mehr ausgleicht, kann ein Salzsee auch komplett austrocknen. Man spricht dann von Salzpfannen oder Salz-Ton-Ebenen. Diese Austrocknung kann periodisch erfolgen oder aber permanent sein.

DIE GRÖSSTEN SALZWASSERSEEN
(kontinuierlich wasserführend)

1. **Kaspisches Meer**
   Russland, Kasachstan, Aserbaidschan, Iran, Turkmenistan — 371.000 km^2
2. **Aralsee**
   Kasachstan, Usbekistan — 17.160–27.000 km^2
3. **Balchaschsee (Ostteil)**
   Kasachstan — 7.740 km^2
4. **Turkanasee**
   Kenia, Äthiopien — 6.405 km^2
5. **Issyk-Kul**
   Kirgisistan — 6.236 km^2
6. **Mar Chiquita**
   Argentinien — 5.770 km^2
7. **Urmiasee**
   Iran — 5.470 km^2
8. **Koko Nor (Qinghai Hu)**
   China — 4.538 km^2
9. **Großer Salzsee**
   USA — 4.400 km^2
10. **Vansee**
    Türkei — 3.740 km^2
11. **Alakol**
    Kasachstan — 2.650 km^2
12. **Poopósee**
    Bolivien — 2.530 km^2

DIE GRÖSSTEN SALZWASSERSEEN UND SALZPFANNEN
(periodisch wasserführend)

1. **Lop Nur**
   China — 21.000 km^2
2. **Makgadikgadi-Salzpfannen**
   Botsuana — 16.000 km^2
3. **Salar de Uyuni**
   Bolivien — 10.582 km^2
4. **Lake Eyre**
   Australien — 9.500 km^2
5. **Chott el Djerid**
   Tunesien — 7.700 km^2
6. **Lake Torrens**
   Australien — 5.700 km^2
7. **Etosha-Pfanne**
   Namibia — 5.000 km^2
8. **Lake Gairdner**
   Australien — 4.750 km^2
9. **Qattara-Senke**
   Ägypten — 4.680 km^2
10. **Lake Mackay**
    Australien — 3.500 km^2
11. **Salar de Atacama**
    Bolivien — 3.000 km^2
12. **Lake Frome**
    Australien — 2.600 km^2
13. **Tuz Gölü**
    Türkei — 1.500 km^2

Ein Lappenchamäleon (»Chamaeleo dilepis«) überquert eine der vielen Salzflächen in den Makgadikgadi-Salzpfannen in Botsuana. Die vegetationslosen Pfannen sind von Grasland umgeben. Das Vorkommen von Wildtieren ist stark von der Jahreszeit abhängig. Nach den Regenfällen im Frühjahr sind die Salzpfannen teilweise überflutet. Die Wüste erblüht dann und zieht zahlreiche Tiere an.

Seen 541

SALZSEEN UND SALZPFANNEN

Viele Salzseen und -pfannen befinden sich in extrem trockenen und heißen Regionen. Sie führen oft nur gelegentlich Wasser, das dann aber rasch verdunstet und die darin gelösten Salze zurücklässt.

LOP NUR – SEE OHNE WASSER
China   21.000 km²

Das Tarim-Becken, mit 530.000 km² die größte Beckenlandschaft Zentralasiens, ist eine abflusslose Senke im Nordwesten Chinas. Das Becken liegt in der Provinz Xinjiang im Durchschnitt etwa 1.000 Meter über NN und ist fast zu zwei Dritteln von den Sanddünen der Taklamakan-Wüste bedeckt. An der mit 780 Metern tiefsten Stelle im Osten der Senke befindet sich der seit 1971 ausgetrocknete See Lop Nur. Das Seebecken misst 260 Kilometer von Nordwesten nach Südosten und erreicht eine maximale Breite von etwa 145 Kilometern. Es wird im Norden begrenzt durch den Gebirgszug Kuruktag, einem südlichen Ausläufer der Tianchan-Berge, im Süden sind es die Altun-Shan-Berge. Lop Nur zählt zu den entlegensten und unwirtlichsten Regionen unserer Erde – die Chinesen nutzten es als Kernwaffentestgelände. Der Boden besteht aus braunem Salzton mit harten weißen Salzkrusten. Etwa eine halben Meter unter der Oberfläche befindet sich ein Salz-

MAKGADIKGADI-SALZPFANNEN
Botsuana   16.000 km²

Im Nordosten Botsuanas befand sich früher ein großer abflussloser See. Vor 10.000 Jahren trocknete dieser See aus und ließ die bis zu fünf Meter dicken Salzkrusten zurück, die heutigen Salzpfannen. Die wenigen Flüsse führen nur noch selten Wasser zu, die Salzpfannen liegen meist trocken. Wirtschaftlich bedeutsam ist die Gewinnung von Salz und Natriumcarbonat.

Lediglich im Norden bildet sich in der Regenzeit ein See – ideal für Vögel.

CHOTT EL DJERID
Tunesien   7.700 km²

Das größte Salzseengebiet der Sahara befindet sich in Tunesien und erstreckt sich von der algerischen Grenze bis fast zum Mittelmeer. Flüsse und Bäche aus den nördlichen Bergen speisen die Salzseen. Das Wasser verdunstet rasch durch die extreme Hitze und Trockenheit, zurück bleiben die mitgeführten Mineralsalze. Im Sommer ist der Chott völlig ausgetrocknet; die Frühjahrsniederschläge führen zu teilweisen Überflutungen und Verschlammungen.

Verlassenes Segelboot im Chott-el-Djerid-Salzsee in Tunesien (Bild rechts)

SALAR DE UYUNI
Bolivien   10.582 km²

Der im Südwesten von Bolivien auf einer Höhe von 3.653 Meter über NN gelegene Salzsee wirkt wie ein zugefrorener See. Von Ende Juni bis Anfang Dezember liegt er trocken, in der Regenzeit ist er mit einer Wasserschicht von wenigen Dezimetern bedeckt. In den Lagunen leben Flamingos. Der Salar liefert nicht nur Salz, er bildet eines der größten Lithiumvorkommen der Erde.

Kakteen am Ufer des Salar-de-Uyundi-Salzsees im bolivianischen Hochland

LAKE TORRENS
Australien   5.700 km²

In der Wüste Australiens, etwa 430 Kilometer nordöstlich von Adelaide, befindet sich der Lake Torrens, eine meist trockene riesige Salzpfanne im Lake-Torrens-Nationalpark. Nur einmal in den letzten 150 Jahren führte der Salzsee Wasser. Die im Bundesstaat South Australia gelegene Salzpfanne erstreckt sich in Nord-Süd-Richtung parallel zu den Bergen der Flinders Range, sie ist etwa 200 Kilometer lang und 50 Kilometer breit. Nur eine etwa 30 Kilometer lange Landenge trennt den Salzsee vom Spencer Gulf des Indischen Ozeans.

LAKE EYRE
Australien   9.500 km²

Der Lake Eyre liegt etwa 700 Kilometer nördlich von Adelaide in einer Senke, dem mit 15 Meter unter NN tiefsten Punkt Australiens. Der See ist meist trocken, etwa alle drei Jahre fällt genug Regen, sodass der Wasserpegel bei etwa 1,5 Meter leigt; einmal im Jahrzehnt können es sogar bis zu vier Meter sein. Der in der Wüste gelegene See hat keinen Abfluss und verliert sein Wasser über Verdunstung.

Salzplatten mit kammartigen, wulstigen Rändern auf dem Lake Eyre

ETOSHA-PFANNE
Namibia   5.000 km²

Der ehemalige See im Norden Namibias füllt sich nur in extremen Regenzeiten mit einigen Zentimetern Wasser, zieht dann aber Tausende von Flamingos und andere Wasservögel an. Im Allgemeinen liegt die in der Kalahari-Senke gelegene 120 Kilometer lange und etwa 70 Kilometer breite Salzpfanne trocken. Der rissige, sehr salzhaltige Lehmboden ist mit einer grünlich weißen Schicht überzogen. »Etosha« bedeutet in der Sprache der Ovambo »großer weißer Platz«.

Ein toter Baum am Rand der Etosha-Pfanne im Norden Namibias (Bild rechts)

542   Seen

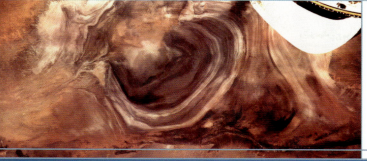

sumpf. Lop Nur ist extrem trocken und staubig und wird von starken Nordwestwinden durchpeitscht. Typische Erosionsformen, bei der Wind und Wasser zusammengewirkt haben, sind die Yardangs, auch Windhöcker genannt, vom Wind stromlinienförmig verschliffene Gebilde mit breiter, dem Wind zuwandter, und schmaler, vom Wind abgewandter Seite.

Vom Space Shuttle aus erkennt man das »Ohr« des Lop Nur, die konzentrischen Wülste, die auf unterschiedliche Phasen des Trockenfalls zurückgehen, Blick von Südosten nach Nordwesten (links).

LAKE GAIRDNER
Australien   4.750 km²

Lake Gairdner befindet sich in South Australia, etwa 150 Kilometer nordwestlich von Port Augusta. Er ist 160 Kilometer lang, maximal 48 Kilometer breit und von einer bis zu 1,2 Meter dicken Salzschicht bedeckt. Der See wird bisweilen dazu genutzt, um Geschwindigkeitsrekorde für Landfahrzeuge aufzustellen. Die Gawler Ranges im Süden des Sees sind mit 1,5 Milliarden Jahren eine der ältesten vulkanischen Landschaften der Erde.

Salzablagerungen im südaustralischen Lake Gairdner (Bild links in der Mitte)

QATTARA-SENKE
Ägypten   4.680 km²

Die Qattara-Senke ist ein Wüstenbecken in der Libyschen Wüste im Nordwesten Ägyptens. Sie liegt bis 133 Meter unterhalb NN. Etwa ein Viertel des 18.000 km² großen Beckens besteht aus einer Salz-Ton-Ebene mit harter Kruste und zähem Schlamm, die bisweilen auch mit Wasser bedeckt ist. Im Norden und Nordwesten begrenzen Salzsümpfe das Gebiet. Die Senke ist weitgehend unbewohnt, einige Beduinen sind die Ausnahme. Geparden haben hier ihr Jagdrevier, zu ihren Beutetieren zählen die ebenfalls hier heimischen Gazellen.

LAKE MACKAY
Australien   3.500 km²

Der Lake Mackay hat etwa einen Durchmesser von 100 Kilometern. Der See ist der größte von einigen Hundert Salzpfannen im Westen Australien, und er befindet sich auf dem Gebiet der Aborigines. Eine gewisse Restfeuchtigkeit scheint der See aufzuweisen, so sieht man im Satellitenbild dunklere Bereiche, die auf eine einfache Wüstenvegetation und Cyanobakterien schließen lassen. Der See spielt in den Mythen der Aborigines eine wichtige Rolle, sie nennen den See »Wilkinkarra«, er soll nach einem verheerenden Buschfeuer entstanden sein.

Seen 543

ASSALSEE

Der Assalsee (Lac Assal) westlich des Golfs von Aden befindet sich im Zentrum von Dschibuti, Ostafrika. Er ist mit 34,8 % Salzgehalt der See mit dem höchsten Salzgehalt – zehn Mal mehr als der Salzgehalt der Weltmeere und sogar um 10 bis 15 % über dem maximalen Salzgehalt

Der See und die Danakil-Berge

Halbinsel am Assalsee mit Salzflächen

Bizarre Gips- und Salzformationen

des Toten Meers. Der 54 km² große See liegt deutlich über 150 Meter unter NN – die Angaben sind hier uneinheitlich, sie gehen bis 173 Meter. Einigkeit besteht allerdings darin, dass der See den tiefsten Punkt, bzw. die tiefste Depression des afrikanischen Kontinents darstellt. An den Ufern des Assalsees stößt man bisweilen auf bizarre Gips- und Salzformationen. Sein Wasser bezieht der See aus unterirdischen Quellen, zum Teil ist es Meerwasser aus dem Golf von Aden. Der extrem hohe Salzgehalt beruht auf Verdunstung.

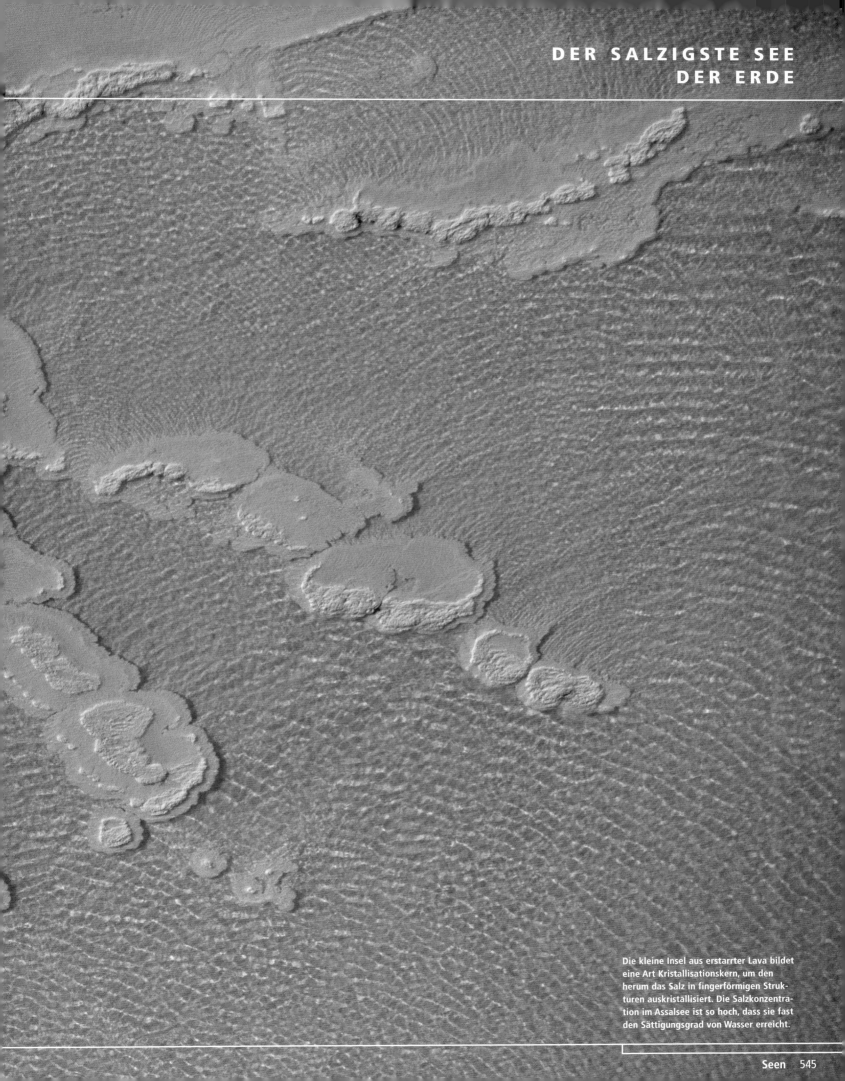

DER SALZIGSTE SEE DER ERDE

Die kleine Insel aus erstarrter Lava bildet eine Art Kristallisationskern, um den herum das Salz in fingerförmigen Strukturen auskristallisiert. Die Salzkonzentration im Assalsee ist so hoch, dass sie fast den Sättigungsgrad von Wasser erreicht.

SÜMPFE

In Flussniederungen und im Bereich von flachen Seeufern bilden sich sehr oft Bereiche heraus, die ständig unter Wasser stehen; meist ist es Süßwasser, es kann aber auch Salzwasser sein. Der Wasserspiegel ist nicht sehr hoch, die Wasserfläche wird oftmals unterbrochen

Mangrovensümpfe in Florida

durch kleinere mit Bäumen oder Sträuchern bewachsene Inseln. Der Untergrund ist in der Regel schlammig. Im Unterschied zu Mooren kommt es noch zu keiner Torfbildung. Meist entstehen Sümpfe dort, wo eine Ebene nur ein geringes Gefälle aufweist oder ein natürlicher Abfluss fehlt. Sümpfe bilden den Lebensraum zahlreicher Tiere und Pflanzen; typisch sind Sauergrasgewächse und – in nördlichen Breiten – Weiden. Durch exzessive Wasserentnahme für die Landwirtschaft oder für die Trinkwasserversorgung drohen viele Sumpfgebiete auszutrocknen. Wertvolle Biotope gehen so verloren.

DIE GRÖSSTEN SUMPFGEBIETE DER ERDE
(ohne Flussdeltas ins Meer entwässernder Flüsse)

① **Pantanal**
Brasilien, Paraguay, Bolivien — 140.000–195.000 km²
② **Sudd**
Sudan — 30.000–100.000 km²
③ **Prypjatsümpfe**
Weißrussland, Ukraine, Polen — 90.000 km²
④ **Vasyugansümpfe**
Russland — 53.000 km²
⑤ **Shatt-el-Arab**
Irak — 35.600 km²
⑥ **Asmatsümpfe**
Indonesien, Neuguinea — 30.000 km²
⑦ **Bangweulusümpfe**
Sambia — 15.000 km²
⑧ **Okawangosümpfe**
Botswana — 15.000 km²
⑨ **Everglades**
USA, Florida — 6.000 km²
⑩ **Big-Cypress-Sümpfe**
USA, Florida — 2.900 km²

Im Sumpfgebiet des Pantanal gedeihen die größten Seerosen der Gattung Victoria, benannt zu Ehren der englischen Königin Victoria (1819–1901), mit ihren bis zu drei Meter großen runden Blättern. Die Blätter besitzen sehr feine Poren und eine Kerbe am Blattrand, sodass Regenwasser abfließen kann. Die Blattteile unter Wasser sind durch spitze Stacheln vor Fischfraß geschützt.

Sümpfe 547

PANTANAL

Das größte Binnenlandsumpfgebiet der Erde befindet sich im mittleren Südwesten von Brasilien – »Pantanal«, das ist das portugiesische Wort für »Sumpf«. Das Feuchtgebiet hat eine Ausdehnung zwischen 140.000 und 195.000 km², und wurde im Jahr 2000 auf die

Mato Grosso im südlichen Pantanal

Liste des UNESCO-Weltnaturerbes gesetzt. Der Hauptfluss des Gebiets ist der Río Paraguay, der auf seinem 600 Kilometer langen Weg durch das Biotop nur ein Gefälle von rund 30 Metern aufweist. Das führt während der Regenzeit von November bis März zu einer großflächigen Überschwemmung weiter Bereiche der Tiefebene, die in dieser Zeit zum Teil meterhoch unter Wasser steht. Das Gebiet ist ein Naturparadies. Hier leben zahlreiche Pflanzen- und Tierarten, von denen viele bis heute unentdeckt geblieben sind. Obwohl als Schutzgebiet ausgewiesen, ist das Pantanal durch die zunehmende Industrialisierung und Rodung bedroht.

Luftbildaufnahme des Patanals während der Regenzeit. Zwischen den etwas höher gelegenen baumbewachsenen Bereichen verstreut sieht man zahllose grüne Lagunen.

548 Sümpfe

DAS GRÖSSTE SUMPFGEBIET DER ERDE

Bäume spiegeln sich im Mutum-Fluss im Norden des Pantanal.

Der Krokodilkaiman (»Caiman crocodilus«) lebt in den Sümpfen.

Sümpfe

CAPYBARAS

Das Capybara oder Wasserschwein (»Hydrochoerus hydrochaeris«) ist das größte lebende Nagetier der Erde. Es ist mit den Meerschweinchen verwandt, auch wenn es in seiner Lebensweise eher an Flusspferde erinnert. Das in den Feuchtgebieten Südamerikas,

Capybaras leben meist in Gruppen.

vor allem im Pantanal beheimatete Säugetier erreicht eine Kopf-Rumpf-Länge von bis zu 1,30 Meter und eine Schulterhöhe von bis zu 60 Zentimetern. Ausgewachsene Männchen bringen 50, Weibchen sogar mehr als 60 Kilogramm auf die Waage. Die Capybaras besitzen Schwimmhäute zwischen den Zehen und sind hervorrragende Schwimmer. Die Tiere werden in der Dämmerung aktiv, die Tageshitze verbringen sie meist in seichtem Wasser. Capybaras leben in größeren Verbänden, die aus bis zu 20 Tieren bestehen können. Eine Gruppe bewohnt ein Territorium von bis zu 200 Hektar, hält sich aber meist in einem Kernareal von etwa zehn Hektar auf. Die Tiere einer Gruppe markieren das Revier dabei mit ihren Duftdrüsen. Sie ernähren sich hauptsächlich von Gräsern.

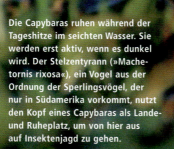

Die Capybaras ruhen während der Tageshitze im seichten Wasser. Sie werden erst aktiv, wenn es dunkel wird. Der Stelzentyrann (»Machetornis rixosa«), ein Vogel aus der Ordnung der Sperlingsvögel, der nur in Südamerika vorkommt, nutzt den Kopf eines Capybaras als Lande- und Ruheplatz, um von hier aus auf Insektenjagd zu gehen.

550 Sümpfe

DIE GRÖSSTEN NAGETIERE DER ERDE

Sümpfe 551

OKAVANGO

Mit über 20.000 km² ist das Okavango-Delta das größte Binnendelta der Welt und bildet zugleich eines der größten Sumpfgebiete der Erde. Der Okavango, einer der längsten Flüsse Afrikas, fächert sich im Nordwesten Botsuanas zu diesem Delta auf, ein Teil des Was-

Sumpfgebiet um den »Pfannenstiel«

sers verdunstet dabei, der Rest versickert in der Kalahari-Wüste. Vier Zonen werden unterschieden: Der sogenannte Pfannenstiel, der stetig wasserführende Unterlauf des Flusses in der Nähe der Einmündung; die dauerhaft sumpfigen Bereiche am Ende des Pfannenstiels; die Randzonen, die nur zeitweilig überschwemmt sind, sowie die Inseln im Inneren und im Süden des Deltas. Der Höhenunterschied ist vom Beginn bis zum 250 Kilometer entfernten Fuß des Deltas mit 60 Metern recht gering. Entsprechend langsam verteilt sich das Wasser, zusätzlich bedingt durch die hohe Vegetationsdichte. Wenn der Wasserpegel in der Regenzeit zwischen Oktober und April im Frühjahr am Pfannenstiel seinen Höchststand erreicht, dauert es vier Monate, bis das Wasser zum Südrand geflossen ist – gerade rechtzeitig zum Höhepunkt der Trockenzeit. Flora und Fauna können hier deshalb ganzjährig gedeihen. Außerdem hat das Wasser, trotz der hohen Verdunstung, Trinkwasserqualität.

Luftaufnahme des Okavango-Deltas: Der Fluss ist hier weit aufgefächert und bildet ein riesiges Sumpfgebiet, ein Mosaik aus Wasserkanälen und zahllosen grünen Inseln. Die Inseln erheben sich nur bis zu 3 m über die Umgebung und haben eine Größe von wenigen Quadratmetern bis zu einigen Quadratkilometern. Der Artenreichtum des Deltas ist phänomenal: allein 122 Säugetierarten wurden gezählt.

Elefanten stapfen durch das flache Wasser der Sümpfe.

Auch große Zebraherden ziehen durch die überflutete Landschaft.

DAS GRÖSSTE BINNENDELTA DER ERDE

REGISTER

Aasblume 286
Aborigines 282, 343, 484, 543
Acamarachi 366, 409
Achttausender 70, 312, 315, 317 f., 420, 457
Aconcagua 86, 312, 321, 354, 368, 406
Acotango 306, 409
Ad-Dahna 224
Affenbrotbaum 292, 298 f.
Afrikanischer Elefant 188, 201, 274, 292, 294
Afrikanische Kontinentalplatte 80, 95, 344
Afrikanische Küste 46, 293
Afrikanischer Strauß 182, 194, 207, 290
Aguti 303 f.
Ahaggar (Hoggar) 218 f., 345
Ahorn 135, 146 f., 155 ff., 160
Ahuehuete 263
Aïr 219
Akazien 190, 228
Al-Sarat 95
Alaska Range 312, 348
Albertnil 472
Aldrin, Buzz 23
Alerce 261
Aletschgletscher 324, 455
Alëuten 349, 388 f.
Alëutenkette 348
Alexander-I.-Insel 88, 108
Aloe dichotoma 238
Alpaka 178, 358 f.
Altai-Gebirge 168, 480
Altiplano 321, 356 f., 406
Altun Shan 226, 542
Amazonas 86, 266 f., 304, 308, 311, 470 ff., 488, 494 ff., 519
Amazonas-Becken 86, 266 f., 292, 308, 362, 474
Amazonas-Delta 496 f.
Amboseli-Nationalpark 186
Ambrym 415
Amery-Schelfeis 446, 452
Ampato 366, 408 f.
Amundsen-Scott-Station 90
Amundsen, Roald 35, 91
Amundsensee 58
Amur 134, 138, 470, 480, 533
Anadyr-Gebirge 124
Anakonda 310 f.
Anatolisches Hochland 328
Andamanen 72, 269
Andamanensee 46, 71
Anden 86, 102, 246, 308, 312, 320 ff., 338, 354 ff., 358 ff., 389, 406, 408 ff., 468, 494, 519, 538
Andenkondor 360 f., 436
Angara 470, 480, 526
Ankaizina 398
Annapurna 312, 319, 330, 420
Antarktis 25, 59, 64, 66, 74 f., 86, 88 f., 92 f., 108 ff., 118, 312, 364 f., 412, 444 ff., 452 ff., 522
Antarktische Halbinsel 59, 92 f., 108, 113, 364, 388
Antarktischer Eisschild 445 ff.
Antarktischer Ozean 58, 108
Antarktisvertrag 112
Apennin 323 f.
Apennin-Halbinsel 69, 92 f.
Apollo 11 23
Appalachen 83, 102, 160 ff., 348
Äquator 46, 63, 70, 78, 104, 106, 174, 292, 344, 392, 474, 519, 534
Arabische Halbinsel 92 ff., 329
Arabische Platte 80, 95
Arabische Wüste 224, 232
Arabisches Meer 46, 94, 268, 482
Aragaz 372
Aralsee 532, 540
Ararat 328, 380, 481

Areolen-Flachschildkröte 201
Arktis 35, 110, 112 f., 114 ff., 126
Arktischer Ozean 100 f., 536 f.
Armstrong, Neil 23
Aronstabgewächs 286
Asiatische Elefanten 174, 281
Assalsee 74 f., 78, 544
Asteroid 12, 24, 26, 28
Astronaut 22 f.
Atacama-Wüste 216, 246 f., 368, 406 ff., 540
Athabascasee 537
Atherton Tableland 289
Atlantik 11, 68, 108, 112, 144, 218, 224, 240, 308, 322, 376 ff., 393, 415, 474, 488 f., 492 ff., 528
Atlantikküste 160, 214, 309, 355, 362
Atlantischer Ozean 30 f., 36, 82, 102 f., 160, 232, 308, 376 f., 495
Atlantischer Regenwald 309
Atlas-Gebirge 78
Atmosphäre 14 f., 19, 24, 370 f.
Ätna 103, 322, 366, 370, 373 ff., 415 f.
Atolle 54 ff.
Augrabies Falls 510 f.
Austfonnagletscher 454
Australasiatisches Mittelmeer 48
Austur-Kverkfjöll 378
Auyan-Tepui 502
Axel-Heiberg-Insel 100
Ayers Rock (Uluru) 341 ff.
Azoren 36, 376

Backwaters 268 f.
Baffin Island 96, 100 f., 462
Baikalrobbe 526 f.
Baikalsee 70, 74, 481, 522, 526 ff.
Baktrisches Kamel 121
Baläifossen 498, 505
Balchaschsee 532, 540
Bali 281, 416
Bali Barat National Park 281
Balkanhalbinsel 92 f., 323
Baltoro Muztagh 326, 332
Baltorogletscher 322, 456
Balzritual 121
Bambuswald 250 f.
Bandasee 70, 84
Baobabs 298 f.
Bárdarbunga 378
Barentssee 32 f., 100, 478
Barnes Ice Cap 445, 462
Barranca del Cobre 419, 435
Basislager 317
Basse-Terre 377
Bathyscaph 49
Batian 312, 344, 392
Batopilas Canyon 435
Baumfarne 256 ff., 289, 308
Baumfrosch 303, 309
Baumgrenze 126, 129
Baumkronendach 265
Baumschichten 272
Bay of Fundy 44
Beardmoregletscher 453
Bellingshausensee 58
Bengalischer Tiger 174, 276, 278
Benguela-Kaltstrom 232
Bentley-Graben 74 f., 88
Bergahorn 156
Berggorilla 292, 296, 392 f., 397
Bergland von Guayana 86, 308, 355, 495
Bergsteiger 316 ff., 322 f., 331, 348, 354 f., 401, 406, 408
Bergzebra 194
Beringgletscher 464 f.
Beringmeer 48, 348, 492
Beringsee 384
Beringstraße 32, 70, 463
Berkner Island 108

Bermuda-Dreieck 37
Bethe, Hans 14
Beutegreifer 197
Beutelmarder 256
Biafogletscher 456
Bienenelfen 306 f.
Big Basin Redwoods State Park 260
Big Room 442
Binnendelta 233, 489, 506, 552
Binnendepression 218
Binnenmeer 522
Binnensee 74, 530 ff.
Bison 135, 150, 210
Blauer Nil 346, 472, 534
Blauer Planet 11, 14
Blauwal 61, 64
Bluff Falls 508 f.
Blumentiere 51, 56
Blütenstand 270 f., 280, 286
Blyde River Canyon 419, 433
Borneo 70, 96, 106, 280, 282, 287, 329
Bos grunniens 336
Bos mutus 336
Bougainville 338, 387
Bourke's Luck Potholes 433
Boyoma Falls 498, 501, 510
Brahmaputra 73, 176, 315, 420, 470, 483
Brandrodung 293, 302
Brasilianisches Bergland 86, 355, 495
Braunbären 140 f., 144, 146, 154, 172
Breitmaulnashorn 202
Brekzie 27
Bromelie 308 f.
Browne Falls 498, 508
Bruneau-Jarbidge 414
Brutkolonie 120
Buchen 102, 135, 146 ff., 155
Buckelwal 61
Büffel 150, 192, 196, 200 f., 489
Bullita Cave System 438
Buschmann 238
Byrdgletscher 453
Byrranga-Gebirge 124, 532

Cabana-Indianer 409
Cachoeira de Paulo Afonso 498, 518
Caldera 344, 366, 370, 372, 376, 382 f., 401 f., 415
Campo de Hielo Patagónico Sur 468
Canaima-Nationalpark 502
Cañón del Colca 419, 436
Cape York 24, 289
Caprivi Strip 200
Capybaras 550
Carlsbad Caverns 439, 442
Carnegiea gigantea 245
Carney Island 108
Cascada de San Rafael 519
Cascade Range 348, 350, 389, 404
Cataratas las Tres Hermanas 498, 518
Cathedral Gorge 431
Cauvery Falls 506
Cerrado 212
Cerro Bonete Chico 366, 406
Cerro Pissis 366, 368, 406
Cerro Tatio 246
Chamäleon 280, 293, 300
Chankasee 533
Chari 489
Cherokee-Indianer 162
Chesapeake Bay 25, 514
Chicxulub-Krater 24
Chihuahua-Wüste 216, 243
Chimborazo 321, 366, 408
Cho Oyu 315, 319
Cholock 515
Churchill Falls 498, 514
Churchill River 493
Churchill, John 493
Chutes de Khone 498, 506

Chutes de Livingstone 498, 501, 510
Chutes Inga 498, 500 f., 510
Chuuk-Atoll 55
Citlaltépetl 312, 348, 402
Ciudad del Este 521
Clearwater Lakes 28
Coatsland 59
Coesit 27
Cofre de Perot 403
Colca 436
Colima 349, 403
Colorado River 350, 424 f., 434, 492 f.
Colorado River Canyons 424 f.
Colorado-Plateau 160, 424 f., 434
Columbia River 351, 493, 514
Columbia-Plateau 242, 350
Cooper Creek 485
Cordillera de los Andes 320
Coropuna 366, 407
Cortés, Hernán 403
Corypha 270
Crater Peak 401
Crocodylus johnsoni 487
Cruz del Condor 436
Cyatheales 258

Dachs 146
Daintree-Nationalpark 289
Damavand 328, 380
Dar-Alages 373
Darling 76, 484
Dauerfrostboden 126
Death Valley 74 f., 82, 242, 351
Dekkan-Hochland 70, 72
Dekkan-Plateau 268
Delfin 64 f., 281, 495
Delta 73, 233, 272, 472, 474, 481 f., 488, 492, 495 ff., 501, 552
Dendrocalamus giganteus 252
Depression 74 f., 544
Desertifikation 222
Devils Tower 341
Devon Ice Cap 100, 445, 462
Dhaulagiri 319, 330, 420
Dickhornschaf 160, 245
Dicksonia 258
Disko-Bucht 99
Dnister 478
Dnjepr 478
Don 478
Donau 324, 470, 478
Dornbuschsavanne 184
Draa-Dünen 220
Drakensberge 345, 433, 510
Dromedar 170 f.
Dschabal an-Nabi Schu'aib 95
Dufek, George 91
Dufour, Guillaume-Henri 324
Dufourspitze 324
Dumont-d'Urville-See 58
Dünenmeere 220
Durchbruchstäler 315, 418, 425, 434

Ebenholzbäume 272
Echidna Chasm 431
Edwardsee 535
Eichen 135, 146 ff., 155, 250
Einschlag 19, 22, 26 ff.
Eisbär 98, 101, 112, 116 f., 129, 140
Eisberg 32, 38, 88, 99, 449 f.
Eisfeld 323, 400 f., 406, 444 ff., 454, 456, 460, 463, 468
Eisfuchs 112
Eiskappe 32, 100, 344, 372, 383, 400, 406, 444, 454, 504
Eisplatte 113, 446, 448
Eisschild 444 ff., 450
Eiszeit 69, 98, 144, 154, 233, 280, 444, 530, 536
El Capitan 340

El Coqui 303
El Hierro 377
El Tatio 246
Elbe 479
Elbrus 68, 312, 322, 372
Elburs 328 f., 380
Elch 129, 134 f., 142 f., 146
Elefant 188 f., 196, 200, 265, 274 f., 490
Elenantilope 201, 204
Elephas maximus 274
Ellesmere Island 96, 100, 462
Ellsworth Range 312
Ellsworth-Land 412
Ellsworth, Lincoln 35, 364
Emperor Range 338
Emu 182 f., 290
Enceladus 19
Engtäler 418
Epiphyte 289, 292
Epupa Falls 510 f.
Erciyes Daği 381
Erdbeben 83, 84 f., 104, 322, 370, 402, 526
Erdenmond 19, 22 ff.
Erdteile 66, 76, 504
Erie-Indianer 536
Eriesee 516, 522, 528, 536
Eris 16 f.
Eruption 104, 338, 370 f., 373, 376 f.
379 f., 382 f., 392, 396, 400 ff., 415
Eruptionsschlot 401
Etosha-Pfanne 200, 233, 540, 542
Eukalyptusbaum 256
Eukalyptuswald 257
Euphrat 224, 380, 481
Eurasien 66, 122, 132, 166, 317, 322, 338
Eurasische Landmasse 69, 166
Eurasische Platte 104, 106, 317, 322, 380
382, 384, 388
Eurasische Steppe 164, 166 f.
Europa 68, 146, 322, 372, 454, 478
504, 530
Europäischer Luchs 146
Everglades 546
Evolution 21, 26, 64, 180

Falkland-Inseln 87
Faltengebirge 69, 83, 324, 326, 348
Familienherde 274, 294
Feuchtgebiet 533, 548, 550
Feuerland 83, 87, 102, 321, 348, 388
Fidschi 388
Filchner-Ronne-Schelfeis 59, 113, 364
446, 448
Filchner, Wilhelm 448
Finnwal 61
Finsteraarhorn 455
Firnkappe 394, 460
Fish River Canyon 432 f.
Flachland-Tapir 309
Flamingo 303, 538, 542
Flechten 38, 100 ff., 124, 126, 130, 150
167, 260, 344
Flechtenteppich 132
Fledermaus 245, 289, 303, 440, 442
Flores 105, 281, 284
Flüsse 470 ff.
Flussmündung 276, 487
Flussniederung 501, 546
Flusspferd 200 f., 292, 490, 550
Fly 485
Fogo 376
Forstwirtschaft 248
Foxgletscher 459
Franz-Josef-Gletscher 458 f.
Französisch-Guayana 87, 266, 308
Fremdlingsfluss 470, 472
Frostiger Berg 328, 380
Fuchs 146, 154, 160
Fuji 155, 382, 388
Fujisan 106, 366

Gahinga 392, 397
Galápagos-Inseln 87
Galaxie 11
Galileo 13 f.
Ganges 72 f., 315, 483
Ganges-Becken 272
Ganges-Delta 72, 272, 483, 497
Gangestiefland 483
Ganymed 12, 14, 18 f.
Garganta do Diabo 520
Gasplanet 12, 14
Gazelle 186, 198, 490, 543
Gefäßpflanzen 212, 280
Gelber Fluss 470, 481, 506
Gemäßigte Breiten 102, 164, 248 f., 302
Geparden 186, 198 f., 200, 489, 543
Gesteinsplanet 14
Geysir 76, 102, 106, 370, 378, 398
Geysirfeld 246
Gezeitenströme 44 f.
Gezeitenwellen 496
Ghegam-Bergkette 373
Gibson-Wüste 228
Gili Motang 284
Gipfelkrater 322, 349, 373
Giraffen 190, 233, 489
Glanzfasan 250
Gletscher 38, 99 ff., 113, 160, 289, 322 ff.
326, 332, 338, 372, 380, 383, 386, 400 f.,
406, 409, 444 ff., 452 f., 483, 504, 539
Gletschersee 106
Gletscherzunge 38, 315
Gnu 186, 194, 197 f.
Goat Island 516
Gobi 71, 166, 168, 171, 216, 224, 226
Golf von Aden 46, 94, 544
Golf von Alaska 48, 83, 348, 464, 467
Golf von Bengalen 46, 269, 483
Golf von Guinea 78, 296, 344, 376, 488 f.
Golf von Mexiko 36, 82 f., 102, 144
402, 492 f.
Golomjanka 526
Gondwana 72, 180
Goral 138
Gorilla 265, 292, 296, 392 f., 397
Gran Canaria 376
Gran Chaco 86, 214
Gran Sabana 308, 362
Grand Canyon 160, 350, 419, 424 f.
433, 434 ff., 492
Grand Canyon du Verdon 426
Grand Erg Occidental 220
Grand Erg Oriental 220
Grande Comore 399
Graslandschaft 164, 166, 172, 308
Graues Riesenkänguru 180
Great Barrier Reef 50, 52, 76, 289
Great Basin 216, 242, 350
Great Dividing Range 76, 338 f., 484 f.
Great Falls 492, 514
Great Gorge 419
Great Lakes 528 f.
Great Otway National Park 257
Great Plains 83, 164, 208 f.
Great Slave Lake 82, 492, 522, 536
Great Smoky Mountains Nationalpark 162
Green River 424
Grizzlybär 140
Grönland 24, 32, 38, 82 f., 96, 98 f., 100
112, 114, 288, 444, 454, 468, 485
Grönländischer Eisschild 450
Grönlandsee 32, 376
Grönlandwal 61
Großbritannien 44, 68, 93, 96, 102
144, 528
Große Australische Bucht 46
Große Nefud-Wüste 95
Große Östliche Sandwüste 220

Große Pandas 254
Große Randstufe 201, 232
Große Sandwüste 216, 228
Große Seen 83, 142, 144, 164, 242, 492
528 f., 536 f.
Große Victoriawüste 228
Große Westliche Sandwüste 220
Großer Afrikanische Grabenbruch 74, 392
Großer Emu 182, 290
Großes Erdbeben von Wenchuan 85
Großwildjäger 192
Grunzochse 336
Gua Air Jernih 438
Guadeloupe-Waschbären 303
Guallatiri 366, 408 f.
Guanakos 358
Guayana-Schild 308
Guge 346
Guma Terara 346
Gunnison River 424
Gunung Agung 416
Guyana 266, 308, 362, 502, 518

Haba Xueshan 422
Hafragilsfoss 504
Haie 62 ff.
Halbinseln 68 f., 92 ff.
Halbwüste 78, 164, 182, 201, 228, 232
242, 328
Haleakala 391
Hannoki-no-taki 507
Hardangerfjord 412
Harpyie 309
Hauptkrater 322, 398, 401
Hawaii 15, 271, 366, 390 f., 514 f.
Hawaii-Archipel 390 f.
Heard Island 108
Heißwüste 216
Hells Canyon 419
Helmkasuare 290 f.
Herzog, Maurice 312
Hibiskus 303
Hidden Peak 319, 332
High County 178
Hillary, Edmund 312, 316 f., 319
Himalaya 70, 72 f., 86, 160, 251, 276, 312
314 ff., 326, 328f., 334, 338, 408, 420
456 f., 482 f.
Hindukusch 73, 171, 326, 329
Hinggan-Gebirge 168
Hispaniola 102, 303
Hispargletscher 456 f.
Hoba-Meteorit 24
Hochland von Abessinien 344, 346 f., 534
Hochland von Tibet 326 f., 334, 480 f.
Höhlen 438 ff.
Höhlenblindfisch 440
Hokkaido 106 f., 134, 154
Homo erectus 21
Homo habilis 21
Homo sapiens sapiens 21
Honshu 96, 106 f., 155, 158, 250, 388
Hookergletscher 459
Horn von Afrika 46, 92 f., 184
Hot Spot 102, 366, 370, 391, 393, 398
Hot-Spot-Vulkane 366
Hualalai 391
Hualca Hualca 366, 408 f.
Huang He 481, 506
Hubbardgletscher 465
Hudson Bay 83, 100 f., 492 f.
Hukou Falls 506
Humboldtgletscher 450
Huang-He-Delta 497
Huronsee 522, 528, 536
Hutiao-Schlucht 419, 422
Huvadhu Atoll 55
Hvannadalshnúkur 378
Hyänen 186, 197 f., 200

Ichugras 356
Iguaçu 498, 518, 520 f.
Illimani 366, 407
Inaraijärvi 531
Indian Summer 161
Indianer 132, 162, 210, 245, 409, 514, 536
Indik/Indischer Ozean 20, 30, 46, 54, 56
58, 70, 72 f., 75 f., 78, 88, 95, 104, 108, 270
293, 398, 484, 488 f., 542
Indische Platte 317, 326, 334
Indischer Elefant 274
Indischer Subkontinent 72, 380, 482
Indischer Tiger 278
Indochinesische Halbinsel 92 f., 272
Indus 72, 225, 315, 328, 330, 482
Industriestaaten 83
Ingrid-Christensen-Land 452
Inlandeis 38, 113, 450, 452
Innuitians 462
Inseln 96 ff.
Iquitos 474
Irak 94, 224, 329, 481, 546
Iran 54, 216, 225, 328, 329, 380, 382
481, 522, 524, 532, 540
Irland 102
Irtysch 470, 480
Island 36, 102, 372, 376, 378 f.
415 f., 454, 504
Issyk-Kul 522, 532, 540
Itschinskaja Sopka 383 f.
Iztaccíhuatl 400, 402

Jablonowyj-Gebirge 226
Jade Dragon Snow Mountain 422
Jaguar 302, 304 f., 308
Jan Mayen 36, 376
Jangtse 70, 419, 422, 428
Jangtsekiang 480
Japanmakaken 158
Japura 470, 476
Java 104, 281 f., 383, 416
Jenissej 470, 480, 526
Jewel Cave 438 f.
Jordangraben 75
Joshua Tree 242, 244
Joshua-Tree-Nationalpark 244
Jostedalsbreen 455
Juba 489
Juneau Icefield 463
Jupiter 12, 14, 16, 17, 18, 19
Juruá 476

K2 312, 318 f., 326 f., 332, 457, 482
Ka-er-daxi 366, 380
Kabargin Oth 372
Kaffernbüffel 192
Kagera-Nil 470, 472, 534
Kaieteur Falls 518
Kailash 328, 420, 483
Kaiserpinguin 113
Kalahari 200 f., 216, 232 f., 489
Kalahari-Senke 542
Kali Gandaki 330, 419 f.
Kali-Gandaki-Tal 420
Kalifornische Borstenkiefer 263
Kallisto 14, 18 f.
Kältepol 112
Kältewüste 129
Kamel 121
Kamen 380, 384
Kamerunberg 344, 393
Kamtschatka 84, 92 f., 328, 380 f.
383 f., 388, 415
Kamtschatkabär 141
Kanadische Tundra 128 f.
Kanadischer Schild 462
Känguru 180
Kaokoveld 232
Kap der Guten Hoffnung 78
Kap Hoorn 321

Register 555

REGISTER

Kapokbäume 268
Kapuzineraffe 302, 308
Karasee 32, 100, 480, 526, 523
Karakorum 72, 312, 318f., 326 f., 329
332, 334, 456 f., 482
Karakum 216, 224
Karfreitagsbeben 84
Karibik 82, 102, 377, 415 f.
Karibische Inseln 82, 306
Karibisches Meer 36, 82
Karibus 101, 112, 126, 132 f.
Karijini-Nationalpark 178
Karisimbi 392, 397
Karoo-Nationalpark 201
Karpaten 146 f., 524
Karpatenhirsch 147
Karthala 399
Kartografie 20, 514
Kasbek 372
Kaskadenkette 348, 389, 401, 404
Kaspisches Meer 68, 70, 74, 522, 540
Kata Tjuta 343 f.
Katzenbär 250
Kaukasus 68 f., 312, 322, 328, 372
Kaziranga-Nationalpark 124, 176
Kentucky-Höhlenkrabbe 440
Kepler, Johannes 11, 13
Kerguelen 112, 118
Kerinci 104, 382
Kernenergie 14
Kettengebirge 86, 320, 329
Khumbu Himal 316
Kibo 78, 312, 344, 366, 392, 394 f., 460
Kilimandscharo 78, 80, 312, 328, 339, 344
366, 380, 392, 394 f., 460
Killerwal 64, 65
Kings Canyon 431
Kings-Canyon-Nationalpark 262
Kivusee 535
Kleine Sunda-Inseln 105, 281
Kleinkatzen 352
Kleinplaneten 12, 16
Kljutschewskaja Sopka 380
Kluane Icefield 445, 463
Koala 257
Köcherbaum 238
Kodiakbär 116, 141
Koko-Nor 533
Kolibri 245, 303, 306 f., 308
Komodowaran 284 f.
Komoren 399
Kongo 78, 292, 296, 470, 488 f., 500f.
Kongobecken 292, 294, 296, 488
501, 510
Kongou Falls 510 f.
Kontinentalplatten 66, 72, 76, 80, 84
312, 322
Kontinente 66 ff.
Kopernikus, Nikolaus 11, 13
Korallen 50 f., 52, 56
Korallenbleiche 52, 56
Korallengarten 56
Koralleninsel 56
Korallenmeer 48
Korallenriff 48, 50, 52 f., 54, 76, 265, 276
Korallensee 76
Kordilleren 83, 86, 106, 246, 320, 348
350, 356, 388, 463, 538
Koryak 384
Krakatau 415
Krater 15, 19, 22, 24 f., 26 f., 100, 224
322, 328, 338, 368, 372, 376, 380 ff., 386f.,
391 f., 394, 396, 399, 401 f., 408f.
Kratersee 105, 338, 380, 382, 392 f.
398, 402, 409
Kronotsky 384
Kruger-Nationalpark 201, 489
Kryptodepression 74
Kuba 82 f., 102 f., 303, 306
Kuh-e Sahand 382

Kuh-e Taftan 381
Kuhantilope 194
Kuipergürtel 12, 14, 16
Kunchikal Falls 507
Kunlun Shan 168, 172, 326 f., 380
Kupferschlucht 435
Kura 524
Kurilen 388
Kurilensee 415
Küstenkordilleren 246
Küstenlänge 530, 536
Küstenmammutbaum 260 f.
Kysylkum 216, 224
Kyushu 158, 250, 415

La Malinche 403
La Palma 366, 376
La-Garita-Caldera 370
La-Plata-Otter 309
Labrador 82
Labrador-Halbinsel 44, 92 f., 462
Labradorsee 36
Lachenal, Louis 312, 319
Ladogasee 68, 530
Lago Argentino 522, 539
Lago Buenos Aires 539
Laguna del Carbon 74 f., 86
Lake Chamberlain Falls 508
Lake Dieri 231
Lake Eyre 74, 76, 229, 485, 540, 542
Lake Gairdner 540, 543
Lake Mackay 540, 543
Lake Mead 424
Lake Powell 424
Lake Superior 82, 536
Lake Unknown Falls 508
Lama 358 f.
Lama glama 358
Lama guanicoe 358
Lama pacos 358
Lambertgletscher 452 f.
Landmasse 69, 78, 82, 88, 112, 135, 289
312, 462
Laubwald 144 ff.
Lauerjäger 196
Laufvogel 182, 207, 290
Lava 350, 366, 370, 373, 376, 382, 391
393, 396, 415
Lebertran 62
Lechuguilla Cave 442
Leistenkrokodil 487
Leittier 65
Lemminge 101, 112, 126
Lena 470, 481
Lena-Delta 497
Leopard 489, 134, 200 f., 250, 292, 304f.
Lhotse 315, 318 f.
Lianenwälder 289
Lihou Reef 55
Lilliegletscher 453
Limpopo 433, 489
Litke-Tiefe 32
Livingstone, David 501
Llullaillaco 406
Lodoicea Maldivica 270
Loihi 390
Lombok 105, 281, 382
Longyearbyen 110
Lop Nur 540, 542 f.
Lorentz National Park 289
Löwe 186, 190, 192, 196 ff., 292, 304, 489
Lualuba 501
Luchs 134, 146 f., 152 f.
Lut 216, 224 f.
Luvironza 472
Luvua 488, 534

Maar 366
Macapá 474, 495
Mackenzie Mountains 129, 514

Mackenzie River 208, 470, 492, 536
Mackenzie-Becken 178
Madagaskar 78, 96, 104, 252, 270, 293
298, 300, 398, 510
Madagaskar-Riesenchamäleon 300
Madagaskarbecken 46
Madeira 376 f.
Magellanstraße 102
Magma 36, 105, 366, 377, 393
Magmakammer 366, 370, 398
Main-Donau-Kanal 478
Makgadikgadi-Salzpfanne 542
Malabarküste 268
Malaiische Halbinsel 280
Malaspina Lake 467
Malaspinagletscher 463, 467
Malaspina, Alessandro 467
Malawisee 488, 522, 534
Malaysia-Tiger 281
Malediven 56
Mamberamo 485
Mammoth Cave 438 ff.
Manaus 474, 495
Mangroven 72, 269, 276, 280, 289
303, 308f.
Mangrovensümpfe 276, 485, 302
Mangrovenwald 272, 276, 278, 289
Manitoulin-Insel 528, 536
Manytsch-Niederung 69, 322
Manzalasee 535
Mar Chiquita 538, 540
Maracaibosee 86, 538
Marble Canyon 419, 425
Marder 146
Marderhund 146, 154
Mare 22
Mare Frigoris 22
Mare Tranquillitatis 22 f.
Maria 22
Marianen 388
Mars 12, 15
Mars-Habitat 100
Masai-Mara-Naturschutzgebiet 186
Mata Atlantica 309
Matlacuéyetl 403
Matriarchat 65
Mauna Kea 390
Mauna Loa 390 f.
Mawensi 392, 394, 460
McKinley River 487
McKinley, William 348
Meeresschildkröten 303
Meerschwein 550
Meili-Gebirge 154
Mekong 470, 480 f., 497, 506
Melanesien 77, 388
Melville Island 100 f.
Melville-Bucht 450
Menschenaffe 282
Merkur 12, 15, 18
Messina-Verwerfung 322, 375
Meteoriten 22, 24, 26, 28
Mexikanische Sumpfzypresse 263
Meyer Range 339
Meyer, Hans Heinrich Josef 339
Mgahinga-Gorilla-Nationalpark 393
Mi'kmaq-Indianer 132
Michigansee 522, 528, 536
Mikeno 397
Mikronesien 77
Mikroorganismen 215
Mikroplankton 50
Milchstraße 11 f.
Milneland 38
Mindanao 107, 507
Mischwaldzonen 144 ff.
Mississippi River 82, 470, 492, 497
Mittelatlantischer Rücken 36, 102, 376
Mittelmeer 36, 68, 70, 78, 103, 224, 232,
322, 324, 470, 473, 522, 535, 542

Mittelmeerküste 218
Mojave-Wüste 242 ff., 350
Molloytief 32
Molukkensee 70
Monde 18 f.
Mondfinsternis 19
Mongolische Steppe 167
Mongolischer Altai 480
Monolithe 340 f.
Monsunwald 71, 264 ff.
Mont Blanc 68, 322, 324
Monte Rosa 324
Montes Cordillera 22
Montes Rook 22
Montserrat 415 f.
Moschusochsen 98, 112, 129 f.
Mosi-oa-Tunya 512
Mount Adams 401, 403
Mount Augustus 341
Mount Blackburn 400
Mount Bona 400
Mount Cameroun 393
Mount Challenger 462
Mount Churchill 400
Mount Erebus 412
Mount Everest 70, 73, 312, 315 ff., 326
339, 380, 457
Mount Frakes 412
Mount Giluwe 386 f.
Mount Hood 401, 404
Mount Kenia 80, 312, 344, 392
Mount Kirkpatrick 364, 412
Mount Loa 366, 390
Mount Logan 82, 312, 463
Mount McKinley 82, 312, 339, 348, 463
Mount Meru 80, 392
Mount Orohena 339
Mount Pelée 416
Mount Popomanaseu 339
Mount Rainier 348, 389, 401, 403 f.
Mount Ruapehu 338, 386 f., 388
Mount Sabinyo 393, 397
Mount Sanford 400
Mount Shasta 401, 404
Mount Spurr 401
Mount St. Helens 348, 389, 404
Mount Taranaki 338, 386
Mount Tyree 364
Mount Vinson 88, 112, 312, 364
Mount Wrangell 401
Mündungsdelta 208, 481, 485, 496
Mungo 303
Murray 76, 484
Murrumbidgee 484
Mutarazi Falls 510
Mutation 21

Nabesnagletscher 400, 465
Nærøyfjord 40 f.
Nahanni National Park 514
Namcha-Barwa-Massiv 420
Namib 78, 232 f., 234 f., 237, 240
Namibrand-Naturreservat 237
Nan Shan 226
Nanga Parbat 319, 331
Nappanerica 231
Nasenaffe 280
Nashörner 201 f., 281
Nashornvogel 280
Nationalpark Los Alerces 261
Naukluft-Gebirge 433
Nebenkrater 322, 328, 373, 380 f.
Nefud-Wüste 224, 95
Negev-Wüste 224
Nelson River 492, 536
Neptun 12, 14, 16, 18
Nesseltiere 50
Nestgrube 207
Netzpython 311
Neubritannien 387

556 Register

Neufundland	82, 102, 514
Neuguinea	77, 96, 106 f., 288, 290
	338 f., 386 f., 438, 484 f., 546
Neuschottland	83, 92
Neuseeland	64, 76 f., 106, 178, 248, 256
258, 288, 338, 371, 386 ff., 415, 438, 458 f.,	
	498, 508 f.
Neuseeländische Alpen	178, 338, 459
Neuweltgeier	360
Neuweltkamele	358
Nevado de Toluca	402
New Caledonia Barrier Reef	52
Niagara Falls	498, 516 f., 518, 528, 536
Nicaraguasee	537
Niederguineaschwelle	501
Niger	184, 296, 488 f.
Nil	78, 219, 232, 346, 470, 472 f.
	488, 497, 534
Nilkrokodil	487
Nilpferde	490
Nobile, Umberto	35
Nord- und Mittelamerika	82 f., 242 f.
302 f., 348 f., 400 f., 492 f., 514 f., 536f.	
Nordamerika	126 f., 134 f., 160 f.
	462 f., 464 f.
Nordamerikanische Kordilleren	83, 350
Nordend	324
Nördlicher Seeelefant	118 f.
Nordluchs	135, 160
Nordpol	34 f.
Nordpol, geografischer	34 f.
Nordpol, geomagnetischer	34, 112
Nordpolarmeer	30, 32, 34, 69 f., 82
	100, 112, 492
Nordsee	36, 42, 324, 478 f.
Nordwestaustralisches Becken	46
Norgay, Tenzing	312, 316 f., 319
Novarupta	416
Nowaja Semlja	33, 100, 124
Nubische Wüste	346, 472
Nunataker	452
Nyamuragira	397
Nyiragongo	396 f., 416
Oase	224, 345
Ob	470, 480
Oberon	18 f.
Oceanus Procellarum	22
Ochotskischem Meer	384
Oily Lake	467
Ojos del Salado	366, 368, 406, 409
Okavango	78, 233, 489, 552
Ökosystem	52, 56, 112, 212, 244
	276, 280f., 303
Olo'upena Falls	515
Olymp	323
Olympic National Park	260
Olympus Mons	15
Onegasee	530
Ontariosee	492, 516, 528, 537
Onyx River	88
Orang-Utans	106, 265, 280, 282
Oranje	433, 488
Orcas	64 f.
Orchidee	250, 280, 292, 303, 308 f.
Orcinus orca	64
Orinoco	86, 308, 311. 362, 470, 495
	497, 518
Orinoco-Tiefland	308, 495
Oryxantilope	233
Ostafrika	78, 252, 344, 392, 534 f.
	544, 190
Ostafrikanische Platte	344
Ostafrikanische Savannen	186 f.
Ostafrikanischer Graben	344, 346
	392, 534
Ostasien	144, 154, 156, 248, 252
	328 f., 480
Osteuropäische Ebene	69
Östliche Sierra Madre	348

Ostpazifischer Rücken	49
Ostsee	36, 479, 530
Outback	76, 178, 541
Ozeane	30 ff.
Ozeanien	66, 76, 256, 288, 338 f.
	386 f., 484, 508
Ozelot	308
Ozonloch	20
Ozonschicht	20
Paccard, Michel-Gabriel	322
Packeis	32, 59, 114, 116
Päijänne	531
Palmen	268, 270 f., 303, 308
Palmlilie	244
Pamir	168, 312,326, 334
Pampa	86, 178, 214 f.
Pangäa	36
Pantanal	546, 548, 550
Panther	281, 305
Panthera tigris tigris	278
Pantherus onca	305
Pantherus pardus	305
Panzerechse	487
Panzernashörner	176
Papago-Indianer	245
Paraná	86, 309, 470, 494 f.
Parinacota	356, 366, 408
Parnaiba	495
Parque Nacional Alejandro de Humboldt	
	303
Parque Nacional Alerce Andino	261
Parque Nacional Malintzin	403
Parry, William Edward	101
Parsons-Chamäleons	300
Patagonien	64, 74, 86 f., 326,360, 444
Patagonische Wüste	216
Patagonische Zypresse	261
Patagonisches Tafelland	215
Pazifik	23, 30, 58, 62, 70, 75, 77, 82, 96
108, 160, 237, 250, 485, 492, 493, 494	
Pazifik-Platte	464
Pazifikküste	86, 237, 246, 247, 248, 260
	289, 320, 380, 388, 407, 467,
Pazifischer Feuerring	106, 328, 348
	382, 388
Pazifischer Ozean	23, 30, 58, 62, 70
75, 77, 82, 96, 108, 160, 237, 250, 485	
	492, 493, 494
Peary, Robert Edwin	35
Pekari	304
Penny Ice Cap	445, 462
Permafrostboden	122, 124, 129
Persischer Golf	46
Petschora	478
Pfeilköcher	238
Philippinen	52, 106 f., 281, 380, 388
	416, 507
Philippinenente	281
Philippinensee	48
Phippinenplatte	382, 388
Phytoplankton	33
Piccard, Jacques	49
Pico da Neblina	308, 355
Pico de Orizaba	366, 400, 402 f.
Pico del Teide	344, 376
Pinselohren	152
Pio-XI-Gletscher	468
Pirin-Gebirge	323
Piton de la Fournaise	398
Piton de Neiges	398
Planeten	11 ff., 14 ff.
Planettiefe	46
Plankton	33, 50, 62 f.
Planktonfresser	63
Plateaulandschaft	209, 462
Plattentektonik	36, 316, 380
Pluto	16 f., 18
Pneumatophoren	276
Polarfuchs	126, 129

Polarkreis	88, 110, 124, 126, 135, 378
	531 f., 536
Polarnacht	34
Polartag	34
Polarzonen	110 ff.
Polynesien	77, 106, 339, 388, 508 f.
Polypen	53
Pomerape	366, 408
Poopósee	538, 540
Popocatépetl	400, 402
Pottwal	61
Präriebison	210
Prärien	164 ff., 208
Prärieprovinzen	208
Primat	158, 265, 282, 292, 296
Profelis concolor	352
Prypjat-Sümpfe	546
Przewalski-Wildpferd	166
Pseudotachylit	27
Pu'uka'oku Falls	515
Puerto Iguazú	521
Puma	160, 260, 308, 352
Puna	356, 406, 409
Purnululu Canyons	431
Purnululu-Nationalpark	431
Purús	476
Puszta	164, 166 f.
Pyrenäen	69, 322, 329, 524
Python	276, 311
Qangtang-Naturreservat	172
Qattarasenke	540, 543
Qinghai-Tibet-Hochebene	334
Qomolangma	316
Quaidam-Becken	334
Quebec	28, 160, 162, 492
Qutang-Schlucht	428
Rafflesie	280, 286 f.
Raphia	270
Ras Dashen	344, 346
Raubtier	116, 146,152, 196, 200, 250, 278
Rauchender Großvater	246
Redwood National Park	268
Regenwald	52, 72, 86 f., 96, 104 ff.
144, 160, 174, 248 ff., 264 ff., 328, 338f.	
	355, 362, 397, 485, 518 f.
Rentier	98, 112, 124, 132
Rentiermoos	132
Réunion	398, 510
Rhein	478 f., 504
Rheinfall	504 f.
Rhincodon typus	63
Richter-Skala	84 f.
Riesen-Chamäleon	293, 300
Riesenbambus	252 f.
Riesenmammutbaum	262
Riesenmarder	134
Riesenotter	308
Rift Valley	80 f.
Rinca	284
Ring of Fire	388
Ringelrobbe	530
Rinjani	382
Rio Carcarana	214
Rio Carrao	502
Rio Grande	208, 470, 492, 494
Rio Madeira	470, 476
Rio Negro	362, 470, 475 ff., 495
Rio Paraguay	86, 548
Rio Parana	86
Rio Salado	214
Rio Tocantins	470, 476, 494
Rio Urique	435
Robben	42, 64, 114, 116 f., 118
	141, 527, 530
Rocky Mountains	83, 160, 164, 208
	242, 348, 350, 492
Rondavels	433

Ronne-Filchner-Schelfeis	59, 113, 364
	446, 448
Ross-Schelfeis	113, 412, 448 f.
Ross, James Clark	448
Rossbreiten	46
Rotes Meer	46, 51, 218, 232 f.,
Rotes Riesenkänguru	180
Rotgesichtsmakak	158
Rotluchs	260
Ruacana Falls	510 f.
Rub Al-Khali	71, 95, 216, 222 ff., 232,
Rudeljäger	196
Rupalflanke	331
Ruwenzorigebirge	344, 392
Sabalan	380
Sagarmatha	316
Sagarmatha Nationalpark	316
Saguaro-Nationalpark	245
Saguaro-Kakteen	245
Sahara	78, 184, 194, 216, 218 ff., 225
	232, 298, 344 f., 489 f., 542,
Sahel	78, 184
Saimaa	530
Saint Malo	44
Sajama	366, 406 f.,
Salamander	162
Salar de Uyuni	540
Salto Angel	308, 355, 498, 502, 510, 518
Saltos dos Iguacu	498 f., 518, 520 f.,
Salto Pará	498, 518
Saltstraumen	45
Salz-Ton-Pfanne	200, 237
Salzgehalt	30, 74 f., 532 f., 535, 538
	540, 544
Salzpfanne	200, 225, 231, 233, 237
	243, 321, 540 ff., 552
Salzsee	74, 218, 228, 231, 242, 246
334, 351, 410, 485, 532 f., 538, 540, 542	
Salzwasserkrokodil	486 f.
Salzwassersee	228, 522 f., 532
Sambesi	488 f., 512
San-Andreas-Verwerfung	84, 242
Sandwich Harbour	237
Sandwüste	76, 95, 216, 218, 220, 222
	224ff, 228 f., 242,
Sankt-Lorenz-Strom	102, 492, 528
Santa Maria	415 f.
São Francisco	494 f., 518
São Tomé e Príncipe	76
Sargassosee	36 f.
Satellit	14, 17, 18 ff., 25, 57, 222, 345
	415, 468 497, 543,
Saturn	12, 14, 19, 23,
Saturn-V-Rakete	23
Savanne	71 f., 78, 105, 164, 174, 184
186, 190, 192, 194, 202, 204, 212, 233, 289,	
292, 300, 308, 343f., 346, 489,	
Schelfeisfläche	446, 448
Schelfmeer	30, 33
Schildkröte	201, 242, 281, 303 f.,
Schildvulkan	15, 366, 376, 381, 383
	390, 403, 408
Schimpanse	292
Schirmakazie	186
Schneeberg	377, 398
Schwarzbär	134 f., 140, 162, 260, 334
Schwarzes Meer	36, 166, 324, 372, 478
Schwertwal	64
Scoresbysund	38
Scotia-Bogen	412
Scott, Robert Falcon	91
Sechura-Wüste	237, 246
Seebeben von Sumatra	84
Seeelefant	118
Seen	522 ff.
Seidenraupenzucht	155
Seismologie	84
Selektion	21
Selenite Chandelier Chamber	442

Register 557

Selfoss 504
Semeru 383
Senegal 78, 184, 489
Senken, geomorphologische 74
Sentinel Range 88, 112, 364
Sepik 485
Sequoias 262
Serengeti 186, 194, 490
Serra Parana Piacaba 309
Seven Summits 322, 338 f., 344, 348, 364, 392
Sewardgletscher 465, 467
Seychellen 270
Shikoku 158, 250
Shishaldin 349
Shunan-Wald 251
Si Phan Don 506
Siachengletscher 456 f.
Sibirien 112, 134, 136, 480 f., 526, 533
Sibirische Taiga 136 ff.
Sibirischer Tiger 134, 138
Sicheldüne 237, 246
Sichuan-Becken 428, 471
Siedelwebervogel 238
Sierra Nevada 160, 242, 262, 312, 322, 348, 350, 515
Sierras de Córdoba 355
Simpson-Wüste 229, 231
Sinforosa Canyon 435
Sinharaja-Wald 269
Sizilien 103, 322, 366, 373, 375, 415
Skandinavien 92 f., 134, 146, 160
Slapov Levo Savice 505
Sognje-Fjord 40 f.
Solfatare 378, 398
Sonnensystem 12, 14 f., 18 f., 22
Sonora-Wüste 216, 243, 245
Sossusvlei 237, 240
Spaltenvulkan 366
Spitzbergen 33, 101, 110, 454
Spitzmaulnashorn 201 f.
Sri Lanka 72 f., 104, 269, 274
St. Elias Mountains 348, 400 f., 464, 467
St.-Lorenz-Strom 102, 492, 528
Stalagmiten 438, 440
Steinkorallen 50
Steppen 71 f., 122, 124, 136, 150, 154, 164, 166 ff., 171 ff., 178, 182, 186, 194, 202, 208, 224, 242, 334, 343, 425, 434, 478, 480, 532
Steppenfuchs 167
Steppenwüste 168, 171
Steppenzebra 194
Stern 11, 14
Stieleiche 146, 148
Stikine Icefield 463
Stishovit 27
Stockwerkbau 265
Stone Mountain 341
Stör 524
Storforsen 504
Straße von Gibraltar 78
Strauß 182, 194, 206 f., 290
Stromschnellen 422, 495, 498, 501, 506
Strupenfossen 498, 505
Styx Valley 256
Subkontinent Indien 46, 72 f., 268, 274, 380, 482
Südafrika 25 f., 78, 178, 201 f., 216, 248, 299, 419, 439, 488 f., 498, 510f.
Südafrikanische Savannen 78, 200 ff.
Südamerika 66, 74, 82 f., 86 f., 92, 102, 174, 180, 216, 246, 248, 260, 270, 308 ff., 320 f., 354 ff., 406 f., 439, 468, 470, 494 f., 518 ff., 532, 538 f., 550
Südasien 265, 268 f.
Sudd 546
Südgeorgien 118
Sudirman Range 338
Südliche Seeelefanten 118

Südliche Sierra Madre 349
Südostasien 48, 106, 270, 274, 280ff., 289, 328
Südpatagonisches Eisfeld 445, 468
Südpol 22, 30, 36, 49, 58, 88 ff., 108, 112, 400,
Südpol-Aitken-Becken 22
Südpolarmeer 30, 36, 49, 58, 108
Südwestmonsun 46
Sumatra 84, 96, 104, 106, 280 ff., 286, 371, 382, 415
Sumatra-Elefant 280
Sumatra-Tiger 280
Sümpfe 104, 122, 129, 134, 154, 176, 272, 276, 289, 294, 302 f., 485, 488, 497, 542 f., 546 ff., 552
Sundarbans 272, 276 ff.,
Supervulkane 104, 370 f.
Süphan Daği 380
Surtsey 379, 416
Süßwasserreservoir 83, 468, 528, 534
Süßwasserspeicher 229, 472
Süßwasserstör 530
Svalbard 101, 110, 454

Tafeleisberg 113
Taiga 71, 107, 122 ff., 146
Taiga Nordamerikas 126, 135
Taiga Nordasiens 124, 134
Taiga Nordeuropas 134
Taiheiyo-Wald 250
Taklamakan 216, 224 f., 542
Täler 418 ff.
Talo 346
Taman Negara 280
Tanami-Wüste 229
Tanganjikasee 78, 522, 534,
Tarbela-Stausee 482
Tarim-Becken 70, 224 f., 334, 542
Tasmangletscher 338, 459
Tasmanien 76, 104, 182, 248, 256, 258, 484
Tasmanischer Teufel 256
Tauposee 415
Tavernierung 362
Teakholz 268, 272
Teich 522
Teilkordilleren 320
Temperate rainforests 248
Tenebrio-Käfer 240
Teneriffa 344, 376
Tentakeln 50
Tepuis 308, 355, 362 f.
Terra firme 476
Terrae 22
Teufelsschlund 520 f.
Thar 225
Thurston Island 108
Tian Shan 327
Tibesti-Gebirge 218 f., 345,
Tibet 70, 154, 172, 316, 319, 326 ff., 334 f., 380, 419 f., 480 ff.,
Tibetische Steppe 172
Tidenhub 44 f.
Tiefseegraben 30, 49
Titan 12, 14, 18 f.,
Titanenwurz 280, 286 f.
Titicacasee 321, 532, 538
Tobasee 104, 106, 371, 415,
Toca da Boa Vista 439
Tolbachik 383 f.
Toney Volcano 412
Tonga-Graben 49
Topozero 531
Torfmoor 134
Totes Meer 70, 74 f., 532, 538, 544,
Trabant 12, 14, 17 ff., 22
Trampeltiere 170 f.
Trango Towers 332 f.
Transantarktisches Gebirge 89, 112, 364, 412

Transfrontier Park 201
Transhimalaya 172, 328, 482
Traubeneiche 148
Treibeis 32, 88, 114
Treibeisfeld 129
Treibhauseffekt 15
Trieste 49
Trockentäler 75, 89, 365, 418,
Tropfsteinhöhle 438, 442
Tropische Breiten 164, 264 f.,
Tschadsee 184, 489
Tsunami 56, 72, 269
Tugela Falls 498, 510
Tukan 308
Tundra 122 ff.
Tundra Nordamerikas 126
Tundra Nordasiens 124
Tupungato 366, 406
Turfan-Senke 74
Turkanasee 534, 540
Türkei 70, 322, 328 f., 380 f., 481, 533, 540

Ubar 222
Uhuru Peak 392, 394
Uluru (Ayers Rock) 76, 338, 342 f.
UNESCO-Welterbe 27, 40 f., 104, 269, 276, 280, 309, 323, 328, 384, 392, 488 f., 512, 514, 520, 526, 530, 534, 548
Ungava Bay 44
Ural 68 f., 134, 144, 478, 524
Uranus 12, 14, 18 f.
Urique Canyon 435
Urkontinent 36, 180
Uruguay 214, 495
Urwald 147, 149, 256, 280, 294, 302, 344
Ushkovsky 381, 384

Valles Marineris 15
Vänern 530
Vansee 380, 533, 540
Várzea 476
Vatnajökull 454
Vättern 530
Velds 178, 200 f., 232, 488
Venus 12, 15, 17
Verwerfungslinien 418
Vestre Svartisen 455
Vesuv 366, 415 f.
Victoria Falls 498, 510, 512 f., 520
Victoria Island 96, 100
Victoriasee 78, 472, 489, 522, 534
Vicunjas 358
Viedmagletscher 468
Vinnufossen 498, 505
Vinson-Massiv 112
Virginia Falls 498, 514
Virunga-Nationalpark 393
Virunga-Vulkane 396 f.
Visoke 392 f., 397
Volta 489
Voyager 2 146, 148
Vredefort-Krater 25, 27
Vulkanausbrüche 414 ff.
Vulkane 366 ff.
Vulkaneruptionen 414 ff.

Wadi 225
Wal 60, 112, 490
Waldbison 135, 210
Waldbüffel 292
Waldelefant 292, 294
Waldgiraffe 292
Waldkarpaten 149, 478
Waldsterben 147
Walgesang 60, 65
Wallaman Falls 509
Walliser Alpen 324
Walross 112, 114, 116
Walvis Bay 237
Wanderalbatross 120 f.

Wapiti 129, 135
Waschbär 146, 160, 303, 308
Wasserbüffel 174, 281
Wasserschwein 308, 550
Watarraka-Nationalpark 431
Wattenmeer 42, 479
Weddellsee 58 f.
Weichkorallen 50 f.
Weichsel 147, 444, 479
„Weißer Elefant" 500
Weißer Nil 346, 472
Weißwedelhirsche 160, 162
Weltnaturerbe 27, 40, 104, 149, 269, 276, 323, 328, 384, 392 f., 509, 512, 514, 526, 534, 548
Welwitschie 232, 240
Wendekreiswüste 223
Westghats 268
Westliche Sierra Madre 349, 435
Wildpferd 166, 194
Wildrind 150, 192, 210
Wildschwein 134, 138, 146, 148, 276, 281, 285
Wilkesland-Krater 25 f.
Willamette Falls 514
Wind Cave 438 f.
Wirtspflanze 267
Wisente 150 f., 210
Witjastief 49
Wolf 134, 146 f., 152
Wolga 478, 497, 524
Wollomombi Falls 508
Wood-Buffalo-Nationalpark 135
Wrangell Mountains 348, 400
Würmeiszeit 371, 504
Wüsten 71 f., 76, 78, 83, 95, 164, 166, 171, 216 ff., 334, 346, 368, 408, 472, 485, 489, 508, 542 f.
Wüstenbildung 222
Wuxia-Schlucht 428

Xiling-Schlucht 428

Yaks 172, 334 f., 336
Yakutat Bay 467
Yarlung Zangbo 419 f.
Yarra Ranges National Park 257
Yellowstone 370, 415
Yellowstone Nationalpark 492 f.
Yosemite Falls 515
Yosemite National Park 340, 515
Yosemite Valley 419, 515
Yucca 244
Yukon 129, 348, 400 f., 463, 492
Yukon River 400, 492
Yukon-Kuskokwim-Delta 497

Zagros 225, 329
Zebras 186, 194 f., 197 f., 233
Zenit 474
Zentralborneo Range 329
Zentralindischer Rücken 46, 56
Zentralvulkan 366
Zerreiche 148
Ziegeninsel 516
Zooplankton 33
Zumsteinspitze 324
Zweifacheinschlag 28 f.
Zwergplanet 16 ff.
Zwölf Schwestern 428

BILDNACHWEIS/IMPRESSUM

Abkürzungen:
A = Alamy, C = Corbis, G = Getty, L = Laif, M = Mauritius, Schapo = Schapowalow

Umschlag Vorderseite (großes Bild): G/Banana Pancake; li. Reihe 1: Look/Per André Hofmann; li. Reihe 2: laif/Hoa-Qui; li. Reihe 3: C/Schafer; li. Reihe 4: seatops.com; Umschlag Rückseite 1: G/Rafla; 2: C/Harvey; 3: G/Chesley; 4: G/Balog; 2/3: Don Fuchs; 4/5: C/Momatiuk-Eastcott; 6/7: L/IML; 8/9: G/BananaPancake; 10/11: G/Sutherland; 12/13: A1PIX/BIS; 13: M/A/Interfoto; 14 l. o. + l. M.: C/NASA; 14 l. u.: C/Bettmann; 14/15,15 o., 15 M, 1 - 3: C/NASA; 15 M. 4: M/A/Saurer; 15 r. o.: G/Stocktrek; 15 r. u.: C/Benson; 16/17: M/A/Stocktrek; 17 o. + u.: M/A/Saurer; 18/19: C/Benson; 19 1 + 2: C/NASA; 19 3: C/Bettmann; 19 4: C/Stocktrek; 19 5: C/Morris; 19 6: C/Bettmann; 19 7: C/Benson; 19 8: C/Bettmann; 20: G/Stocktrek; 20/21: NN.; 21 l. o.: Premium; 21 l. u.: C/Allofs; 21 M.: C/Carter; 21 M. u.: G/Flood; 21 r.: C/Remi Benali; 22 o. l.: M/A/Eden; 22 o. r.: G/Stocktrek RF; 22/23: G/Sightseeing Archive; 23 o.: + u.: G/World Perspectives; 24 o. l.: G/Simonsen; 24 o. r.: A/Robert Harding; 24/25: G/National Geographic; 25 o.: C/Lanting; 25 u.: SSPL/Nasa; 26/27: Focus//Science Photo Library; 27 o.: dpa; 28: mcs/Dettling; 28/29: Geospace/EDC2002; 30: Premium/Minden; 30/31: M/A/Rotman; 32: A/Larionova; 32/33: G/Johnson; 33: G/Oomen; 34: C/Guttman; 34/35: G/Breiehagen; 35 (alle): C/Bettmann; 36/37: G/Hellier; 37 1: G/Wilson; 37 2: C/Schafer; 37 3: www.deff.de; 37 4: G/Panoramic Images; 37 5: G/Peter Adams; 37 6: G/Macduff Everton; 37 7: C/Hellier; 38/39: Geospace/EDC 2002; 39: G/Stucky; 40 l. o.: C/Rellini; 40 l. u.: Huber/Graefenhain, 40/41: Erich Spiegelhalter; 41: Geospace/EDC 2002; 42: Zielske; 42/43: Geospace/Eurimage 2002; 44 l.: A/Wave Royalty Free; 44 u.: M/A/Chesire; 44/45: G/Blair; 45: Laif; 46 l.: G/Melford; 46 u.: G/Panoramic Images; 46/47: G/Johnston; 47 u. l.: G/pa; 47 o. r.: G/Jezierski; 47 u. r.: Don Fuchs; 48 l. o.: C/Ganci; 48 l. M.: A/Classic Stock; 48 l. u.: G/Melford; 48/49: Premium; 49: C/Bettmann; 50 l.: C/Lanting; 50/51: A/Conlin; 51 1 +2: C/Rotman; 51 3: C/Yin; 51 4: C/Rotman; 52: Premium; 52/53: Huber/Giovanni; 53 o.: Geospace/EDC 2002; 54: G/Sherman; 54/55: G/Chesley; 56 l. o.: G/Stanfield; 56 l. u.: G/Douwma; 56/57: Geospace/Spotimage 2002; 58 l.: G/Allan; 58/59: C/Stenzel; 59: G/Flood; 60/61: Premium; 61: Wildlife; 62 l.: M/A/digitalunderwater; 62/63: seatops/Howard; 63 1: C/Psihoyos; 63 2: A/Stock Connection; 63 3: C/Nachoum; 63 4: BA-online; 63 5: Wildlife; 64: C/Nachoum; 64/65: G/Westmoreland; 65 o.: A/Alaska Stock; 65 u.: C/Allofs; 66: Laif/Heeb; 66/67: Premium; 68: C/NASA; 68/69: G/Harding; 69 u.: Premium; 70: C/NASA; 70/71: laif/Steinhilber; 71 u.: G/Noton; 72 l. o.: A/Aflo; 72 l. u.: G/Panoramic Images; 72/73: C/Radius Images; 73 l. o. + u.: G/Panoramic Images; 74 u. l.: sinopictures; 74 u. r.: G/Edwards; 74/75: blickwinkel/Gerth; 75 o. l.: C/NASA; 75 o. r.: M/A/Paterson; 75 l. o.: G/National Geographic; 75 l. u.: Westend61/Rietze; 75 u. r.: G/Sinibaldi; 76: C/NASA; 76/77: L/Hauser; 77: Premium; 78 l.: C/NASA; 78 r.: Premium/Wolfe; 78/79: G/Warburton-Lee; 80 l. o.: G/Baigrie; 80 l. u.: G/Bourseiller; 80 u. l.: A/Rietze; 80 u. r.: G/Peter; 80/81: C/Nomachi; 81 u. l. + r.: G/Peter; 82 l.: C/NASA; 82 u.: Ifa/Index Stock; 82/83: Ifa/Panoramastock; 84 l.: A/JupiterImages; 84 u. l.: C/Bettman; 84 u. r.: C/Murat; 84/85: G/Balog; 85 1: C/Xinhua Press; 85 2: G/Solomon; 85 3: G/Mitidieri; 85 4: G/Yager; 85 5: G/AFP; 86: C/NASA; 86/87: C/Momatiuk-Eastcott; 87: G/Stone; 88: C/NASA; 88/89: G/Wiltsie; 89 u.: Premium/Hummel; 90 + 90/91: A/Bryan & Cherry Alexander Photography; 91 l.: C/Bettman; 91 r. o.: C/Hulton; 91 r. M.: A/North Wind Picture Archives; 91 r. u.: C/Hulton; 92 l. 1: Klammet; 92 l. 2: G/Winter; 92 l. 3: A/look; 92 l. 4: Okapia; 92 r. o.: A/Cohen; 92 r. M.: Laif/Heeb; 92 r. u.: G/Flood; 92/93: Corbis; 93 r.: G/World Perspectives; 94/95: C/Steinmetz; 95 o.: G/World Perspectives; 95 u. l.: G/Adams; 95 u. r.: M/A/Nathan; 96: G/Arctic-Images; 96/97: Tobias Hauser; 98: G/Bourseiller; 98/99: C/Nasa; 99 o.: G/Stablefort; 99 u.: G/Adams; 100 o. l.: G/Rosing; 100 o. r.: M/A/Noton; 100/101: C/Krahmer; 101 o.: G/Benson; 101 u. l.: C/Strand; 101 u. r.: G/Kobalenko; 102 o.: G/Wyman; 102 M.: G/Brynn; 102 u.: Premium; 103 o.: Look/Leue; 103 1: G/Everton; 103 2: G/Sonnet; 103 3: G/Nicklen; 104 u.: G/Mead; 104/105: G/Adams; 105 o.: M/A/Brianafrica; 106/107: Premium; 107 o.: M/A/Sylvia Corday Photo Library; 107 u.: G/Torckler; 108/109: blickwinkel/Rose; 109 u.: C/Leask; 110 l.: C/Souders; 110/111: G/Momatink; 112 l.: NN; 112/113: Premium; 113 o.: G/TCL; 113 u. r.: Premium/Minden; 114 l. o: Premium; 114 l. u.: Wildlife/Cox; 114/115: C/Souders; 116 l.: G/Kim in Cherl; 116/117: G/Johannson; 117 o.: G/Hermansen; 117 u.: Blickwinkel/Hummel; 118 l.: G/Eastcott Momatiuk; 118/119: G/Wolfe; 120 l.: G/Eastcott Momatiuk; 120/121: G/Edwards; 121 r. o.: G/Sund; 121 r. M.: G/Rouse; 121 r. u.: A/Juniors; 122 l.: G/National Geographic; 122/123: Premium/Chrysanthu; 124 o.: M/imagebroker; 124 u.: C/Tidmann; 125 o.: Premium; 125 M.: C/Kaufmann; 125 u.: Premium/Tidmann; 126 l. o.: G/DC Productions; 126 l. u.: G/Nicklen; 126/127: G/Postma; 127 o.: Premium; 128/129: Geospace EDC 2002; 129 u.: G/van Oos; 130 l.: G/Kitchin & Hurst; 130/131: Junior Bildarchiv; 132 l. o.: G/Quinton; 132 l. u.: C/Widstrand; 132/133: G/Conger; 134 l.: Premium; 134/135: G/Erwin; 135 o.: Premium; 135 u. 1: G/Panoramic Images; 135 u. 2: Premium; 135 r.: Rudolf König; 136/137: Geospace Eurimage 2002; 137 o.: DFA/Nimtsch; 138 l. o.: Premium; 138 l. u.: Premium; 138 u.: Ifa/Panstock; 138/139: Premium; 139 u.: Wildlife/Shipilenok; 140 l.: Panoramastock; 140 u.: Premium; 140/141: Panoramastock; 142 o.: G/Toft; 142/142: G/Gehman; 143 u.: G/Jordan; 144 l.: Blickwinkel/Huetter; 144/145: Blickwinkel/Linke; 146 l.: Helga Lade; 146/147: M/A/BL Images; 147 o.: G/Collins; 147 u.: M/A/Gibbons; 147 r.: M/A/Siepmann; 148 l. o.: Okapia; 148 l. u.: Wildlife; 148/149: M/A/tbkmedia; 149 r. o.: G/Oomen; 149 r. M.: M/A/BL Images; 149 r. u.: Alamy; 150 l.: A/Juniors; 150/151: Premium; 151 u.: M/A/Blickwinkel; 152 o.: A/Monkiewicz; 152/153: G/Wittek; 154 l.: G/Osawa; 154/155: G/Iwamoto; 155 o. l.: M/A/Stamboulis; 155 o. M.: M/A/Panorama Media; 155 o. r.: A/View Stock; 155 r. o.: G/Tohoku Color Agency; 155 r. u.: G/Iwamoto; 156 l.: G/Krebs; 156/157: M/A/Falzone; 157 o.: G/Chiba; 157 u.: G/WIN-Initiative; 158 l. o.: G/Nature Expressions; 158 l. u.: G/Slade; 158/159: M/A/Bloom; 159 u.: Look/Wothe; 160 l.: G/Clay; 160/161: M/A/Delimont; 161 o.: M/A/Young; 161 r.: Okapia/Krabbe; 162 o. l.: C/Richardson; 162 o. r.: G/Panoramic Images; 162/163: G/Whaley; 164 l.: animal.affairs.com; 164/165: G/Parfitt; 166/167: M/A/Kikvidize; 167 o.: M/Morandi; 167 u. l.: A/Keller; 167 u. M.: photoplexus/Portrat; 167 u. r.: G/Wood; 168 l. o. + l. M.: Premium/Waldhäusl; 168 l. u.: M/A/imagebroker; 168/169: Premium/Waldhäusl; 170/171 + 171 l. o.: animal-affairs.com; 171 l. M.: C/Keren Su; 171 l. u.: NN; 171 r. o.: Stéphane Frances; 171 r. M.: Juniors; 171 r. u.: Premium/Wehrle; 172 o.: G/Edwards; 172 u.: G/Nagaoka; 172/173: Premium/Imagebroker; 173 u.: G/Ricard; 174 l. o.: Picture Press; 174 u. 1: A/Nature Picture Library; 174 u. 2: M/A/Manjeet&yograi jadeja; 174/175: A/Nature Picture Library; 176 l.: mediacolors/Buck; 176/177: C/Kaehler; 178 l. o.: G/Allofs; 178 l. u.: G/visionandimagination.com; 178 r.: M/A/Donald; 178/179: M/A/Bachmann; 180 l.: Premium; 180/181: C/Gallo; 182 l.: G/Illig; 182/183: G/Robert Harding; 183 u.: M/A/Pearce; 184 o.: A/Bryan&Cherry Alexander Photography; 184/185: dpa/epa; 186 o.: C + W. Kunth; 186 u.: Premium/Lanting; 186/187: G/Gulin; 188: C/Harvey; 188/189: Premium; 190 o.: G/Woolfe; 190 u.: G/Wilkins/Sneesby; 190/191: C/Zuckermann; 192 o.: G/Hornocker; 192/193: M; 194 o.: G/Warwick; 194/195: C/Davis; 196/197: G/Allofs; 197 u.: Premium; 198 o.: G/Shah; 198/199: G/Warwick; 200 o.: C. + W. Kunth; 200 u.: G/Gulin; 200/201: M/A/Top-Pics; 201 o.: A/Wildlife; 201 u. l.: G/Holt; 201 u. r.: Look/Franz Marc Frei; 202 o. l. + o. r.: Premium/Lanting; 202/203: C/Ripani; 204 l.: C/Johnson; 204/205: G/Poliza; 206/207: G/Laman; 207 u.: G/Harding; 208 l.: G/Oberle; 208/209: G/Jurak; 209 1 + 2: G/Postma; 209 3: G/Everton; 209 4: G/Pnoramic Images; 210 l. o. + u.: Premium; 210/211: Premium/Brandenburg; 212 u. l.: dpa/epa; 212 u. r.: M/A/Pili; 212/213: M/A/Trinidade; 214 o. l.: G/van der Hilst; 214 o. r.: G/van Oos; 214/215: Premium/Heinrich; 216: Premium; 216/217: M/A/FAN; 218 l. 1 + 2: C/Lemmens; 218 l. 3: Laif/Hemis; 218 l. 4: G/TCL; 218/219 + 219: C/Nomachi; 220: Premium; 220/221: Geospace/Eurimage 2002; 222 o.: C/Phototravel; 222 M.: M/A/Clegg; 222 u.: BLW/Pohl; 223 1: G/Wiltsie; 223 2: C/Steinmetz; 223 3: C/Krist; 223 4: f1online/Panorama Media; 224 o.: A/Redling; 224 u., 224/225 + 225 u.: C/Steinmetz; 226 l.: C/Raga; 226 r. o.: G/Morandi; 226 r. u.: G/Panoramic Images; 226/227: C/Steinmetz; 228/229: G/The Image Bank; 229 o.: Visum/Wildlight; 230/231: Geospace/Acres 2002; 231 l.: Premium/APL; 231 r.: C/Allofs; 232 l.: Premium; 232/233: Image State/Mead; 233 o. l.: G/Gallo Images; 233 o. r.: G/Travel Ink; 233 r. o.: M/A/Duthie; 233 r. u.: Clemens Emmler; 234 l. o. + l. u.: G/Turner; 234/235: G/Beatty; 236/237: Geospace EDC; 237 l.: A/Arco; 237 r.: C/Steinmetz; 238/239: Premium; 240: Clemens Emmler; 240/241: Premium; 242 1: G/Photographer's Choice; 242 2: G/Don Smith; 242 3: G/Melford; 242 4: G/Footh; 243 o.: A/Hallstein; 243 M.: G/Footh; 243 u.: C/Darack; 244: G/Wiltsie; 244/245: G/Aguirre; 245 o.: Ifa/Panstock; 245 M.: Rainer Hackenberg; 245 u.: Premium; 246 l. o.: G/Veiga; 246 l. u.: G/DEA; 246/247: G/Hebert; 247 o. l.: G/Gulin; 247 o. r.: Bios/Cyril; 248 l.: A/Mainka; 248/249: M/A/Bachmann; 250 l.: A/Gonzales; 250/251: G/Slade; 251 u.: M/A/China Images; 252 l.: M/A/Urbanmyth; 252/253: M/A/China Images; 254 l. o.: M/A/Bloom Images; 254 l. u.: M/A/China Span; 254/255: M/A/Steve Bloom; 256 l.: C/Strand; 256/257: M/A/Friend; 257 r. o. + r. M.: M/A/Mainka; 257 r. u.: M/A/Smith; 258 u. l.: M/A/McKenna; 258 u. r.: M; 258/259: M/A/Delimont; 260 l. o.: M/A/Hallstein; 260 l. u.: Christian Heeb; 260 u. r.: G/Everton; 260/161: A/Hallstein; 261 u.: M/A/Gonzales; 262 u. l.: M/A/imagebroker; 262 u. r.: M/A/Milne; 262/263: M/A/Hellier; 263 l.: M/A/Hodges; 263 r.: M/A/Brad Perks Lightscapes; 264/265: Premium/Lanting; 265 o.: wildlife/Carwardine; 266 o.: G/Graham; 266/267: G/Beltra; 268 o.: M/A/Anderson; 268/269: M/A/Art of Travel; 269 o.: M/A/Robert Harding; 269 u.: M/A/travelib prime; 270 l.: M/A/Csernoch; 270 M. o.: Arco/NPL; 270 M.: M/A/Ridley; 270 u.: C/Westmoreland; 270 r.: M/A/South America; 270/271: C/Macduff; 272 l.: G/Laman; 272/273: M/A/Noton; 273 1: M/A/Imagebroker; 273 2: M/A/Travel Ink; 273 3: A/Arco; 273 4: M/A/Alamy; 274 l. o.: G/Kumar; 274 l. u.: M/A/Strigl; 274 r. u.: M/A/Top-Pics; 274/275: M/A/World Photo; 276 o.: M/A/Images&Stories; 276 u.: G/Lewis; 276/277: Geospace EDC; 278 l. o.: G/Packwood; 278 l. u.: M/A/Diniz; 278/279: Premium/Minden; 280 u. l.: G/Klum; 280 u. r.: C/Lanting; 280/281: M/A/Falzone; 281 o.: M/A/Parker; 281 u. l.: C/Atlantide; 281 u. r.: M/A/Falzone; 282 l. o.: M/A/Slater; 282 l. u.: C/Lanting; 282 u. r.: G/Cox; 282/283: G/Laman; 284 l.: C/McDonald; 284 r.: Voller Ernst/Maske; 284/285: A/Morse; 286 l.: M/A/Greenberg; 286/287: M/A/Long; 287 r. o.: M/A/Visage; 287 r. u.: L/Hoa Qui; 288/289: G/Noton; 289 o.: C/Steinmetz; 289 u. 1 + 2: Premium; 290 l. + u.: Wildlife; 290/291: G/Edwards; 292 l. + 292: G/Nichols; 293 o. l.: M/A/blickwinkel; 293 o. M.: M/A/Christopher; 293 o. r.: M/A/Jangoux; 293 l. o.: M/A/Long; 293 l. u.: M/A/Parker; 293 r.: M/A/van Zandbergen; 294 u.: G/Fay; 294/295: G/Nichols; 296 l. o.: A/Juniors; 296 l. u.: M/A/blickwinkel; 296 r. + 296/297: G/Nichols; 298 l. o.: G/Allan; 298 l. M.: M/A/Images&Stories; 298 l. u.: M/A/Barker; 298/299: G/Massey; 299: A/World Travel Library; 300 l.: C/Lanting; 300/301: Premium; 302/303: C/Schafer; 303 o. l.: A/Jon Arnold; 303 o. M.: A/Schafer; 303 o. r.: A/Delimont; 303 u.: G/Banana Pancake; 304 l. o.: G/Szaley; 304 l. u.: G/Hunter; 304/305: M/A/Bennett; 305 u.: M/A; 306 l.: Okapia; 306/307: Arco/NPL; 307 r. o.: M/A/Dalton; 307 r. M.: Okapia; 307 r. u.: M/A/Dalton; 308 l.: G/Jaccod; 308/309: A/Peter Arnold; 309 o.: A/Photoshot; 309 r.: M/A/Jangoux; 309 u. l.: M/A/BrazilPhotos; 309 r. u.: M/A/Images Etc.; 310 l.: C/Rotman; 310/311: G/Kenney; 312: G/Rafla; 312/313: C/Silver; 314/315: Geospace EDC; 315 u.: G/Astrumujoff; 316 l. o.: A/Royal Geographical Society; 316 l. u.: C/Bettmann; 316 u.: M/Krinnninger; 316/317: A/Preston; 318 1: G/Art Wolfe; 318 2: M/A/Wojtkowiak; 318 3: G/Klesius; 318 4: A/CuboImages; 318 5: G/Keren Su; 318 6: M/A/Roig; 318 7: M/A/Paterson; 318 8: C/Rowell; 318 9: G/Stockbyte; 318/319: M/A/MCS; 319 1: M/A/Golob; 319 2: M/A/Stockshot; 319 3: C/Rowell; 319 4: A/Koutsaftis; 320 l.: C/Rowell; 320 u.: Woodhouse; 320/321: NN; 322/323: G/Doerr; 323 o.: M/A/Toporsky; 324 o.: G/Slow Images; 324 u.: G/Tomlinson; 324/325: G/Stone; 325 l.: G/Walker; 325 r.: Laif/Heidorn; 326 l. o.: C/Nevada Wier; 326 l. u.: G/Dixon; 326/327: Mau/imagebroker; 327 o.: M/A/Don Davis; 327 r. o.: Mau/imagebroker; 327 r. u.: A/vario; 328 o.: G/De Agostini Picture Library; 328 u.: G/McManus; 328/329: A/Atmotu Images; 329 o.: G/Kaehler; 329 r.: M/A/Banana Pancake; 330 l.: A/CuboImages; 330/331: Mau/A/Imagebroker; 331 u.: f1online/JB-Fotografie; 332 l. o.: C/Rowell; 332 l. u.: G/Hatcher; 332 r.: A/Rowell; 332/333: G/Hatcher; 334 l.: C/Vikander; 334/335: C/Lowell; 335 o. l.: Laif/ChinaFotoPress; 335 o. r.: Panoramastock/Suichu; 335 u. l.: Premium/Panoramic Images; 335 u. r.: Laif/Engelhorn; 336 o. + u.: Premium; 336/337: M/A/Lockhart; 338 1: M/A/Noble; 338 2: C/Souders; 338 3: G/Travel Ink; 338 4: M/A/Donald; 338/339: G/Hellier; 339: C/Steinmetz; 340: G/Foott; 340/341: G/Schermeister; 341 l.: C/Craddock; 341 r. o.: G/Mayfield; 341 r. u.: C/Fleming; 342/343: Geospace EDC 2002; 343 o.: Laif/Martin; 343 u.: Premium; 344 o.: Look/Martin; 344 M.: G/National Geographic; 344 u.: A/Imagebroker; 345 1: Premium; 345 2: G/Panoramic Images; 345 3: Premium; 345 4: M/A/Wherrett.com; 346: G/Hook; 346/347: Geospace EDC 2002; 348 l.: G/Travel Ink; 348 r.: G/VisionsofAmerica; 348/349: M/A/Ebi; 349 o.: M/A/Arco; 349 u. l.: C/Ressmeyer; 349 u. r.: M/A/L3; 350 u.: Premium; 350/351: Premium/Prisma; 351 u. l.: C/Terrill; 351 u. r.: G/Fowlks; 352 l.: M/A/Dearing; 352/353: Premium; 354 l.: A/Scholpp; 354/355: G/DEA; 356/357: C/Radius Images; 357 o.: C/Stadler; 357 u.: C/Hummel; 358/359: G/Sartore; 359 o. l.: M/A/Etcheverry; 359 o. M.: Premium/Cavendish; 359 o. r.: Premium/Donadoni; 360 u.: C/Hellier; 360/361: C/McDonald; 362 l.: G/Image Source; 362/363: Laif/Meyer; 363 o.: A/Opitz; 363 M.: Laif/Meyer; 363 u.: A/Buntrock; 364 l.: A/Bryan&Cherry Alexander; 364 u.: G/Wiltsie; 364/365: G/Wiltsie; 365 u.: A/blickwinkel; 366/367: Look/Hofmann; 368 u.: G/Darack; 368/369: C/Science Faction; 370 l.: A/Skrypczak; 370/371: A/Till; 371 o.: A/Kaehler; 371 u.: A/Hancock; 372 u. l.: neuebildanstalt/Vogt; 372 u. r.: M/A/Fraser; 372/373: G/DEA; 373 o.: M/A/Filatov; 374 o.: G/Slow images; 374/375: Geospace Eurimage 2002; 375 o.: G/Wolfe; 375 u.: G/Peter; 376 o.: C/Setboun; 376 M.: C/Roth; 376 u.: Waterframe/Dirscherl; 377 o.: Argus/Schwarzbach; 377 1: G/Allen; 377 2: M/A/A1pix; 377 3: M/A/Images Etc. Ltd.; 378 l.: A/Axelsson; 378 u. l.: M/A/Arctic Images; 378 u. r.: M/A/Stefansson; 378/379: Schapowalow; 379 o.: M/A/FLPA; 379 u. l.: M/A/Arctic Images; 379 u. r.: G/Taylor; 380/381:

BILDNACHWEIS/IMPRESSUM

Schott; 387 o.: G/Wall; 387 u. l.: C/Steinmetz; 387 u. r.: Premium; 388 1: G/Allen; 388 2: C/Goodshot; 388 3: G/Bourseiller; 388 4: M/A/Greenslade; 388 5: C/Yamashita; 388 6: C/Sanbagan; 388 7: Premium/Minden; 388/389: C/Premium; 389 1: M/A/Dembinsky; 389 2: G/Sund; 389 3: C/Schafer; 389 4: C/Vega; 389 5: C/Bettman; 389 6: G/Adamus; 389 7: C/Radius Images; 389 8: G/Balaguer; 390: C/Cook&Lenshel; 390/391: G/Wolfe; 391 o.: G/Panoramic Images; 391 M.: G/Severns; 391 u.: M/A/Lowry; 392 o.: G/Mobley; 392 M.: A/Purestock; 392 u.: C/Nowitz; 393 o.: G/Osolinski; 393 1: M/A/Wall; 393 2: A/van Zandbergen; 393 3: M/A/van Zandbergen; 394 l.: Look/Dressler; 394 r. o.: G/Turner; 394 r. u.: C/Arthus-Bertrand; 394/395: Geospace EDC 2002; 396 o.: M/A/Lovell; 396 M.: G/Bourseiller; 396 u.: G/Pfeiffer; 396/397: C/Derda; 397 o.: G/Johns; 397 u.: C/Bettman; 398 l. o.: G/Bourseiller; 398 l. u.: Laif/Hemis; 398 u. r.: C/Arthus-Bertrand; 398/399: Laif/Hemis; 399 u.: M/A/Osborne; 400 o.: G/Herben; 400 M.: A/Brian&Cherry Alexander Photography; 400 u.: Laif/Warter; 401 o.: C/Hirschmann; 401 u.: G/Pefley; 402 M.: M/A/Ebi; 402 u. l.: Premium; 402 u. r.: M/A/Donnelly; 402/403: C/O'Rear; 403 u. l.: G/Stefko; 403 u. r.: Corbis; 404 u. l.: A/Carrasco; 404 u. r.: C/Touzon; 404/405: G/Gray; 405 o.: A/Taylor; 405 u.: C/Ressmeyer; 406/407 o. + u.: C/Hummel; 407: G/Darack; 408 u.: M/A/Csernoch; 408/409: Getty; 409 o.: C/Allofs; 410/411: Geospace EDC 2002 411 o.: C/Stadler; 412 l.: M/A/Harris; 412/413 + 413 o.: C/Steinmetz; 414/415 C/Everton; 415: M/A/Ebi; 416 l. 1: C/Bettmann; 416 l. 2: G/Freeman; 416 l. 3: C/Bettmann; 416 l. 4: Look/Hoffmann; 416 l. 5: G/Maudsley; 416/417: G/Bourseiller; 418: blickwinkel/Lohmann; 418/419: G/Melford; 420 l.: M/A/Svensson; 420/421: G/Wiltsie; 421 o. l.: M/A/Interfoto; 421 o. r.: M/A/Diniz; 422 l.: C/LiuLiquin; 422/423: M/A/Lehne; 424 l.: M/A/Ehlers; 424 o.: M/A/Ward; 424 u.: G/Ehlers; 425 o.: G/Kennedy; 425 M.: A/Ehlers; 425 u.: Premium/Sisk; 425 r.: M/A/Crabbe; 426 l.: M/A/Edwards; 426/427: Schapo/Sime; 428 l. o.: G/Evans; 428 l. u.: A/Image Source Pink; 428 r.: M/A/Panorama Stock; 428/429: C/LiuLiquin; 430/31 u.: G/Simeone Huber; 430/431 u.: C/Garvey; 432/433: L/Heeb; 433 o.: M/A/Schneider; 433 u.: Premium/Waldhäusl; 434 l.. C/Randklev; 434/435: Ifa; 435 u.: G/Frerck; 436: M/A/Bowes; 436/437: M/A/Lattes; 438 l.: A/Delimont; 438 u. l.: G/Harding; 438 u. M.: M/Alamy; 438 u. r.: Tobias Hauser; 438/439: G/Saloutos; 439 u. l.: M/Alamy; 439 u. M.: G/Schermeister; 439 u. r.: M/Alamy; 440 l.: A/Farlinger; 440/441: G/Alvarez; 442 l. o.: G/Altrendo; 442 l. u. + 442/443: G/Nichols; 444: M/Alamy; 444/445: M/A/Degginer; 446: G/Sue Flood; 446/447: C/NASA; 448: M/A/Leeth; 448/449: A/Imagebroker; 449 u. l.: M/A/Stocktrek

Images; 449 u. r.: A/Bryan&Cherry Alexander Photography; 450/451: Geospace Eurimage 2002; 452/453: Geospace EDC 2002; 453 u.: C/Rowell; 454 u. l.: G/Schafer; 454 u. r.: G/Panoramic Images; 454/455: G/Breiehagen; 455: mcs; 456 l.: M/A/Images&Stories; 456 r. o.: A/Novosti; 456 r. u.: C/Rowell; 456/457: M/A/Giffard; 457 o.: G/World Perspectives; 458 l.: M/A/Wall; 458/459: G/Schlenker; 459 l.: M/A/Wall; 459 M. o.: C/Webster; 459 M. u.: G/Souders; 459 r.: M/A/Horisk; 460 l.: Premium/Imagebroker; 460/461: C/Nomachi; 461 u. l.: Premium/Imagebroker; 461 u. r.: Premium; 462/463: G/Ryan; 463 o.: transit/Haertrich; 463 M. l.: G/Reid; 463 M. r.: G/Bean; 463 u. l.: G/Farlow; 463 u. r.: G/Thad Samuels Abell II; 464/465: M/A/Dembinsky; 465 1: G/Gendler; 465 2: A/Delimont; 465 3: G/Pincham; 465 4: G/Reid; 465 5: G/Herben; 466/467: Geospace; 467: M/A/Bull; 468 o.: Geospace EDC 2002; 468 u.: G/Sessa; 468/469: M/A/Percy; 4 o.: G/China Tourism Press; 470/471: Laif/ChinaFotoPress; 472/473: Huber/Zoom; 473 o. + 474/475: G/Panoramic Images; 475 o.: DFA/Meyer; 475 u.: G/Graham; 476 o.: C/Nomachi; 476 u.: C/Collart Herve; 476/477: Geospace EDC 2002; 478 o.: Romeis; 478 M.: Okapia; 478 u.: Peter Arnold; 479 o. l. + o. r.: C/Sergei; 479 o.: Bilderberg; 479 M.: Zielske; 479 u.: C/Boisvieux; 480 o.: A/Kaehler; 480 M.: Visum/Ludwig; 480 u.: G/Alex Cao; 481 o. l.: G/Evans; 481 o. r.: G/China Tourism Press; 481: M/A/Interfoto; 482 l. u.: G/Rowell; 482 l. u.: G/Olson; 482/483: dpa/epa; 483 o.: C/Wright; 483 M. l.: C/Nomachi; 483 M. r.: M/A/Pitt; 483 u. l.: C/Harrington III; 483 u. r.: Majority World/Alam; 484 u.: M/A/Jackson; 484/485: M/A/Smithers; 485 o.: G/Hay; 485 l. o.: Look/Fuchs; 485 l. u.: A/Photodisc; 485 r.: G/Gebicki; 486/487 + 487 r. o.: C/Conway; 487 r. u.: C/Harvey; 488 o.: C/Arthus-Bertrand; 488 M.: C/Skyscan; 488 u.: G/Souders; 489 o. l.: G/Caputo; 489 o. r.: M/A/Wilson-Smith; 489 u.: C/Lanting; 490 o.: Premium/Ellis; 490/491: C/Benali; 492 o.: A/All Canada Photos; 492 M.: M/A/Sylvester; 492 u.: G/Marcoux; 493 o. (klein): G/Panoramic Images; 493 o.: G/Panoramic Images; 493 M.: G/Corvin; 493 u.: G/Hopkins; 494 o.: G/Medioimages; 494/495: G/Lebowski; 495: G/Altrendo; 496 u.: M/A/NASA; 496/497: C/NASA; 497: Peter Arnold; 498/499: C/Allofs; 500/501: C/Langevin; 501 o.: G/AFP; 501 u.: M/A/Wilson-Smith; 502 o.: G/Fisher; 502 u.: A/moodboard; 502/503: A/Schafer; 504 l. o.: M/A/blickwinkel; 504 l. u.: A/Icelandic photo agency; 504: M/A/Percy; 505 o.: alimdi/Keller; 505: A/dfwalls; 505 u. l.: BA-online; 505 u. M.: M/A/BL Images; 505 u. r.: M/A/Owston; 506 o.: Visum/The Image Works; 506 u.: A/View Stock; 507 o.l.: M/A/Atmotu Images; 507 o. r.: M/A/Iconotec; 507 l. + r.: A/JTB Photo; 508 u.: M/A/Wall; 508/509:

Look/Johaentges; 509 u. 1: M/A/Wall; 509 u. 2: A/Wildlight; 509 u. 3: C/Wheeler; 509 u. 4: A/Radius Images; 510 l. + 510/511: M/A/The Africa Image Library; 511 1: G/Nichols; 512 2: Laif/Emmler; 511 3: f1online/Prisma; 511 4: Laif/Emmler; 512/513: G/Gallo Images; 513 o. l.: G/Wyman; 513 o. r.: G/Sheppard; 513 u.: G/Cumming; 514 o.: G/Brown; 514 u.: M/A/Jenny; 515 o.: Peter Arnold; 515 M.: G/Art Wolfe; 515 l.: G/Falconer; 515 u.: G/Hoehn; 516/517: G/Merten; 517 o.: G/Palmisano; 518 o. l.: M/A/Jangoux; 518 o. M.: M/A/Wilson; 518 o. r.: M/A/Dalton; 518 u.: A/imagebroker; 518/519: C/Schafer; 520/521: Premium; 521 o.: C/Lanting; 521 u.: G/Panoramic Images; 522: A/Pixonnet.com; 522/523: C/Bibikow; 524: C/NASA; 524/525: C/Encyclopedia; 525 o.: C/Garanger; 526/527: Look/Wothe; 527 o. l.: Look/Hoffmann; 527 o. r.: A/Imagebroker; 527 u.: M/A/Visage; 528/529: C/NASA; 529 o. l.: G/Watts; 529 o. r.: G/Panoramic Images; 529 M. l.: G/Sohm; 529 M. r.: A/Bibikow; 529 u.: G/Cralle; 530 o.: M/A/Marka; 530 M.: M/A/Schwanke; 530 u.: f1online/Siepmann; 531 o.: A/Shuldiner; 531 1: A/imagebroker; 531 2: C/Yamashita; 531 3: A/Interfoto; 532/533: A/Hellier; 532 u.: vario; 533 o. l.: C/Ludwig; 533 o. r.: C/Reuters; 534 o.: M/A/MJ Photography; 534 M.: G/Baigrie; 534 u.: C/Steinmetz; 535 o. l.: M/A/Images of Africa Photobank; 535 o. r.: M/A/MJ Photography; 535 o.: Laif/VU; 535 M.: A/Ariadne von Zandbergen; 535 u.: M/A/Egeland; 536 o.: G/Meleg; 536 M.: G/Reese; 536 u.: M/A/Michael DeFreitas North America; 537 o.: C/Sohm; 537 1: G/Wiltsie; 537 2: Look/Richter; 537 3: A/Ken Gillespie; 538 o.: G/Hellier; 538 u.: Laif/RAPHO; 538/539: G/Panoramic Images; 539 o.: C/Friedman; 539 u.: Still Pictures/Moreiras; 540 l.: C/Adams; 540/541: C/Lanting; 542 o.: M/A/Newton; 542 M.: C/Nomachi; 542 u.: Look/Fuchs; 543 o.: Corbis; 543 1: Laif/Gil; 543 2: G/Edwards; 543 3: M/A/AfriPics; 544 o.: M/A/Kaplan; 544 M.: M/A/Dirscherl; 544 u.: G/Peter; 544/545: G/Haas; 546: C/Frei; 546/547: C/Allofs; 548 l.: G/Haas; 548/549: G/Sartore; 549 r. o.: C/Atlantide; 549 r. u.: G/Sartore; 550: G/Weise; 550/551: G/Allofs; 552 l.: C/Arthus-Bertrand; 552 u. l.: C/Lanting; 552 u. r.: G/Balfour; 552/553: Afripics.

Umschlag Vorderseite: Twin Pitons auf der Karibikinsel St. Lucia (großes Bild); Vulkan Tungurahua in Ecuador, Rafflesia-Blüte, Cascada de San Rafael in Ecuador, Walhai (kleine Bilder von oben).

Umschlag Rückseite: Mount Everest, Elefanten im Amboseli-Nationalpark in Kenia, Pazifikatoll Rock Islands von Palau, Königstiger (von oben).

Impressum

Genehmigte Sonderausgabe für Verlagsgruppe Weltbild GmbH, Steinerne Furt, 86167 Augsburg

© 2011 Verlag Wolfgang Kunth GmbH & Co. KG, München

Umschlaggestaltung: coverdesign uhlig, augsburg, www.coverdesign.net
Umschlagmotive: (vorne) Vulkan Tungurahua © Per Andre Hofmann | LOOK-foto; Iguazu-Fälle © Jorisvo | Dreamstime.com (hinten) Sundarbans, Bangladesch © NASA; Jaguar © Zepherwind | Dreamstime.com; Baobab-Baum © Tom Dowd | Dreamstime.com

Alle Rechte vorbehalten. Reproduktionen, Speicherung in Datenverarbeitungsanlagen, Wiedergabe auf elektronischen, fotomechanischen oder ähnlichen Wegen nur mit der ausdrücklichen Genehmigung des Copyrightinhabers.

Text: Thomas Horsmann (S. 330-333, 336-337, 350-353, 358-359), Heiner Newe (S. 30-65, 96-109), Dr. Reinhard Pietsch (S. 10-29, 470-553), Linde Wiesner (S. 66-95, 110-329, 334-335, 338-349, 354-357, 360-467)

Printed in Slovakia

978-3-8289-3646-1

Alle Fakten wurden nach bestem Wissen und Gewissen mit der größtmöglichen Sorgfalt recherchiert. Redaktion und Verlag können jedoch für die absolute Richtigkeit, Vollständigkeit und letzte Aktualität der Angaben keine Gewähr leisten. Der Verlag ist für alle Hinweise und Verbesserungsvorschläge jederzeit dankbar.

Einkaufen im Internet:
www.weltbild.de